Larissa Alves de Lira

Pierre Monbeig
e a Formação da Geografia no Brasil
(1925-1956)

Uma geo-história dos saberes

Larissa Alves de Lira

Pierre Monbeig
e a Formação da Geografia no Brasil
(1925-1956)

Uma geo-história dos saberes

alameda

Grafia atualizada segundo o Acordo Ortográfico da Língua Portuguesa de 1990, que entrou em vigor no Brasil em 2009.

Edição: Haroldo Ceravolo Sereza/ Joana Monteleone
Editora assistente: Danielly de Jesus Teles
Projeto gráfico, diagramação e capa: Mari Ra Chacon
Imagens da capa: Cadernos de campo de Monbeig para o Nordeste. Instituto de Estudos Brasileiros, Fundo Pierre Monbeig.
Assistente acadêmica: Tamara Santos

Esta obra foi publicada com apoio da Fapesp, nº do processo 2019/11513-5. As opiniões, hipóteses e conclusões ou recomendações expressas neste material são de responsabilidade da autora e não necessariamente refletem a visão da FAPESP.

CIP-BRASIL. CATALOGAÇÃO-NA-FONTE
SINDICATO NACIONAL DOS EDITORES DE LIVROS, RJ

L745p

Lira, Larissa Alves de
Pierre Monbeig e a formação da geografia no Brasil (1925-1956) : uma geo-história dos saberes / Larissa Alves de Lira. - 1. ed. - São Paulo : Alameda, 2020.
368 p. ; 23 cm.

Inclui bibliografia e índice
ISBN 978-65-86081-84-8

1. Monbeig, Pierre, 1908-1987. 2. Geógrafos - Biografia - França. 3. Geografia - Brasil - História. I. Título.

20-67507
CDD: 923.90944
CDU: 929:911(44)

Alameda Casa Editorial
Rua 13 de Maio, 353 – Bela Vista
CEP 01327-000 – São Paulo, SP
Tel. (11) 3012-2403
www.alamedaeditorial.com.br

Para minha mãe, por tudo.

"O saudoso Albert Demangeon resumiu em três fases o que ele chamava 'os benefícios da geografia': a geografia localiza, a geografia descreve, a geografia compara. Estas três fases são também as três fases do método geográfico. Com a ajuda de uma boa cartografia, já em preparo, e dos aparelhos estatísticos e históricos, que devem ser melhorados e postos à disposição cômoda dos que os utilizam, a primeira fase, a da localização, poderá ser terminada. Com um pessoal cuidadosamente formado, a segunda fase, já começada, será continuada. A terceira fase a das conclusões, somente então poderá se abrir. Será aquela que, tudo faz crer, virá num futuro próximo: a era do desenvolvimento da geografia no Brasil" (MONBEIG, 1949, p. 492).

Sumário

Listas

Mapas

Figuras

Fotos

Tabelas

Plantas

Prefácio

Marie-Vic Ozouf-Marignier[1]*, Marie-Claire Robic*[2]

Pierre Monbeig deixou uma lembrança viva em seus contemporâneos, amigos franceses e brasileiros que apreciaram as proposições inovadoras de sua obra, seu talento para a organização da pesquisa e do ensino, assim como sua capacidade de estabelecer trocas intelectuais. Trabalhos anteriores sobre Pierre Monbeig renderam-lhe homenagens logo após sua morte. Mais tarde, passados anos, um maior recuo temporal permitiu colocar em nova perspectiva seu pensamento na história da geografia, seus estudos sobre o Brasil e sobre a cidade. Todavia, nenhuma pesquisa científica com amplitude tinha ainda se debruçado na reconstituição de seu percurso, desde sua formação até a longa etapa de sua carreira vivida no Brasil. A gênese de sua obra, inspirada nos trabalhos de seus mestres, ou a partir de suas pesquisas levadas a cabo na franja pioneira paulista, não tinha sido ainda examinada com profundidade.

---

1 Marie-Vic Ozouf-Marignier é diretora de estudos da Escola de Estudos Avançados em Ciências Socias (EHESS, Paris), diretora do Grupo de geografia e historias territoriais, o meio-ambiente, os recursos e as sociedades (GGH-Terres), vice-presidente da Comissão de História da Geografia da União Geográfica Internacional (UGI).

2 Marie Claire Robic é diretora emérita de Pesquisa da Universidade de Paris 1, Panthéon-Sorbonne, diretora de pesquisas do Centro Nacional de Pesquisas Científicas (CNRS), diretora na equipe Epistemologia e História da Geografia (EHGO) entre 1991 e 2006 da Universidade de Paris 1.

Larissa Alves de Lira deu nova atenção a este personagem que marcou as instituições geográficas brasileiras ao ponto de ter sido honrado com a criação de uma "cátedra" em sua homenagem e de ter deixado traços na memória de muitos estudantes. Neste livro consagrado a *Pierre Monbeig e a Formação da Geografia no Brasil* ela se lança a uma pesquisa apaixonada, propondo-se a analisar, através de um itinerário intelectual pessoal, a articulação entre um pensamento singular e os desafios de toda uma disciplina. Ela levanta questões clássicas sobre a inter-relação entre as comunidades científicas, que ela esclarece de maneira precisa e útil: como a geografia francesa contribuiu para relançar as bases científicas e pedagógicas da geografia brasileira? Como a própria confrontação com a realidade brasileira conduziu a transformações epistemológicas e metodológicas na própria geografia francesa? Como esta geografia pôde abordar, no quadro particular do território brasileiro, a questão da colonização e do desenvolvimento? Por sua cultura, por seu rigor, por sua criatividade, esta biografia intelectual é uma pesquisa que faz história.

O sucesso deste trabalho, deve-se, em primeiro lugar, à manifestação da aquisição de dois conjuntos historiográficos muito ricos, de uma parte a outra do Atlântico, compreendidos seus desenvolvimentos mais atuais. Além disso, as fontes e os arquivos reunidos por Larissa Alves de Lira constituem um conjunto muito documentado que acrescentam um aporte substancial ao que já fora reunido pelos trabalhos precedentes. A autora manifestou uma grande perspicácia em matéria de arquivos. Enfim, a força de sua inovação repousa sobre sua inventividade teórica e metodológica.

Com efeito, Larissa Alves de Lira teve a preocupação de se dotar de um conjunto rigoroso de ferramentas teóricas e metodológicas, para tratar o que ela nomeia em seu subtítulo de *uma geo-história dos saberes*. Sublinhemos de início a pertinência dessa abordagem que consiste em praticar uma história da geografia "situada", como os trabalhos recentes o fazem sob o nome de uma tendência conhecida como *spatial turn* em história das ciências e ela nos convida a acrescentar a perspectiva temporal plural inspirada em Fernand Braudel. Larissa Alves de Lira se inspira de fato nos tempos da geo-história braudeliana e sobre a distinção de "três culturas" feita por Wolf Lepenies. É particularmente interessante de observar, sob sua pluma, esta articulação de temporalidades diferentes (incluindo o tempo longo, o que é muito pouco frequente) no desenvolvimento da geografia enquanto ciência. Ela nos descreve a conjuntura dos anos de 1930, particularmente do ponto de vista do Brasil, de suas relações diplomáticas e dos esforços de um Estado em vias de se construir. Este é o momento também da gestão da herança de Vidal de Blache e do aparecimento de novas direções seguidas pela geografia na França. Segundo Larissa Alves de Lira, esta geografia está no seio de uma tensão entre três tendências: a manutenção ou a erosão dos valores literários que ela carrega até então consigo, a tentação a uma ação e a um engajamento crescente em questões práticas, e, enfim, a preocupação de sistematização metodológica. O evento reside na chegada de jovens professores da missão francesa em São Paulo, no momento da criação da Universidade de São Paulo, da Associação dos Geógrafos Brasileiros, do Departamento de Geografia. É na confluência desses três tempos que se situa ainda o desenvolvimento da geografia brasileira e da obra de Pierre Monbeig. De maneira que Larissa Alves de Lira revisita a geo-história, dando-lhe um *status* de método à história da ciência, o que não é sua vocação inicial, mas que ela pôde utilizar de maneira inteligente.

Dessa maneira, a autora enquadra de maneira sólida seu tema na problemática da circulação internacional dos saberes, e ela visa a esclarecer relações no seu duplo sentido, afetando tanto um representante de uma "escola francesa de geografia", estabelecida na comunidade internacional, quanto uma nova "escola" que ele contribui a fundar. Em linha com os desenvolvimentos de uma abordagem espacial da ciência, ela acrescenta ao seu estudo o encontro de tradições culturais, de interesses políticos e culturais diferentes, a análise da dimensão geográfica de uma experiência de vida, do trabalho e de carreira no Brasil e, mais precisamente em São Paulo - que é, para o recém chegado um grande espaço concebido na Europa como um "país novo", relativamente vazio, aberto, "sobre os trópicos" e, o que é novo e sem dúvida perturbador para um jovem francês, um território político em curso de apropriação e de construção de um Estado intervencionista.

Assim o fazendo, a autora aborda as intrincadas relações entre a diplomacia cultural e a internacionalização da geografia francesa no intervalo das duas guerras. Ela lembra de maneira justa a sensibilidade precoce dos geógrafos franceses para o tema da mundialização e das crises da economia internacional. Na escala da obra de Monbeig, ela estuda de maneira fina as empresas por ele conduzidas em vista de uma organização institucional da geografia brasileira desde um pólo "nacional" paulista e ela analisa suas tentativas de desenvolver uma metodologia adaptado ao espaço brasileiro, que se apresenta a ele pela alteridade.

Abordando de maneira renovada uma questão tratada muitas vezes por autores franceses e brasileiros em perspectivas estritamente biográficas, essas problemáticas temporais e espaciais na produção dos saberes são articuladas em diferentes capítulos em torno da trajetória de Monbeig, desde sua formação nos anos 20 em Paris, até o seu retorno à França e a publicação dos trabalhos mais importantes que acompanharam sua tese sobre os passos pioneiros paulistas (1952).

Larissa Alves de Lira pode então sublinhar o jogo de continuidades e rupturas de Monbeig em relação à tradição científica em que se constituiu e a pertinência de suas conclusões sobre os processos econômicos que afetam um país, cujo capitalismo está em formação e desenvolvimento. Ela conduz análises textuais aprofundadas que sustentam perfeitamente seus propósitos. Suas análises sobre as causalidades sistêmicas e um tipo de escrita "cinematográfica" de Monbeig se completam com felicidade. Suas reflexões sobre o espaço-tempo do Brasil são também notáveis, com muito belas passagens sobre as franjas pioneiras a propósito dos fenômenos de antecipação e retroação, sobre os ritmos e sobre as dimensões da tomada de posse do solo, sobre os ciclos espaço-temporais da economia, - mais largamente sobre as possibilidades e os riscos que se supunham com a aparente disponibilidade de espaço no ritmo acelerado de produção territorial em curso no Brasil da metade do século XX. Os questionamentos de Monbeig retomados pela autora são ainda atuais, convergem aliás para as representações do Brasil testemunhadas tão bem pelas intuições de Paul Vidal de la Blache sobre a singularidade dos "países novos", que ele estudava no começo do século XX, que são então partilhadas nos anos de 1930 não só por ele mas também por Stefan Zweig em seu livro, "o Brasil, terra do futuro".

Ao longo deste trabalho tão rico, e a cem léguas de perspectivas hagiográficas, nós poderíamos, certamente, esperar ainda alguns aprofundamentos e precisões sobre alguns pontos. O primeiro, trata-se do que entendemos por "valores literários" relativamente à geografia: uma forma de escrita, uma filiação às humanidades, ou o uso da descrição? Segundo essas diferentes concepções, os desafios não são exatamente os mesmos. Um segundo aspecto toca as relações que Monbeig manteve com a disciplina histórica: sua sensibilidade às formas do desenvolvimento do espaço brasileiro não se deve a seu contato com historiadores especialistas em história econômica, tal como Henri Hauser e Pierre Vilar- esses que, eles mesmos, inspiraram bastante a geografia do tempo deles? Ou ainda: como Monbeig conciliou sua forte implicação com o espaço paulista (em termos institucionais e científicos) com a missão de cumprir as exigências de um planejamento que se dava na escala de todo o Brasil, feito então em nível federal? Mas, mais do que retoques, o que este livro suscita é a vontade de ver em marcha uma série de trabalhos comparáveis que esclarecerão as formas e os efeitos das concorrências intelectuais, culturais e políticas entre as diversas comunidades científicas (europeias, americanas) que contribuíram e contribuem, sob uma forma encoberta de cooperação, à construção dos saberes.

Finalmente, em relação às teses que puderam relacionar o papel de Monbeig com a formação da escola brasileira de geografia, Larissa Alves de Lira desenha um balanço nuançado, sobretudo complexo, disso que segunda ela é uma inter-relação, e ela constrói uma história rica, social, intelectual, política, dessa experiência internacional. Este estudo descreve um caso exemplar de encontro científico, institucional e intelectual, com suas interações em duplo sentido, entre um geógrafo e um terreno que o confronta à alteridade. Em sintonia com os desenvolvimentos contemporâneos da história das ciências e dos saberes, a autora lança luz sobre a complexidade de um processo de trocas e de construção dos saberes.

Introdução

"Caímos dentro de um poema surrealista!" –exclama o jovem geógrafo francês Pierre Monbeig ao adentrar em um salão no hotel Terminus, em São Paulo, totalmente decorado com pinguins. Após terem partido do porto de Santos e percorrido os meandros da Serra Mar,[1] ele e o antropólogo Claude Lévi-Strauss são surpreendidos pela extravagância do ambiente. A surpresa não durou muito. Strauss logo apercebera-se de que a noite anterior fora uma quarta feira de cinzas, último dia do carnaval brasileiro, e que o salão cedera espaço para um baile patrocinado pela cerveja Antarctica, cujas efígies na época eram representadas por pinguins! (LAPOUGE, 1984). Esta cena é ilustrativa. Permite perceber o desafio que a compreensão do Brasil colocava a estes jovens intelectuais franceses após terem decido, simplesmente, construir suas carreiras científicas atravessando o Atlântico.

Esses jovens intelectuais tinham consciência de sua missão: contribuir com a fundação de disciplinas modernas em um dos confins do mundo científico, o Brasil. Por esta nítida percepção tanto dos atores quanto dos intérpertes, este estudo, centrada na trajetória intelectual do geógrafo Pierre Monbeig, coloca-se as seguintes questões: em que termos o deslocamento ao Brasil tinha o potencial de dar novo impulso à formação de uma geografia nesse país? Esse

1 Aparentemente, Lévi-Strauss acompanhou essa viagem de subida do litoral, quando da chegada de Pierre Monbeig no Brasil, mas a fonte não é exatamente clara nesse sentido.

deslocamento também tinha a possibilidade de transformar a ciência geográfica francesa? Enquanto país nas margens do Atlântico, a experiência que o Brasil permitia teve um efeito sobre a construção das ideias geográficas? Essas três perguntas poderiam ser resumidas em uma, que, por sua formulação provavelmente inusitada, precisou ser decomposta: o passivo territorial brasileiro, um país continental, tropical, longínquo – entre outros atributos territoriais- pôde ter efeito sobre a história da geografia?[2] Essas são as principais questões que compete responder ao longo deste livro.

Antes de esmiuçar seus propósitos, cabe uma rápida apresentação da história deste trabalho. Quando o tema deste livro foi pensado, havia apenas uma ideia em mente: fazer uma viagem do Mediterrâneo ao Brasil[3], preservando os laços de continuidade da escola que aprendemos a admirar, a escola francesa de geografia. Admiração que veio sob a inspiração de Fernand Braudel, mas isso são águas tão passadas quanto profundas. Ao longo do nosso mestrado, também publicado pela editora Alameda e financiado pela FAPESP (na pesquisa e para sua publicação) e orientado pelo professor Manoel Fernandes de Sousa Neto, nos dedicamos a esclarecer como o Mediterrâneo teria sido um "mar metodológico"[4] para a geografia francesa, tendo Vidal de la Blache elaborado seus princípios metodológicos geográficos fundamentais, tanto a partir de obras que remetiam ao Mediterrâneo (como a de Karl Ritter), quanto através do contato em campo com o próprio espaço prenhe de culturas e de rochas ao alcande dos olhos. Já havia nesse trabalho um princípio de método que seguiríamos com obstinação: uma geografia da ciência.

Mas os imperativos de voltar a pensar o Brasil eram muito fortes. Imperativos institucionais, é certo, mas longe de serem os prioritários. Além disso, a lógica da evolução das ciências também se impunha: em ciência, uma ruptura dificilmente abala todo o edifício e a longa viagem da geografia francesa

2 Ressalva-se de início que este não é um estudo de recepção das ideias de Monbeig na França, mas do modo como essas ideias se conformaram no território brasileiro, através de um exercío da alteridade que a experiência brasileira pertimia.

3 A autora publicou em 2013 pela mesma editora o livro *O Mediterrâneo de Vidal de la Blache*, sobre a edificação metodológica da geografia francesa a partir da experiência de Vidal de la Blache com o Mediterrâneo.

4 A expressão é de Manoel Fernandes de Sousa Neto.

que atravessa o Atlântico seria uma maneira de colocar à prova este princípio de método, auxiliados pela perspeção das distância entre esses dois mundos. Mas havia motivações ainda mais sensísveis. Para alguém que vivia as crises políticas pelas quais passava o Brasil desde 2005 de maneira intensa, fazia-se mister adentrar-se numa historiografia clássica que consolidou leituras históricas, geográficas, sociológicas, econômicas e políticas como tendências profundas da formação deste país. Seu espaço, sua sociedade, sua economia, sua política, e também, sua ciência, estavam sujeitas às exigências heurísticas postas por uma dada formação social e territorial? A geografia da década de 1930 e o próprio Pierre Monbeig eram portas de entradas evidentes para uma geógrafa, e, a somar-se com a surpresa de encontrar escritos de Monbeig sobre o Mediterrâneo e que teriam sido praticamente ignorados pela historiografia (o que pertimia fazer a ponte com os estudos clássicos), conformou-se um objeto propício aos nossos propósitos, mais que científicos, intelectuais. Por fim, uma larga história e uma geografia da ciência era também uma forma de entender o Brasil.A geografia, o Medirrâneo, Monbeig, o Brasil, era possível conectar esses pólos? Sim, desde que se repousasse alguma desconfiança sobre o tempo curto e sobre os enquadramentos espaciais rígidos que conectavam prioritariamete o centro do mundo como legítimo pólo de "invenção" científica. Desde que Monbeig fosse entendido como um vetor de uma tradição mais longa que o ultrapassava, que possuía uma longa duração e uma circulação de suas ideias no âmbito de uma ciência-mundo, desde que, em suma, Braudel voltasse à cena. Na entrevista de entrada na École des Hautes Études en Sciences Sociales, onde desenvolvi essa pesquisa de doutorado nos quadros de um convênio de dupla titulação com a Universidade de São Palo - USP - (pesquisa esta também financiada pela FAPESP no Brasil e no exterior), e que resultou neste livro, defendi com obstinação a ideia de se fazer uma geo-história da ciência. Na França, obtive um voto de confiança de Marie-Vic Ozouf Marignier e Marie Claire Robic. E assim conformou-se este projeto: perceber a eclosão da geografia brasileira no movimento da formação, consolidação e expansão da geografia francesa, num fenômeno que, de tão complexo, tinha tudo para restar supostamente evidente, mistorioso ou simplificado. Decidi o fazer tomando como tarefa desenvolver uma intuição de método, que, ao final, denominei de geo-história dos saberes.

É claro que já estava consolidado pela historiogafia da geografia brasileira que compreender o modo como se deu a transformação do pensamento geográfico francês no Brasil era um objetivo fundamental para aqueles que quisessem traçar um novo capítulo da formação da geografia brasileira. O tema geral era então a princípio um tema clássico, e mesmo possivelmente que se acreditava tudo estar dito. Isso porque essa disciplina de cariz nacional, em sua vertente acadêmica, foi desenvolvida pioneiramente por um geógrafo francês enviado a este outro país no seio de uma missão universitária, um ano após a fundação da Universidade de São Paulo, em 1934. Pierre Monbeig (1908-1987)[5] formou-

5 Pierre Monbeig nasceu em Marissel, em 1908, nos subúrbios de Beauvais no departamento de Oise, França (CLOUT, 2013, p. 54). Em 1928, obtém o diploma de estudos superiores (CLOUT, 2013, p. 55) e a *Agrégation* com a idade de 21 anos (CLOUT, 2013, p. 56). Logo depois, Albert Demangeon, discípulo de Vidal de la Blache, o estimula a começar uma tese de Geografia Humana sobre as ilhas Baleares (CLOUT, 2013, p. 56). Em 1930 e 1931, Monbeig frequentou os espaços da Casa Velásquez, na Espanha. Após uma passagem pelo ensino secundário francês como professor de Geografia e História, em 1935, fora convidado por Henri Hauser e George Dumas a ministrar aulas de Geografia e História no Brasil, na recém fundada Universidade de São Paulo, no seio de uma missão universitária francesa. Monbeig retorna do Brasil em 1946 e defende sua tese principal, *Pionniers et Planteurs de São Paulo* em 1950, obtendo o título de doutor na Sorbonne. Nesse mesmo ano, já exercia o cargo de professor de Geografia Colonial na Universidade de Strasbourg (ANDRADE, 1994, p. 75) e, regressando a Paris em 1952, assume a cadeira de Geografia Econômica no *Conservatoir National de Arts et Métier*, onde lecionará por 9 anos. Então, em 1961, é nomeado professor de Geografia Humana na Sorbonne (ANDRADE, 1994, p. 75), quando passa a acumular o cargo de *Diretor do Institut des Hautes Études de l'Amérique Latine (IHEAL)*, cargo essencialmente administrativo (ANDRADE, 1994, p. 75-76). Um pouco depois, torna-se diretor de pesquisas do CNRS, onde utiliza toda a sua experiência administrativa adquirida no Brasil como um organizador das ciências humanas francesas. Hevé Thery me contou que Pierre Monbeig distribuía os recursos para pesquisas nas ciências humanas na França, o que o manteve atento aos avanços das ciências humanas em diversos campos e o que o qualificava como um homem influente nos meios científicos. No IHEAL, Monbeig coordenou um grupo de estudos sobre a Amazônia, ocasião em que pôde formar um conjunto de discípulos, entre eles Martionne Drouleurs e Hervé Théry. Monbeig sempre foi muito próximo dos historiadores da chamada Escola dos *Annales*, após ter mantido laços de amizade

-se em meio aos cursos dos renomados geógrafos franceses Albert Demangeon (1872-1940) e Emmanuel de Martonne (1873-1955), mestres de Geografia da *Sorbonne* e discípulos diretos de Vidal de la Blache[6] (1845-1918), tendo vindo ao Brasil aos 27 anos. Porém, quão conectados estavam os processos de expansão da geografia francesa e o desenvolvimento da geografia brasileira em suas gradações específicas era algo pouco debatido, e as soluções as vezes pendiam a narrativas laudatórias ou pouco problematizadoras para os métodos da história intelectual. Apesar da ampla bibliografia sobre o tema, eu sentia a necessidade de compreender esse movimento de transição intelectual da França para o Brasil em termos de ritmos lentos, espaços e dispositivos de continuidades e rupturas. Como captar a complexidade desse processo do ponto de vista de uma geo-história dos saberes?

---

duradouros com Lévi-Strauss e Fernande Braudel (SALGUEIRO, 2006). Depois de deixar oficialmente o Brasil, retornou a este páis diversas vezes como convidado de honra em diversos eventos e congressos. Manteve-se como uma referência importante a Braudel quanto este o solicitava indicações e conselhos sobre a geografia, o que pôde ser verificado nas cartas tropcas entre ambos os personagens trocadas durante toda a vida acadêmica de ambos. No Brasil, manteve fortes laços de amizade com Júlio de Mesquita Neto e Caio Prado Jr (personagens de vinculações ideológicas diferentes). Quanto aos geógrafos, era muito próximo de Jean Dresch e Pierre George. Monbeig nunca foi um geógrafo militante, mas tinha concepções de mundo bastante progressitas. Quando Franco instala sua ditadura na Espanha, abandona sua tese sobre as Ilhas Baleares, por motivações políticas, segundo Hervé Théry. Marianne Hannc Monbeig, sua filha, dizia que, quando se instalou o governo de Vichy na França, ele retirou seus filhos do liceu francês em São Paulo quando passaram a estudar em um colégio inglês. Durante esse mesmo período, o governo de Vichy fez importantes cortes no salário de Monbeig em represália às suas rebeldias e Marinane diz que este momento foi financeiramente difícil para a família. Com efeito, enquanto estava no Brasil, Monbeig não escondia suas simpatias ao governo de De Gaulle e a ideia de uma "França livre". Em momento em que a substituição de uma geografia tropical por uma geografia do desenvolvimento não era explícita, Monbeig se recusou a utilizar a terminologia da geografia colonial.

6 Vidal de la Blache foi mestre incontestável da geografia francesa tendo consolidada esta disciplina na França entre 1872 e 1918.

Nesse sentido, a narrativa deste livro é construída a partir da reconstituição do duplo *processo* de formação da geografia brasileira e da geografia francesa, das suas relações íntimas e conectadas sob o efeito da mobilização de heranças científicas em diferentes estágios de institucionalização. Nesse processo, dou especial atenção tanto ao movimento quando aos resultados, obtidos por essa conjunção de espaços científicos. Observa-se-á o encontro entre duas temporalidades do Atlântico e das suas evoluções científicas evolutivamente destoantes, não sem que se deêm transformações constantes em ambos os sentidos, mesmo que este estudo não comporte uma investigação sobre a recepção das ideias de Monbeig na França após seu retorno do Brasil. No âmbito da circulação das ideias, mobilizamos, igualmente, uma abordagem geográfica em que evoquamos *um certo gênero* de determinação dos espaços sobre as ideias e que denominei, como já apresentei, de geo-história dos saberes. Voltarei mais especificamente em como entendo seus princípios. Por ora, quero me deter rapidamente na questão geral da determinação do espaço pois já está sugerido que este trabalho procura observar como o território brasileiro tem o seu peso e suas prórias exigências heuríticas na conformação na geografia de Monbeig. Quer isso me torne mais geógrafa, quer tenha tendido às especulações, é o que se avaliará ao final deste livro. Se o sucesso de tal abordagem geográfica para o âmbito da epistemologia não esteja garantido, não há porque o fracasso já esteja anunciado. Considero tanto o Brasil, quanto a disciplina geografia e o geógrafo Pierre Monbeig como personagens principais principais deste livro. Lucien Febvre teria sugerido a Braudel no momento em que este definia os pesos relativos dos seus "personagens" em sua tese: "Felipe II e o Mediterrâneo, belo tema. Mas por que não o Mediterrâneo e Felipe II? Um tema com efeito muito mais amplo" (DAIX, 1999, p. 96)

O Brasil como um personagem? A metáfora exagera na forma para dar relevância ao conteúdo. Para construir essa geo-história, baseio-me em um princípio geral de que os espaços condicionam evoluções em ritmos específicos no movimento de circulação das ideias, são filtros, portanto, poderíssimos no processo de circulação dos saberes, e, ademais, podem formar um enquadramento estruturante em relação às outras dimensões da existência social (SOJA, 1993). Braudel dizia que os enquadramentos espaciais eram a medida do "possível" e do "impossível". É certo que as escalas podem variar como enquadramento estruturante das ideias, que estão sujeitas também a evoluções. Essas evoluções condicionadas por espaços apresentaram-se neste livro como movimentos longos e profundos que tocam a constituição da ciência, com permanências, rupturas e circulações e que *se reposicionam* no Brasil. Na viagem da França ao Brasil, a trajetória de Monbeig é tocada por movimentos de longa duração e estes movimentos se reposicionam em função do próprio Monbeig e do espaço em que ele se situa: o Brasil. Acredito que uma abordagem espacial geo-histórica pode contribuir com uma melhor compreensão do processo de trocas intelectuais, em associação com as novas perspectivas decolonais, da virada espacial (*spatial turn)* e incorporando o elemento espacial como *estruturalmente* na construção e evoluções de ideias, além de outras injunções a que estão sujeitas que dizem mais respeito à história e à sociologia dos intelectuais (como a rede de relações, instrumentos e modos de difusão de ideias, circulação de livros etc) .

A partir de questões que procuram respostas sobre como o próprio Brasil e Monbeig constribuíram com formação de uma geografia de cariz nacional desdobram-se algumas teses. A tese central aqui defendida é, primeiramente, que o geógrafo francês Pierre Monbeig lançou as bases para o surgimento de uma tradição brasileira de geografia e que este foi um processo permeado por durações, enquadramentos espaciais, lentidões relativas, trocas intelectuais e histórias conectadas. Ademais, Pierre Monbeig foi condutor de um processo que era ao mesmo tempo material e organizativo (com o impulso à circulação dos livros, a construção de departamentos e bibliotecas) e intelectual (com a formação de um arcabouço teórico *pertinente* ao entendimento geográfico do Brasil). A materialidade do processo histórico se funde com a dimensão intelectual e espacial, e é produtora de durações. Ao mesmo tempo, Pierre Monbeig foi capaz de oferecer à epistemologia da geográfica francesa um potencial de análise original ao deixar-se conduzir pela experiência territorial brasileira o que pode ser entendido também como tendo deixado se levar pelo exercício da alteridade. *Na base*[7] de todo esse processo, está o fato que a geografia brasileira

7 É importante ressaltar que meu manejo metodológico da geo-histórica também inclui um raciocínio sobre processos como se eles estivessem acumulados. Quando me refiro a processos que estão na base de outros, estou me referindo a estruturas, sobreposições, a uma espécie de infra- mentalidade que povoa espaços científicos.

é resultado de um reposicionamento inicialmente determinado pelo próprio espaço brasileiro das longas durações da geografia francesa e só encontra um viés de reprodução relativamente autônomo após 1956, talvez mesmo depois, suspeitamos que não antes.

Dessa tese incial, desdobramos algumas ideias-força. Se minha visão do processo do novo impulso que toma a formação da geografia brasileira na década de 1930 em seu viés acadêmico é uma aplicação do princípio da conectividade global que vejo como pressuposto da construção da ciência, e que a formação da geografia brasileira deve ser vista como uma resposta particular às *longas tensões* que assolam o conjunto das ciências, quais são as tendências epistemológicas mais *densas* dessa geografia francesa que se reposiciona no Brasil? Em primeiro lugar, no caso da geografia, esssa disciplina surgiu no interior de um processo de erosão dos valores literários, ou seja, da diminuição crescente da influência da literatura na estruturação e legimitimação das ciências. Chamo essas características de valores literários da geografia. Em segundo lugar, e, por consequência, evoluiu rumo a uma ciência mais planificadora e *aménagiste*, a que denominei de valores utilitários da geografia (pode-se chamar também de valores aplicados da geografia). Em seguida, a geografia avança no sentido de ser mais consciente de seu método, abandonando a valorização de uma certa invisibilidade metodológica.Em resumo, no caso da França e em tendo como o marco fins do século XIX, evoluiu no sentido de erodir os seus paradigmas clássicos, como o do geógrafo francês Paul Vidal de la Blache. Essas são longas durações, e espécies de infra mentalidades científicas que resistem e criam durações. Sem que esse processo histórico seja interrompido, elas se reposicionam no Brasil e tomam novos contornos.

Que contornos tomam essas longas durações da geografia francesa no Brasil? Interpretamos os rebatimentos intelectuais aos processos espaciais brasileiros sob o signo da incorporação pela intelectualidade no Brasil, a que se inclui o próprio Monbeig, como incorporando um sentimento de urgência e pelo viés militante que toma forma na comunidade científica brasileiros dos anos de 1930, ao qual se incluem os geógrafos. Assim, a geografia brasileira que Monbeig ajuda a criar ganha forma em termos de ser receptora de uma geografia francesa de viés literário, mas que é tencionada (mais do que foi na França no mesmo momento) por perspectivas de aplicação (mas provavelmente menos aplicada do se produzia nos Estados Unidos, pois premida inclusive por constrangimentos técnicos e de capital – como a falta de séries estatísticas modernas- e pelas próprias resistências da matriz francesa). A geografia de Monbeig é tensionada a incoporar o debate da aplicação da geografia aos problemas práticos do desenvolvimento e da colonização desse país continental e que possui amplo espao dto na época de vazio, mas ela não abandona sua matriz original.

Um segundo conjunto de ideias -força, a que também atribuo o *status* de resultados dessa pesquisa, é que a consolidação de uma geografia no Brasil no seu viés acadêmico não se deu antes de 1956 visto que a constituição de um método geográfico *pertinente* ao território brasileiro foi um processo histórico permeado por progressivas aquisições intelectuais, institucionais e organizativas, mobilização de objetos, alterações no campo acadêmico - como por exemplo, a constituição de novas lideranças no campo - que nem sempre se dão de maneira rápida. Há, assim, uma *duração* no processo de consolidação da geografia brasileira sob a marca de temporalidades específicas e das experiências territoriais do Brasil, sendo que acompanhar essa duração no seu processo, e nos próprios ritmos, é uma das melhores formas de traçar um retrato mais realista do processo de formação intelectual da geografia feita no Brasil. Minha hipótese é que o marco de autonomização da geografia que se forma no Brasil ocorre por volta de 1956.

Outras ideias importantes se materializaram nessa pesquisa pela constatação de que as temporalidades específicas da formação da geografia brasileira são ritmos produzidos pelo próprio espaço brasileiro. Se, de um lado, as mentalidades culturais e intelectuais já estivessem bastante avançadas (o que se demonstrou com a publicação dos trabalhos de Gilberto Freyre e a recepção da Semana modernista de 1922), de outro, instrumentos científicos fundamentais, como as estatísticas, são relativamente tardios frente ao passivo territorial brasileiro. A semana modernista de 1922 já havia anunciado um princípio antropofágico da cultura brasileira em relação ao pensamento Ocidental e a Revolução de 30 tinha em parte abolido alguns planos políticos conservadores, anunciando uma era mais nacionalista. Mas a ciência, a política e a cultura, *ainda* se organizavam para garantir um ritmo de aceleração de conquista do espaço que retirasse o Brasil da longa duração de sua colonização em meio à abundância de planos e projetos (SOUSA NETO,

2014) e o Brasil do futuro era a *promessa* anunciada por Stefan Zweig. Assim, a geografia formada no Brasil , após a presença da missão francesa, tinha a tendência de ser ao mesmo tempo literária, ao mesmo tempo aplicada? Tode esse contexto faz caminhar a comunidade científica para uma geografia do planejamento e da ação, como se viu com a criação do Instituto Brasileiro de Geografia e Estatística, em 1938, e para erosão de legimitidade de instituições ligadas aos paradigmas descritivos e literários, como o Instituto Histórico e Geográfico, pressupondo por enquanto que este processo não fora rápido, e resiliente devido a uma ampla gama de dispotivos, o que cabe demonstrar.

Por fim, posicionei-me quanto ao grau de resistência *pessoal* que Monbeig praticou no movimento de transformação da geografia francesa e formação da geografia brasileira, tentando dar maior precisão a este fenômeno. Essa hipótese é ratificada pela historiografia que se bifurcou em torno do grau de transformação dos processos de transformação do pensamento francês frente ao *encontro* com o espaço brasileiro, em pólos quase opostos e o entendimento dos empréstimos neste espaço de trocas não foi debatido sem controvérsias. Há posições que tendem a ressaltar o caráter de ruptura do pensamento geográfico de Pierre Monbeig em relação à tradição francesa em que ele se formou influenciado pelo deslocamento para os Trópicos: "Monbeig (...) procurou adaptar **todo o seu pensamento ao Brasil**, onde deveria atuar e formar novos quadros. (...) Ao estudar o nosso país **abandona praticamente** a utilização de categorias muito caras a Vidal de La Blache, como "gênero de vida (...)" [meus grifos] (ANDRADE, 1994, p. 79). Por outro lado, há aqueles que atenuam o discurso ruptural: "lembremos que Monbeig é um **legítimo discípulo** da Escola Francesa de Geografia. **Ele é um vidaliano** e como tal, procurará ver sempre como e de que forma os agrupamentos humanos se relacionarão com o meio natural." [meus grifos] (DANTAS, 2005, p. 66).

Sou partidária que Pierre Monbeig transportou importantes disposições francesas ao espaço brasileiro e, apesar de abrir-se à experiência territorial que o "país novo" permitiu, resistiu no que toca à geografia e no que tange aos seus princípios epistemológicos fundamentais. Porém, mais interessante do que afirmar essa resistência de Monbeig é tentar entender de onde veio este impulso de preservação. Nesse ponto, sou pouco braudeliana, ou sou braudeliana naquilo que Braudel não se permitiu afirmar. Acredito que a geografia francesa resistiu como matriz do pensamento brasileiro apesar de um movimento de desestruturação que o espaço brasileiro parecia submeter ao paradigma francês, muito pelas disposições pessoais do próprio Monbeig. Assim, a meu ver, essa resistência é tanto espacial (como pela necessidade de praticar a geografia no Brasil levantado dados a partir de trabalhos de campo e acumulando descrições literárias), quanto pessoal, ou seja, vai de encontro às opções, paixões e vontades de Monbeig, e sãos essas subjetividades que finalmente vão dar um contorno especial à geografia brasileira, no seio de um contexto intelctual latino e americano.

Espaços e longas durações na França

Retomemos o plano do debate das longas durações, que é uma perspectiva pouco trabalhada em história das ciências. Três são as principais resistências da matriz francesa que agem sobre a obra de Pierre Monbeig. São as respostas particularmente francesas à uma longa duração geral das ciências: as ciências vão se tornando cada vez menos descritivas e literárias e cada vez mais aplicadas ao longo do século XX. Ao final, ver-se-á que as graduais transformações dessaa longas durações primeiro globais e depois francesas, serão novamente enquadradas por um espaço com as características específicas: o Brasil.

Algumas são as longas durações orginárias da ciência francesa que se reconformarão no espaço paulista que se prentende brasileiro (iremos analisar com mais vagar esse processo de nacionalização). Tem-se, de um lado, um conflito intrínseco à própria cultura científica francesa que a datar do final do século XIX começa a emergir na forma de um antagonismo entre a *sistematização das formulações teóricas,* na formação do cientista social, advindas do olhar das ciências naturais renovadas sobre a realidade e, de outro lado, a irredutibilidade com que a tradição literária francesa tendia a adornar as *suas narrativas* e que sugeriam pressupostos sobre *descrições* de situações totalmente ímpares (LEPENIES, 1996). Esse conflito torna-se cada vez mais explícito no percurso da institucionalização das ciências sociais na França, no fim do século XIX (LEPENIES, 1996) e expressava-se por um suposto antagonismo entre os "literatos", para quem era necessário *descrever, narrar e ressaltar as particulariedades*, e para os espíritos mais "científicos", que defendiam que a ciência devia *explicar, sistematizar e ressaltar a universalidade* dos processos.

As longas durações não possuem uma evolução fácil nem longe dos conflitos. Assim, esses dois conjuntos são *potencialmente* conflitantes e enraizaram-se nas estruturas das mentalidades científicas francesas no século XIX. Ainda assim, disciplinas como a Geografia ofereceram soluções originais *de conciliação* entre esses conjuntos de valores. Chamo de *valores* científicos e *valores* literários diferentes posturas acadêmicas frente à estruturação e à legimitimação do saber que não podem ser reduzidas às lógicas epistemológicas e nem podem ser explicados por uma relação de influência direta das ciências naturais ou da literatura nas ciências humanas, uma vez que implicam tomadas de posição em variados âmbitos da sociedade, na ciência, mas também na cultura e na política.

Ao caracterizar mais esse conflito, tomo-o como um *conjunto de posturas* que é assumido em torno dos valores ditos "científicos", de um lado, e "literários", de outro: da parte dos cientistas influenciados pela renovação das ciências naturais, tem-se uma "obsessão pelo método", o primado pelas "questões de classificação" e "terminologia precisa", por um "ensino especializado", por um "ganho em precisão e objetividade", pelo primado "doutrina' sobre a observção, por uma maior "consciência metodológica" (LEPENIES, 1996), por um mais alto grau de engajamento social e aplicação das ciências à realidade. Por outro lado, da parte dos que apostavam no poder das sensibilidades como forma de transformar o mundo, os literários, temos a insistência na irredutibilidade da realidade, vê-se uma crítica às doutrinas, salientando a "ilusão do dogmatismo", o primado pela importância do "espírito francês", da "retórica brilhante", da "sensibilidade linguística", do "estilo", por visões desinteressadas, pelo distanciamento das demandas da política. Com efeito, este jogo de forças fez parte da longa duração da tradição científica francesa (LEPENIES, 1996). Em resumo, há uma forte tensão entre formas de escritas lógicas e as escritas expressivas na França.

Como isso se expressa na geografia? Com efeito, tais tensões também atingiram em cheio a Geografia francesa (ROBIC, 1991, p. 53) ainda que a essa disciplina tenha encontrado na convivência desses valores uma "dualidade" positiva e original na sua constituição epistemológica. Esta dualidade se explicava pela posição que a disciplina ocupava no momento de sua institucionalização, derivando que essa dualidade também se constitui como uma longa duração do saber geográfico francês. A geografia estava dividida, de por um lado, entre o sucesso de público que as práticas geográficas anteriores haviam suscitado (por exemplo, a geografia de Elisée Reclus), uma inserção universitária ligada mais a uma disciplina literária (a História) e, por outro, entre as práticas que suscitavam o gosto pela exploração, pelo interesse colonial e pelo planejamento das áreas colonizadas (ROBIC, 1991, p. 54). Tem-se, de um lado, uma "ciência" que, imersa nos pressupostos da arte, estava estruturada em torno de descrições e narrativas; de outro, um apetite generalizador que permitisse atuar e "planejar" os espaços coloniais.

Isto conformou uma "epistemologia do misto, ou melhor, do entre dois, da passagem", segundo Marie-Claire Robic (ROBIC, 1991, p. 54). A expressão "descrição racional" (uma oposição em termos) condensou esta "*estratégia* de pesquisa" (ROBIC, 1991, p. 55) que incorporou a superioridade da explicação *junto com* a descrição, cujo próprio termo "geo-grafia", chamava, etimologicamente, a valorizá-la (ROBIC, 1991, p. 55). A geografia se situou entre o "empirismo" e o "construtivismo", entre a "descrição pura" e a "explicação" (ROBIC, 1991, p. 57), entre a "lógica" dos literatos e dos planejadores. Com fraca apetência epistemológica ou o que Robic chamou de "invisibilidade do paradigma", esta se definiu na adoção de um "método crítico" (ROBIC, 1991, p. 59), ou seja, que se construía em contato com as características imanentes de seu objeto, mas também levando em conta a teoria. Vidal de la Blache tentou estabelecer a geografia como uma espécie de passagem entre "o mundo da experiência e da razão científica" (ROBIC, 1991, p. 59). Assim, um petite generalizador não estava tampouco ausente nas práticas dos geógrafos, ou seja, uma aplicação sistemática a partir do ponto de vista de um método. Mas a disciplina estava ajustada igualmente à uma zona de sensibilidade do cientista, à possibilidade de integração de um raciocínio mais abstrato sobre o conjunto da Terra a uma intuição sensível, uma racionalidade junto com uma descrição ancorada na importância de fazer relevar sensibilidades próprias da realidade concreta (ROBIC, 1991, p. 65). Todavia, e, no geral, as ciências humanas vão aos poucos se distanciando da literatura e o cânone do saber vai migrando paulatinamente para uma maior sistematização do discurso e do uso aplicado do método e a França também foi "vítima" dessa longa duração (LEPENIES, 1996, p. 13).

Marie Claire Robic vai chamar este crescente pragmatismo e a consolidação de um corpo de doutrina de uma "tentação à ação" (ROBIC, 1996b).

Portanto, o outro lado do conflito que se expressa na erosão dos valores literários, é a afirmação constante de valores aplicados. A autora me auxilia em traçar diferentes situações em que os geógrafos envolveram cada vez mais intensamente em questões práticas no período em que é pertinente analisar, ou seja, pela menos a partir do século XIX. Assim, uma primeira forma de engajamento dos geógrafos franceses já pode ser vista como uma transição a esta ciência desinteressada. Sendo a mais antiga, é também a mais aderente aos valores literários: trata-se de uma disciplina que veiculava os valores nacionais "ancorada no sistema escolar", "a geografia científica [assim] se reproduz em suas grandes linhas" (ROBIC, 1996b, p. 28). Uma ciência voltada ao ensino nacional, configurava-se já como uma forma de "*engajamento*" (ROBIC, 1996b, p. 37). Dessa situação, chega-se a inauguração de um "novo campo de práticas" (ROBIC, 1996b, p. 30), baseada na promulgação da lei Cornudet, "que torna obrigatória a confecção de planos de desenvolvimento, embelezamento e de extensão das cidades" (ROBIC, 1996b, p. 30) e na criação do Instituto de História, de geografia e de economia urbana da cidade de Paris, no fim de 1916. Os geógrafos passavam a se implicar no planejamento urbano.

Um terceiro tipo de prática era o trabalho de alguns geógrafos em prol de uma "expansão econômica" seja do lado dos sindicados seja do lado dos patrões (ROBIC, 1996b, p. 35). E 1935 é o ano que assinala acriação da fundação Rockefeller e do Conselho universitário de pesquisa social no interior da Universidade de Paris (ROBIC, 1996b, p. 40). No interior deste conselho, atuou Albert Demangeon (primeiro diretor de tese de Pierre Monbeig) que está profundamente comprometido em encontrar soluções para a saída da crise agrícola instalada após 1929 na França (ROBIC, 1996b, p. 41). Esta ação de Demangeon começa a mudar o estatuto epistemológico da geografia, pois este concebe uma prática científica baseada em uma "investigação *sistemática*" [*enquête systématique*] (ROBIC, 1996b, p. 41), na forma de questionários de campo previamente definidos, o que já se mostrava muito diferente da postura de Vidal de la Blache, seu mestre, ou seja, de deixar-se levar pela sensibilidade em busca das "personalidades" regionais. Assim, a prática do uso de um método sistemático começa a erodir narrativas e descrições.

Por fim, 1957[8] é um novo marco para produção de grandes transformações epistemológicas. Sob o governo de Vichy, a ideia de uma planificação territorial finalmente se concretiza (ROBIC, 1996b, p. 43). Em 1941, é criada a *Délégation Générale à l'Equipement National* (DGEN) bem como o Ministério da Reconstrução e do Urbanismo, nos anos entre as duas guerras (ROBIC, 1996b, p. 43). Ganha espaço expressões como "organização do espaço", "planejamento", "geografia ativa", "*geografia aplicada*". André Cholley, que será o último diretor da tese de Monbeig, após a morte de Demangeon, é o personagem chave dessa virada:

> O Guia do Estudante de Geografia publicado em 1942 por Cholley é um excelente indicador das novas tensões que agitavam a geografia naquela década. (...) **Suas proposições prejudicavam em muitos aspectos a geografia analítica.** O Guia contém um conjunto de posições que colocam em causa o paradigma que orienta firmemente a geografia como uma **disciplina antropocêntrica,** ou seja, como **uma ciência orientada pelas perspectivas de uma organização do planeta em benefício do homem.** [grifos meus] (ROBIC, 1996b, p. 45).

Segundo Cholley, temos mais um elemento que divide uma geografia literário-descritiva e uma geografia aplicada. Fazer pender a geografia à uma ciência antropocêntrica fez também pender a baçança epistemológica para uma geografia aplicada? Por que? Por que colocar o homem no centro da produção do espaço enfraqueceu o estatuto misto da geografia (entre a literatura e a ciência) e sua antiga tendência ao estilo e aos valores literários? Demonstrei com o apoio de Lepenies o quanto os valores literários se apoiavam na especificidade da realidade. A natureza era, para esses geógrafos, fonte de realidades irredutíveis. Já o homem econômico e político, os que detém o capital e o poder, eram cada vez mais atores globais fragilmente influenciados pelos gêneros de vida.

8 O ano de 1925 corresponde à entrada de Pierre Monbeig na Sorbonne. Em 1946 ele retorna do Brasil. Até 1957 vai condensar suas principais obras e artigos sobre o Brasil. Um pouco depois dessa data, vai começar a se interessar pela Amazônia e pela América Latina.

Eles revestem-se de uma ação sistematizadora e global no centro de sua ação. Eles atuam no sentido de padronizar as paisagens.

> Cholley defende assim uma **finalização** da disciplina que, em suas consequências extremas, **rompe com as ambiguidades da geografia vidaliana, quebra o dualismo** entre geografia física e geografia humana, que fora instituído no início do século nos Annales de Géographie, e **retoma curiosamente a posição de um Dubois** [geógrafo da colonização], defensor, contra a dupla geografia humana-geografia física, de uma 'geografia' sem epíteto. **A crise do paradigma** vidaliano se traduz então na adoção da posição contrária [grifos meus] (ROBIC, 1996b, p. 46).

Assim, junto com crescente engajamento político dos geógrafos frente às questões de seu tempo, uma crescente "antropormorfização" da ciência, ocorre também uma erosão dos valores literários e, por fim, uma erosão do antigo estatuto de uma ciência mista promulgada por Vidal de la Blache. A partir dessa constatação, vim desdobrar uma dualidade de longa duração da tendência dos valores literátios que se tornaram científicos e aplicados na França em quatro outras longas tendências articuladas a esta maior: a erosão dos valores literários, o engajamento dos geógrafos em prol de uma geografia mais aplicada, uma sistematização crescente do método, e, por fim, a erosão gradativa dos princípios do método vidailano. Assim, no que toca à geografia, todos esses movimentos juntos vão desarticular progressivamente um caráter misto da geografia vidaliana, sua invisibilidade metodológica e, portanto levam à crise de seu paradigma.

Na França, na Espanha e no Brasil, sendo os lugares por onde trasitou Monbeig durante sua juventude, amante que era também dos ensinamentos de Vidal de la Blache, discípulo de Demangeon e depois de André Cholley, ele vai sofrer efeitos progressivos desse longo movimento que ruma a uma crise do paradigma vidaliano neste espaço de tempo, entre 1925 e 1957, dando contornos específicos a ciência que ele ajudou a criar no Brasil? Ele participou desse movimento ou esteve a margem dele? Em que medida? Essas são perguntas que julgo pertinentes se estou preocupada com as durações.

Imaginando que essas não são opções livres de contrasgimetnos de todos os tipos, quais eram as opções de Monbeig? Robic traz à cena algumas possibilidades teóricas do pensamento geográfico que eram também "modelos de explicação das relações entre as sociedades e os meios ambientes" (ROBIC, 2001b, p. 86) e que estiveram "disponíveis" a Monbeig ao longo da produção de sua geografia no Brasil. Esses modelos também são afetados pelas longas tendências que discuti atrás. Chamo esses modelos de "paradigmas" nos seus sentidos *latos*, assim como faz Robic, contrariando uma visnao kuhniana clássica de que não existe concorrência entre os paradigmas.

Os dois primeiros paradigmas esclarecidos por Robic são ainda paradigmas vidalianos. O terceiro já se desloca dessa caracterização. Todos foram elaborados na primeira metade do século XX, quando Monbeig produz o cerne de suas concepções. Ao final do livro, após analisado o percurso de Monbeig, caberá responder qual a posição *relativa* de Monbeig frente a tais paradigmas , o que reflete também de alguma forma a própria posição da geografia brasileira frente às tendências gerais. Antecipo aqui que Monbeig foi um dos atores mais influentes para a manter a geografia brasileira no interior do paradigma vidaliano, algo que só pode ser considerado óbvio se analisado fora do contexto da época, que é marcada por fidelidade, mas também por revisões e abandonos.

Assim, os paradigmas se transformam sujeitos às tensões das longas durações da geografia francesa. O primeiro paradigma é "o [do] modelo do 'pays'"[9] onde se restitui a engenhosidade infinita do homem e das sociedades, em uma visão ideográfica da abordagem geográfica, a diversidade de adaptações entre o homem e o meio" (ROBIC, 2001b, p. 86-87), o qual era difundido entre os vidalianos "ortodoxos", entre as décadas de 1910-1930. Era uma forma descritiva e literária da geografia. Segundo, um outro modelo que marca os primeiros textos de Jean Brunhes (1910): "(...) **próximo do método experimental** que o fascina [Brunhes], que visa à **generalização** das relações homem e meio a partir de casos-testemunhas" [meus grifos] (ROBIC, 2001b, p. 87). Brunhes sente-se mais atraído pela generalização em Geogafia. O terceiro paradigma é percebido nos estudos de Etinne Julliard, antítese do modelo dos pays e da experimentação:

9 Não há tradução adequada para o temo *pays*. São pequenas regiões francesas, na maior escala. Pode ser associada aos cantões.

> Antítese do vale, o cruzamento: substituindo o lugar de relações verticais da geografia clássica, que manifesta a relação natureza-cultura no interior do meio geográfico, há um lugar interligado, mutável, em uma relação horizontal com todos os outros lugares do mundo compondo o espaço geográfico [...] Ele também repensa o conceito de 'meio': invalida a causalidade natural, destacando o quanto o meio geográfico é 'artificial'. [...]. Ao fazê-lo, de maneira um pouco prometeica, Julliard coloca o homem no comando, revertendo a solução proposta por J. Brunhes e, com isso, o determinismo ambientalista que assombra as mentes de seus contemporâneos, tais como Le Lannou. (ROBIC, 2001b, p. 89).

Assim, ao longo da primeira metade do século XX, a herança de Vidal de la Blache passa por processos de sistematização metodológica, com posturas ortodoxas ou heterodoxas, que culminaram em sua desarticulação epistemológica ou até mesmo de sua recusa explícita. A transição de uma postura literária para uma postura modelar; de uma "ciência desinteressada" às diferentes formas de engajamento prático; de um método invisível para um método explícito, do paradigma vidaliano à sua possível ruptura- são os quatro movimentos de longa duração que se desdobram de um: a passagem de uma ciência descritivo-analítica para uma ciência aplicada. Como Monbeig se posicionou em relação às tensões de longa duração da geografia francesa e em relação às transformações de paradigmas a que a geografia passou até 1956?

Resumo na tabela 1 o que considero serem as principiais caracterísircas de geografia com maior apego aos valores literários e as características de uma geografia com maior apego aos valores científicos. É importante atentar, por fim, que essas características qualificam e esclarecem uma antiguíssima oposição entre uma geografia geeral e uma geografia regional (cf. BESSE, 2003), contradição que povoa os cursos de geografia de todo o mundo sem que se tenha ficado claro como essa contradição apareça concretamente na dinâmica e na história da disciplina em diversos países e especialmente no Brasil.

Tabela 1: Característica de uma geografia literária *versus* uma geografia científica

Características de uma geografia predominantemente literária	Caracterísiticas de uma geografia predominantemente científica
Valorização do concreto, valorização do trabalho de campo, maior importância da geografia física, interesse pela contemplação, maior interesse por análises generalistas, invisibilidade do método, flexibilidade doutrinária, maior importância à descrição, maior importância dada à história, preferência pela singularidade, preferência pela escala do local, predomínio da geografia regional	Valorização do abstrato, valorização do cálculo do gabinete, maior importância da geografia humana, interesse por questões práticas, maior interesse por análises especializadas, expliciação do método, doutrina clara, maior importância à comparação, maior importância dada ao presente, preferência pelo geral, predominío da geografia geral, preferência pela escala do global, predomínio da geografia geral.

Concep.: LIRA, 2019.

O deslocamento ao Brasil

Ocorre que grande parte dessas tensões de longa duração a que está submetida a geografia francesa são sentidas por Monbeig já no Brasil e imediatamente transformadas no equilíbrio de suas tensões. Assim, às perguntas colocadas acima, deve-se acrescentar outra: o que acontece quando essas tensões de longa duração se transportam para o Brasil? *Vazio, vastidão, situação, tropicalidade e abertura das fronteiras* são os determinismos brasileiros que condicionam as temáticas, os jogos de negociação e de adaptação dos corpos teóricos da Geografia francesa no Brasil. A escala em que melhor me adaptei foi a nacional do Brasil, mas não foi a única a que estive atenta. Tentarei demonstrar que essas características espaciais afetam desde o princípio a disposição das ideias, dos grupos intelectuais aqui instalados e até as estruturas causais utilizadas nos seus trabalhos, ou seja, conformam um arranjo intelectual e espitesmológico específico. Assim, a explicação de um país com tais especificidades foi sentida por

Monbeig como um desafio intelectual no processo de edificação do arcabouço epistemológico da geografia francesa fora da França. Na verdade, as tendências de longa duração tomam novas formas à medida que circulam em diferentes espaços e em todas as dimensões da construção dos saberes, que são múltiplas: política, intelectual, sociológica, epistemológica, entre outras.

No que toca às conjunturas e aos deslocamentos, é preciso entender que eles também têm o seu papel: eles aceleram os processos e revelam as fissuras das tensões de longa duração, favorecendo rupturas. A principal conjuntura brasileira aos quais essas longas durações estão submetidas reúne simultaneamente as seguintes situações: um esforço de difusão, propaganda e irradiamento da geografia francesa no Brasil; um convite de um grupo de brasileiros destacados na política nacional do Brasil a intelectuais franceses para contribuir com os processos de renovação da ciência e formação de uma escola brasileira, utilizando esse capital intelectual para fins políticos; a consecutiva tensão entre a autonomia do grupo de jovens francês frente a seus patrocinadores (a chamada "elite paulista"), a outros setores da sociedade brasileira e do Estado interventor que começa a se gestar; um contexto de avanço do capitalismo em território brasileiro, que levaria os geógrafos a uma balbuciante mas precoce tendência à aplicação e à inserção em campo prático de intervenção (o Brasil é um país que vive o avanço da colonização sobre o sertão); um sentimento de urgência e de necessidade de impulsionar o desenvolvimento; um processo de aguçamento da conscientização quanto às desigualdades sociais do país. Em outras palavras, entendo esses movimentos como inseridos em um processo de formação do Estado nacional que visava prosseguir a inserção de um país continental no rol das nações modernas, o que tendeu a acelerar o movimento de transformação de seus espaços e, junto com isso, o de transformação *em potencial* de um paradigma literário em um paradigma aplicado. A liderança de Pierre Monbeig na formação da geografia brasileira estivera sujeita a essas tensões, colocadas pelo espaço e sua conjuntra histórica vivida no Brasil.

Os discursos sobre o espaço produzidos pela geografia se reformularam na mesma medida que o próprio território, mas também o próprio modo como o campo intelectual se organiza: o "surto da expansão das vias de comunicações e de crescimento urbano, provocando questões concretas e práticas de gestão que exigiam novas ideias e saberes" (MACHADO, 2012, p. 311). A obra e as práticas de Monbeig sofrem influência do contexto de formação do território e do Estado brasileiro. Que estratégias intelectuais adotar para fazer avançar o processo de desenvolvimento de um país continental? Da formação de um movimento de consolidação da identidade nacional do Brasil, que começa a se intensificar nas décadas de 20 e 30, do impacto que o capitalismo vai ter nesses territórios e da urgência de participação de uma elite letrada aos discursos da modernização, esboça-se também uma geografia que reformula as antigas durações.

Ademais, em contexto de avanço do capitalismo pelos "fundos territoriais", a formação do Estado se dá anteriormente à formação da nação - "invertendo o nexo tradicionalmente apontado entre identidade e território no mundo moderno." (MORAES, 2009, p.24). Assim, as ligações entre Nação-Território-Estado, surgidos após a Revolução Francesa, não se reproduziriam nos países coloniais, mas sim uma construção inversa: Estado-Território-Nação. O papel do Estado é fundamental no Brasil dessa época e se fortalece, sendo que a intelectualidade colaborou com a *construção da nação, do território e do Estado* no Brasil (MORAES, 2009). A experiência territorialista (ARRIGHI, 2007)[10] do Brasil é determinante no campo da política e da intelectualidade, sendo o Brasil um espaço onde a transição em potencial de um paradigma literário a um paradigma aplicado estaria em toda marcha. Tudo isso não estava longe do impossível, sendo mesmo provável. Porém, o Brasil não tinha as mesmas condições técnicas de desenvolver pesquisas aplicadas, com grandes equipes para produção de estatísticas e utensílios adequados para amplo processamento de dados, sendo, portanto, levado a desenvolver pesquisas aplicadas, mas com método literário, porque constrangido por defagem técnica e de capital. O Brasil possuía seus desejos, mas também seus atrasos técnicos e territoriais, com populações que, diria Braudel, estariam vivendo em diversas épocas ao mesmo tempo.

10 O conceito de "territoralismo", desenvolvido por um sociólogo braudeliano que incorporou reflexões marxistas, Giovanni Arrighi, é bem expressivo da realidade brasileira: o sistema capitalista, segundo Arrighi, teve que desenvolver técnicas territorialistas, ou seja, de expansão territorial, tipicamente chinesa e orientais, para recuperar o seu atraso frente ao avançado império chinês (ARRIGHI, 2007). Essa situação marca o nascimento do sistema moderno capitalista mundial.

Essas conjunturas, e o deslocamento ao Brasil, levam Pierre Monbeig a tomadas de posição frente às tensões de longa duração. Por um lado, a descoberta da nacionalidade pela revelação de novas paisagens evocava recursos literários, assim como a necessidade de viajar pelo Brasil para conhecê-lo, evocando um método mais perigenético, mas a necessidade de contribuir com a formação do Estado de uma compreensão crítica do processo de avanço de um sistema internacional em sua face doméstica, chama a uma maior sistematização metodológica. De outro lado, as tristezas e mazelas do Brasil e suas desigualdades regionais solicitam dos intelectuais um direcionamento à ação e um grupo deles não se eximiu das formas práticas de engajamento. Uma ciência com soluções particulares toma forma nos Trópicos. Destarte, no Brasil, Monbeig foi tão engajado em ensinar quanto a aprender, inclusive com seus alunos, apontando para um forte peso das experiências brasileiras no seu pesamento.

Ademais, ao propor o possível peso do espaço brasileiro nesse processo, acredito poder dar contribuição a um processo de descolonização da historiografia da história da ciência. Talvez, uma das maiores contribuições desse trabalho é demonstrar uma dialética entre o Monbeig professor e o Monbeig que aprende com o Brasil, os brasileiros e o espaço e a formação de uma epistemologia com ponto de vista próprio que se forma no Brasil, um país no Sul do mundo. Através da análise da trajetória de um geógrafo que está sujeito e aberto à alteridade a partir de uma experiência global, sugiro uma temporária inversão do nexo comumente aceito pela historiografia de que os professores franceses ensinaram os brasileiros a "pensar", com esse se esse nexo tivesse sentido único. O contrário também teria ocorrido, visto que o próprio Braudel teria declarado que o Brasil o tornou inteligente (DAIX, 1999). Essa é uma pista que trago desde meus primeiros estudos braudelianos e que segui com obstinação. Minha paixão pelos geógrafos e historiadores franceses nunca esteve deslocada do significado do Brasil para suas trajetórias e, portanto, por um *certo* nacionalismo que se tornou pedra de toque dos novos estudos decoloniais.

Sugiro, por fim, já saindo aqui das dimensões das conjunturas políticas e sociais a que estava sujeito Monbeig, e me ancorando em um raciocínio que implica a consideração das "possibilidades" da história, afirmo que o Brasil tinha o potencial de criar fissuras na importante resistência que os valores literários ainda exerciam na França do século XX, e, junto com esse movimento, pender para uma ciência aplicada e erodir potencialmente a geografia propugnada por Vidal de la Blache. No entanto, isso não aconteceu por meio do trabalho intelectual de Pierre Monbeig. Por que? Por que Pierre Monbeig não foi o artífice desse deslocamento paradigmático, que, pressuponho, poderia se desenvolver no Brasil?

Geo-história, história intelectual e epistemologia

De uma parte, a geo-história me conduziu ao espaços. De outra parte, a história intelectual me conduziu a uma abordagem totalizante da epistemologia. Assim, a geo-história não podia encerrar minhas preferências metodológicas. Associei a geo-história neste trabalho à uma concepção particular de história intelectual, que foi estabelecida previamente por François Dosse (2003). Uma história intelectual em sentido amplo, que envolve ideias, objetos e práticas. Nesse sentido, o espaço brasileiro foi visto como um estruturador *inicial* dessa circulação de ideias em mundo latino e global, tocado por tendências em profundidade, e que era vetor continente de um efeito de deslocamento e pela conjuntura. Do ponto de vista do campo intelectual, se conformava no Brasil uma intelectualidade militante, com tendência à uma ciência aplicada, voltada para a questão do desenvolvimento. No entanto, a narrativa da construção da geografia em solo brasileiro, também se desenvolve sob outras disposições que não diretamente ligadas ao espaço. A geografia é começo de tudo, mas é o homem que dispõe da história, já dizia Vidal de la Blache. Entre as opções que os enquadramentos da existência intelectual colocavam, havia possibilidades de escolha por parte de Monbeig e ele as fez, ao não submeter à epistemologia da geografia francesa uma transformação paradigmática brusca, que as pressões da experiência brasileira poderiam levar, mas também sugerir resistência.

Assim, de um ponto de vista mais focado na história intelectual, associei a geo-história à uma crítica à história tradicional das ideias, uma vez que as ideias, o contexto, as estratégias, as associações, as práticas, as sociabilidades, devem formar um conjunto que recuse um "(...) empobrecimento entre uma alternativa de uma história internalista das obras ou de uma aproximação externalista que privilegia isoladamente as redes de sociabilidade"[11] (DOSSE, 2013, p. 11). Alem disso, o intelectual e suas próprias "paixões" também dever levado em conta.

Uma ampla história intelectual com empréstimos e trocas em suas dimensões intelectuais, econômicas, políticas e epistemológicas, além das próximas escolas individuais dos sujeitos, ancora este trabalho. Acrescentaria ao fim da citação de Dosse que essa história pode ser feita nas temporalidades das longas, das conjunturas e das curtas durações e, sobretudo, sob a orientação de uma dimensão estruturante do espaço. Os pressupostos de um *spacial turn* [virada espacial] também permeiam minhas reflexões. [12]

Assim, a ideia de estudar a circulação dos saberes constitui baliza para uma crítica à concepção de uma ciência idealizada, que desencarna as ideias de seus persoanegens, dos objetos e dos enquadramentos espaciais. Ao contrário, acredito que a universalidade dos conceitos e rearranjos teóricos não são consequências *exclusivas* dos rigores do método e da força das ideias, mas um processo de incarnação em personagens e, ainda por cima, estão sujeitos a deslocamentos. Assim, eles participam de um processo de conquista espacial que implica em negociações e adaptações bem concretas no percurso a que submetem a circulação das ideias. Como nos diz Livingstone: "[...] internacionalismo em ciência, na medida em que realmente exista, deve ser considerado uma realização social, não a inevitável consequência de alguma essência científica inerente" (LIVINGSTONE, 2004, p. 89). Uma experiência intelectual *situada* no

---

11 Durante todo o livro as citações, foram traduzidas da língua original para o português. As citações nas línguas originais podem ser verificadas em LIRA, 2017.

12 Soja fala de poder estruturador do espaço para teoria social contemporânea: "Parte da história da submersão do espaço na teoria social do início do século XX se relaciona, provavelmente, com a rejeição teórica explícita da causalidade ambiental e de todas as explicações físicas ou externas dos processos sociais e da formação da consciência humana. A sociedade e a história estavam sendo separadas da natureza e ingenuamente privadas de ambientes que lhes conferissem o que se poderia chamar de relativa autonomia do social em relação ao espacial. Impedida de ver a produção do espaço como um processo social, enraizado na mesma problemática da construção da história, a teoria social crítica tendeu a projetar a geografia humana no pano de fundo físico da sociedade, assim permitindo que seu poderoso efeito de estruturação fosse jogado juntamente com a água suja de um determinismo ambiental rejeitado." (SOJA, 1993, p. 46).

espaço e incarnada em personagens e em suas ações concretas (além da própria mobilização de objetos) não pode ser ignorada no processo de compreensão da produção das ideias científicas.

No presente livro, além de se observarem os contextos espaciais, procurei ver seus desdobramentos em contextos históricos e sociológicos (de produção das ideias), as afinidades dos personagens, as controvérsias, as associações, as estratégias, e como esses elementos ajudam a compreender as proposições teóricas tomadas por Pierre Monbeig e seus colegas. Aqui, a política também entra em cena, o que Braudel talvez não teria feito na sua quase recusa pela incorporação da dimensão da política na história das estruturas. Nesse sentido, tomo como pressuposto que as *ideologias* dos agentes, notadamente de Pierre Monbeig, implicam em diferentes disposições frente ao arcabouço teórico. Mas como esses diferentes contextos se relacionam a um espaço que os estrutura?

Para que fique mais claro o raciocínio aqui proposto, reafirmo a defesa de que o espaço é também um componente essencial para compreensão do aspecto militante da intelectualidade brasileira da época, visto que a urgência do desenvolvimento é sentida no Brasil, muito em função a sua continentalidade, mas também que esses intelectuais fazem suas próprias escolhas. A partir dessa mentalidade militante, muitos outros atributos científicos da intelectualidade são conformados, como o engajamento dos cientistas rumo a uma ciência menos analítica e mais aplicada. Uma história intelectual encarnada nos personagens não pode ignorar a dimensão espacial da política.

Nesse sentido, não desejava aplicar um determinismo geográfico estreito pois não era apenas a dimensão espacial que condicionava o movimento das ideias. Assim, tentei desenvolver uma história intelectual mais abrangente que apontasse para uma certa evolução das ideias, que estivesse condicionada pelos deslocamentos, pela circulação das ideias e pelas características dos espaços, mas que também fosse remetida ao plano individual da construção da trajetória do cientista. Nesse sentido, desenvolvi dimensões de análise que partiam dos espaços e das tradições geográficas, estas com *enraizamentos e enquadramentos geográficos e regionais* (pensar, por exemplo, que a tradição geográfica francesa se desenvolveu de maneira específica em relação à alemã, por exemplo), era tocado por movimento de estruturas, passasse pelas mediações da circulação entre outros espaços, para só então desembocar nas mediações *dos contextos históricos*, nas *disposições coletivas dos grupos*, e terminasse por *escolhas individuais e epistemológicas*, ainda que num quadro de *possibilidades limitadas pelas outras esferas*.

Quanto à essa última dimensão de análise, das disposições individuais de Monbeig sobre à construção téorica de seu pensamento, tentei a observar também através do método proposto, ou seja, de que a compreensão do seu discurso epistemológico também pode ser geograficamente enquadrada. Terminei então esse percurso metodológico sempre pela análise dos seus *sistemas de causalidades*, estudanto as *estruturas causais, ou, em outras palavras, a organização e disposição das suas causalidades*, utilizadas no interior das obras. Montei esquemas as vezes lineares, as vezes circulares, que dessem *forma* a seu pensamento, inspirada na metodologia de Daniel Loi. No final, demonstrou-se que essas formas também puderam ser relacionadas com os espaços em que foram produzidas. Ou seja, um ordenamento causal particular tem a possibilidade de revelar *opções* metodológicas individuais, mas também podem interagir com a *situação e enquadramento* espacial de que é fruto.

Por exemplo, as lógicas causais lineares são normalmente de raizes deterministas, ou seja, *a origem causal é normalmente um fato natural atuando sobre um fator humano*.

Ao contrário, as lógicas causais circulares são normalmente sistêmicas, fruto da análise dos meios humanizados ou urbanos, e a natureza entra no sistema, mas não o determina. Minha tentativa foi relacionar domínios sociais, políticos e epistemológicos usualmente pouco relacionados com as características dos espaços, mergulhar o mais profudamente possível na epistemologia, sem deixar de demonstrar que os sistemas de causais são também geograficamente influenciados e que, por fim, para além de uma opção pessoal, podem variar segundo o grau de humanização do meio de que são reflexo.

Com efeito, Daniel Loi já havia elucidado que a utilização de diferentes sistemas causais advém de posturas metodológicas que são igualmente determinadas pelo caráter do objeto do geógrafo, os espaços (LOI, 1982, 1985). De acordo com este autor, as estruturas causais refletem raciocínios deterministas ou possibilistas, ao se considerar o ponto de partida da estrutura, ou *l'amont causal*, em fenômenos naturais ou humanos (reverberando a dualidade da ciência geográfica no que toca à consideração do determinismo natural); as estruturas causais podem refletir também a homogeneidade do espaço de referência, ao levar em consideração causas internas ou externas do espaço em questão (revelando a dualidade das considerações metodológicas em torno do isolamento e da circulação, bem como das diferenças de relações verticais e horizontais, internas e externas do meio em questão); raciocínios sincrônicos e diacrônicos refletem igualmente a características dos espaços, uma vez que podem se organizar em linearidade, revelando normalmente um raciocínio determinista, ou em ciclos (independentes de suas relações com o meio) (LOI, 1982, 1985). Enfim, essas formas causais também podem variar segundo o grau de humanização do meio geográfico. Assim, as estruturas causais trazem importantes chaves de leitura para a compreensão das posturas metodológicas e são também estruturadas em função do grau de humanização do meio de que são reflexo.

Pierre Monbeig utiliza cinco tipos de estrutura causal ao longo de sua carreira: o tipo simples (linear e determinista, pois tem *na origem causal* um aspecto do meio natual), um tipo misto, envolvendo um amont causal duplamente no âmbito da natureza e do espaço construído, o tipo sintético (circular e autônomo das características do meio, e que tentei modelizar para o caso das franjas pioneiras) e o tipo topográfico (que tentei demonstrar sem conseguir atingir uma modelização gráfica). Por fim, ele cria um tipo misto entre o sistêmico e topográfico, e que, além disso, era próprio para o Brasil, por ser aberto e em expansão. Este é o causal mobilizado para a explicação da frente pioneira. Sugiro a verificação das representações gráficas dessas estruturas causais nos anexos como ponto de partida das discussões propostas nesse livro. O mais curioso é pensar que essas estruturas causais, para o caso de Monbeig, seguem também um modelo de interpretação que começa pela incorporação das tensões sugeridas pelos espaços e outros enquadramentos, e que também terminam por refletir as próprias escolhas teóricas de Monbeig no âmbito da epistemologia, refletindo o seu esforço em resistir às pressões por transformação que os antigos paradigmas da geografia francesa sofriam no Brasil. Assim, as estruturas causais de Monbeig não são jamais totalmente sistêmicas como se poderia imaginar sendo utilizadas por um geógrafo que se quer ver livro do determinismo, segundo o último das paradigmas já esclarecidos por Robic.

Tudo isso me levou a articular uma ampla história intelectual que passava gradualmente de uma perspectiva de análise espacial "externalista", orientada pelas injunções espaciais, em primeiro lugar, e, depois, para as disposições sociais, políticas, em suma, coletivas, e desembocavam em uma perspectiva "internalista", que refletiria a individualidade do cientista, como se esses pólos estivessem dispostos em lados opostos de uma régua graduada, cuja o ponto zero são os espaços, e o ponto máximo, as epistemologias e as estuturas causais adotadas pelo cientista, por onde seria possível se mover e deslocar-se, diminuindo e aumento a influência de cada um dos pólos por mediações sucessivas.

Essa abordagem metodológica que evoca os espaços como enquadramentos da análise de um lado das análise e a política e epistemologia do outro, é também sustentada na ambição de uma ampla história intelectual de cariz epistemológico e me levou a desconfiar de alguns raciocínios cristalizados e idealizados da história das ideias: por exemplo, as ideias circulam sem a intermediação dos agentes? Os intelectuais só sofrem influência dos intelectuais? Os políticos também não exerceriam direcionamentos aos cientistas? A circulação dos objetos e sua reunião em determianados centros de cálculo (LATOUR, 2000) não seria tão ou mais importante que o poder simbólico dos atores (BOURDIEU, 2001)? O espaço não teria um poder estruturante cuja resiliência de suas formas podem também atingir o nível das ideias? Essas são outras das questões paralelas que servem de patamar para desenvolver a análise do papel de Pierre Monbeig em mais um capítulo da formação da geografia brasileira a partir de um pólo de produção que se enrraiza em São Paulo e vai se tornando paulatinamente mais nacional.[13]

Neste livro, as tensões da longa duração, das conjunturas e das trajetórias perpassam todo o trabalho e as análises estão dispostas em três camadas com

13 Uma precisão conceitual se faz necessário. Há neste livro uma dualidade em torno da geo-história que é aqui entendida como um método e como um objeto. Um método que diz respeito às minhas próprias opções teóricas e um objeto porque a sucessão de estudos levados à cabo por Pierre Monbeig está em uma linha de continuidade com as reflexões de Vidal de la Blache sobre a relação entre o espaço-tempo (LIRA, 2013). Como método, estou mais próxima de uma geo-história braudeliana, que considera temporalidades, mas também determinismos geográficos. Como objeto, a geo-história de Monbeig não descarta a importância do meio natural na configuração do território e dass sociedades, mas suas conclusões estão mais associadas à uma combinação indissociável do espaço com o tempo e uma ação do meio natural que age de forma mais resistente do que determinante.

o objetivo articulá-las a todo tempo. Todavia, a temporalidade que guia seu seccionamento do livro é a trajetória de Monbeig. No primeiro capítulo, denominado "As seduções de uma jovem ciência (1925-1929)", discuti a formação universitária de Pierre Monbeig, porque ele escolheu a geografia, e como tais opções refletem posicionamentos frente às tensões de longa duração. O segundo capítulo "Um geógrafo face à mundialização (1930-1935)" discute como os estudos doutorais sobre a Espanha já estão inseridos na compreensão dos processos de modernização capitalista dos territórios e de irradiamento da geografia francesa. O capítulo três "Organizar a geografia brasileira (1935-1940)" demonstra que a construção de uma metodologia sob a marca do espaço brasileiro estava assentada também sobre um processo de organização institucional e que, nesse sentido, também as estratégias institucionais se modificam com os deslocamentos, com avanços e recuos. O capítulo 4, "Como um jovem professor francês adquire autoridade no Brasil? (1937-1946)" discute o processo de construção de autoridade de Pierre Monbeig no seio da Geografia brasileira dando respostas específicas ao desenvolvimento das tendências de longa duração, em especial aquela que diz respeito à crescente normatividade do método e das doutrinas. No capítulo 5, "Uma geo-história da expansão do capitalismo (1940-1957)" remete às originalidades de Monbeig frente ao método geográfico vidaliano, notadamente, a elaboração de um geo-história do capitalismo com base em raciocíonios sistêmicos que desse suporte a uma interpretação de como acelerar o desenvolvimento do país. Enfim, no capítulo 6, "A resistência dos valores literáios (1938- 1953)" tentei demonstrar que, mesmo estando Monbeig tencionado a mudanças de paradigmas por uma espécie de força centrífuga vinda do território, há uma resistência das estratégias epistemológicas com consequente manutenção da expressividade literária e das descrições na obra de Monbeig. E é nesse processo que a formação da geografia brasileira se entrelaça com trajetória de intelectual de Monbeig e com as estratégias que ele pôde, ou quis, escolher.

Apesar da forte teorização que minhas questões induziram nesta introdução, este é um trabalho de bases empíricas, assentado em fontes primárias. Realizei pesquisas no Fundo Pierre Monbeig, situado no Instituto de estudos brasileiros (IEB), na biblioteca do Núcleo de Pesquisas em Políticas Públicas da Universidade de São Paulo, nos arquivos da atual administração da Faculdade de Filosofia da USP, nos arquivos do *rectorat* da Sorbonne, nos arquivos do fundo Fernand Braudel no *Institut de France*, no *Collège de France*, no acervo pessoal da família de Pierre Monbeig, nos Arquivos Diplomáticos do ministério das Relações exteriores da França, nos acervos de jornais da Biblioteca Mário de Andrade, nos arquivos da Associação dos Geógrafos Brasileiros, no Fundo Caio Prado Jr, situado no IEB, no Centro de Apoio à Pesquisa em História, nos Anuários, nos Boletins, jornais, revistas da época, entre outros. Há que se ressaltar que os arquivos diplomáticos franceses lançam nova luz sobre a história da Universidade de São Paulo, que segue sendo um dos centros irradiadores da ciência brasielira.

Agradecimentos

Gostaria de agradecer aos principais apoiadores desse livro. Em primeiro lugar, os orientadores da tese de doutorado da qual este livro fora fruto: Manoel Fernandes (USP) e Marie-Vic Ozouf Marignier (EHESS). Acrescenta-se a eles Marie-Claire Robic, por ter me recebido no EHGO (Panthéon-Sorbonne) e ter acompanhado todas as reuniões de orientação. Por fim, não menos importante, foi a atuação do professor Hervé Théry tanto por me acompanhado desde a graduação até o doutorado.

O professor Paul Claval é, diga-se assim, uma importante amizade, desde a publicação de meu livro, em 2013. Minha banca de qualificação e de defesa contribuíram imensamente para o salto teórico e revisão final: todos juntos, Manoel Fernandes, Marie-Vic Ozouf Marignier, Marie Claire Robic, Carlo Eugênio Nogueira, Heliana Angotti Salgueiro, Fábio Betioli Contel e Hervé Théry. A família Monbeig, Marianne Hano Monbeig e Laurent Monbeig, esteve sempre disposta ajudar.

Quanto ao apoio institucional devo citar os funcionários da FFLCH, em especial Regina S'atanna, e, da EHESS, Vanessa Szenwald, que contribuíram para a assinatura do convênio de dupla titulação da tese. Junta-se a elas o professor Carlos Alberto de Moura Ribeiro Zeron (Depto. História da USP) e Claudia Damasceno Fonseca (EHESS), além de André Roberto Martin. Maurice Aymard facilitou meu acesso aos arquivos de Fernand Braudel, no *Institut de France*, pelo qual agradeço. Não posso deixar de lembrar todos os professores do departamento de geografia da USP que nunca deixaram se apagar em mim o encantamento pela geografia.

Alguns amigos apoiaram esta pesquisa incondicionalmente: Helena Wakim Moreno, Camila Gui Rosatti, Luna Bocchi e André Michiles. Dado que a tese foi elaborada em dupla titulação, meus amigos franceses foram também fundamentais: Dennis Wolff, Elise Olmedo, Sylvain Cuyala, Guillhiem Labinal, Quentin Mocrette e toda equipe do laboratório EHGO. Sibylle, Ramcy, Trilce, Malcom, Sônia, Eduardo e Vincent foram companheiros em Paris. Meus amigos brasileiros contribuíram a enriquecer a experiência da pesquisa: Marcela Belém, Cátia de Almeida, Ypuan Garcia, Ruy Fausto e Francisco Quartim e família. Os amigos da pós-graduação na USP estiveram sempre presentes. Agradeço a equipe do Labotório GEOPO, André Martin e Clenes Lourenzo, e ao scompanheiros do GECA: Rildo, Jucier e todos os outros colegas que foram chegando.

Ao Grupo de Estudos Fernand Braudel (Fábio Contel, Lincoln Secco, Marisa Midori, Apoena Conzenza, entre tantos outros), a Rede Terra Brasilis (Sérgio Nunes, Rita Anselmo, Leonardo Civale, Paulo Bomfim, David Ramirez, Breno Pedrosa, André Reyes Novaes, Mariana Lamego, Gustavo Irorio) e a Comissão de História da Geografia da União Geográfico Internacional (Perla Zusman, Vicent Berdoulay, Jacobo García, Jean Yves Puyo e Federico Ferretti). Os funcionários dos aquivos, especialmente a Gabriela e a Bete, do IEB, foram fundamentais. Agradeço à Fundação de Amparo à Pesquisa do Estado de São Paulo pelo financiamento no Brasil e no exterior e pela publicação deste livro. A meu parecerista da FAPESP, devo conselhos valorosos e uma crítica estimulante.

Agradeço a Adèle Clerc pela elaboração de algumas das modelizações.

As famílias "Alves" e "Lira" poderiam ser citadas como apoiadoras exímias de um projeto intelectual regado a risadas. Vou estender o agradecimento familiar à minha psicóloga, Sheila Grinberg, minha primeira grande orientadora do meu primeiro e maior projeto. Meu pai e meu irmão são pessoas que esquentam os corações. Meu pai dá os ombros, a voz e os olhares sempre aconchegantes e a batalha do meu irmão é inspiradora. Agradeço a Pascal Clerc, pelo amor e companheirismo. Minha mãe, Maria Auxiliadora, revisou os manuscritos e ofereceu apoio incondicional, mobilizando tudo. Ela conseguiu tornar esse mundo mais confortável. Dedico este livro a ela.

Capítulo 1

As seduções de uma jovem ciência (1925-1929)

Em 1981, Claude Bataillon "reuniu" os geógrafos franceses em uma mesa de conversa imaginária onde "eles discutiram" sua "formação geográfica" (BATAILLON, 1981). Feitas na verdade isoladamente, os resultados dessas entrevistas foram publicados em conjunto na revista *Hérodote*. Lidas retrospectivaente, a conclusão mais evidente é que entre todos os contemporâneos de Pierre Monbeig, mesmo para aqueles que reorientaram suas visões de mundo por outras tendências filosóficas - como Pierre George ou Jean Dresch – a formação universitária, era lembrada por suas aquisições decisivas. Nossa história começa na França da década de 1920.

Tanto no que se refere ao aprendizado teórico e prático, como pela influência dos professores e da rede de amigos, a formação universitária tornou-se um patrimônio fundamental para geógrafos formados nos meados das décadas de 1920 e 1930. Compreender a formação acadêmica de maneira interdisciplinar, as escolhas de uma geração formada no contato e na fronteira entre disciplinas (geração esta que povoou postos importantes do campo geográfico, entre seus componentes, Pierre Monbeig) é um passo indispensável para avaliar os desdobramentos da tradição geográfica francesa no Brasil. Faço aqui um recuo pouco comum na historiografia no que tange à trajetória de Monbeig, com vistas a captar momentos estruturantes de sua carreira. Neste ponto de partida, encerra-se a problemática da formação da geografia brasileira e do modo como a geografia francesa se constituiu fora da França.

Intenta-se neste capítulo desvendar as possibilidades e os caminhos do ponto de partida da trajetória de Pierre Monbeig e como esta trajetória revela as longas tensões da geografia francesa. Busca-se também responder porque este jovem estudante, recém-saído do liceu, com pouca ou quase sem cultura acadêmica, de espírito aberto, engajado e atento às mudanças que agitavam o início do século XX, escolheu a História e a Geografia (nesse momento ministradas juntas) como domínio de predileção de seus estudos no âmbito de sua graduação cursada na Sorbonne entre 1925 e 1928.

Cabe indagar quais foram as apropriações metodológicas essenciais de Monbeig em termos da sua solução pessoal para os conflitos e as tensões de longa duração que incidem sobre a geografia francesa nesse momento e estebelecer assim, uma baliza para análises que irão se suceder: a tendência à crescente sistematização do ensino e da aplicação de um método, à erosão dos valores literários ou de sua resistência, à constituição de um novo campo de práticas planificadoras, à uma recuperação mais ou menos explícita do paradigma vidaliano e observar como suas relações de causalidade são a expressão do uso de um método tal como tendia a ser mobilizado na França e como o próprio estudante Pierre Monbeig o fez.

Como pano de fundo, espero abstrair da trajetória de Monbeig as transformações pelas quais passava a disciplina nesse momento no seu conjunto e quais foram os primeiros conteúdos, experiências e percepções que marcaram essa etapa de vida do jovem estudante e de alguns de seus colegas. Do ponto de vista das tensões de longa duração, o que aparece neste momento é que a jovem ciência se encontra no limiar de novos engajamentos, passando por processos de transições nem sempre rápidos, atualizando o legado de Vidal de la Blache, mas sempre reafirmando sua importância como tendência geral.

A opção pela Geografia como carreira universitária não gozava do maior prestígio no seio dos estudos literários da intelectualidade francesa (MEYNIER, 1969). Sua carga horária na Sorbonne totalizava 1/4 em relação aos estudos de História, e os desafios teóricos da consolidação da disciplina e do seu método estavam postos para professores e alunos (MEYNIER, 1969). Ademais, interpretações consolidadas dirigiram críticas veementes a geógrafos formados nesse período, argumentando que o excesso de rigor das monografias regionais teria contribuído ao enquistamento dos geógrafos à escala regional em oposição aos problemas do mundo contemporâneo (ARRAULT, 2007, p. 63). Paulo Cesar da Costa Gomes, geógrafo brasileiro, caracteriza o período como de uma atmosfera de formação "extremamente formalista e rígida" (GOMES, 2006, p. 223). Sendo esse o cenário, o que teria seduzido esses jovens estudantes?

Apesar da percepção de Gomes, a resposta que esboço para assimilar as escolhas de Pierre Monbeig nos *longos* caminhos traçados pela Geografia francesa situa-se em outra vertente: estudante inteligente, de origem familiar humilde, engajado e de espírito aberto, viu na Geografia um processo de atualização teórica em plena marcha que tinha como corolário a compreensão e atuação dos atores intelectuais na resolução dos problemas do mundo contemporâneo. As origens familiares de Monbeig também exercem influência para explicar o que estava em jogo na sua escolha pela Geografia e serão logo ponderadas. Esta etapa da formação de Monbeig é uma fotografia do estágio de desenvolvimento da geografia francesa, de seus conflitos e de suas lentas transições.

Após a eclosão de uma consciência dos problemas de ordem global no seio da opinião pública, imediatamente após o fim da primeira guerra mundial, a geografia começa a se consolidar como uma disciplina que reorientava métodos recentemente formulados por Vidal de la Blache (cuja morte data de 1918) à compreensão da presente mundialização (ARRAULT, 2007). Emmanuel de Martonne e Albert Demangeon, na posição de catedráticos recentemente colocados na liderança do campo, abriam espaço e possibilidades para a transformação e criatividade dos alunos, estavam abertos às influências de outras disciplinas e realizam proposições metodológicas em acordos mínimos, deixando abertas as possibilidades de escolha aos estudantes. A atualização do legado de Vidal de la Blache deu-se tanto numa frente teórica quanto prática e institucional, uma vez que o Instituto de Geografia da Sorbonne, fundado em 1925, fora em parte inspirado no modelo alemão renovado, enquanto o curso de História mantinha perfis de formação erudita e estava menos aberto ao estudo das transformações contemporâneas (CHARLE, 1994).

De um lado, a convivência com os colegas, a realização de excursões e a produção coletiva do saber, cujas lições eram incorporadas mais na prática do que em discussões de caráter teórico, atraiam personagens que aceitavam novos desafios militantes e profissionais. Por outro lado, dadas as seduções de uma jovem disciplina, as apropriações metodológicas do jovem Pierre Monbeig seguem modos de descoberta recentemente canonizados e, ainda, invisíveis no debate interno da disciplina, mesmo que cada vez mais sistemáticos e repetitivos, com os aportes diretos dos seus professores da Sorbonne representados por Lucien Gallois, Emmanuel de Martonne, Henri Hauser e Albert Demangeon.

Nos atributos de sedução que esta jovem disciplina exerce sobre Pierre Monbeig, guardam-se as originalidades da articulação epistemológica tal como se dera na França. Além da renovação temática promovida pelos trabalhos de campo forçados pela guerra, até a geografia dos liceus, na época de estudos de Monbeig, já não é mais uma ciência desinteressada, mas voltada para os interesses patrióticos e para os estudos da economia. Na Universidade, uma disciplina engajada começa a se afastar de sua aliada principal, aliás, uma disciplina literária, a História, não sem sofrer retornos contundentes dos valores da influência dos valores da literatura nas ciências. Assim, apesar dos ajustamentos, a tradição litetária francesa e os valores literários resistem de maneira insistente. Apesar da apologia ao caráter prático, conta-se ainda com uma invisibilidade do método, a Geografia Humana, a que Monbeig logo aderiu, encontrava-se na vanguarda das transformações e avanços da Geografia. Uma geografia com seus conflitos, transições e engajamentos está em primeiro plano na fotografia tirada da Geografia oferecida às escolhas de Pierre Monbeig, mas também de uma resistência obstinada dos valores "mistos" entre a literatura e a ciência propugnados por Vidal de la Blache.

A ocupação dos postos pela "geração do fogo"

Durante a Primeira Guerra, os geógrafos universitários ganham maior espaço nos meios de comunicação, atuando como *experts* e respondendo a questões que emergem no seio da opinião pública (GINSBURGER, 2010, p. 708). Mesmo que a ciência francesa seja relativamente tímida neste movimento de constituição de uma *expertise*, a guerra transformou o papel dos geógrafos na sociedade e, por consequência, o cotidiano de todos aqueles que se inserem no campo a partir de então.

Na sequência de uma série de acordos de paz, muitos geógrafos tornarão públicas as suas experiências de guerra, bem como algumas de suas análises sobre as mudanças fronteiriças da Europa. Entre 1921 e 1922, Gallois, por exemplo, publica uma série de artigos fazendo o balanço das novas fronteiras, bem como sobre a partilha do Pacífico e da Conferência de Washington (GINSBURGER, 2010, p. 786). Demangeon lança, em 1920, um balanço de ordem ainda mais geral, *Le Déclin de l'Europe* (GINSBURGER, 2010, p. 786) e que terá grande impacto na opinião pública.

Dessa maneira, o ponto de partida do contexto geográfico em que vai se inserir Pierre Monbeig é o de uma disciplina que se posiciona como uma das vanguardas da *expertise* francesa. Se quero graduar as transições de geografia literária a uma geografia aplicada a partir dos pontos de apoio, caberia questionar como os estudos literários se encaixam nesse quadro. Num primeiro balanço, mesmo havendo uma *expertise* geográfica francesa em torno das questões internacionais, demonstrando um entendimento epistemológico internacional da formação da geografia moderna, o contexto é também de forte nacionalismo, ressaltando o gênio, os interesses particulares dos franceses frente aos conflitos mundiais e a importância de reafirmar o legado de uma tradição francesa na interpretação do mundo. Em termos de continuidades e rupturas, as tensões de longa duração passam por movimentos de avanços e recuos.

Logo após o conflito, esses geógrafos renovarão seus engajamentos, suas temáticas e serão solicitados a ocupar postos do ensino. Segundo Ginsbourger (2010), eles tornaram-se-ão pesquisadores e pensadores engajados, conhecedores de novos terrenos de geografia política e terminam "contribuindo a mudar, mais ou menos profundamente, a natureza mesmo da disciplina" (GINSBURGER, 2010, p. 912). O balanço sobre as transformações da matéria geográfica no período posterior a primeira guerra é bastante amplo: "descoberta de novas paisagens", "retorno de um dinamismo sedutor", "novos mestres influentes", "atualidade da geografia como disciplina-chefe", "problemáticas fervorosas" – tudo isso frente a questões geopolíticas globais (GINSBURGER, 2010, p. 819-820).

De forma semelhante, presenciavam-se discursos que divulgavam novos interesses coletivos da nação francesa. Era preciso alçar a geografia francesa à altura da alemã e fazer face a essa antiga mãe, atual concorrente. Um sentimento de união nacional frente ao adversário encontra em alguns geógrafos os seus porta-vozes. Albert Demangeon, muito próximo do movimento dos *Annales*, amigo de Lucien Febvre, exprime opiniões sobre os alemães que não frustraria este colega de trabalho. Há sentimentos nacionalistas partilhados entre diversos intelectuais franceses. Demangeon escreve a Davis, geógrafo americano, em 5 de janeiro de 1919: "eles [os alemães] devem reparar e restaurar o que destruíram. Do contrário, de nada nos serviria termos saído vitoriosos, se continuarmos arruinados" (GINSBURGER, 2010, p. 756).

Se essa "geração do fogo" se atualiza em termos de novas questões mundiais, é também uma geração mais nacionalista, o que os fazem reacomodar a tradição literária em suas novas abordagens. Após a guerra, os geógrafos franceses não querem se sentir tributários diretos da ciência alemã e praticam de alguma forma um retorno às suas raízes. É um momento de intensa busca por autonomia, mas tendo como base uma certa tradição, o que implica um duplo movimento de retorno e de atualização. Quando Pierre Monbeig ingressar na Sorbonne, o cenário que ele vivenciará na Geografia é o de uma ciência cujo parto da independência está por se finalizar, tanto em relação à antiga influência alemã, quando a uma disciplina literária que considerava a geografia uma ciência auxiliar, a História. Essa geração vai contribuir na renovação do discurso político, vai promover uma verdadeira invasão nos postos de professores universitários e secundários e vai ajudar a renovar a disciplina a partir de problemáticas mais engajadas sobre os problemas do mundo (GINSBURGER, 2010, p. 795). E, apesar de já terem incorporado grande parte dos benefícios do modelo alemão, participavam de um movimento de retorno ao enaltecimento do gênio francês e às raízes literárias.

Um dos personagens que também fora mobilizado na guerra aos seus 36 anos, Fernand Maurette, terá um importante impacto na atração que a geografia exercerá sobre Pierre Monbeig. Maurette não apenas contribuirá no esforço de guerra como sua especialização no campo da geografia econômica o situará como um importante *expert* nos meios governamentais franceses (CARRUPT, 2015). Sua obra será utilizada por Monbeig nos seus primeiros cursos na Universidade de São Paulo, em 1936. A geografia econômica de Maurette e de seus colegas impactou de forma significativa na renovação das temáticas geográficas nos meios acadêmicos e secundários (CARRUPT, 2015, p. 74). Os fenômenos econômicos modernos eram vistos como os processos mais ativos de uma certa homogeneização do mundo, motivo pelo qual sua entrada no discurso geográfico começa a ser um princípio de renovação epistemológica. É por isso também que o último dos paradigmas geográficos (apresentados na introdução), aquele de uma geografia em rede defendida por Julliard, e que é resultado de uma erosão progressiva do paragima vidaliano regional e ecológico rumo a uma geografia mais econômica e antropocentrada, foi representado pelas palavras de Ettiénne Julliard como colocando o homem no centro das relações geográficas e retirando da centralidade do paradigma as especificicidades das paisagens naturais. Assim, houve, após a primeira guerra, uma renovação das temáticas geográficas e dos campos de experiências vividos por estes geógrafos em torno da geografia econômica. Isto se deu tanto nas Universidades como nos colégios, um pouco antes de Monbeig ingressar na Sorbonne. A geografia que nasce sob a pena de Vidal de Blache apoiada em um discurso literário, chega no começo do século XX participando de um amplo debate de *expertise* mundial em torno da geopolítica, da geografia econômica e da emergência da consciência de padronização do mundo. Mas esse é um movimento para frente e para trás, pois foi necessário ao mesmo tempo reafirmar as características originais da geografia francesa em face da ciência alemã. Este é o ponto de partida de nosso trabalho. Qual é o impacto dessas mudanças no ensino e no método da Geografia que o jovem Monbeig tomou contato?

A Geografia dos liceus: uma já geografia econômica, e também patriótica?

Outro elemento que pode ter proporcionado a atração exercida pela Geografia e pela História como opção de estudos universitários par Pierre Monbeig é o reflexo da atuação de Albert Demangeon nos ambientes da educação secundária. A partir de 1899, o futuro professor de Monbeig na Sorbonne tem uma atuação ativa junto à revista pedagógica *Le Volume* (WOLFF, 2005, p. 149). Demangeon será responsável por divulgar uma concepção disciplinar patriótica e engajada. A mudança curricular da geografia escolar pode ser entendida como uma baliza importante para compreender as mudanças da própria geografia acadêmica do período, além de ajudar a compreender a formação de Monbeig.

Nos artigos geográficos de Demangeon, o que ressai é o esforço de reformular a pedagogia do ensino: "(...) em primeiro lugar a Geografia é uma ciência de reflexão e educação, e acessoriamente de memória" (WOLFF, 2005, p. 163). Ao que se acrescenta que, além da crítica à pedagogia da memorização, ele insistia no papel do concreto e pitoresco que pode o ensino de Geografia ter (WOLFF, 2005, p. 165). A primazia do discurso orientador é dada na indicação aos professores para encontrarem as raízes naturais dos fenômenos humanos (WOLFF, 2005, p. 169), no privilégio da escala regional que unificaria todos os ramos da geografia (física, humana e econômica) e, ao mesmo tempo, na potência transformadora da ação humana sobre o meio natural (WOLFF, 2005).

Com efeito, Albert Demangeon contribuiu para divulgar entre os professores secundários uma versão atualizada do ensino geográfico nos seus aspectos pedagógicos e políticos: "a preocupação com o pitoresco não deve levar ao esquecimento de questões mais elevadas. A criança que será o cidadão de amanhã não poderá ignorar os grandes fatos econômicos, as grandes descobertas que mudam a face do mundo" (DEMANGEON apud WOLFF, 2005, p. 166). A geografia do momento se revela numa prematura elaboração de novas estratégias frente ao avanço da padronização econômica do mundo.

Os documentos primários também me auxiliaram a traçar um quadro das transformações do período que atingiam as escolas. Duas principais reformas universitárias marcam o ensino secundário francês no começo do século XX: uma em 1902, e outra em 1925. Assim, no momento em que Pierre Monbeig está frequentando o ensino secundário, provavelmente entre os anos de 1918 e 1924, a Reforma vigente é a de 1902.

Um decreto de 31 de maio de 1902, estabelece o programa do curso de Geografia e História para as 7 classes que os estudantes de 11 a 16 anos frequentam (e, após os 17 anos, quando a geografia e a história são inseridas também nas classes finais, em 1905). Para os alunos do segundo ano, em 1902 (alunos de 15 anos), o conteúdo do ponto de geografia econômica parece realmente à altura de um novo tempo: "O mundo econômico atual: meios e instrumentos de transporte; os grandes eixos ferroviários transcontinentais; as principais linhas de navegação; os principais portos e os grandes países industriais e comerciais" (Decreto de 31 de maio de 1902, B.A., nº 1522, 1902, t. LXXI, p. 760).

Em 1905, o ministério da Instrução Pública publica uma segunda circular esclarecendo e acrescentando outros pontos à reforma de 1902. Segundo o documento oficial, as mudanças sugeridas tratam de contemplar a demanda elaborada diretamente pelos professores para abordar com mais profundidade relativa ao tema das principais potências do mundo: "esta decisão responde ao voto emitido pelos professores de história dos nossos liceus e colégios" (B.A., nº 1684 et 1689, t. LXXVIII, p. 713. Circulaire du 28 juillet 1904, complétée par l'arrèté du 28 juillet 1905).

A abordagem geopolítica dos interesses do Estado francês vai se tornando progressivamente mais econômica e menos cultural. Note-se que o tema da "colonização" já aparece, nesse momento, como o assunto de maior relevância nos estudos sobre o Brasil: "República da Argentina e do Brasil: geografia física e econômica: desenvolvimento da colonização" (B.A., nº 1684 et 1689, t. LXXVIII, p. 713. Circulaire du 28 juillet 1904, complétée par l'arrèté du 28 juillet 1905).

Um importante e longo documento é produzido em 1925 chamado de *Instruções Relativas ao Ensino de História e Geografia.* No terceiro tópico, denominado "A Geografia moderna", esboça a seguinte justificativa: "Poucas ciências passaram, sem nenhuma dúvida, por progressos tão significativas em nossa época como a Geografia. É somente desde mais ou menos meio século que ela tomou verdadeira consciência de seu objeto e determinou um método (...)" [grifos meus] (*Instructions relatives à l'enseignement de l'histoire et de la géographie*).

Como se vê, a adesão à uma Geografia patriótica voltada aos interesses geopolíticos franceses vai se tornando cada vez mais econômica, mais planejadora e mais consciente de seu método, mas sem abandonar características que se tornaram próprias à geografia francesa: o viés histórico, analítico e literário. Ao mesmo tempo, a Geografia secundária francesa é uma disciplina que se volta aos interesses práticos do Estado francês e também esse hibridismo de perspectivas terá um peso nas escolhas de Monbeig. Para além do que foi apresentado, Pierre Monbeig também justifica sua entrada na Geografia com fundamento em um discurso político, tanto nos marcos dos interesses do Estado francês como as vezes seduzido por soluções mais radicais.

As origens e o encontro com Juliette Janet: um espírito engajado em uníssono às tendências da geografia

A escolha da Geografia e História não se dava exclusivamente por afinidades teóricas. As posturas políticas e a origem social também se refletem nas posições ocupadas no campo (BOURDIEU, 1976). Pierre Monbeig tivera uma origem modesta. Filho de professores, sua mãe o estimulava a cursar a *licence* em inglês, enquanto o pai encorajava a opção pela História. Tendo recebido os ensinamentos primários em casa, ele cursara o ensino secundário no *Lycée Montaigne*, primeiramente, e no *Lycée Louis-le-Grand*, posteriormente, liceus estes bastante conceituados em Paris. A questão financeira pesou na sua escolha, vindo a priorizar a estabilidade que lhe proporcionaria a carreira de professor, seguindo a profissão dos pais.

> No fundo, eu hesitei seriamente entre estudar Inglês ou História e Geografia. Via-me submetido a influências muito conflitantes, minha mãe insistia fortemente para que eu fizesse a licenciatura em Inglês, dizendo que os professores de História e Geografia não davam aulas particulares, enquanto que os anglicistas as ofereciam. Devo dizer que os meus pais eram antigos professores de classes elementares da escola secundária. A vida nem sempre fora fácil para eles, e o aspecto financeiro da profissão contava muito. Meu pai me deixou mais livre, mas sua influência foi muito mais durável e sutil porque ele amava História. Numa época em que isso era permitido, embora ele não tivesse concluído a licenciatura, ele tinha obtido um Diploma de Estudos Superiores em História, mesmo sendo professor da turma de 7o ano do Liceu de Beauvais. Penso então que devo ter hesitado um pouco, mesmo sem perceber completamente. (MONBEIG in BATAILLON, 1991, p. 27-28).

Uma modesta família e uma orientação política voltada à preocupação dos problemas sociais atraíram Pierre Monbeig à História e à Geografia, bem como reforçaram sua tendência em aprofundar-se no seio da última. Tratava-se de uma disciplina cujo recrutamento era mais democrático, o que possibilitava uma seleção social mais heterogênea e uma evolução na carreira menos exigente quanto às matérias escolásticas (CHARLE, 1994)

> Eu acho que isso é devido principalmente ao fato que, quando somos jovens e nos interessamos pela Geografia e, especialmente, pela Geografia Econômica e Humana, fazemo-lo quase sempre porque nos sentimos atraídos por certas preocupações de caráter social. E reforçamos nossas convicções pelo próprio fato de começarmos a fazer Geografia. Fico sempre espantado ao

> encontrar colegas da Geografia Humana que são reacionários: eu não entendo. A seleção de estudantes de Geografia sempre foi mais democrática do que a de outras disciplinas, especialmente a de economistas, e até mesmo de historiadores. Talvez devêssemos olhar para Saint-Cloud e a Licença sem Latim. Mas mesmo no passado, mesmo quando eu era estudante, penso que os alunos que preferiam Geografia a História eram na maior parte das vezes de origem mais modesta e tinham no geral **uma opinião política situada muito mais à esquerda do que à direita. Eu acho que por conta de suas origens, de suas famílias, da vida de seus pais, tias, primos, de todos os seus laços, eles eram muito mais próximos do trabalho manual** [grifos meus] (MONBEIG In BATAILLON, 1991, p. 33).

Na Universidade, Pierre Monbeig conhecera sua futura esposa, estudante de história, Juliette Janet. As relações familiares de Monbeig, travadas após este relacionamento, apontam para uma proximidade com intelectuais literários e científicos importantes de sua época. A família de Juliette Janet lançava Monbeig no seio do mundo acadêmico, enquanto sua própria família o fazia provavelmente lembrar da importância dos pequenos trabalhadores para a construção de seu país.

Sua origem familiar remete à comuna de Luc-de-Béarn. Por volta de 1400, já há no cemitério da cidade a referência a este nome de família. Em 1818, nasce o primeiro, ou um dos primeiros, "Pierre Monbeig". Ele irá morrer em 1885, tendo se casado com Françoise Marie, na própria cidade Luc-de-Béarn. Com este personagem começa a migração da família Monbeig para o Norte da França. Ocorre que, ao servir no exército, ele sorteou um "mauvais-numéro" e foi obrigado a alistar-se, quando passou a viver na Bourgogne. De origem humilde, era provavelmente cozinheiro chefe do exército, enquanto sua mulher era "femme de chambre". Depois, ambos se mudaram e se instalaram em Montfort Le Maury, no centro da França.

Lá, Pierre Monbeig, que veio a ser o bisavô do geógrafo, montou uma livraria e uma chapelaria. Também no centro da França, eles adquiriram uma velha casa que, mais tarde, se tornou uma "maison familiale", ponto de encontro de toda a família. Ele e Françoise tiveram quatro filhos: Xavier Monbeig (1853-

1911), que se casa com Marie Marie e mais três meninas. Depois, um dos filhos de Xavier e Marie, George Monbeig, casa-se com Angèle Fouque e serão os pais do futuro geógrafo.

De um servente do exército que se tornou livreiro, a lembrança da trajetória do bisavô de Pierre Monbeig pode ter tido algum peso na sua inclinação da família aos estudos. Pierre Monbeig se destaca em uma família de origem modesta, ligada ao trabalho braçal, alguns ocupando funções técnicas, como seu prórpio irmão Robert. Já a família Janet, de Juliette, esposa de Monbeig, se constituía predominantemente de trabalhadores intelectuais e profissionais liberais.

Um dos primeiros Janet, Pierre-Etienne Janet (1746-1830), dera início a uma longa descendência da qual se destacara o célebre psiquiatra Pierre Janet. Este importante profissional liberal era primo do físico Paul Janet (1863-1937), que se casara com Marie Marcou (1862-1850) e tiveram oito filhos, dentre eles Juliette, esposa de Pierre Monbeig. A família Marcou também tinha enraizamento intelectual, tendo um dos seus membros ocupado a chefia do conservatório da França, onde professores e funcionários se dedicavam a reabilitar o patrimônio histórico.

Graças aos depoimentos de Pierre Monbeig, fui levada a crer na importância de sua origem familiar pela preferência por estudos engajados, que dessem visibilidade às preocupações sociais das classes menos favorecidas no seio do mundo moderno. Isto me leva a inferir que Pierre Monbeig não apenas teria tomado conhecimento dos interesses políticos da sua pátria no liceu, como também ele teve grandes afinidades com os problemas dos menos privilegiados. Em seguida, como já inferi, as relações familiares a partir do casamento com Juliette, podem ter atraído ainda mais Pierre Monbeig aos estudos e à carreira acadêmica.

O Instituto de geografia e o começo do distanciamento das disciplinas literárias

Em 1925, Pierre Monbeig ingressa no curso de História e Geografia da Sorbonne. Nesse momento, as duas disciplinas eram lecionadas conjuntamente. Até então, a matéria geográfica era considerada como uma ciência auxiliar da História. Porém, pela diferença na estrutura institucional das duas disciplinas, vê-se que a Geografia prepara um voo de autonomia. Passando por um processo de consolidação das suas estruturas institucionais, pela fundação do Instituto de Geografia em 1925, e por uma atualização de seus cânones de saber legitimamente aceitos, a Geografia se volta mais do que nunca à abordagem dos problemas contemporâneos, e, portanto, de vocação menos literária e mais prática.

A diferenciação do *métier* do geógrafo de outros grupos, notadamente dos historiadores, é característica marcante desse contexto, segundo Marie-Claire Robic (1996b). Além disso, a abertura a mercados específicos de uma geografia ainda que não "aplicada", mas em rápido processo de autonomização dos valores da literatura, é da mesma maneira presente em seus traços iniciais (ROBIC, 1996b). No passado, os geógrafos universitários fizeram parte de um Comitê de estudos para preparar a França para as negociações de paz (TISSIER, 1996c). Na década de 20, o período é marcado pela possibilidade de assessoria sobre as reformas urbanas inseridas num processo de metropolização (ROBIC, 1996b).

Diferentemente da História, disciplina francamente associada aos princípios da descrição e da narrativa, a Geografia passa a representar uma cultura de explicação da modernidade. A modernidade é vista nesse contexto como o engajamento dos intelectuais com as questões *do presente*, desenvolvendo uma postura mais ativa. São essas novas possibilidades que despontam no cenário geográfico e que terão um peso importante nas escolhas de Pierre Monbeig, cujas razões pessoais aparecem quando ele compara a vocação dos dois ramos do ensino:

> O que me chamou para a Geografia, mas que também poderia ter-me atraído para a História Contemporânea, **foi um certo gosto pelos problemas políticos, econômicos e sociais**; mas a **História Contemporânea** me atraía pouco da forma como ela era então ensinada, era ainda uma História diplomática; porém, havia um historiador que pendia para a Geografia sem perceber, que era Henri Hauser. Nessa época em que o efetivo era pequeno, a influência imediata dos professores sobre seus alunos era ainda maior, e Demangeon recomendou àqueles seus alunos que lhe pareciam mais interessados, provavelmente porque lhe faziam perguntas durante as excursões e viviam em torno dele, que fossem assistir às aulas de História Econômica de Henri Hauser. [grifos meus] (MONBEIG in BATAILLON, 1981, p. 123).

Na verdade, esta nova proposta institucional e metodológica permitiu uma tentativa de inversão das forças em jogo. De uma ciência auxiliar, a Geografia começara a representar um ramo do conhecimento que poderia englobar os principais métodos da história, promovendo uma espécie de complementariedade entre as questões históricas e contemporâneas, entre os arquivos e o trabalho de campo, entre o método histórico e a capacidade de observação do presente. De acordo com um colega de Monbeig, Pierre George:

> A Geografia garantia a mim esta complementariedade, visto que na época era necessário utilizar os arquivos, e fazer em parte um trabalho de história, e de associá-lo a observação, ao tempo de fenômenos de longa duração que são as realidades naturais e os fenômenos de curta duração que são as realidades sociais. Apareceu a mim totalmente natural que, sem dar as costas à história, tornar-me geógrafo. (GEORGE In BATAILLON, 1981, p. 124)

Paralelamente ao movimento de renovação da disciplina, o contexto intelectual de produção acadêmica que permeia a disciplina História na Sorbonne é de crise do métier do historiador. A organização do curso de história não sofreu grandes alterações desde 1898 e os métodos encontravam-se relativamente inertes (CHARLE, 1994). A propensão das reestruturações universitárias dessa disciplina, foi, desde o século XIX, intensificar o peso dos processos avaliativos (GERARD, 1983, p. 81). As consequências de um engessamento institucional e de uma avaliação pedagógica rigorosa, de um método de difícil aplicação, vai lentamente formatando opiniões. Aparecem insatisfações nesse momento que podem ter contribuído a orientar carreiras, como a de Monbeig. Um aluno de história, Charle Péguy, deixa transparecer sua decepção:

> Quando nossos mestres inventaram o método, quando o expuseram para nós, ficou subentendido que reservavam para si o direito de não segui-lo? A lei é feita para todos. Ficou entendido que nossos professores introduziram o método para que nós fôssemos forçados a segui-lo enquanto que eles não eram obrigados a fazê-lo. (PÉGUY, apud NOIRIEL, 2014, p. 10).

Para o presente contexto, não era a Geografia uma disciplina engessada, mas a História. A fundação do Instituto de Geografia em 1925 permite que seus diretores se apoiem em modelos institucionais recentemente reformados (pensa-se aqui no exemplo da Universidade de Strasbourg, que passara por importantes reformas após o domínio alemão). Assim, o Instituto de Geografia se situa num cruzamento dos modelos institucionais alemão e francês, e que são a expressão de modos diferentes de fazer ciência, um mais literário (o francês), e um mais aplicado (o alemão). A organização do instituto, também em sua própria materialidade, pode ajudar revelar essas profundas tensões da disciplina, entre valores "literários" e "científicos"?

Com o propósito de reagrupar intelectuais cujas trajetórias se desencontram no exercício magistral de suas cadeiras, o modelo de instituto permitia e estimulava o trabalho em conjunto que favorecia a análise e resolução de problemas modernos, ou seja, ligados ao presente (FRIEDMAN, 1996, p. 97). As aulas eram previstas na forma de seminários, assemelhando-se aos trabalhos coletivos dos laboratórios e por onde se partilhavam experiências de atores cujos diálogos em níveis de pesquisa dessemelhantes desconstroem uma rígida concepção da hierarquia acadêmica. Trabalhos práticos eram privilegiados contrariamente aos atos de leituras e recursos oratórios. A faculdade de Letras é concebida como um centro de ensino de línguas modernas, desfavorecendo o ensino das línguas antigas ou orientais (FRIEDMAN, 1996, p. 96).

Também a organização dos prédios e dos materiais ambicionava uma *nova* estratégia de reprodução da ciência francesa: a reunião de obras provenientes de diversos países contribuía para a amplificação das zonas de influência dessa geografia. Ela ganhava, cada vez mais, a possibilidade de construir um discurso sobre o mundo, com a reunião de informações das suas diversas partes.

A coleção cartográfica do Instituto de Geografia aumenta anualmente e, notadamente, a transferência das coleções reunidas na Faculdade de Letras constituíram um importante patrimônio (DE MARTONNE, 1929, p. 53). Os livros são repartidos em duas bibliotecas: um pequeno estabelecimento é acessível aos estudantes. Uma segunda biblioteca é acessível aos professores, estudantes mais avançados e ao público estrangeiro (DE MARTONNE, 1929, p. 53-54). No conjunto, o número de volumes que ultrapassa 6000 de livros, 3722 brochuras, um milhar de obras duplicadas e há ainda obras doadas e não catalogadas (DE MARTONNE, 1929, p. 54). Além da expressiva coleção de cartas, originárias de serviços cartográficos de diferentes Estados "modernos" (DE MARTONNE, 1929, p. 54-55), a coleção era das mais atuais: quase 80% das compras de cartas de 1928 que foram adquiridas no Serviço Geográfico do Exército "graças à benevolência do general Bellot" (DE MARTONNE, 1929, p. 55). O impacto da primeira guerra atinge também, como era de se esperar, a produção cartográfica. São 12 000 cartas em 1912, 33 200 em 1926 e 44 097 em 1928! A geografia da coleção manifesta a intenção de alçar Paris como um "centro de cálculo" de pesquisas de alcance internacional: a França figura com uma coleção de 10 569 cartas, a Europa conta com 7 235, os Estados Unidos com 3 283 cartas e a África, por fim, com 1631 (DE MARTONNE, 1929, p. 55). Paris anuncia-se como um novo centro de cálculo da ciência geográfica.

Os geógrafos que liderarão esse movimento de modernização da geografia, teórico, material, e institucional, são justamente os geógrafos que serão professores de Pierre Monbeig na Sorbonne: Emmanuel de Martonne e Albert Demangeon, que também contribuirão intensamente com a construção do Instituto. Na ocasião de um intercâmbio na Alemanha, na condição de bolsista, Emmanuel de Martonne, futuro diretor do Instituto de Geografia no período em que Pierre Monbeig o frequentará, assimilara práticas de pesquisas que se verão futuramente integradas no contexto de renovação institucional e científica, não sem salientar que a tradição literária francesa não pode ser dispensada, mas já sofrendo adaptações cada vez mais significativas.

Concentração de recursos técnicos, pedagógicos e bibliográficos no seio do mesmo instituto; seminários com a presença de pesquisadores em diversos níveis; trocas entre professores, pesquisadores e alunos no cotidiano dos pesquisadores; predominância dos trabalhos práticos e importância das excursões (DE MARTONNE, 1898), são os elementos já destacados por de Martonne que mereciam destaque do modelo alemão. Mesmo assim, as incorporações são mais complexas do que simples sobreposição de um modelo por outro e os valores literários franceses não são totalmente descartados. A citação é longa, mas plena de interesse para análise sobre a fusão de um modelo institucional com outro, movimento que repercurte uma tensão:

> Vê-se, pela preocupação com o lado prático, que o ensino de geografia alemão tende a oferecer aos estudantes não somente ideias, princípios gerais, mas sobretudo meios de trabalho, instrumentos de pesquisa científica pessoal. É um ensino voltado talvez menos para o passado e mais para o futuro, menos pela preocupação com o que adquiriram os estudantes e mais com o que resta a adquirir. Os estudantes são preparados não apenas no tipo de raciocínio geográfico, mas ainda, e sobretudo, na pesquisa dos fatos que servem de base a este raciocínio. Vê-se formarem-se espíritos práticos, mais do que perfis voltados ao método. Essas tendências são particularmente marcadas na escola de Viena e como elas são no geral opostas às tendências de nosso ensino, compreende-se facilmente qual o interesse que elas podem significar a um jovem francês. Predisposto por sua educação literária e filosófica a encarar os fatos do alto, a se ligar às ideias mais do que aos fatos que são origem dessa ideias, às grandes relações de causa e efeito que se entrelaçam nos fenômenos geográficos mais do que a esses fenômenos por eles mesmos, ele aprenderá o gosto pela pesquisa minuciosa, e os meios práticos, a alargar o campo de suas experiências, o que tem por consequência alargar o próprio campo de suas ideias. Ele poderá reunir as vantagens dessas duas formas de ver as coisas e de tipos de ensino completamente diferentes, e que podem se completar, para melhor dizer. (DE MARTONNE, 1898, p. 259).

Por tal citação, é notório que Emmanuel de Martonne concebe uma tradição geográfica francesa a meio caminho entre os estudos práticos (alemães) e as grandes construções teóricas (francesas). As teorias que permeia as sugestões de de Martonne têm também vocação literária, seriam elaboradas com rigor empírico, *narradas* com expressividade artística e visão "do alto". Já o modelo de ensino alemão é um modelo baseado na sistematização do uso e do ensino do método e de sua pronta aplicação na realidade. A abertura ao modelo alemão, um relativo afastamento da História e a manutenção do "espírito francês", tornou-se uma combinação prestigiada e sinalizava a internacionalização e a modernização do ensino universitário de geografia como uma fusão de perspectivas. Tudo isso pode ter contribuído para a atração de Monbeig por esta disciplina. O instituto de Geografia se revestiu da articulação desses dois modelos diferentes de ciência e tornou-se um lugar preparado para acolher uma ciência moderna. Ele reproduzirá, assim, a estratégia epistemológica entre o vernacular e o científico, entre o desinteressado e o prático, mas não sinalizava, a meu ver, para tendências que apontavam para um maior distanciamento das formas literárias, não consumando essa separação. Após a primeira guerra, o Instituto de geografia de Paris busca amalgamar estes dois modelos em um discurso de autonomia do seu próprio ensino nacional.

Os valores literários resistiam frente a uma disciplina aménagiste

Assim, as mudanças rumo à aplicação, ao planejamento e à consciência metodológica não acorrem de um só golpe e a originalidade epistemológica da Geografia francesa gerava um espírito de coesão. A recente criação do Instituto e de suas cadeiras na Sorbonne nutre um ambiente de entusiasmo e renovação (BROC, 1983, p. 247). O projeto de construção do instituto começou a se esboçar um pouco antes da primeira guerra mundial, em 1913, pelo reitor Louis Liard. Mas só em 1925 o Instituto de Geografia pôde ocupar o espaço da rua Saint-Jacques (DE MARTONNE, 1927, p. 407).

Foto 1: O Instituto de Geografia. Fonte: Exposição virtual Sobre os passos de um geógrafo: os cadernos de Vidal de la Blache. Org: Marie-Claire Robic e Jean-Louis Tissier. https://nubis.univ-paris1.fr/exhibits/show/sur-les-pas-d-un-geographe/decouvrir-un-corpus

O instituto era um lugar essencial de formação e representava uma vitória importante da concepção metodológica dos discípulos diretos de Vidal de la Blache, e uma tomada de posição mais ancorada nos valores literários. Pois seus antecedentes revelam as controvérsias teóricas que estavam embutidas na luta por institucionalização da Geografia. O projeto que precisou ser vencido fora o de Marcel Dubois, conhecido como o propulsor de uma geografia colonial (portanto uma geografia mais prática e *aménagiste*) que propusera inclusive a criação de um laboratório concorrente na Sorbonne sob sua direção e que ocupava uma das mais antigas cadeiras, sendo sucessor do historiador A. Himly. Ele não priorizava um ensino associado às ciências naturais, ao contrário dos vidalianos (ROBIC, 2001a).

> Desenvolvendo 'a geografia colonial', [cátedra] para a qual ele foi nomeado na Sorbonne, M. Dubois divergiu, contudo, em

> relação a seus camaradas 'normaliens' que se mantiveram próximos de Vidal de La Blache, Lucien Gallois, B. Auerbach, e ainda, Emmanuel de Martonne (...). A divergência concernia ao projeto, orientado por uns a uma disciplina da ação e por outros por uma ciência contemplativa (Robic, 1998; Soubeyran, 1998). Uma delas se dava em torno da relação [da geografia] com as ciências naturais: Dubois se recusa a uma aliança estreita com as ciências naturais, e, sobretudo, ao primado da geologia (ROBIC, 2001a, p. 83).

Olivier Soubeyran ajuda a contextualizar o quanto a geografia colonial se distingue do ponto de vista paradigmático da geografia vidaliana. A ação planificadora e a liberdade de ação do homem estão no centro da geografia colonial e da controvérsia gerada com os vidalianos:

> O artigo [sobre 'Le Dombes' de Lucien Gallois] cristaliza em uma dezena de páginas, aquilo que se tornará exemplar no pensamento geográfico francês: o partido tomado pela geologia, pelo encadeamento determinista, linear, que desemboca, necessariamente, em uma relação entre o homem e o solo. Uma abordagem onde a regionalização dos espaços produzida pela história e pela política desnaturalizam o que a natureza havia unido. Uma visão, que se quer do alto e desinteressada, onde o que se descreve é o que é em relação ao que foi, onde os atos de ordenamento do território e da engenharia recente reparam essencialmente os erros do passado para reencontrar a harmonia que nos ditava a divisão natural (SOUBEYRAN, 1997, p. 115).

Pelas citações de Robic e Soubeyran, outorga-se que a centralidade da ação humana articulava os paradigmas geográficos diferentemente. Uma geografia mais humanista era menos contemplativa e mais tendente à ação. *Era sobretudo a parte física que evocava a contemplação da natureza e o discurso literário.* À vista disso, pode-se graduar a postura dos professores "vidalianos" frente à metodologia do ensino do método e às tentações da sua orientação prática. A Geografia vidaliana desponta no começo do século XX, como uma ciência moderna ligadas às demandas do presente, porém não em função do uso imediato dos interesses coloniais ou planificadores. Ainda que ecoando alguma simplificação (CLERC, 2017), era esta a concepção dos vidalianos que, sem negar o uso de fontes e dados de uma geografia das colônias (CLERC, 2017), não pendiam para uma ciência planificadora, e ancoravam parte de seus discursos especulativos na contemplação da natureza (SOUBEYRAIN, 1997). Tudo esse debate expressa tensões de longa duração da constituição do discurso científico nesta época.

Diante disso, corroborando com uma vitória da concepção geográfica dos discípulos de Vidal na orquestração do instituto, o esboço de seu projeto cumpria, entre outras funções, uma das quais era essencial: a reunião dos materiais em um ambiente cujo projeto pedagógico era marcado pela união entre os estudos literários e os estudos naturalistas. Era um centro de cálculo de uma determinada concepção de ciência. Os valores literários resistiam na evolução da Geografia:

> A retomada das negociações ocorreu no começo de 1920, sob a presidência de P. Appell, que se tornara reitor, e que reuniu uma nova comissão em abril. Ele lembrou as linhas diretivas do projeto: 'a ideia dominante foi de fazerem cair os muros que separam as faculdades. No instituto de geografia, as Faculdades de Ciências e de Letras devem estarem juntas. Deve-se evitar uma divisão no ensino. (ROBIC, 2001a, p. 95.).

Finalmente inaugurado, este novo estabelecimento agiu como um catalisador das atividades geográficas do período: excursões são organizadas amiúde pela associação de estudantes contando com a direção de professores (DE MARTONNE, 1929, p. 60). O modelo do professor-pesquisador inscrito em trabalhos coletivos aparece na prática do trabalho de campo e proporciona a formação de estudantes num espírito corporativo de pesquisa. Alguns professores tornavam-se bastante próximos dos estudantes, outros cultivavam posturas mais distantes, todos exerciam inegável sedução sobre os alunos, principalmente quando estavam no campo. Tal estrutura pedagógica institucional favorecia a influência direta dos professores sobre os alunos.

> Este gosto foi reforçado pelos professores do jovem Instituto de Geografia que abria suas portas em 1926, ou seja, de Martonne e Demangeon, meus camaradas do momento, J. Weulersse, P. Vilar, J. Bruhat, todos dotados de grande admiração por Demangeon, pois ele representava igualmente uma tradição normalista : uma maneira bastante formal de falar dos problemas da geografia humana, enquanto que de Martonne, ríspido, e também bastante 'normalista', não buscava arrancar sorrisos da jovem geração (Entrevista de Jean Dresch a Claude Bataillon, 1981, p. 121).

Do mesmo modo, está sediada no Instituto a Associação dos Geógrafos Franceses (AGF), criada em 1920, responsável pela publicação de uma "Bibliophaphie géographique annuelle" (DE MARTONNE, 1927, p. 409). O que ressai do papel da Associação é a promoção de uma equalização dos conhecimentos geográficos num viés essencialmente *especializado*. Assim, apesar da resistência dos valores da literuata que têm efeito inclusive sobre a organização material e institucional, é justamente este o movimento que a constituição do Instituto parece estimular: um crescente processo de especialização da geografia, uma crescente consciência metodológica e um *relativo* processo de diferenciação do *métier* do geógrafo, em relação a outras disciplinas literárias.

A AGF tinha como objetivo promover o diálogo entre "especialistas" (DE MARTONNE, 1927, p. 409). Nota-se que, prontamente, não se faz referência a "sábios", mas evocam-se os "especialistas", mesmo que ainda não se possa referir a "geógrafos". É esta transição que a Associação procura estimular. A sede da Associação localiza-se no mesmo prédio do Instituto de Geografia, o que contribuiu para a liderança dos geógrafos universitários em suas atividades. Os membros ativos (há uma diferença entre os ativos e os benfeitores) são demandados a produzir trabalhos geográficos. Há um controle teórico da produção geográfica nacional. Os novos membros só podem ingressar com a aprovação dos antigos. Assim como se verificará no Brasil, a AGF será a promotora de uma Assembleia Geral, que reúne os geógrafos pelo menos uma vez ao ano (AGF, 1924, p. 4).

Além da abertura às especialidades favorecida pela AGF, o conselho de direção do instituto corrobora com a articulação de uma rede de reconheci-

parte "humana" orientava-se visivelmente à economia e constituía a parte avançada dos estudos. Contudo, é a Geografia Física que tem primazia na formação teórica dos estudantes, ramo da disciplina que sustentava o discurso contemplativo e expressividade descritiva da natureza, portanto, literária (MEYNIER in BATAILLON, 1981, p. 130-131). Acredito que era por este ramo do ensino onde se reforçariam, sem qualquer tipo de monopólio, as posturas contemplativas da natureza e da paisagem e, mesmo que tendencialmente mais explícitas, ainda pouco herméticas naquele momento. Ao estudo da Geografia Física, seguia como consequência natural o estudo da Geografia Humana. Neste outro ramo do ensino, o testemunho de Pierre Vilar atesta como o processo de renovação institucional foi acompanhado pela atualização metodológica que se voltava aos desafios de compreensão dos problemas contemporâneos:

> Mas é preciso dizer que até então as grandes questões que nós imaginávamos, de forma mais ou menos confusa, que dominariam nosso século, só tinham sido colocadas através das lições dos nossos mestres geógrafos: demografia, migrações, colonização, polos de desenvolvimento industrial e urbano, transformações nos modos de produção agrícola, desenvolvimento energético e, ainda mais próximas da história viva que nós sentíamos palpitar, as crises do mundo britânico, o futuro dos grandes espaços americanos, o despertar das massas na Ásia, a emergência dos planos soviéticos (VILAR, 1962, p. 12).

Após o período de iniciação aos fundamentos, os estudantes de geografia eram orientados ao curso de geografia regional, que unificava os estudos de geografia física e humana e que compreendia um estudo sobre a França. Depois, o aprofundamento dos estudos geográficos voltava-se para uma parte da Europa e, por fim, culminava com grandes extensões extra-européias (DE MARTONNE, 1927, p. 407-408). O curso não era, isto posto, de caráter enciclopédico, nem localmente restrito. Pela sua estrutura, era acima de tudo a parte *metodológica* que importava exercitar.

Os anos frequentados por Pierre Monbeig na condição de aluno do Instituto de Geografia contaram ainda com diversos temas: em 1925-1926, Lucien Gallois disserta sobre as relações entre geografia e topografia. Ver-se-á que Lucien Gallois exerce um importante papel do ponto de vista da sistematização do ensino do método. Emmanuel de Martonne discorre sobre o tema da Ásia de monções (Índia, Indochina, China e Japão), enquanto o professor Albert Demangeon palestra sobre a Europa do Noroeste (Ilhas Britânicas, Países Baixos, Escandinávia) (UNIVERSITÉ DE PARIS, 1925-1926).

O ano de 1926-1927 teve como foco a América do Norte, conteúdo ministrado pelo Professor Albert Demangeon, e um curso sobre a Europa Central, ministrado por Emmanuel de Martonne (DE MARTONNE, 1927, p. 407-408). Uma quarta cadeira, de geografia colonial, era assumida por Augustin Bernard que, em 1926-1927, pôs-se a expor sobre a geografia da África do Norte (UNIVERSITÉ DE PARIS, 1927-1928, p. 116). Não encontrei programas em que se incluísse a América do Sul no período de formação de Monbeig. Mais do que promover uma volta ao mundo, o curso de geografia exercitava o método.

A atribuição de de Martonne como introdutor dos princípios da geografia é indicada a partir do certificado de 'Geografia Geral' outorgado logo a pós a conclusão de seu curso. Efetivamente, data de 1909 a publicação do *Traité de Géographie Physique*, reeditada em 1925 – aliás, ano de fundação do Instituto - e que fortalece sua posição como um chefe de escola. Quanto ao programa de Albert Demangeon, verifica-se que é centrado no estudo de temáticas contemporâneas: como já foi visto, após o abalo da primeira guerra, a questão das matérias primas figura como tema incontornável. Importa salientar, do mesmo modo, que Albert Demangeon orienta seu curso para o problema das indústrias.

Ainda na fase de estudos de Monbeig, Marcel Dubois já não ocupa mais a cadeira de geografia colonial na Sorbonne. As aulas sobre a "Geografia e a Colonização" são oferecidas por Augustin Bernard e focam-se na África do Norte. Como já abordado, a liderança de Dubois fora marginalizada pelos vidalianos e, com ele, uma certa geografia da colonização. Dubois reforçava o papel do homem na condução dos processos, longe da influência dos condicionantes naturais. Reitera-se que a geografia das colônias traz à luz uma vertente aplicada, em que os vidalianos só se engajarão, quiçá, na longa duração: segundo Pierre George, a geografia colonial de Dubois se constituía como uma "geografia aplicada da expansão europeia". A aplicação não era, de fato, o projeto imediato dos vidalianos (GEORGE apud ROBIC et all., 2006a, p. 156). Não se pode falar ainda de uma geografia vidaliana aplicada, que, mesmo alimentada pelas fontes coloniais (CLERC, 2017), era resisitentemente mais ancorada na consideração de um determinismo geográfico. O raciocíno determista, em um sentido lato, ou seja, de determinação do natural sobre humano variada, e não em um sentido estrito, ou seja, como um fator natural resultando em um fator humano possível é também ancorado nos valores literários, tal como eles o praticavam. Através desse tipo de raciocínio valorizava-se as singularidades irredutíveis da natureza e uma das dimensões por onde se expressava na geografia os valores literários, do que a valorização do potencial interventor do homem.

As excursões: um método "invisível" e uma vida social motivadora

Os exercícios metodológicos do currículo de geografia, tal como eram praticados no momento de formação de Monbeig, também corroboram com esse quadro de tensões. E da mesma maneira, ajudam a explicar porque Monbegi sentiu-se atraído pela geografia As excursões também exercem um papel essencial na formação dos geógrafos e na atração de alguns estudantes pelo curso. Elas cumprem diversas funções. Tais eventos contribuem para multiplicar os *exercícios* tipicamente geográficos: fazendo os estudantes ingressarem no campo sem a necessidade de um excesso de discussão epistemológica, seu exercício vai na direção da invisibilidade do paradigma: "esta invisibilidade do paradigma será particularmente efetiva provavelmente nesta disciplina da primeira metade do século XX que ficou conhecida por sua frágil 'apetência' pela introspecção epistemológica" (ROBIC, 2006c, p. 153).

Esta invisibilidade foi por muito tempo a marca da geografia francesa e, apesar de ter sofrido severas críticas no desenrolar da história contemporânea, corrobora, neste momento, com o argumento da flexibilidade da adoção metodológica adotada pelos professores de geografia. Assim, apesar de certo grau de sistematização metodológica, não se pode falar em diretrizes francamente sistematizadas ou de uma doutrina explícita. Esta invisibilidade do paradigma, uma vez que era prioritariamente reproduzida pela Geografia física, levaria a reforçar o estatuto descritivo da Geografia e era principalmente exercida no trabalho de campo.

> (...) uma formação na disciplina que se opera em geral não pela formulação de regras, em um discurso explícito e autonomiza-

> do, mas sobretudo pela instigação à prática de exercícios, que se tornam cada vez mais complexos, através dos quais o estudante é conduzido a partilhar o paradigma da comunidade científica que ele passa a pertencer. Essa formação por impregnação produz a invisibilidade do paradigma por seus praticantes (ROBIC, 2006c, p. 153).

E esta "invisibilidade" metodológica foi assinalada por Monbeig num momento de reviver e avaliar tais experiências:

> As excursões de Geografia não eram jamais exclusivamente de Geografia Humana, mesmo aquelas conduzidas por Demangeon, pois, nestes tempos, um geógrafo humano podia ainda fazer geografia física sem dizer muitas bobagens. Elas consistiam em visitas de explorações agrícolas, análises de paisagens rurais, no terreno, visitas de usinas. Demangeon colocava questões para tentar nos treinar um pouco na arte das questões. Era essencialmente isso. Nem Demangeon, nem de Martonne se preocupavam em iniciar os estudantes na pesquisa. O gosto pela pesquisa vinha sozinho, e não era estimulado pelos professores (MONBEIG in BATAILLON, 1991, p. 28).

Outros estudantes da época, como o futuro poeta Julien Gracq, também ressaltam a invisibilidade metodológica de uma ciência jovem, aberta às influências de outras disciplinas e ao empréstimo de modelos. Toda a desvantagem das formas de produção intelectual balbuciante para uns, colocava desafios estimulantes para outros:

> Quando eu penso nos meus anos de estudante, eu me regozijo da sorte que me fez escolher uma disciplina totalmente nova, quase no estado de nascimento, como era então a Geografia, enquanto meus camaradas se engajavam nos trilhos sem imprevistos e sem horizontes da epigrafia latina ou da arqueologia grega. O fundador, Vidal de la Blache, havia morrido há menos de doze anos. De Martonne, seu genro e sucessor, e Demangeon, estavam em pleno exercício: de fato, a geografia moderna, saída

> do nada desde menos de uma quarentena de anos, tinha praticamente a idade da psicanálise e da sociologia. Em parte alguma o cordão umbilical estava cortado, nem do lado da geologia, do lado da história, do lado da economia, da meteorologia, da agronomia e mesmo das ciências políticas, ela se alimentava sempre livremente (GRACQ, 1992, p. 149).

As excursões são a chancela, dessa forma, de uma metodologia que valoriza o concreto e cuja abstração pouco ambiciosa se caracteriza por expressões como "descrição explicativa", "observação racional", "saber olhar" (ROBIC, 1996a, p. 358-359) e que se integram sutilmente com o discurso vernacular. Na tentativa de se esquivar das simplificações, mas resguardando seus raros benefícios, pode-se dizer que o trabalho de campo era pedra angular da Geografia física e que dava sustentação às descrições e aos recursos de expressividade. É em tal ocasião que porventura se encontrará o cerne da reprodução dos valores literários e do exercício de sensibilidade do cientista. As excursões remetem a uma das mais caras heranças de Vidal de la Blache (ROBIC, 1996a, p. 362).

Mas se há no trabalho de campo uma reprodução das resistências à tendência da cientificidade das modelizações da ciência alemã renovada, a valorização do concreto, (diferentemente do que entende parte da historiografia, para quem os mecanismos de descrição eram fatalmente e politicamente conservadores) era também sentida por alguns, como Pierre George, como uma possibilidade de ação, de recusa à alienação dos estudos clássicos e pela chance de viver e atuar no seio das realidades do momento:

> Fui levado à História e à Geografia por um certo amor pelo concreto, um amor à realidade. Estava um pouco decepcionado com os chamados Estudos Clássicos, que eram estudos muito mais focados na gramática do que na cultura e civilização. A História e também a Geografia me davam a satisfação de atingir realidades tangíveis e de, finalmente, viver no meu tempo (GEORGE in BATAILLON, 1981, p. 124).

Com tais características, esta atividade também se vincula com o espírito crítico que observei aflorar dos testemunhos de Monbeig: o contato com o terreno dá voz a personagens que não deixavam registros nos arquivos, como os camponeses de pequenas províncias (ROBIC, 1996a, p. 363), silenciados que estavam da história oficial. Para alguns estudantes, além de ter se tornado um elemento decisivo, as excursões eram encaradas como uma ferramenta crítica da Geografia:

> E então, recém-aprovado no concurso público da Agregação (1926) e alocado em La Rochelle, eu quis fazer como ele [Henri Cavaillès]. Meu Deus, viajar ao longo da costa, ir às ilhas, falar com as pessoas de Charentes, tão diferentes deste gascão-landês que sou, atraiu-me muito mais do que permanecer trancado em uma biblioteca ou vasculhando arquivos. Foi assim que me tornei geógrafo (PAPY in BATAILLON, 1981, p. 127).

Por outro lado, as excursões têm um papel talvez ainda mais sedutor: o contato social com os colegas! Pierre Monbeig não prescinde do contato com os "camaradas", das reuniões e das trocas de experiências em ambientes livres das pressões acadêmicas e da concorrência das pesquisas de arquivos (MONBEIG in BATAILLON, 1991, p. 27). De acordo com Julien Graqc, as excursões estimulavam as trocas de experiências e informações, os estudantes podiam se evadir do terreno árido da quantificação e contribuíam para uma formação sobretudo generalista. Esta postura encontra-se em pleno momento de transição e a invisibilidade do método sofrerá reveses futuros.

> Ela [a geografia] não tinha entrado *ainda* no reino árido da medida e da quantidade: nas excursões interuniversitárias de final do ano, das quais grande parte dos catedráticos participava, um tato clínico, ainda quase artesanal, tinha total importância na troca de pontos de vista. Nenhuma especialização absoluta, na verdade, esta disciplina quase nova era ainda composta majoritariamente por generalistas [grifo meu] (GRACQ, 1992, p. 149).

Era essa geografia francesa que germinava da conjunção de dois modelos científicos no seio das especificidades do contexto e das tensões de longa duração do ambiente intelectual francês. Do lado da tendência aos valores literários, tem-se um período marcado pela invisibilidade do método, pela sua flexibilidade doutrinária, pelo papel primordial da Geografia física na iniciação aos fundamentos, por uma disciplina contemplativa, mas com crescente vinculação aos interesses interventores do Estado, pelo gosto pelo trabalho de campo e pelo concreto. Do lado do cientificismo, há um engajamento aos problemas humanos que estão no coração do mundo, de uma Geografia Humana nascente, um impulso à ação, uma renovação das temáticas, uma renovação dos métodos do ensino em direção a uma maior sistematização, uma renovação institucional inspirada no modelo alemão. Esses são os marcos do período de formação de Pierre Monbeig na Sorbonne.

Foto 2 Pierre Monbeig e seus colegas no Instituto de Geografia. Monbeig se encontra na terceira fila, de baixo para cima, o primeiro, da direita para a esquerda. Cedida gentilmente por Denis Wolff após ter sido encontrada nos arquivos de Albert Demangeon.

Foto 3 Professores e alunos na ocasião de um trabalho de campo. Pierre Monbeig é o primeiro aluno da esquerda para direita. Foto cedida gentilmente por Denis Wolff após ter sido encontrada nos arquivos de Albert Demangeon.

A apologia do caráter prático dos estudos de Geografia Humana

O curso sobre as noções elementares da Geografia, a tomar pela célebre publicação de Emmanuel de Martonne é bastante flexível. Segundo André Meynier, "os geógrafos, em geral, negligenciam completamente essas preocupações doutrinárias ou filosóficas", mas eles organizam a metodologia em torno de "princípios" (MEYNIER, 1969, p. 45).

Com fraca apetência metodológica, de Martonne explicita o método pela negativa: a geografia não aspira o estabelecimento de um limite fixo em relação as outras ciências, não reivindica uma partilha específica da realidade concreta que separaria os domínios da geografia dos outros, tampouco se empenha em aprofundar o ensino de modelos e conceitos que proporcionem uma visão *apriorística* da realidade: "querer definir uma ciência por princípios colocados a priori, querer atribuir um limite exato a seu campo de investigação é uma empresa sempre temerária" (DE MARTONNE, 1925, p. 3). A expressão que recorrentemente se lançava mão era de "princípios de método", aos quais de Martonne define principalmente três.

O princípio da extensão, onde os " (...) o botânico estudo os órgãos das plantas, suas condições de vida, sua posição na classificação; se ele busca determinar sua área de extensão, diria que ele faz geografia botânica" (DE MARTONNE, 1925, p. 21); o princípio da geografia geral, formulado por Ritter e Vidal de la Blache "(...) o estudo geográfico de um fenômeno supõe a preocupação constante com fenômenos análogos, que podem se mostrar em outros pontos do globo" (DE MARTONNE, 1925, p. 22) ; e o princípio da causalidade que "não [pode] se contentar jamais com o exame de um fenômeno sem remontar às causas que determinam sua extensão e sem procurar suas consequências (...)" (DE MARTONNE, 1925, p. 22). Dos três princípios pode-se desdobrar um quarto, que é o princípio cartográfico, da localização e da comparação das cartas (DE MARTONNE, 1954, p. 19).

Assim, do ponto de vista da formulação de "princípios de método", a Geografia situava-se a meio caminho de traçar fronteiras com outras disciplinas, a meio caminho também da adoção de modelos e de uma miríade de conceitos, não abrindo mão de sua linguagem vernacular, não prescindindo da compreensão da totalidade e nem pretendendo a partilhá-la de forma arbitrária. Trata-se de um estatuto metodológico que ainda não abandonou os valores literários, ainda que caminhe para um certo distanciamento.

Contudo, do lado da Geografia Humana, a predominância do fator humano faz pender a balança epistemológica à propensão à ação. A contribuição de Albert Demangeon ao *Livret d'Étudiant* (1926) da Sorbonne orienta-se no sentido de "culpabilizar", de forma entusiasta, os problemas que as disciplinas escolásticas suscitaram na origem da derrota de 1870-1871. Um debate público teria eclodido pela atualização dos currículos, pela supressão do ensino das línguas mortas, como o grego e o latim, e a inclusão de disciplinas à altura da cultura contemporânea geral. A Geografia Humana estaria em plena concordância com a ruptura com os estudos escolásticos:

> Equivalia a ir muito longe no ardor da luta e a querer destruir disciplinas sem as quais dificilmente se concebe a verdadeira cultura. Mas a tendência era significativa: tratava-se de abandonar o estudo exclusivo do passado e voltar-se para o mundo moderno (DEMANGEON, 1926, p. 378).

Disciplinas "modernas" são aquelas que se voltam para conhecimentos orientados à *resolução prática* de problemas contemporâneos. A estratégia de concentrar-se no estudo desses problemas está relacionada a uma divisão de tarefas entre a Geografia e a História, mas também, como cheguei a afirmar, numa reviravolta na correlação de forças entre essas disciplinas. Albert Demangeon milita em favor do aumento da carga horária da Geografia no ensino secundário, em concorrência com a História (DEMANGEON, 1926, p. 382). Ora, do lado da Geografia Humana, era justamente a "velha" História que repunha os valores literários.

Segundo este geógrafo, tanto o objeto quanto a atitude científica do geógrafo são frutos de uma concepção "moderna" de mundo, ou seja, são originários de uma percepção *retrospectiva*, e, portanto, partindo do presente, dos problemas que afetam a Terra: "é ao mesmo tempo por seu objeto e por seu método que a geografia pode jogar no ensino com **um papel de forte cultura**" [grifos meus] (DEMAGEON, 1926, p. 379).

Isto porque, conforme Demangeon, o modo de produção do saber sistematizado na forma de princípios gerais deve sua formulação a uma observação do mundo contemporâneo: "com um **método próprio** de **localização, descrição e comparação**, a Geografia faz surgir uma **fonte original de trabalho espiritual**" [grifos meus] (DEMANGEON, 1926, p. 379). Após a primeira guerra, a solidariedade entre as diversas partes do mundo produz um *olhar retrospectivo* sobre as formas de interação geográficas. Trata-se de uma definição claramente demarcada no domínio do empoderamento dos fenômenos humanos na remodelação das paisagens. São os homens, portanto, a fonte de uma padronização geográfica.

Demangeon fala em cultura material global, uma imposição da unidade do mundo pelas conquistas da civilização, o isolamento das sociedades batido em cheio. Como já se viu no exemplo da antiga geografia colonial, é a autonomização da Geografia Humana, e sua preocupação com a "modernidade", que tende a desarticular a estratégia do misto da geografia vidaliana: "Praticamente, materialmente, **a noção de unidade do mundo** se impõe. O desenvolvimento e a vulgarização de certas conquistas da civilização transformaram **o mundo em uma vasta sociedade** onde ninguém pode trabalhar nem agir, nem pensar, **nem viver isoladamente"** [meus grifos] (DEMANGEON, 1926, p. 385-386).

Demangeon concebe que, depois da primeira guerra, a integração do globo denota que os fluxos e as trocas presentes são fonte de maior dinamismo do que as heranças e permanências do passado (daí a importância dos princípios de localização, conexão, extensão, comparação e causalidade): "nós sabemos também que, se nós [os professores] os ensinamos [aos alunos] sobre esses fatos, nós fortalecemos neles a **noção do presente, do atual, inseparável da noção de movimento, de ação**" [grifos meus] (DEMANGEON, 1926, p. 386). Ele *começa* a tender, portanto, à uma geografia da ação, separada das posturas contemplativas da descrição da natureza e dos valores literários.

O contexto geopolítico pós-primeira guerra terá um impacto no domínio teórico: é na projeção cuidadosa do presente sobre o passado, de forma retrospectiva, que reside a força da Geografia Humana contemporânea, visto que os geógrafos são conduzidos a considerar a evidente descontinuidade das dinâmicas espaciais do presente. A visão da Geografia Humana orienta-se para uma observação global do mundo, em que as novas determinações do contexto geopolítico têm influência sobre a atitude científica dos geógrafos. Trata-se provavelmente de algo diferente do que teria imaginado Vidal de la Blache ao propugnar uma geografia mais francamente histórica, disciplina sabidamente literária, e não retrospectiva. Aqui também, a proposta inicial de Vidal já sofre reformulações.

A geografia e as novas proposições de Henri Hauser

Pierre Monbeig também consigna a sua filiação às ideias do historiador Henri Hauser: "Eu já citei o nome de Henri Hauser, com quem minha mulher fez o Diploma [DES] (...) "(MONBEIG in BATAILLON, 1991, p. 30). O espírito renovador da Geografia atingia, neste estágio, amplas adesões à disciplina. A atração de Henri Hauser pela Geografia o rodeava de atributos que justificavam a inspiração de Pierre Monbeig: o papel atual e prático que ele concebia como sendo o papel da ciência; o intelectual engajado, atuante nas questões de seu tempo; um cientista propositivo em torno das amarrações interdisciplinares entre a história e a geografia. Aos olhos de um jovem estudante, os predicados sedutores de Hauser não seriam frutos da influência da Geografia? Quando Henri Hauser chega à *Sorbonne* como professor de História, sua bagagem geográfica não é desconhecida.

No que toca ao viés engajado de Henri Hauser, ele nunca escondeu sua inspiração nas ideias de Karl Marx, deu visibilidade histórica aos operários, esquecidos frequentemente pela corrente historiográfica dominante, foi fiel propagador dos valores da Terceira República e, entre 1916 e 1919, foi um conselheiro ativo de Ettiénne Clémentel, ministro do Comércio e da Indústria (DAVIS, 2006). No caso de suas relações com a Geografia, além de ter produzido diversos manuais geográficos para o Ensino Secundário, anunciado uma formulação interdisciplinar no artigo "la Géographie Humaine et l'histoire économique" (1906), chegou a ocupar postos como professor desta disciplina (GERBOD, 2006, p. 35).

Na atuação como conselheiro do ministro, a bagagem geográfica de Hauser teve um papel chave. Em 25 de Agosto de 1917, Clémentel enviara uma circular às câmaras de comércio com um projeto de redivisão da França em regiões econômicas. Como seu conselheiro, Henri Hauser apoiou-se nos trabalhos de Vidal de la Blache para pensar uma modernização econômica que não fizesse tábula rasa das identidades regionais. Era um chamamento a aventar uma regionalização "racional" do território francês - que desse vazão à simbologia de que uma vitória militar era também uma vitória econômica – mas em um sistema cujos laços regionais do homem ao solo fossem preservados, assente com a modernização industrial a toda marcha (VEITL, 2013, p. 184). Em Hauser, o uso dos princípios de Vidal de la Blache estão sujeitos provavelmente a injunções ainda mais reformadoras.

É na *Sorbonne* que Pierre Monbeig tomará contato com este intelectual atuante. Professor de história impressionado pelas concepções de Vidal, ele vai ceder à tentação de pensar a ação do homem sobre o meio, mais do que no sentido contrário, ou seja, do meio sobre o homem. Segundo o raciocínio proposto, esta valorização da ação do homem também surgida nos flertes com o marxismo e pode ter ajudado, da mesma maneira, a contribuir com a erosão dos valores literários, desbalanceando a estratégia do misto, pois essa geografia aplicada marxista era a imagem refletida no espelho da geografia aplicada, só que a imagem "crítica" da antiga geografia colonial. Seu ensino dá mostras de como esta inspiração dera frutos. Hauser e Demangeon privilegiam articulações de problemáticas históricas com os problemas atuais e que já vislumbram uma atuação prática da Geografia Humana. Monbeig explica que Hauser e Demangeon o atraíam por pelo vigor intelectual.

A metropolização parisiense: uma franja pioneira urbana?

Todavia, o movimento de erosão dos valores literários, do fortalecimento da intervenção prática e a crescente explicitação metodológica aflui igualmente aos recuos. Mesmo sob a influência de Demangeon e de Hauser (ainda que estes estejam longes de romper com paragima vidaliano), Pierre Monbeig não se desinteressa pelos valores imbuídos nos recursos literários ainda nesta fase de estudante, e reproduz os valores literários de forma ainda mais marcada do que se vê nas obras desses mestres. Nas entrelinhas de suas opções, pode-se mesmo notar que era esta originalidade epistemológica que o atraía. Como a estratégia da associação do discurso literário ao discurso científico vai surgir em seus estudos? Frente a este contexto intelectual, como o estudante Monbeig se posiciona?

No trabalho final apresentado na *Sorbonne*, Pierre Monbeig dedica-se aos efeitos da metropolização parisiense no *pays d'Yveline*. Segundo Tissier, as transformações da aglomeração urbana parisiense eram tema de estudos dos professores e dos alunos na Sorbonne nas primeiras décadas do século XX. A preferência por esta temática se consumava pela possibilidade de observar *in locu* as transformações da *banlieu* parisiense (TISSIER, 1992, p. 255). A inclinação dos estudos finais de Monbeig não se distingue dessa renovação de interesse (ROBIC, 1996b).

Uma tendência começa a se fortalecer progressivamente: atente-se ao fato de que a Geografia Humana, orientava-se aos problemas e às demandas práticas de mundo contemporâneo, às voltas com as tendências e padrões globais, como a questão da metropolização. No trabalho final de Monbeig, estas mesmas tendências vão ser ajustadas a uma pequena escala de trabalho: o estudo dos *pays*, mas sem abandonar a força do discurso vernacular e as formas da expressividade literária.

Portanto, na ocasião do desenvolvimento do trabalho para obter o diploma de estudos superiores (DES), Pierre Monbeig escolhe um domínio de predileção: a Geografia Humana. Consoante o depoimento de Meynier, a especialização em Geografia Humana não era algo comum neste momento, o que nos sinaliza que a forte propensão de Monbeig a se deixar seduzir pelas questões contemporâneas, pelos seus engajamentos práticos, mesmo que ele elucide tais afinidades por quesitos bastante mundanos: segundo uma entrevista posterior, Monbeig apenas não se interessou mais pela geografia física porque dizia não saber desenhar (Entrevista de Pierre Monbeig à Claude Bataillon, 1991, p. 27).

Por outro lado, o trabalho de Pierre Monbeig dilucida que ele era um estudante que se integrava com afinco às correntes que mobilizam os geógrafos acadêmicos do período, posicionando sua contribuição em um cruzamento de apropriações entre Vidal de la Blache, Lucien Gallois, Emmanuel de Martonne, Henri Hauser e Albert Demangeon, e aderindo a uma atitude científica de recente consolidação e cujas lutas de legitimação haviam sido travadas há tempos muito próximos.

O estudo dos *pays* eram a expressão de acomodações pessoais e de conjunto, frente às antigas e às novas tradições da ciência francesa que alimentavam a geografia. E seu estudo está envolto no debate sobre a escala e o recorte regional apropriado para se levarem a cabo os estudos geográficos (OZOUF- MARIGNIER, ROBIC, 2008). A busca dessa escala "apropriada" aos estudos geográficos refletia tomadas de posição frente às tensões de longa duração. Consciente ou inconscientemente, Pierre Monbeig participa dessa tomada de posição.

Os *pays* como região apropriada à Geografia rejeitam, em primeiro lugar, o recorte sobre as regiões *administrativas e históricas*, mas não se situa rigidamente na adoção das regiões naturais *hidrográficas ou geológicas*, sem uma crítica metodológica (OZOUF- MARIGNIER, ROBIC, 2008). Assim, estudo do *pays* também expressava, neste momento, a estratégia do misto, na sua expressão literária e científica.

Ocupando uma cadeira de geografia e topografia na Sorbonne desde 1904, tornando-se professor titular em 1909, e após ter sido nomeado um dos primeiros diretores do Instituto de Geografia, em 1927, Lucien Gallois deu a conhecer à comunidade de geógrafos a existência de mais justaposições do que divergências entre a unidade física dos *pays* e as nomenclaturas *populares vernaculares*, revelando a existência de *regiões geográficas* em grande escala, cujas unidades geológicas, econômicas e de representação identitária dão provas da subsistência de uma região própria à Geografia e que unificava características do popular e do científico. Assim, tal debate revela uma determinada concepção de ciência:

> "(...) Lucien Gallois participou de muitas das 'batalhas' através das quais se impôs uma Geografia com os traços da escola francesa. Ele se envolveu primeiramente nos debates do Congresso Internacional de Geografia de Paris em 1889 defendendo uma **Geografia estruturalmente mista,** pode-se dizer. De fato, o campo dos normalianos se uniu contra uma coalizão de educadores e militares defensores do ensino de uma Geografia local, baseada no estudo da Carta do Estado-Maior e em um determinismo geológico rigoroso. Esta postura mista se exprime nos votos que Dupuy, Camena d'Almeida, Gallois e o presidente da sessão, Vidal de la Blache, submeteram ao voto do comitê pedagógico: por uma Geografia combinando **conhecimento local com uma visão geral do mundo**, que fosse vinculada às faculdades de Letras, **mas que mantivesse uma relação 'orgânica' com os saberes ditos naturalistas**, que mantivesse um estreito contato com a História, permanecendo no âmbito do concurso da Agregação de História e Geografia, em vez do estabelecimento de uma Agregação específica." [grifos meus] (OZOUF-MARIGNIER, ROBIC, 2008, p. xviii, xix)

Nas entrevias do percurso de Gallois, emerge uma ciência delicada, mista, sutil, a meio caminho das tendências que atingem em cheio a Geografia. No momento flagrante, a Geografia ainda resguardava cuidadosamente o seu papel de ciência totalizadora e contemplativa. Assim, o processo de descoberta orientado por Gallois objetiva colocar à prova um programa de pesquisa elaborado por Vidal de la Blache que propunha um exame crítico da sobreposição e concordância da toponímia vernacular aos fatos geológicos, ou de outras realidades físicas, aos fatos humanos e populares (OZOUF- MARIGNIER, ROBIC, 2008, p. xxix). Consoante Ozouf-Marignier e Marie-Claire Robic, "ele se apóia sob um **método duplo** "[grifos meus] (OZOUF- MARIGNIER, ROBIC, 2008, p. xxx), ou seja, científico e literário. Uma ciência mista, que seduz alguns jovens estudantes neófitos.

O primeiro material submetido à crítica são as origens das toponímias e as delimitações, que devem ser datadas visando a provar que os nomes dos *pays* não remetem às origens imemoriais galo-romanas e rejeitando a prevalência do recorte regional puramente histórico (OZOUF- MARIGNIER, ROBIC, 2008, p. xxx). O segundo eixo do método trata-se de uma pesquisa de terrenos junto à população local, destinado a delimitar os limites territoriais do ponto de vista humano (OZOUF- MARIGNIER, ROBIC, 2008, xxxi). Por fim, o trabalho de campo avistava uma delicada observação de outros traços da fisionomia dos locais (topografia, paisagens, solos, modos de ocupação). Um último registro metodológico consistia na pesquisa de documentos cadastrais nas comunas (OZOUF- MARIGNIER, ROBIC, 2008, p. xxxi).

Pierre Monbeig utiliza plenamente o método traçado por Gallois, o que o inscreveu na estratégia ao passo vernacular e científica. Como preâmbulo de seu trabalho, Monbeig anuncia a aproximação ao tema da metropolização de Yveline refletindo os passos por ele definidos: a documentação fora recolhida no verão de 1927 em trabalho de campo (observação e entrevista) e pesquisa de arquivos (MONBEIG, 1929, p. 384).

Ademais, comunica-se em nota uma comparação de cartas, a análise estatística de censos e uma revisão bibliográfica de temário restrito (a região de Yveline e suas extensões).

Reproduzindo a invisibilidade do paradigma, não há nenhum preâmbulo metodológico. Soma-se a isso que a vinculação da Geografia ao trabalho de campo e aos arquivos se relaciona à concepção descritiva da paisagem anunciada por Lucien Gallois. Por outro lado, no rastro de Albert Demangeon, a história se organiza sobretudo de maneira retrospectiva e tendente à compreensão dos problemas contemporâneos.

Portanto, nesta postura voltada ao trabalho de campo, guardam-se as opções intelectuais frente às antigas tensões epistemológicas. Pierre Monbeig mobiliza os valores descritivos canonizados por Lucien Gallois (e ministrados no Instituto de geografia) dentro de uma problemática formulada por Albert Demangeon, a questão do impacto da modernização. Os traços físicos revelados pela observação da paisagem, a comparação dos limites cartográficos, a crítica dos arquivos quanto à delimitação política, a aproximação ao saber vernacular estimulado por um espírito crítico, são mobilizados, como, igualmente, o treino do olhar geográfico orientado pelos princípios geográficos aos fenômenos globais.

Adota-se uma retrospectiva temporal para corroborar que Yveline progressivamente perde sua "personalidade" para tornar-se "banlieu" de Paris (MONBEIG, 1929, p. 390). A problemática do artigo de Pierre Monbeig sobre a metropolização parisiense é, portanto, a avalição do *alcance da modernização nos espaços periféricos*, evocando uma descrição que evolui das paisagens tradicionais para paisagens modernas, impulsionadas pelo reforço do fenômeno da circulação. Essa transição espacial apontaria uma singela ruptura (epistemológica) com a estratégia do misto? Não me parece que a resposa a esta pergunta seja positiva.

As características específicas de uma primeira situação geográfica tradicional de Yveline caracterizam um primeiro quadro. O ponto de partida é uma vida tradicional. A história desse *pays*, é particularizada pela conquista de terra da floresta. Uma economia de derrubada organiza o trabalho florestal bem como a criação de gado. Porém, ao lado dessas atividades, veem-se constituírem, nas pequenas cidades, feiras de trabalhadores como "sabotiers", "charbonniers", "treilageurs" e "cercliers" que povoam a paisagem. Tanto a atividade na floresta quanto a atividade nas cidades se alicerçam no trabalho familiar. A pequena propriedade resiste (MONBEIG, 1929, p. 386-387). A dispersão do habitat é a regra nas regiões de desmatamento a cujo cenário acrescenta-se a atividade da caça, praticada antigamente por herdeiros da nobreza. Essa é a "personalidade" de Yveline.

Todavia, um outro processo geográfico torna-se perceptível. A observação aponta para uma recente reconfiguração da paisagem, na qual a transformação do tamanho da propriedade aparece como sinal mais claro: "os pequenos e o médios proprietários, são cada vez mais constrangidos a vender seus bens aos parisienses (...)" (MONBEIG, 1929, p. 387). Esta nova situação, por sua vez, é caracterizada pelos seguintes fatores: há a modernização do trabalho de exploração da floresta (MONBEIG, 1929, p. 385); através da incorporação do maquinismo, o trabalho familiar começa a desaparecer (MONBEIG, 1929, p. 385); dado que a propriedade tende a aumentar, as tecnologias, como os processos químicos de adubação, tendem a se propagar no conjunto da vida agrícola. Porém, a grande propriedade explorada por grandes empresas, coabita na paisagem com a média propriedade, que se dedica à cultura de "maraîchère".

Esses processos são coroados por mutações na estrutura da população, o campo perde população para a cidade (MONBEIG, 1929, p. 387-388). A mão de obra é cada vez mais composta por elementos estrangeiros que migram de outras regiões da França e do Mediterrâneo. Um outro fluxo populacional se sobressai sob a lupas de Monbeig: a construção de casas de veraneios pelos parisienses nos antigos domínios de caça.

Uma mudança de conjunto das antigas características de Yveline em prol da concentração populacional e econômica parisiense implica uma transformação paisagística, cuja base é o ataque ao isolamento relativo e a composição de uma nova dependência regional. A especificidade dessas alterações é que elas se dão no quadro de uma "recentragem" na escala de uma rede de circulação internacional. A escala de reorientação dos fluxos que partem de Paris para os mercados do Pacífico está subentendida pelo jovem Monbeig.

Mas, por outro lado, Pierre Monbeig continua a dar primazia aos condicionantes naturais no desenvolvimento da *nova* região econômica. Quando escreve sobre a transição dessa região, duas principais ordens de causas estão em jogo: as condições naturais e a crescente abertura da região à vida de relações, através do adensamento da rede de transportes. Este encadeamento de causas implica a adoção de dois modelos causais lineares explicitados na figura 1. Entro aqui na relação entre contexto com questões de ordem epistemológica: uma análise das estrututas causais.

Tanto na primeira situação geográfica vivida por Yveline como em uma segunda situação, o raciocínio de Monbeig cria *duas* séries causais que praticamente não se relacionam: uma que deriva do quadro natural e, à vista disso, endógena à região; outra que deriva da proximidade de Paris, e, portanto, exógena. Ele cria duas séries paralelas. O determinismo natural é paralelo ao desenvolvimento das conexões territoriais, e as questões econômicas já ganham relevância. Mas não se pode falar da ausência do determinismo natural no raciocínio de Pierre Monbei nas suas primeiras produções. Ao contrário, a região por ele escolhida afigura-se ser enquadrada em um "mauvais pays", o que evocava, na época, um importante e polêmico debate sobre a permanência ou não do determinismo natural como organizador das sociedades.

Marie-Vic Ozouf-Marignier discorre que os "mauvais pays", ou seja, regiões como mangues, florestas, zonas inférteis etc, formavam um "terreno" privilegiado dos geógrafos que tentaram colocar à prova a questão da adaptação do homem ao meio: "Os 'mauvais pays' mostram um gradiente máximo entre os dois polos da relação homem-natureza: constrangimento ou determinismo natural de um lado, liberdade humana e organização do espaço, de outro." (OZOUF-MARIGNIER, 2000b, p. 73).

Nesta dualidade, diferentes posturas fazem sobressair as profundezas das tensões epistemológicas da Geografia: um primeiro grupo de geógrafos (como Galloédec, A. Reinaud, C. Vallaux) constata um "progresso inexorável" e o determinismo natural é "radicalmente invalidado pela iniciativa humana" (OZOUF-MARIGNIER, 2000b, p. 80). Um segundo grupo (como A. Vacher, E. Chantriot, A. Demangeon), mais próximo do círculo estreito de Vidal, conclui por um "possibilismo relativo" e ressalta, algumas vezes, "as desvantagens irredutíveis de um meio", mesmo que as formas de civilização e de cultura reponham a confiança em direção à intervenção humana (OZOUF-MARIGNIER, 2000b, p. 81). Pierre Monbeig vincula-se à corrente de reflexões do segundo grupo quandos cria duas séries causais paralelas, em que o determinismo natural convive com uma relativa autonomia das formas de intervenção humana.

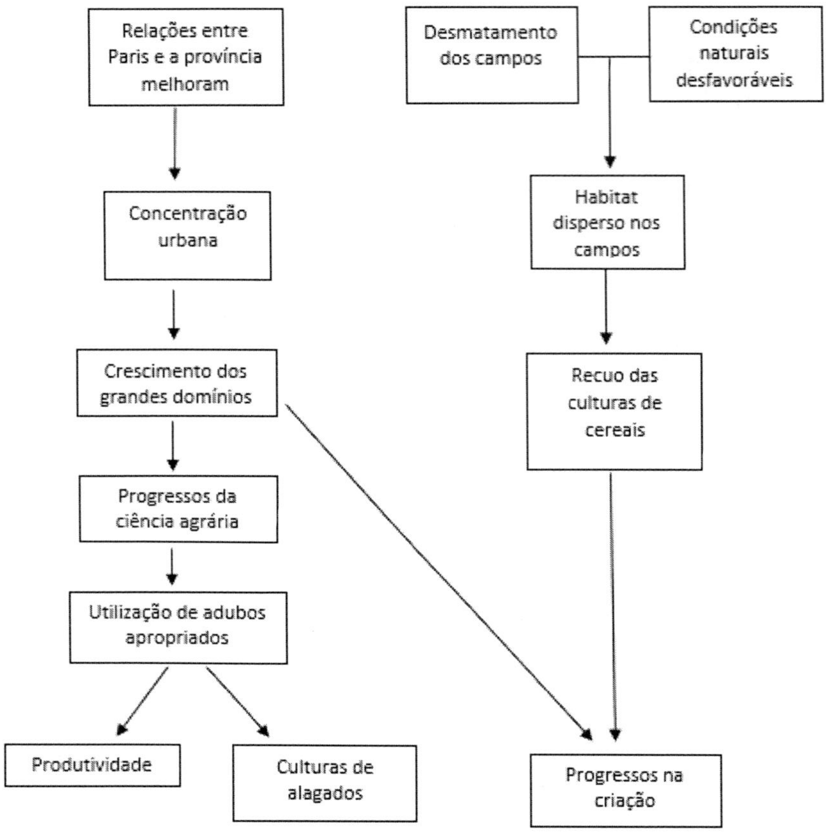

Figura 1 Exemplo de estrutura causal em Pierre Monbeig (1929), cadeia causal com lógica mista, semi-determinista . Fonte: Monbeig, 1929. Org: Lira, 2016.

O discurso geográfico de Pierre Monbeig articula-se com base em dois conjuntos de sintagmas, refletindo esta duplicidade metodológica frutificada no Instituto de Geografia: primeiro, tem-se a construção de uma personalidade regional – expressão retirada do vocabulário de Vidal de la Blache. A "personalidade" dos espaços é entendida por Robic como um dispositivo "canônico" para demarcar, por nuanças, a filiação consciente dos geógrafos franceses à literalidade da obra do mestre (ROBIC, 2003). Selecionei alguns exemplos de termos participantes de uma ordem discursiva literária: região florestal, floresta, caça, "plantas fourragères", cultura de cereais, gado, rotação trienal, pousio, "culture maraîchère", Com efeito: "é a **presença da floresta** que dá um aspecto **particular** a esta região próxima de Paris" [grifos meus] (MONBEIG, 1929, p. 384). Esta postura metodológica da valorização do concreto, como já visto, está inscrita na prática do trabalho de campo e na valorização da geografia influenciada pela comtemplação da natureza e pelos valores da literatura.

De outro lado, no entanto, pretendo argumentar que, nesse momento, os marcos da descrição dão sinais de incorporação de uma teoria geográfica com características de uma nova ordem econômica e mundial, mais técnica e mais humanizada: ela se volta, então, aos aspectos econômicos e mobiliza um vocabulário mais abstrato, com maior densidade de teorização. Esta "teoria geográfica" é um dos resultados da atualização metodológica proporcionada pela "modernização" da realidade econômica.

Esta maior densidade de teorização implica a adoção inconsciente de uma teoria, e começa a se esboçar a tentação entre os geógrafos do período de construir uma Geografia Humana Geral, cujos dados singulares possam ser sintetizados em tendências evolutivas e em considerações de modelos. Portanto, a análise do primeiro trabalho de Pierre Monbeig dá mostras não apenas de que os geógrafos não estavam enquistados à abordagem intra-regional, como já defendera Arrault (2007), mas também de que a Geografia Humana do período estava voltada para a economia e não era tendencialmente ideográfica, estando em pleno momento de transição. O manuseio tácito de um modelo geo-histórico e geo-econômico também está implícito na atividade pedagógica e dá início a possibilidade de construção de uma Geografia Humana Geral. Por "geral", entende-se a ambição de construir uma ciência possivelmente com padrões ou leis (algo que nunca se realizou), e, portanto, mais distante do discurso vernacular e literário. Não seria exatamente nesse momento que esta balbuciante tentativa teria sido empreendida?

> "As hesitações da Geografia Humana. Existe uma Geografia Humana geral? A Geografia Humana não desfruta então nem do mesmo prestígio nem do mesmo sucesso (...). Por quase cinquenta anos, nenhum autor conseguiu escrever um verdadeiro manual comparável ao manual de Geografia Física 'de Martonne'. Sem esta base, o pesquisador iniciante tateia e cambaleia" (MEYNIER, 1969, p. 65-66).

No que diz respeito à mobilização de uma *teoria geográfica*, compreendo como marco a utilização de termos que se integram a uma determinada concepção geográfica e uma utilização, *ainda que inconsciente*, dessa teoria. Nesse domínio, os termos utilizados são mais conceituais: modos de propriedade, povoamento, economia agrícola, maquinismo, pequena propriedade, grande propriedade, exploração do solo, capitais, mão-de obra, aglomerações, densidade, circulação, migração, camponeses, burgueses, capitalistas,[1] condições gerais da vida moderna. Infere-se aqui a predominância de fatores econômicos no domínio explicativo, o que remete à contribuição de Demangeon e de Henri Hauser. A mobilização inconsciente de uma teoria econômica aparece a partir da proximidade descritiva para com outros geógrafos que igualmente leram 'signos' semelhantes na paisagem em outros espaços. Uma proximidade com Albert Demangeon se destaca: "[...] apropriação do **habitat** pode mudar de natureza dentro do mesmo país, se as **condições econômicas** mudarem." [grifos meus] (DEMANGEON, 1927, p. 18).

Ambos os conjuntos semânticos, se associados numa duplicidade de objetivos, valem-se de raciocínios cognitivos diversos: se descrever a singularidade de uma região por artifícios literários e vernaculares é um primeiro alvo a partir de seus aspectos físicos, secundariamente, a compreensão das causas do processo de modernização manipula igualmente ponderações gerais. No interior da descrição do processo evolutivo há a mobilização silenciosa de uma teoria econômica e geo-histórica. Quanto à geo-história, é inquestionável que ela teria sido uma contribuição precoce de Vidal de la Blache, que faz dialogar situações que vão do tradicional e fechado, em isolamento, ao moderno e aberto, unificados por lentos processos evolutivos, não sem ressaltar o "abismo" entre essas duas formas de cultura. Porém, Monbeig o faz de um ponto de vista retrospectivo.

1 É importante reafirmar este conjunto léxico. Mais tarde, alguns autores terão a impressão que Pierre Monbeig não utiliza a palavra "capitalismo" em sua obra, o que ajudaria a evocar uma compreensão ingênua ou muito descritiva do processo de modernização do território brasileiro. Na verdade, Pierre Monbeig prefere utilizar "capitalistas" e já o faz em 1929, quando ainda era estudante.

> De um lado, civilizações francamente autônomas; do outro, civilizações nas quais o meio não se distingue senão através das complicações de elementos heterogêneos. Parece que há um **abismo** entre esses rudimentos de cultura, **expressão de meios locais**, e esses resultados de progresso acumulados de que vivem as nossas **civilizações superiores**. Uns são tão exactamente declarados sobre os lugares onde se encontram, que não podemos transportá-los nem imaginá-los noutra parte; os outros são dotados da faculdade de se transmitir e de se espalhar [grifo meu]. (VIDAL DE LA BLACHE, s/d, p. 261).

Seguindo as formulações de La Blache, um modelo geo-histórico da evolução das sociedades está *subentendido* e é aprofundado em seus traços singulares para o caso da região parisiense no trabalho de Monbeig. Por tudo isso, seus primeiros estudos não jogam o jovem Monbeig para o campo do raciocínio nem puramente ideográfico nem puramente nomotético. Acredito que este estado transitório se afigura como uma importante peculiaridade do período: se, de um lado, encontrar a "personalidade" regional se coloca como um objetivo de Monbeig, de outro, uma postura "comparativista" é adotada por alguns geógrafos nessa época, movimento que ele se insere.

Albert Demangeon, segundo Robic, foi o iniciador da construção de questionários que guiassem os trabalhos de campo (ROBIC, 1996a, p. 382) o que, segundo a mesma autora, marcava, neste geógrafo, uma orientação comparativista da geografia. Assim, para Orain e Robic, Albert Demangeon e Emmanuel de Martonne, professores de Monbeig, adotam um estilo menos subjetivo, mais analítico, mais realista e relativamente reducionista em relação aos critérios de decodificação da paisagem, focando-se, por exemplo, na geomorfologia (ORAIN, 2000, ROBIC, 2003, 2006) e na economia.

Uma postura epistemológica que mescla características ideográficas e nomotéticas, entre a utilização dos recursos da literatura, e da contemplação da natureza, mas também da economia e da metropolização, que se materializa pela adoção de um embrião de síntese entre um paradigma natural e econômico, reflete os desafios da Geografia Humana do período e se insere no esforço de construir, neste momento, uma generalidade para as suas conclusões pelo uso de um modelo econômico geo-histórico. É cursio pensar porém, que esses dois grandes troncos, dois modos de ver o mundo, são fragilmente conectados por Monbeig, que cria duas séries causais quase independentes para pensar a atual paisagem de Yveline.

Pierre Monbeig está inserido em uma aventura de renovação que não se interrompeu com a morte de Vidal, em 1918. Pode-se até aferir que esta vaga de modernização da geografia e os desafios surgidos tiveram desdobramentos acelerados durante a Primeira Guerra Mundial, mas nem por isso se vê aqui uma franca ruptura com os padrões literários anteiores. A geografia que fotografo está numa linha de continuidade que se origina em 1870, quando os franceses, depois da guerra franco-prussiana, tomam consciência das disputas imperialistas que giram em torno da modernização econômica e social e, portanto, da integração, às vezes dramática, do homem no seu mundo, e dos processos geográficos que constroem paisagens equivalentes em escala mundial. Assim, vê-se logo que essa integração à modernidade tem suas vantagens e seus dramas. Esses processos lançam a Geografia aos engajamentos, transformações e transições metodológicas, rumo a um paradigma mais científico, não sem sofrer poderosos retornos de uma concepção literária do mundo.

Com este capítulo, espera-se ter capitado tão dinamicamente quanto possível, tão concreta quanto teoricamente, intelectual e epistemologicamente, os avanços e recuos dessas transições geográficas que se entabulam na França que Monbeig estudou. Destaco, porém, que, nesse mundo de transições, consolida-se um movimento de forte resistência dos valores literários e do paradigma "misto" de Vidal de la Blache, como o principal elemento de legitimação da geografia francesa da década de 1920, não sem já estar sujeito a alterações. Meu balanço parcial é que os valores literários da França de 1920 resistem obstinadamente, não sem sofrer poderosos ataques.

A gestão da herança de Vidal de la Blache tem o mestre ainda muito vivo na lembrança de seus discípulos, em contato prioritário com os espaços da França e de Paris. Mas a década de 1920 será marcada também pelo movimento exportação e deslocamento do legado francês. Formado em Geografia e História pela Univeridade de Paris, Monbeig parte para Espanha para iniciar sua tese de doutorado. O que essa mobilização terá significado para a Geografia de que Monbeig é portador?

Capítulo 2
Um geógrafo face à mundialização (1930-1935)

Herdeiro da primeira geração de discípulos de Vidal de la Blache, o geógrafo Jean Brunhes (1869-1930) escrevera o esboço de uma geografia humana das ilhas Baleares na *Revue des deux mondes* em 1911. O artigo estava plantado sob os terrenos de uma trajetória consolidada, e, com beleza do estilo, referia-se a duas belas ilhas, Majorca e Minorca, em pleno século XX. Sua descrição mostrava ao mundo hábitos exóticos de gêneros de vida resistentes ao tempo e apreciava a tenacidade dos hábitos de uma região e seus habitantes. O seu olhar estava direcionado para as continuidades e para as permanências, não para as mudanças.

Dois anos após a morte de Jean Brunhes, o jovem geógrafo Pierre Monbeig (participante da terceira geração dos discípulos de Vidal de La Blache e recém-formado na *Sorbonne)* publica um outro artigo sobre as ilhas Baleares em 1932, que era fruto de suas primeiras pesquisas para construir uma tese de doutoramento. Sendo as Baleares um palco de uma luta política colonialista no século XVIII, o texto de Monbeig mostrava o empenho dos governantes insulares em *modernizar* os mercados e as rotas, sanear planícies alagadas, inserir novas culturas, melhorar o emprego de técnicas agrícolas e exportar a produção em direção a Itália. Isso, nos arredores do século XVIII. O olhar estava direcionado para as mudanças.

Jean Brunhes descrevera permanências tenazes que persistiam no século XX. Monbeig ressalta um forte impulso modernizador presente no século XVIII. A oposição entre os olhares de Jean Brunhes e Pierre Monbeig é flagrante. O primeiro, ressalta a tenacidade dos hábitos no presente, o segundo, a modernidade das ilhas no passado. Essa comparação poderia demonstrar que a Geografia Humana era um campo de possibilidades em aberto e passava por transformações importantes nesse momento.

O escopo deste capítulo consiste em compreender os primeiros caminhos do jovem geógrafo na condição de pesquisador após a *licence* em Geografia e História. Por que o jovem estudante Pierre Monbeig, portador da *Agrégation*, decidiu pelo caminho da pesquisa em Geografia Humana da Espanha, contribuindo com um movimento de internacionalização da geografia francesa? A expansão das temáticas de pesquisa para espaços alhures à França tem como impulso maior o empenho de uma geração pela consolidação da liderança de um grupo de pesquisadores no cenário internacional e, ampliando a escala das paisagens estudadas pela Geografia, isso terá efeito sobre suas práticas e sobre sua epistemologia. Epistemologia, práticas intelectuais e geopolítica do conhecimento se encontram nessa etapa da carreira de Monbeig. Ao mesmo tempo, este capítulo consiste em compreender como evoluía a postura intelectual de Monbeig neste novo contexto, antes de chegar ao Brasil.

A geografia vidaliana passara por etapas de internacionalização e de construção de seu poder de generalização, numa delicada tessitura em que se veem paralelas o deslocamento de seus membros a outros países, a construção de sua liderança internacional e novos equilíbrios intelectuais e epistemológicos. No que concerne à temática deste livro, esta pretensão de liderança vai impulsionar novos equilíbrios às tensões de longa duração da ciência geográfica francesa? As agitadas transformações do mundo, o movimento epistemológico que busca sua compreensão e o papel de hegemonia de um grupo de geógrafos franceses no cenário geográfico internacional transformaram-se conjuntamente com as práticas intelectuais e a epistemologia da geografia?

Essas questões, relacionando epistemologia, práticas, circulaçnao de intelectuais e objetos, e geo-política da mundialização, envolvem alguma controvérsia, posto que o período que vai de 1930 até os seus meados ficou conhecido como o momento das monografias regionais da França, quando os vidalianos estariam supostamente enquistados à escala regional (ARRAULT, 2007, p. 63), distantes do contexto político internacional, de costas ao processo de mundialização que se instala após a primeira guerra mundial e avessos à mobilização social. A análise dos estudos de Monbeig e dos personagens envolvidos neste contexto contribui a desfazer o mito de que Jean Baptiste Arrault já empenhara-se na sua desconstrução: " O **mito (geográfico**) [de] (...) que os geógrafos franceses da primeira metade do século XX não souberam testemunhar as transformações do mundo " [grifos meus] (ARRAULT, 2007, p. 63). Concordando com Arrault, é um outro cenário que se desenha para o caso da passagem de Monbeig pela Espanha: a geo-política da mundialização não só está presente como tem desdobramentos intelectuais (que incluem as práticas e as posturas frente ao campo) e epistemológicos. O mesmo autor traça as principais características da *consciência* da interdependência global que marca a percepção desses geógrafos neste período e as polarizações que essa interdependência implica. A partir de trabalhos geográficos da época, ele define o conceito de "mundialização", baseado em "critérios econômicos tais como o comércio exterior ou os investimentos no estrangeiro", mas também "um processo em que se coloca em relação e sobretudo em relação de dependência, as diversas partes do mundo entre si, como uma dinâmica de ruptura do isolamento (...)." (ARRAULT, 2007, p. 493-494). Ou seja, os geógrafos franceses, agora também frequentadores dos espaços do mundo, estão conscientes dos novos desafios que a análise do global coloca à Geografia.

Assim, a ideia de mundialização para os geógrafos das décadas de 30 é utilizada sob dois prismas: o primeiro, a expansão das relações econômicas sobre o globo, remetendo a uma padronização dos processos econômicos estimulados pelo comércio exterior. Nesse sentido, a mundialização é o processo de avanço e modernização das relações capitalistas sobre os territórios. Um segundo prisma é o da interdependência a que esta economia cada vez mais internacionalizada submete os países que são seus partícipes, formam hierarquias e rompem com o paradigma geográfico que busca descrever a situação do isolamento, atributo de uma geografia influenciada pela compreensão da relação do homem com o meio natural. Ambos os fenômenos geográficos compuseram o leque de estudos dos geógrafos franceses do período e arrisca-se afirmar que as transformações que o capitalismo submete aos espaços nesse período, já dão sinais de modificações intelectuais e epistemológicas na geografia regional francesa.

Assim, os estudos da mundialização substanciam paradigmas geográficos que se deslocam crescentemente dos valores literários, reforçam a tendência à ação, à política e descortinam sua invisibilidade, demonstrando que no interior do paradigma vidaliano existiam também zonas de transformação e princípios em lenta erosão. Em contrapartida, a elaboração de discursos sobre os fenômenos mundiais impulsiona a busca por liderança dessa geografia francesa no cenário científico internacional, bem como a procura por consolidar novos campos e terrenos de pesquisa com o auxílio da diplomacia. Ademais, a geografia francesa que se depara com a mundialização não se embate com o tema a partir do gabinete, mas no campo, e esse movimento aprofunda transformações políticas, de práticas e teóricas.

Nesse sentido, a articulação da Geografia zom uma diplomacia expansionista cultural permearia a geografia vidaliana da época, no qual a sua atuação internacional estaria em foco, concorrendo com outros programas científicos (o norte-americano e alemão, por exemplo), oferecendo novos equilíbrios epistemológicos e se consolidando como uma corrente de liderança no cenário geográfico e científico internacional. Nesse sentido, consciência da mundialização, as transformações da economia global, a busca por liderança internacional, as vivências internacionais e as transformações epistemológicas da Geografia, são movimentos que devem ser entendidos conjuntamente e no interior dos quais deve ser entendida a trajetória de Monbeig nesse momento.

Esse percurso de internacionalização vai robustecer, assim, o engajamento frente aos problemas globais, à redução da influência dos recursos literários e fortalecer a tendência de sistematização metodológica – composturas epistemológicas que emergiram após uma crescente colocação do homem no centro dos processos geográficos. Mas, mais uma vez, não se verá um abandono das antigas estratégias de reprodução do saber e as escolhas de Monbeig continuarão a refletir processos internos da Geografia em momento de tensões, reverberando uma vez mais os avanços e recuos dessas transições paradigmáticas. Como Pierre Monbeig posiciona seu trabalho espanhol frente às tais tensões?

Engajamento social no bojo da mundialização e a política na Espanha

Logo que chega à Espanha, o jovem Monbeig começa a produzir textos de geografia. Esses textos também me ajudam a traçar um contexto. O texto de Pierre Monbeig sobre a Reforma Agrária na Espanha ('*La Réforme Agraire en Espagne*') foi publicado originalmente em 1933 nos *Annales d'Histoire économique et sociale.* Assente em uma postura crítica, uma ideologia socialista que ele irá adotar reforçará os pressupostos de uniformização do globo pela civilização. Este impulsionamento à ação também tem tendência mais marcada no sentido da erosão da influência da literatura nas ciências humanas, mas sua ruptura não se realiza. A sistematização das teorias e métodos universais, como a teoria baseada na ciência política com que Monbeig flerta na Espanha, permite observarem-se problemas comuns no âmbito de diferentes países. Por outro lado, Monbeig resguardou a postura pela qual o engajamento político implicava um maior conhecimento dos embaraços nacionais particulares, repondo portanto a importância da escala local, o que é uma postura mais atinente aos valores literários. O engajamento social e a ideologia que permeiam a visão de mundo de Monbeig neste momento têm também rebatimentos importantes na epistemologia e na compreensão geral e específica da realidade de cada país a partir da Geografia.

A vinculação de Pierre Monbeig às questões contemporâneas e às influências do contexto político é indubitável. Segundo Ferras, as agitações políticas da Espanha tiveram vívido papel nas suas escolhas (FERRAS, 1991, p. 68). Comentando a indagação de Claude Bataillon sobre porque ele escolhera a Espanha e não a Itália, Pierre Monbeig deixa transparecer a importância do critério político: "Ah! Não, não a Itália. Eu detestava os italianos por causa de Mussolini (mas isso nos levaria muito longe) (...)" (Entrevista de Pierre Monbeig a Claude Bataillon, 1991, p. 29).

Um dos primeiros textos publicados de Monbeig é um texto com conotações políticas. Em 1930, o principal problema espanhol consistia, a seus olhos, na ausência de democratização do acesso à terra. A anterioridade de seus estudos sobre o tema revela a preocupação de articulá-los em torno do problema prático: "nós gostaríamos (...) [de] tentar ressaltar as causas do problema agrário, de distinguir seus diversos aspectos e de **indicar os remédios que estão sendo utilizados atualmente**" [grifos meus] (MONBEIG, 1991a, p. 75). Vejo a política aqui como associada à intervenção do homem sobre a natureza, e, portanto, ao abandono parcial da postura passiva evocada pelo determinismo e pela contemplação da natureza. Mas o abandono total dos valores literários mais uma vez não se consuma.

Consoante Pierre George, a tese histórica de Pierre Monbeig sobre as Baleares compunha um quadro de interesses amplos, que unificava os estudos pretéritos e contemporâneos conforme prezavam os professores do Instituto de Geografia e se direcionava francamente aos estudos da Geografia Humana e à propensão ao remediamento dos infortúnios de longa duração da Espanha (GEORGE, 1988, p. 444). A junção entre história (feita pelo intelectual analítico) e presente (feita pelo intelectual engajado), reflete mais uma vez a tensão criativa que é a articulação do paradigma literário e científico.

Em 1930, a Espanha enche-se de esperança: a ditadura de Primo de Rivera chega ao fim. Alphonse XIII deixa o país e a República é instaurada em 14 de abril de 1931 (FERRAS, 1991, p. 68). Tanto no estudo do passado quanto no presente, a base da política econômica defendida por Monbeig é a de uma modernização do território promovida por um Estado que defenda os interesses do conjunto *da nação*. A postura de Monbeig é de exercício de uma economia política em complemento à Geografia, só que *mais nacionalista e menos cosmopolita*. Este traço de seu pensamento me leva a pensar que os valores associados à arte à literatura, como de observância do singular e do particular, frente ao universal, encontram-se preservados sob a concepção intelectual de Monbeig, num espaço, a Espanha, em plena marcha de modernização.

O plano do governo espanhol é por ele detalhado: o senhor Largo Caballero, ministro do trabalho, membro do partido socialista e líder a UGT, detalha, em 7 de maio de 1931, o projeto da Reforma Agrária. Este projeto possui uma especificidade: as terras continuarão sob a tutela do Estado, evitando "a formação de uma classe de pequenos proprietários integrais que, por descuido ou falta de capacidade técnica, poderiam ser tentados a especular sobre seus novos bens e abandoná-los" (MONBEIG, 1991a, p. 78). No que toca este ponto, Pierre Monbeig revela seu parecer: "a lei indica **com justiça** que a cooperação e a exploração coletiva deverão ser preferenciais em relação à possessão individual" [grifos meus] (MONBEIG, 1991a, p. 78). Uma posição ideológica que não se radicaliza à abolição da propriedade, saúda a intervenção coletiva e o controle estatal, ao qual ele nomeia "um socialismo de direita, para retomar os termos de nossa topografia parlamentar, um socialismo reformista" (MONBEIG, 1991a, p. 79) e defende este socialismo das críticas à direita e à esquerda, relevando adesão à doutrina, ao horizonte estratégico, e ao projeto (MONBEIG, 199la, p. 79).

Como já me referi, trata-se, a meu ver, de um socialismo com viés nacionalista e não cosmopolita, o que hibridiza novamente valores epistemológicos e visões de mundo potencialmente opostos.

E não é apenas a situação camponesa que evoca a ação do Estado. Empreendimentos hidráulicos também começam a modificar a paisagem urbana e industrial da Espanha (MONBEIG, 1930). Em 1930, Pierre Monbeig publica outro artigo "Les transformations économiques dans les 'Huertas' et la région entre Alicante et Murcie", nos *Annales de Géographie*. A elevação e o transporte das águas para essas regiões que se deram com emprego de grandes forças coletivas comandadas pelo Estado era seu tema de interesse.

Neste transcurso modernizador, Monbeig percebe que as grandes cidades também se dinamizam. Elas são celeiros de populações que atraem montanheses e camponeses (MONBEIG, 1932a, p. 495). O crescimento populacional das cidades é o traço mais característico da geografia urbana de amplas áreas de colonização. Contudo, apesar da concentração urbana criar o mercado (MONBEIG, 1932a, p. 497), a economia espanhola continua agrícola apesar do desenvolvimento da siderurgia, que se direciona quase toda à exportação (MONBEIG, 1934a, p. 300). Isso revela um quadro de resistências no Mediterrâneo. Monbeig, que poderia aqui ter se deixado encantar pelo movimento avassalador da modernização, foi sensível a estas sutilezas, que terão efeitos sobre o modo como vê os desafios da epistemologia da geografia

Nesse instante, Pierre Monbeig elege um domínio temático de predileção: os espaços de colonização, no passado e no presente, onde o grande investimento técnico se faz necessário e revela com mais clareza o arbítrio da ação política na condução dos mecanismos da modernização: "(...), as huertas participam da atividade moderna (...) graças às obras de irrigação que se constituem em um belo empreendimento técnico (...) (MONBEIG, 1930, p. 606). Teoricamente, o tema da colonização evoca o forte papel do homem na transformação das paisagens pré-modernas. Assim, será inegável que os equilíbrios epistemológicos herdados serão reproduzidos na obra de Monbeig com a incorporação da importância do fator político e mais *aménagiste* a partir deste momento. Monbeig parece dar um passo importante rumo à renovação tanto das práticas quando da teoria.

De um lado, comparando com os estudos parisienses sobre Yvelines, Monbeig recupera o tema das metamorfoses do mundo agrário tradicional e as consequências da entrada do capitalismo no campo, só que desta vez em áreas mais amplas. Os *pays* já haviam sido alvo dos estudos da metropolização. As ilhas espanholas, as cidades e os espaços agrários são mirados agora sob o prisma da mundialização, que evocam convergências nos temas de pesquisa, em escalas cada vez mais amplificadas e a estabilidade dos padrões científicos conduzem a um esforço de compreensão global. O termo "pays" já não é mais utilizado.

Por outro lado, Pierre Monbeig já começa a esboçar uma compreensão particular a partir de suas experiências: uma confiança no poder de ação do homem, na técnica, na condução política dos Estados, tem projeções importantes sobre uma determinada concepção de geografia, onde atores e transformações estão no centro da abordagem, contribuindo com a erosão de uma geografia acadêmica desinteressada, que também compunha o quadro de valores de uma geografia de viés literário. De alguma maneira, Monbeig, num momento em que sua militância política aparece mais claramente se compararmos o conjunto de sua trajetória, aos poucos caminha para uma geografia da ação, que já se viu esboçada na França sob a pena da geografia colonial de Marcel Dubois, o que tende a erodir os atributos literários do paradigma vidaliano. Mesmo assim, essa transição está longe de se completar na Espanha de Monbeig. Acaso se completará até o fim de sua carreira? Acredito que uma postura de preservação dos pressupostos clássicos da geografia de Vidal de la Blache teria sido pela primeira vez tensionada na Espanha, por uma espécie de possível sedução ao avanço modernizador que Pierre Monbeig não sem encanta sem desconfianças. O próprio Pierre Villar, amigo que Pierre Monbeig constitui na Espanha, não teria abandonado a carreira de geógrafo por ter visto no impulso moderno a colocação de problemas epistemológicos insolúveis para a geografia vidaliana? Voltaremos nesse ponto.

A França se mantém como espaço de referência política e epistemológica

Apesar dessas seduções, agora espanholas, a repetição das preocupações geográficas em torno dos diferentes espaços que passam por processos de modernização sinaliza que a França e a Espanha fazem parte de um mesmo espaço, cujo discurso intelectual por ele adotado se direciona à elaboração das primeiras generalizações no âmbito de suas próprias visões políticas. Porém, mesmo que ancorado em proposições políticas de tonalidades socialistas, Monbeig encaminha a sua representação da Espanha sob o filtro, seja dos interesses do Estado francês, corroborando com o discurso da liderança da França no bloco latino, seja adotando um espaço de referência estatal como substrato às comparações que estão na base de suas generalizações. Monbeig sempre repõe a dupla importância do espaço de referência, mas também da escala do local. Como resumo inicial, pode-se dizer que o primeiro movimento cognitivo de Monbeig é de elevação do grau de teorização, de ampliação das escalas de análise, manutenção do espaço de referiencia francês e aprofundamento na realidade local espanhola, Qual é o efeito desses posicionamentos frente às tensões epistemológicas de longa duração?

Após a crise de 1929, numa época de surgimento de problemas comuns em âmbito mundial, o contexto econômico francês impulsiona a sociedade a resolver questões de política externa e os intelectuais não são meros espectadores da produção desses discursos. Pendendo a um enfraquecimento do discurso literário, Pierre Monbeig é adepto de uma geografia que possa contribuir para tarefas práticas das nações. Ele também define seu objeto de pesquisa em função dos interesses econômicos da França. "L'état actuel des migrations espagnoles", publicado em 1931, é o exemplo desse engajamento de origem.

É justamente a questão demográfica continental que está na ordem do dia para a França e são as migrações espanholas que interessam a este novo e jovem especialista. Depois da guerra, como inaugurar um novo ciclo de expansão da economia com baixo crescimento populacional, é a pergunta que carece de resposta aos franceses (FOHLEN, 1985, p. 81) Tendo perdido um saldo de vidas na ordem 1,4 milhões (FOHLEN, 1985, p. 81), esta difícil situação era maquiada pela chegada de estrangeiros.

Monbeig reconhece o interesse francês na atração da população espanhola. Segundo ele, há um conflito que envolve ambas as nações: "os inspetores do Ministério do Trabalho reclamam dos esforços do governo francês por encorajar e facilitar as naturalizações" (MONBEIG, 1931, p. 201). Mas os trabalhadores espanhóis são muitas vezes maltratados pelos patrões franceses, e o governo espanhol esbraveja.

Para ambos os problemas, ele assevera, seria necessário melhorar as condições políticas e econômicas da Espanha, acrescentando que uma outra possível solução para a crise migratória seria a melhoria da recepção francesa: "convém, então, melhorar a legislação sobre a recepção do trabalhador espanhol (...)" (MONBEIG, 1931, p. 201). Portanto, há aqui uma defesa por melhores condições de trabalho do operário espanhol, o que não exclui um nacionalismo francês.

Na verdade, os processos de construção dos pontos de vista teóricos globais, de compreensão da mundialização, não se eximem da construção de discursos ora nacionalistas e hegêmonicos, ora atento à realidade do país local, principalmente porque esses discursos não se enquadrem mais em um imperialismo *strinco sensu*, mas muito mais permeado pela construção de uma *paix* global. Essa *paix global*, a meu ver, não seria um cosmopolitismo socialista, mas políticas de Estado nacionais em acordo. Como quer que seja, o argumento que pretendo ressaltar é que o engajamento de Monbeig é visto tanto em relação à Espanha quanto à França e os estudos da mundialização conduzem a novos equilíbrios epistemológicos que envolvem lentas erosões e, junto com isso, novos posicionamentos dos intelectuais no campo da política e que se associa à diplomacia e às teorias e práticas. De um lado, se a consciência da mundialização tensiona à transição epistemológica, por outro lado, o nacionalismo é uma ancoragem na tradição dos valores literários, visto inclusive do ponto de vista da epistemologia. Uma geografia mais ativa, mais política, também irá contribuir, mas apenas aos poucos, com a erosão dos valores literários.

A participação da geografia francesa na política cultural da França

Ainda que não seja um imperialismo *stricto sensu*, a diplomacia cultural francesa liga-se aos interesses econômicos e a política cultural elege o mundo latino como uma área de ávido interesse. As iniciativas de propaganda chegam a anteceder a Terceira República, com a fundação da École fr*ançaise d'Athènes* em 1846 a qual sucede a da École de Rome (1873) e da École de Madrid (1928) (GRAN-AYMERRICH, GRAN-AYMERICH, 1992, p. 175). Pierre Monbeig ingressará na Escola de Madrid em 1930, a partir da necessidade de aprimorar seu espanhol e como suporte institucional às suas atividades de campo.

Ao ingressar em instituições sustentadas pela diplomacia cultural, uma outra face dessa epistemologia começa a ser elaborada em contexto de consolidação de lideranças. Estabelece-se a tendência à sistematização das teorias em âmbitos globais, junto com a emergência de liderança de uma cultura científica específica, o que faz a balança epistemológica novamente para os valores literários franceses. Para o contexto em que Pierre Monbeig está inserido, Suppo fornece uma interessante caracterização: "Em 1932, a questão da propaganda se transforma numa obsessão (...)" (SUPPO, 2000, p. 314). É justamente a Espanha um dos principais alvos da continuidade da política de propaganda francesa na década de 30. No mês de novembro de 1928, foi inaugurada a "École française de Madrid", Casa Velásquez.

No Instituto de Estudos Hispânicos, instituição parisiense intimamente associada à Casa Velásquez que será inaugurada em 29 de maio de 1929 na capital francesa, Pierre Monbeig tomo contanto com a alta diplomacia. Sua inauguração contou com a presença de personagens que denotam a magnitude do evento para a Universidade de Paris e para o governo francês e espanhol. Estavam presentes personalidades como Gaston Doumergue, presidente da República, Pierre Marraud, ministros da Instrução pública, Charléty, reitor da Universidade de Paris, Quiñones de Leon, embaixador da Espanha, Eusebio Diaz, reitor da Universidade de Barcelona, Martinenche, diretor do Instituto, além do geógrafo Emmanuel de Martonne (UNIVERSITÉ DE PARIS, 1929, p. 263).

Na Casa Velásquez, Pierre Monbeig compõe um círculo de amigos hispanistas, geógrafos, artistas e historiadores. Entre eles, Pierre Vilar, que direcionará sua tese posteriormente à história. O acolhimento pela instituição possibilitava trabalhos de campo e viagens coletivas, além do contato com diplomatas. Como já se viu no caso do Instituto de Geografia, a casa Velásquez, associada ao Instituto hispânico, é mais uma instituição francesa que favorece a fusão entre valores literários (pela via da participação dos artitas) e científicos.

> Foi assim, em uma Espanha conturbada, que os artistas pensionistas e os cientistas do ano letivo de 1930-1931 tomaram seus lugares: entre eles, Pierre Vilar, aluno, como Monbeig, de Albert Demangeon. Ele já fizera um estudo de reconhecimento de Barcelona, em 1927, com a ideia de pesquisar as particulari-

> dades da Catalunha, através da geografia industrial da região e do impacto econômico e social da eletrificação a partir do Ebro e de seus afluentes. Muito bem recebido por Legendre, poucos dias após os acontecimentos de Jaca, ele partiu em sua companhia, junto com o casal Monbeig e Gabrielle Berrogain, para passar o Natal em La Alberca, em Las Hurdes (DELAUNAY, 1994, p. 256).

A Espanha também implica ainda uma primeira experiência de deslocamento de Pierre Monbeig. Lá, ele conhecerá Maurice Legendre, que irá evocar a sua sensibilidade à observação da paisagem, que já era reforçada pela curiosadade do deslocamento. Legendre é autor de belíssimas fotografias sobre a Espanha. Não estranha que a intimidade com a máquina fotográfica em seus trabalhos de campo não tenha passado desapercebida a Pierre Monbeig, que, no Brasil, irá igualmente valorizar esse recurso (SALGUEIRO, 2002).

De um lado, o recurso da fotografia é também uma valorização da paisagem e uma preocupação do autor com o estilo. Reforçaria, portanto, a balança da influência literária e subjetiva na construção da tese de Monbeig. Por outro lado, a fotografia e a descrições minuciosas das paisagens são também um argumento de autoridade para um geógrafo explorador, tal como Legendre e Monbeig. Maurice Legendre, cuja tese possui 500 páginas, sobre uma região miníscula, vai selecionar 15 fotos e as descrições abundam. Ele teria dedicado praticamente uma página a cada dez habitantes. A nota de Albert Demangeon sobre da tese de Legendre demonstra a forte carga de expressividade desta. Albert Demangeon é diretor de tese de Pierre Monbeig sobre as ilhas Beleares:

> Tamanho esforço por descrever tão pequena terra e tão pouco população pode oferecer bons frutos como que ganhando em profundida aquilo que não aparece em superfície. E, de fato, o autor conhece este país profundamente, pois ele o percorrer em todos os sentidos e também poir ele o ama como uma pequena pátrica adotada de coração e de espírito. Seu livro não é somente um estudo de geografia humana, a maneira como ele apresenta na capa: é ainda e sobretudo um quadro de cor e de vida, que revela um talendo de escritos; é rato que, em uma obra intitutala

> de 'tese', encontremos associados o ardor da pesquisa e o valor do estilo (DEMANGEON, 1928, p. 461).

A paisagem também é evocada em contexto de interdisciplinariedade entre a geografia e a arte. Na casa Velázquez, os artistas são os mais abundantes na turma de 1930, sendo que alguns deles se tornarão peças chave das relações franco-espanholas, entre eles, Enrique Igual Ruiz e José Martinez del Cid (CASA VELÁSQUEZ, 2006, p. 41.). Os pesquisadores oscilam entre sete e oito, todos os anos, segundo relata a Memória Gráfica da Casa de Velásquez. Além de Pierre Monbeig, a turma de 1930 conta com o arqueólogo Raymond Thouvenot, os historiadores Pierre Vilar (já citado) e Maurice Lombard e especialistas em literatura, tal qual Charles-Vincent Aubrun (CASA VELÁSQUEZ, 2006, p. 41). Apesar do já constatado engajamento político de Monbeig, que faz a balança epistemológica pensar para ação, a Casa Velázquez exerce outro peso, pois também reforçava uma tradição francesa de valorizar a complementariedade entre a ciência e literatura.

Uma fotografia tirada na ocasião da exposição dos pensionistas de 1930 retrata ainda o círculo de convivência (foto 5) dos estudantes com autoridades francesas e espanholas. A legenda da foto divulga a presença de personalidades. Da esquerda para direita (foto 4) estão: P. Paris, P. Monbeig, J. Sauboa, conde de las Infantas, P. Hannaux, consul geral da França, M. Legendre, M. Corbin, o embaixador da França, M. Benlliure, crítico de arte, Mle Cardona, Dr. Hutet, M. Leroux, M. del Cid, A. Chassemiche, M. e Mme Cheval, G. Caprotti (Casa Velásquez, 2006, p. 43). A fotografia da turma de 1931 não possui legenda, mas Pierre Monbeig é visto no canto direito (foto 5).

Fotos 4 (acima) e 5 (abaixo). Os alunos da turma de 1930 da Casa Velazquez (primeira foto) e da turma de 1931 (segunda foto). Fonte: Casa Velazquez, 2006, p. 43 e 44.

Na lista de cursos especiais ministrados pelos professores da Sorbonne, Emmanuel de Martonne figura com um curso de iniciação à Geografia, com enfoque especial sobre a geografia regional da Espanha (UNIVERSITÉ DE PARIS, 1935, P. 139), além do quadro de lições especiais em que aparece a participação de Pierre Monbeig, demonstrando seu engajamento às atividades pedagógicas do instituto (UNIVERSIDADE DE PARIS, 1935, p. 140). A Geografia francesa participa dos esforços diplomáticos de construir uma França à altura do controle de suas áreas de influência, mas carrega com isso suas tradições.

A geografia francesa reivindica a liderança da União Geográfica Internacional e do Congresso de Paris: o papel de de Martonne

De fato, Emmanuel de Martonne, professor de geografia física de Monbeig na Sorbonne, atuou também como um "tecedor de redes internacionais" da geografia francesa, seja através de institutos como o Instituto de Estudos Hispânicos, seja através de outras organizações. Seguindo as palavras de Delfosse (2001): "por certo, os geógrafos franceses podem aprender os métodos de ensino da Geografia na América, *mas o que é novo*, é que os geógrafos franceses podem, segundo a fórmula de de Martonne, *oferecer seus serviços*" [meus grifos] (DELFOSSE, 2001, p. 191-192).

De Martonne promove conferências de popularização da Geografia em rádios e revistas (DELFOSSE, 2001, p. 194). Ele participa igualmente da *Association française pour l'Avancement des sciences et à l'Académie des sciences* onde empreende uma dupla estratégia de garantir o lugar da geografia no seio das disciplinas científicas e galgar espaço crescente dos geógrafos profissionais em relação aos antigos "sábios", eruditos e amadores (DELFOSSE, 2001, p. 196). Assim, o movimento da "modernização" das disciplinas, notadamente das humanidades, ensaia-se cada vez mais direcionado pela perspectiva francesa.

O Congresso Internacional de Geografia de Paris, ocorrido em 1931, passa por um processo de reorganização que visava a aumentar a intervenção da geografia francesa no processo de direção das pesquisas geográficas: pela primeira vez, "é uma sociedade de geografia local que lança os convites, enquanto que os congressos ulteriores são regidos pelas UGI" (DELFOSSE, 2001, p. 198). Nas palavras de de Martonne, vê-se já se esboçar um processo de homogeneização dos métodos no conjunto de uma geografia mundial, mas sob a liderança da França: "esta autoridade que se exerce a partir de então, de uma maneira permanente, dá a possibilidade de assegurar uma unidade de método e uma continuidade de ações preciosas" (citado por DELFOSSE, 2001, p. 198).

Seguidamente ao congresso, as viagens de de Martonne pelo mundo se intensificam e sua inserção na política diplomática não é periférica (DELFOSSE, 2001 p. 200). Na América Latina, sua intervenção segue a linha política da diplomacia francesa, e isto vai lhe assegurar uma influência salutar na fundação de Universidades latinas (DELFOSSE, 2001, p. 202). Quando Emmanuel de Martonne torna-se secretário geral da União Geográfica Internacional, após o congresso de Paris de 1931, empreenderá uma estratégia de internacionalização que não prescinde dessas áreas:

> De outro lado, o diretor do instituto de geografia, convidado a professar uma série de palestras na Universidade de Buenos Aires, visitou, além da República Argentina, o Brasil, onde ele endereçou sua fala à Academia de Ciências e à Sociedade de Geografia do Rio de Janeiro, além do Chile, onde ele fez três conferências na Universidade de Santiago, e ainda, graças a um dia de permanência em Lima, em viagem a partir de Antofagasta, ele pôde fazer conhecer um pouco da geografia francesa na capital do Peru (DE MARTONNE, 1934, p. 277).

Assim, a opção de Pierre Monbeig pelo tema da Espanha não se dera apenas pelo provável encanto que a paisagem espanhola exercia sobre ele, pelos interesses políticos e econômicos que a França direcionava em relação à Espanha, pela vocação artística da Casa Velàzquez ou pelo estímulo da diplomacia cultural. O posicionamento da geografia francesa no campo científico como um todo, e no campo geográfico internacional, eram um igual pleito da geografia vidaliana nesse momento. E fora justamente o tema dos *pays neufs* que a geografia francesa elegera como terreno de pesquisa num espaço de concorrência científica. A Espanha, tendo sido a metrópole colonial de importantes países latinos, era um espaço misto, ao mesmo tempo um espaço de mediação importante no processo de internacionalização em direção a esses países, ao mesmo tempo, ela mesmo possuía características de um país novo, se comparada à França ou Inglaterra.

Os trabalhos de Monbeig estão em linha com os processos de anexação de territórios simbólicos à Geografia francesa, com impactos geopolíticos que concorrem para a construção de novas práticas e generalizações da geografia. O processo de construção do global é também um processo de anexação gradual. No contexto que estou a traçar, isso implica, assim, construção de liderança e de hegemonia, com adoção de estratégias, das epistemológicas às institucionais e, sou levada a conduzir que há uma forte dose de circulação de estratégias científicas já adotadas nas ciênicas humanas franceses pelo mundo, que, se de um lado tendem a se globalizar, de outro, tendem a recuperar suas antigas formas de narrativas.

Desde o fim do século XIX e início do XX, as comunidades científicas experimentaram um internacionalismo crescente, com a multiplicação de congressos internacionais e colaboração entre as associações. Isso é instado por um novo contexto no fim da primeira guerra. Em um novo patamar de unidade e concorrência, a criação do Conselho Internacional de Pesquisas (CIR) começa a se destacar de antigas associações e criar um novo universalismo científico, mais voltado às "aplicações" das ciências. Qual é o impacto desse contexto no estatuto epistemológico da geografia francesa?

De um lado, a criação do CIR desfavorece associações de 'sábios', distantes da aplicação das ciências às demandas de reconstrução. Por outro lado, a partir da organização que lhe dá origem, a Academia de Nações Aliadas, passa a reproduzir conflitos geopolíticos no âmbito do diálogo científico internacional (ROBIC, 1996c, p. 30). Já disse e volto a reafirmar que a construção de uma hegemonia é vista aqui como mais um movimento contraditório de avanços e recusos em torno da tradição literária, uma permanência numa conjuntura de mudança, do que como uma vitória fatal dos valores científicos. No fundo, há que se colocar os movimentos de avanço e recuos da erosão dos valores literários em uma espécie de balança. Nesse contexto, a comunidade internacional de pesquisadores começa a pressionar crescentemente pela exclusão das potências centrais desses diálogos, "sob o pretexto de que os intelectuais desses países excluíram a si mesmos da comunidade científica em razão de suas posições no conflito." (ROBIC, 1996c, p. 30) e pela definição de áreas de influência. A França parece conseguir separar para si a liderança das ciências humanas e a área de influência do mundo latino e portanto, será nesse espaço que os valores franceses serão preferencialmente impulsionados, não sem contradições, como veremos.

O CIR incentiva a criação de uniões específicas das ciências que se apressavam a reivindicar competência em seus domínios e se diferenciar da cooperação e colaboração das associações de sábios (ROBIC, 1996c, p. 33). Na conferência de Bruxelas, três uniões são criadas. De 1920 a 1922, outras associações nascem, sendo a União Internacional de Geografia uma delas (ROBIC, 1996c, p. 33). Tendo origem em Bruxelas em 1922 sob os auspícios da academia de ciências das nações aliadas (ROBIC, 1996c, p. 23), desde sua origem, a UGI é marcada por um discurso científico que, mesmo de vocação internacional, possuía conotações hegemônicas da França, da Alemanha e dos Estados Unidos. Diferentemente dos congressos organizados pelas sociedades de Geografia, o 11° congresso internacional intencionava manter uma comissão internacional permanente para tratar dos assuntos geográficos em âmbito global. Reafirma-se uma vez mais que o processo de construção de lideranças, ação política e atualização epistemológica são processos que caminham juntos nesse contexto. Segundo Robic,

> para a geografia esses são, há um século e meio (o primeiro congresso internacional aconteceu em Anvers em 1871), os lugares privilegiados senão da produção, ao menos da **negociação**, da **estandardização**, da **circulação**, às vezes da **contestação**, e finalmente da **coprodução** de saberes geográficos. [grifos meus] (ROBIC, 2013).

Emmanuel de Martonne é eleito secretário geral da organização após o congresso de 1931 e sua eleição à presidência, em 1938, contribuiu para, conforme Robic, agravar as tensões com os alemães (ROBIC, 1996d, p. 250). Isso porque Emmanuel de Martonne fora também secretário do comitê de estudos para a conferência de Paz e é considerado como um dos inspiradores do tratado de Versalhes (ROBIC, 1996d, p. 250).

Os congressos internacionais passaram a possuir uma vocação normativa e homogeneizadora dos espaços de pesquisa, em uníssono às tendências globais de aplicação das ciências, visando a estabelecer "uma linguagem única da geografia, de criar um sistema unificado de equivalências, permitindo a todos traduzir os dados locais da mesma forma, de criar, em suma, um espaço de trabalho homogêneo" (ROBIC, 2013). Porém, também deram margem para fortes disputas políticas de suas conduções, num contexto de guerras e entre-guerras, sendo que a tradição francesa se adptava, mas reinvidicava sua especificidade em torno da tradição literária. É um contexto cojuntural cada vez mais tendente a uma sistematização disciplinar em ordem global, mas com liderança precisa e sobre espaços de anexão também precisos, que evocavam estratégias de longa duração em zonas de circulação preferenciais.

> A realização destes dois momentos prova que as partes interessadas se empenham em chegar a um certo consenso. O congresso é, portanto, um desses 'centros de concentração' e, depois, de 'propagação' dos saberes para outros estudiosos, divulgadores, para o público, e também para os Estados. Afirmando pela formulação das **questões** o que é bom e útil, decidindo por **resoluções** ou **moções**, como numa convenção política, ele homogeneíza os interesses e saberes de procedência diversa. [grifos meus] (ROBIC, 2013).

Assim, a partir das resoluções dos congressos, descritos por Robic, há que se ponderar o estágio de homogeneização e modernização dos métodos do ponto de vista da liderança francesa. A geografia francesa não é, ou ainda não é, uma geografia aplicada e nem promove a circulação de modelos estritamente formulados, mas faz circulação de *questões, enquetes, resoluções*. Ela ainda reproduz a sua invisibilidade paradigmática e chama a comunidade internacional para o fazê-lo. Nesse período, enseja à construção dessas generalizações, mas, para isso, precisa anexar novos territórios estratégicos. Até o momento, preza por sistemas de equivalência, por traduções e por espaços de homogeneização, mas não elabora modelos que estejam prontas à aplicação em outros territórios visto que o dossiê do mundo não está completo (e nem a coleção da geografia universal de Lucien Gallois, inicialmente pensanda por Vidal de la Blache, e que será editada entre 1927 e 1948!). No que tange aos trabalhos de Geografia Humana, Lucien Gallois dá vazão à uma importante preocupação que surgira no congresso de 1931 e que direciona as enquetes daquele momento ao estudo dos 'pays neufs'. A pesquisa de Monbeig se encontrava na vanguarda dessas redefinições políticas, diplomáticas e epistemológicas.

> **Nos parece indispensável que as enquetes sejam dirigidas**. É, ao que parece, nas discussões do congresso que se pode clarificar essas discussões. Em particular, das comunicações feitas em Paris, resulta que o estudo do habitat rural, como também de muitas outras questões, deve ser perseguido no estudo dos **países novos** e nas colônias [grifos meus] (GALLOIS, 1931, p. 584).

O quanto restava do mundo a ser compreendido para geografia francesa? A compreensão ainda parcial do mundo não era mais um sinal de que o paradigma não se transformara radicalmente? O dossiê regional do mundo não estava completo. Essa é uma informação importante para uma geo-história dos saberes onde será sempre necessário ponderar o ritmo das transformações epistemológicas em função da própria produção dos espaços. Uma história da geografia caminha juntamente com os estágios atingidos da mundialização.

Pioneiro no estudo de um país novo no seio da geografia francesa, a partir de 1907, um geógrafo vidaliano, Pierre Denis, fora beneficiário de uma bolsa de Albert Kahn para dar uma volta ao mundo e que lhe proporcionou percorrer o Brasil (VELUT, 2009, p. 198). O espaço de conceitualização, aqui, é a América Latina, e não o Brasil especificamente. Ainda assim, era um dos espaços longínquos de conceitualização que atingia a geografia francesa neste momento. O que esse certo efeito de distância revela da geografia francesa produzida nesse momento e que poderia ser apropriada por Monbeig?

Na conclusão de seu livro na coleção da Geografia Universal, ao versar sobre a "unidade brasileira", este geógrafo formulara, a importância da **colonização das terras** como elemento de unificação da América Latina em uma temática inscrita na relação dos países novos com o Velho Mundo em 1927. Lembro que o tema da colonização das terras brasileiras já havia aparecido nas orientações pedagógicas do ministério da Instrução Pública francês, quando Pierre Monbeig era estudante e que o próprio Monbeig escolhera o tema da colonização para o caso da Espanha. Trata-se de um tema, portanto, que aos poucos se torna dominante na mentalidade da época, quando se falava do Brasil e do mundo latino. O tema da colonização era também caro a Marcel Dubois, adversário de Vidal. Portanto, ao ser lançada para a latinidade em solo americano, o tema da colonização se impõe, tema este que está mais fortemente associado aos valores do planejamento e ciência, mais do que à literatura:

> No entanto, a população brasileira foi agitada por fortes correntes migratórias internas, que contribuíram para fundir os elementos. (...) Encontramos outros exemplos **em todas as páginas da história do povoamento**, e os centros de atração, bem como os centros de dispersão, renovaram-se inúmeras vezes [grifos meus] (DENIS, 1927, p. 198).

Nesse momento, Pierre Denis lança a chave do entendimento do Brasil nos marcos da Geografia Francesa. Mas a proposta de Denis é mais uma agenda de pesquisa, com *insights* importantes, do que um estudo aprofundado. Esta tradição francesa se notabilizara pelos estudos dos mares, das penínsulas da Europa, sendo ela mesma uma grande península. Falta à sua compreensão de totalidade a incorporação dos continentes em processo de colonização e o estudo da Espanha era um estágio intermediário. Muitos geógrafos mantém-se no Hexágono, Monbeig está na França, Pierre Denis percorre a América Latina. Assim, não se pode jogar o processo de homogeneização dos métodos para muito adiante, mesmo que se possa, *praticamente*, dar a volta ao mundo.

Antiga metrópole colonial, os estudos espanhóis eram um passo necessário e seguro à construção do discurso latino, de conotações globais e hegemonistas. A compreensão dos espaços do Novo Mundo, intermediada pelos estudos dos espaços espanhóis, eram lugares estratégicos para que a circulação das enquetes redundasse na construção de teorias, modelo e até "leis" geográficas gerais. Porém, sob liderança franceses, esses modelos ainda não se consumaram. O deslocamento de Pierre Monbeig para a Espanha se deu ao mesmo tempo que a geografia francesa expandia sua ambição internacional. Uma certa geografia francesa ainda esperava acumular respostas sobre as enquetes do Velho Mundo para construir suas generalizações. Reafirmo então que não se pode jogar, no contexto de produção científica de Pierre Monbeig na Espanha, as transições epistemológicas para muito adiante. Mais importante será observar as sutilezas das transições em marcha.

Na Espanha, após ter apresentado um curto resumo sobre a geografia urbana de Madrid no congresso de 1931, Pierre Monbeig orienta paralelamente seus trabalhos a dois outros tipos de abordagem: de um lado, o estudo *da colonização* de terras novas de uma ilha espanhola sob os impulsos de forças políticas externas em pleno século XVIII; de outro, a mesma valorização de espaços urbanos e agrárias na Espanha do século XX sob os impulsos do capital. Monbeig unifica cenários do passado e do presente, unidos sob a mesma perspectiva de estudo: a colonização, a modernização e a mundialização capitalista, ao qual ele faz questão de ressaltar o terreno de resistências. O tema da colonização, desenvolvido por antigo adversários dos vidaliamos, começa a fazer parte do vocabulátios dos mesmos, o que revela também essas transformações nas tendências de longa duração que estamos tentando caracterizar.

A geografia da Espanha é anexada pela geografia francesa na "invenção" de um espaço latino. Pelos processos geográficos pelos quais passava a Espanha, Pierre Monbeig a considera uma espécie de país novo. No processo de formação de Monbeig, vê-se que os temas se diferenciam, mas também se acumulam e as disposições da geografia francesa circulam. As escalas geográfica e temporal variam, mas os processos e ferramentas de análise são mantidos, ou seja, os temas da modernização, do avanço do capitalismo no campo, encontram novas escalas e espaços de análise. Ao mesmo tempo, as transições de um paradigma com características literárias para um paradigma da política e da ação avançam, mas a ruptura não se anuncia no processo de construção da literatura francesa como liderança em âmbito global, mantendo-se a França como espaço de referência político, doplomático e teórico, em contexto de luta de posições. Mesmo assim, uma apetência generalizadora passa a dar cada vez mais conotações à Geografia sob condução da tradição francesa. Esta é uma apreciação diferente do que se costumou interpretar quanto ao poder explicativo da geografia regional.

Comparando os estudos espanhóis com o movimento geográfico geral

Se a Geografia Humana vidaliana já formulara seus projetos para a compreensão do global, ainda que não as suas doutrinas; suas enquetes, ainda que não seus modelos, qual o grau de pioneirismo de Pierre Monbeig e de sua geração no que toca a seus estudos espanhóis? O trabalho de Monbeig é algo isolado ou faz parte das tendências gerais de toda uma geração? Ele faz avançar, pessoalmente, as transformações das ideias de Vidal na vanguarda dessas transformações ou em sua retaguarda. Mais uma vez, trata-se de *situar* a produção de Monbeig nesse momento num contexto geo-histórico e intelectual complexo.

Assim, o relativo pioneirismo de Monbeig pode coadjuvar para uma melhor compreensão de sua inserção neste contexto de transformações graduais. Já ensaiei de mostrar que o arcaísmo espanhol e as largas terras a colonizar foram trazidas ao público como tema de pesquisa da geografia francesa por um antecessor imediato de Pierre Monbeig na Espanha, Maurice Legendre (BROC, 1997, p. 359), que, discípulo de Jean Brunhes, tendia a preservar as ideias clássicas. Porém, houve também Pierre Denis, que empurrou o paradigma para a análise do tema da colonização. Os pesos relativos dos diferentes paradigmas podiam ainda ser observados tenscionando os dois lados da balança.

As condições de trabalho da Espanha também a aproximava de um país novo, com um terreno imperfeitamente mapeado e conhecido. Associo o tema do país novo ao tema da colonização, terreno que na minha opinião faria pender a geografia francesa para uma vertente aménagiste e para ação. Porém, apesar desse terreno propício, os intelectuais franceses resistem tanto por suas próprias disposições coletivas e individuais quanto pelo avanço intermediário das ferramentas de pesquisa. Para conhecer um país com baixa fortuna em estatística e cartas, por exemplo, será preciso descrever em campo.

A carta topográfica na escala de 1/500000 estava inacabada, com curvas de nível imperfeitas, que mal ilustravam o relevo. Mesmo que a Catalunha tenha se dotado de um serviço cartográfico em 1921, o projeto de uma nova carta na escala de 1/100 000 não evoluiu. "Em 1938, G. de Reparaz constata: 'A Espanha é o único país da Europa que falta carta topográfica para maior parte de seu território (em torno de três quartos)" (BROC, 1997, p. 362). Pierre Monbeig relata por diversas vezes a questão da ausência ou desorganização das fontes e estatísticas: " 'era muitas vezes impossível encontrar as estatísticas desejadas; a maior parte delas não existia'... 'faltam as estatísticas...' 'é impossível obter números sobre esta questão' (nº1, p. 604) (...) (MONBEIG apud FERRAS, 1991, p. 68). Sem números, como destacar-se do imperativo das monografias descritivas e regionais?

Assim, a partir das dificuldades que Pierre Monbeig encontra no campo e na bibliografia geográfica e cartográfica espanholas, vê-se um pioneirismo apenas relativo ao campo. Na verdade, ao escolher a Espanha, Monbeig segue uma estratégia que começa a ser gestada no início do século XX no meio universitário geográfico como um todo. A internacionalização da geografia francesa é uma das prioridades dos seus mestres desde, pelo menos, a tese de doutorado de Emmanuel de Martonne, defendida em 1902. Para Dresch, de Martonne exercia uma política de internacionalização diferente de seus antecessores, valorizando trabalhos de campo em esferas internacionais ao invés das geografias "universais" de gabinete (DRESCH, 1973, p. 547). A estratégia avança para a incorporação de temas que estiveram predominantemente sob os auspícios de uma geografia colonial *aménagiste*, mas que os atuais líderes querem trazer para o campo da geografia de viés de literário. Nesse movimento, há adaptações e custos, mas a tradição francesa resiste. Começa a se ter claro também uma tendência pessoal de Monbeig de não impulsionar para a vanguarda das transições as teorias da geografia que ele aprendeu a admirar, nem restar, tampouco, fechado às inovações.

No período de 1920 à década de 40, as monografias estrangeiras ficam apenas um pouco aquém das monografias metropolitanas - 24 contra 35- (o que já é muito!) e, se observarem-se os anos subsequentes (63 não metropolitanos contra 55 metropolitanos, entre 1946 e 1966), as monografias estrangeiras chegam a ultrapassar as das regiões francesas (CLOUT, 2011). É na época em que as 24 teses não metropolitanas *vis-à-vis* as 35 metropolitanas foram produzidas, que Monbeig engaja-se em seus estudos espanhóis. Ele não parece ser aqui um pioneiro. Portanto, o movimento de internacionalização da geografia e transformação epistemológica que já se vê nos trabalhos espanhóis de Monbeig não é um movimento isolado do mesmo, mas de conjunto da comunidade geográfica e o pioneirismo não é apenas de Monbeig, mas do conjunto. A geografia francesa está a transformar suas estruturas epistemológicas como um todo, não sem várias resistências. Na historiografia crítica da geografia clássica, é muito comum atribuir às inovações de determinado geógrafo a um certo pioneiro que o qualifica, mas que desqualifica sua geração. Ao contrário, vejo até aqui este movimento de renovação como um movimento de conjunto em que Monbeig se insere com suas próprias posições.

As ilhas como terreno de controvérsia com Jean Brunhes e de transição paradgimática

Porém, como um movimento de conjunto de toda uma geração de geógafos, o paradigma avança rumo a definições mais científicas. Esses diferentes espaços geográficos e intelectuais, atores, controvérisas e disputas, induzem a graus de preserverção e transformação epitesmológica diferentes, partindo de uma ciência literária para uma ciência aplicada. No que toca à mobilização de uma herança formativa para elaborar um trabalho sobre uma ilha espanhola, as estratégias de posicionamento de Pierre Monbeig frente ao campo geográfico francês e frente às tensões de longa duração que ele carrega, também oferecem respostas sobre grau de adesão às transições epistemológicas que possuem, elas mesmas, também seus movimentos graduais e de lentas transições. Mas, até aqui, houve sempre possibilidades que tencionavam os polos, e Monbeig parece preferir por ora um caminho intermediário.

Mas ele não está a reboque. A opção de desenvolver uma tese sobre as ilhas Baleares implicava igualmente movimentar as peças em jogo no interior do campo geográfico francês. Quais eram os personagens e fontes que representavam o conhecimento francês e espanhol na década de 1930? Robert Ferras fala em um vazio de discursos e fontes (FERRAS, 1991, p. 69). O maior intelectual que representava uma contribuição mais significativa da Espanha do ponto de vista da Geografia Francesa era Jean Brunhes (FERRAS, 1991, p. 69).

Com efeito, no período formativo de Pierre Monbeig, este importante intelectual da Geografia francesa acabara de falecer (1930), depois de ter desenvolvido trabalhos sobre a Espanha. Jean Brunhes consagrara sua tese à Península Ibérica (além da África do Norte) – defendida em 1902 – em que ele se dedica a estudar as *huertas* espanholas, como fará Pierre Monbeig no artigo sobre Alicante e Murcie. Além disso, Brunhes publica, em 1911, um trabalho de Geografia Humana sobre as ilhas Baleares, tema este que marca a sua carreira e reforça sua preferência à temática das ilhas (ROBIC, 1986).

A tomar por sua indicação para contribuir na Geografia Universal, Jean Brunhes era considerado um especialista na Espanha e ocupava um cargo de bastante prestígio entre as instituições francesas. Dessa forma, para além do Instituto de Geografia da Sorbonne, uma segunda instituição desenvolvera atividades geográficas em Paris entre 1912 e 1930: vale-se dessa atribuição o Collège de France. Dada à proximidade dos temas de Jean Brunhes com os de Pierre Monbeig, ambos com focalizações na Espanha, nas *huertas*, nos procedimentos de irrigação e nas ilhas Baleares, o transcurso de produção de distinções pertinentes entre esses dois autores torna-se manifesto no cotejo da obra desses dois personagens. Ainda mais porque estas distinções dar-se-ão em torno de uma controvérsia sobre o legado de Vidal o que vai trazer à luz as *lentas* tensões epistemológicas, mais uma vez.

As discussões para a criação e ocupação da cadeira de Geografia Humana no *Collège de France*, que começam a aparecer oficialmente na Assembleia de 21 de janeiro de 1912 deixa transparecer desde o início uma determinada concepção de Geografia, diversa daquela marcada pela atualização teórica promovida pelo Instituto de Geografia da Sorbonne. A justificativa do professor M. Flach para a criação da cadeira se baseia numa proximidade entre as produções de Jean Brunhes, Paul Vidal de la Blache e Friedrich Ratzel, ressaltando uma concepção naturalista da disciplina (Assembleia de 21 de janeiro de 1912, procès-verbal, 4AP381).

A ascendência das ideias de Ratzel aparece nas declarações do próprio professor. Em 1913, primeiro ano de curso, ele se dedica à história da construção do território da Bósnia-Herzegovina assinalando que "a respeito disso, conversamos sobre as ideias de Ratzel, expusemos as de Vallaux (teorias da diferenciação), às quais se aderiu em grande parte." (COLLÈGE DE FRANCE, 1913, p. 44). É de se ressaltar, ademais, que nos últimos anos do curso, entre 1928 e 1930, Jean Brunhes dedica-se à vida mediterrânea e à península ibérica, desenvolvendo este tema num momento em que Pierre Monbeig pode ter tido acesso aos conteúdos de suas aulas (COLLÈGE DE FRANCE, 1928, 1929, 1930).

Porém, a opinião de Pierre Monbeig sobre uma das maiores contribuições metodológicas de Jean Brunhes, ainda na ocasião da aula inaugural de Geografia Humana na Universidade de São Paulo (proferida em 1935) foi constituída, logicamente, no período de formação e não é calorosa: "os dois grossos volumes de Jean Brunhes **estão longe de satisfazer inteiramente os especialistas** e foram escritos com a intenção de revelar aos meios cultos a existência de uma ciência nova então (...)" [grifos meus] (MONBEIG, 1940a, p. 9).

Já se observou que Albert Demangeon e Henri Hauser tiveram importante papel na formação de Pierre Monbeig. No momento em que Monbeig elabora sua tese sobre as Baleares, aparece um outro personagem que também vai direcionar conselhos valorosos para o jovem geógrafo, mas também críticas contundentes ao discípulo **"heterodoxo"** de Vidal (como Jean Brunhes tornou-se conhecido): Lucien Febvre. Este historiador, amigo de Albert Demangeon, adquiriu autoridade considerável na geografia da época e, se antes Vidal de la Blache lhe fora fundamental, agora, ele também vai empurrar as transições da geografia rumo ao moderno, mas sem perder suas próprias características, tentando fazê-la maner-se distante da geografia alemã.

Inaugurando a década de 20 com o consagrado livro *La Terre et l'évolution humaime* de Lucien Febvre, há nela uma passagem sobre as ilhas onde discute uma notável controvérsia metodológica em que estava envolta a geografia de Jean Brunhes e seus críticos: se tais espaços constituíam uma unidade fechada ou aberta às influências do estrangeiro. Volto ao tema da mundialização que observei se tornar aos poucos cada vez mais importante aos líderes da geografia francesa. Situar Jean Brunhes nesse contexto é também situar as possibilidades de Monbeig.

Tais reflexões de Febvre sobre as ilhas provavelmente suscitaram o interesse de Monbeig. Ora, estes trechos são bastante críticos em relação à contribuição de Jean Brunhes no que toca à incorporação dos problemas colocados pela mundialização. A primeira polêmica sobre o tema é direcionada sobre ao suposto "fechamento" das ilhas aos impulsos externos: "Um geógrafo [Jean Brunhes] pensou nisso outrora" (FEBVRE, 1970). Lucien Febvre é levado a considerar a existência de uma "ilusão metodológica" adotada por tal geógrafo:

> "(...) não estaríamos nos deparando mais uma vez com a velha ilusão que perseguimos, reencarnada, mas ainda reconhecível? Ela reaparece constantemente, **com uma variedade, uma perseverança,** uma espécie de flexibilidade insinuante que a torna particularmente perigosa. **Perguntemo-nos, mais uma vez, se não é ela que está por trás da concepção de pequenas unidades fundamentais e distintas, as ilhas?** "[grifos meus] (FEBVRE, 1970, p. 223).

Essas considerações deslindam que o tema das ilhas é o centro de uma polêmica metodológica que vai marcar a década de 20 e que gira em torno do grau de avanço da mundialização sobre os territórios. Lucien Febvre aprofunda tal crítica e busca a origem lógica dessas "ilusões". Para ele, o entendimento da insularidade nos marcos de uma ambientação cerrada pelas fronteiras marítimas deriva de uma associação excessivamente direta das concepções das ciências biológicas na Geografia Humana: "esta ideia, que os viajantes colocavam luz, das características biológicas da flora e sobretudo da fauna insulares, sugeria-se naturalmente aos geógrafos" (FEBVRE, 1970, p. 226).

Tem-se, assim, uma visão de fundo naturalista, com a qual Brunhes partidariza-se. Em alternativa, uma visão de fundo econômico, mais condizente com as futuras perspectivas adotadas por Albert Demangeon, são propugnadas por Febvre: "os economistas mostram como as costas das ilhas se prestam particularmente bem à vida marítima e ao comércio" (FEBVRE, 1970, p. 226). Nesse sentido, tais querelas se definem como uma controvérsia metodológica, posto que o que está em jogo é a utilização de um importante princípio de Vidal de la Blache, o princípio da unidade da terra, em que as condições de isolamento e circulação se equilibram na composição de uma unidade regional, bem como das ligações da Geografia Humana, seja ao naturalismo, seja à economia. Observou-se anteriormente, sob a própria pena de Vidal, como a condição de isolamento é também o fundamento de um paradigma literário da relação do homem com o meio natural.

Para Vidal, porém, o geógrafo não pode simplesmente se fechar no estudo de uma área. Ao contrário do que se consolidou na leitura das monografias regionais, o sistema de Vidal é um sistema aberto e a unidade empírica fundamental é o globo: "Qualquer que seja a fração da Terra que estude, ele não pode nela se fechar. Um elemento geral se introduz em todo o estudo local "(VIDAL DE LA BLACHE, 2002 [1896], P. 135). Essa concepção aberta de Vidal abre a possibilidade aos vidalianos de pensar a modernização. De outra parte, o mestre de Pierre Monbeig na Sorbonne também possui uma concepção insular. Albert Demangeon era da mesma maneira um especialista em uma ilha: a Grã-Bretanha. Esta fora tema da sua contribuição à Geografia Universal. A Grã-Bretanha passara de estágios sucessivos de isolamento e circulação. A concepção insular de Demangeon também é uma leitura dos espaços regionais como uma unidade aberta (DEMANGEON, 1927, p. 2-3) mas já bastante voltado para economia.

Esta contribuição teórica se diferencia consideravelmente da herança legada por Jean Brunhes que ressalta da característica dos espaços seu "suposto isolamento", protegidos do "empréstimo" e da "imitação" para estudar seus traços "distintivos" (ROBIC, 1988, p. 38). Nessa obra de Brunhes, há um uso *mais* estreito do determinismo. Notável é também o fato que a crítica ao trabalho de Jean Brunhes já tivera ressonância sob a pena de Vidal no que toca a este ponto: "O campo de comparação abraçado pelo autor caracteriza-se sobretudo, deve-se dizer, pela diversidade de casos. É duvidoso que encontremos aí o que ele define 'uma unidade real, ou melhor, uma verdadeira continuidade geográfica" (VIDAL DE LA BLACHE apud ROBIC, 1988, p. 40).

Incidindo sobre os mesmos temas, Pierre Monbeig procura se diferenciar da herança de Brunhes e engajar-se na consolidação da disciplina geográfica sob liderança de novos porta-vozes: Albert Demangeon, Lucien Febvre e Emmanuel de Martonne. O falecimento do mais notável especialista da Espanha, com uma obra que fora alvo de críticas durante a década de 20, e ainda com a polêmica em aberto na década de 30, alça o tema das ilhas como um importante projeto de pesquisa. Mas o que significava essa busca por diferenciação?

Confirmando parte de minhas hipóteses anteriores, o embasamento do caráter econômico da Geografia Humana está no centro do campo de lutas na década de 20. Lucien Febvre toma partido. Sua peleja insinua uma crítica à morfologia social, uma tomada de posição contra Ratzel e, finalmente, contra os execessos de Jean Brunhes. Todas as vertentes mais ou menos adeptas do naturalismo. Febvre é consciente que tais filiações disseminam concepções metodológicas peculiares: ele empenha-se em solidificar o caráter ilusório do estabelecimento de "leis geográficas", o fraco poder do instrumento de comparação nos quadros de um sistema aberto (condizentes a um espaço construído pela ação econômica do homem), dialogando com uma crítica a um paradigma mais científico mas, ao mesmo tempo, enaltece a capacidade do homem de circular entre os espaços e escapar de um determinismo estreito, valorizando então outras características desse mesmo paradigma: "isso seria, como muitos generalistas intrépidos da escola ratzeliana ou neo-ratizeliana desconhecem, esta grande e constante lei universal: o homem é um ser viajante" (FEBVRE, 1970, p. 245).

A Geografia Humana intenta, nesse momento, construir seu campo e seu método próprio, e utiliza para isso todas as artilharias. Pierre Monbeig não está à frente desta batalha, mas ele se associa a seus líderes. Nessa constatação sobre a importância de abordagem de Albert Demangeon e Lucien Febvre para Monbeig e em relação às críticas que direciona a Brunhes, acrescenta-se que Paul Claval vê em Demangeon um maior esforço de sistematização metodológica e um maior direcionamento à geografia humana:

> Albert Demangeon se aproxima mais da linha definida por Vidal de la Blache - seus estudos regionais o provam, sua tese sobre a planície da Picardia, seus trabalhos sobre as Ilhas Britânicas, a Bélgica ou os Países-Baixos. Mas ele se interessa pelos problemas da atualidade e se serve com **frequência da economia** para esclarecê-los. **Muito mais preocupado com explicações sistemáticas do que vários de seus contemporâneos**, ele é o mais sensível, dentre os geógrafos, ao gosto geral pelas abordagens funcionalistas - como vimos a respeito do habitat. [grifos meus] (CLAVAL, 1984, p. 67).

Próximo de Demangeon, o que Lucien Febvre critica em Brunhes é justamente sua inspiração *excessiva* nos modelos do naturalismo. Um esforço de conservar as ideias de Vidal como foram formuladas, e, até, um esforço, retrógrado, do ponto de vista de Febvre, às ideias de Freidrich Ratzel. Reforço aqui o argumento de Marie Claire Robic, pois para ela há uma divisão no seio da Geografia Humana neste momento: "os protagonistas dessa divisão entre uma via naturalista e uma via humana são Brunhes e de Martonne" (ROBIC, 2006c, p. 164). Há aque se ponderar que, aqui, o "humano" de Brunhes parece se vincular a uma concepção radicalmente ecológica (e retrógrada, para Febvre), enquanto o físico de de Martonne já se associa as trocas com a "nova" Geografia Humana. Argumento que tal querela está envolva no tema da mundialização. O fato é que Pierre Monbeig também se posiciona na escolha da abordagem ao tema das Baleares em contraposição ao que fora escrito por Jean Brunhes. Pierre Monbeig escolhe uma via de modernização do legado de Vidal que posiciona a geografia nem muito atrás (como prefere se situar Jean Brunhes), no sentido de pensar uma geografia humana como uma ecologia, nem muito adiante, no sentido de pensar uma geografia humana como uma geografia colonial. Ele prefere uma geografia *da* colonização. A transformação dos paradigmas (como seria pender completamente de uma geografia desinteressada com característi-cas literárias para uma geografia da ação, ou, em outros de termos, de epítpeto conjunto da geografia física e humana através da geografia regional, para uma geografia humana *stricto senso*) se faz em estágio intermediários.

Pierre Monbeig também contesta Jean Brunhes

Portanto, o cotejo dos trabalhos de Jean Brunhes e Pierre Monbeig sobre as ilhas Baleares ajuda a esclarecer as tomadas de posição epistemológicas particulares de Monbeig. Se o fechamento das ilhas é visto como uma tomada de posição em torno de uma excessiva influência do naturalismo na Geografia, Albert Demangeon e Lucien Febvre, e depois, Pierre Monbeig, tomam partido por uma reformulação do legado de Vidal de la Blache mais influenciada pela economia e seus atuais processos de modernização, mas não pendem para uma geografia colonial *amenagiste*. A geografia colonial que Monbeig adotou é sobretudo uma geografia histórica da colonização, nos marcos da mundialização.

Assim, o que se destaca, como ponto de partida, da diferenciação de Brunhes e Monebig é o fechamento da ilha para Jean Brunhes, que se expressa no caráter da distribuição da sua produção interna: esta se volta mais à alimentação da população do que à exportação (BRUNEHES, 1911, p. 179) e sua abertura para Monbeig. Brunhes não ignora que a vida insular é cada vez mais aberta ao estrangeiro, mas quase toda sua exposição se dedica a uma vida em condições distintas, o andar de baixo da produção:

> Todas essas árvores, oliveiras, figueiras e amendoeiras dão safras muito ricas: exportamos o azeite, os figos e principalmente as amêndoas. (...) Mas isso não é tudo, essas são as colheitas superiores, suspensas a alguns côvados do solo; deve-se levar em conta cultura rasteira para a alimentação, de cereais, legumes, pimentas, batatas ou favas, que no geral dão duas vezes ao ano. (BRUNHES, 1911, p. 179).

De outro ponto de vista, a relação com o estrangeiro é tida como unidirecional. Ele fala de uma exportação da produção, mas não discorre sobre o que a vida de relações trouxe à dinâmica interna da Ilha. Assim, aproveita-se do estudo das Baleares para ressaltar quase que exclusivamente uma dinâmica interna e arcaica da vida do Mediterrâneo: nessas ilhas, "reconhece-se as características distintivas da mais antiga vida mediterrânea" (BRUNHES, 1911, p. 181).

Para Brunhes, as ilhas do Mediterrâneo exprimem a possibilidade de observar traços distintivos. Seu raciocínio repõe as características do isolamento - cidades e portos, nas Baleares, se mantêm-se como estruturas separadas: "Com exceção de Palma, que para as Grandes Baleares e no que diz respeito a seu tamanho, permanece sendo um fato geográfico urbano enorme, anormal e solitário (64000 habitantes), cidade e porto são distintos" (BRUNHES, 1911, p. 183). Por conseguinte, o objetivo do trabalho de Jean Brunhes sobre as Baleares organiza-se em torno da descrição de uma vida arcaica, acantonada, em que a evolução histórica é ligada aos quadros de um gênero de vida marcado pela ligação estreita com o solo e com suas condições naturais. Ele mobiliza uma das versões do legado vidaliano.

Principiando o artigo de 1930, "Les transformations économiques dans les 'huertas' et la réegion entre Alicantge et Murcie', Monbeig, em uma nota inicial, faz *referência à obra de Jean Brunhes*, ressaltando, *em uma redação adversativa* que, *contudo*: "assim, gostaríamos somente de indicar **as novas tendências** da agricultura e da indústria" [grifos meus] (MONBEIG, 1930, p. 597). Além disso, o primeiro tópico, versando sobre a irrigação, mais de uma vez incide sobre os mesmos temas daquele geógrafo. O objeto de análise é o mesmo abordado por Jean Brunhes, só que com disposições teóricas discordantes.

Isto posto, as descobertas se anunciam com base na indagação quanto à gênese histórica da inserção das ilhas às tendências do mundo contemporâneo. Diversamente de Jean Brunhes, a ilha de Monbeig em nada é contemplada como um laboratório de traços distintivos e de relações isoladas. Um espaço de fluxos, correlações a um conjunto econômico mais vasto, precipitam a consciência da ilusão da unidade natural. Visto por esse ângulo, o título do artigo, divulgado como resultado parcial de seus trabalhos de tese, faculta pouca margem a enganos: "**Vie de relations** et spécialisatioin agricole, les Baléares au XVIIIe siècle" [grifos meus] me parece uma singela definição de posições:

> (...) a ligação cada vez mais estreita do território com a potência castelhana foi acompanhada de uma legislação comercial severa e as ilhas fecharam-se em si mesmas. Hoje, o quadro mudou: nem a indústria nem o comércio da reconquista reviveram, mas a arboricultura tornou-se uma grande riqueza. Houve uma transformação completa da economia. **Foi do estrangeiro** que, direta ou indiretamente, depois de dois longos séculos confusos de lutas locais, Minorca e Maiorca receberam, durante o século XVIII, um novo impulso. [grifos meus] (MONBEIG, 1932a, p. 538).

O destaque da interconexão da ilha com espaços mais vastos é tão importante para Pierre Monbeig que ele anuncia uma história geográfica tem como base os fluxos e as relações horizontais e que os processos econômicos das Ilhas Baleares têm origem fundamentalmente na relação com o estrangeiro, como já assinala a citação precedente. Situar a origem dos processos geográficos locais no estrangeiro (desde o século XVIII!) é um raciocínio tão distinto em relação às observações de Jean Brunhes que tenho a impressão de se tratarem de duas ilhas diferentes. Além disso, reafirma-se desde então que a geografia de Monbeig é na verdade uma geo-história da economia, seguindo os passos que traçara Vidal de la Blache e segundo as sugestões reformadoaras de Demangeon e Febvre.

Assim, a problemática central de Pierre Monbeig nessa nova etapa de pesquisa consiste em compreender como os fatores naturais singulares se associam às ondas homogeneizadoras e padronizadoras de uma dinâmica econômica de circulação global no interior do processo histórico. Nesse rastro, ele dilui as fronteiras insulares em uma região econômica mais ampla, trabalhando em uníssono ao grupo intelectual com a qual se partidarizou. Teria sido Brunhes uma opção? Uma opção quase claramente obsoleta, mas ainda assim uma opção.

Se comparado as concepções de Monebig às que perpassam a obra de Jean Brunhes, o raciocínio do primeiro repõe constantemente os fenômenos da circulação global e da ação do homem como agente determinante, plenamente inserido no contexto da mundialização, mais do que os fatos naturais num quadro de relações fechadas, mesmo se tratando do século XVIII. Mas, talvez surpreendetemente frente ao avanço das tensões no âmbito desse novo contexto, ele não desconsidera o papel dos fatores naturais na análise.

No texto de Monbeig, as ilhas Baleares se consolidaram no século XVIII como um espaço de disputa política. Nesse mesmo século, a condução política das ilhas passa pelas mãos dos ingleses, franceses e espanhóis. Diferentes conduções políticas orientam distintas formas de valorização. Contudo, a valorização e modernização desses espaços vêm de fora: "assim foi necessário o governo inglês de Kane para levar os 'minorcains' a dominar as condições naturais e fazer renascer a agricultura" (MONBEIG, 1932a, p. 541). Foi a obra dos ingleses, notadamente do governo de Kane atuando entre 1712 e 1736, que "conseguiu mudar completamente o estado das coisas" (MONBEIG, 1932a, p. 539). Com a instalação da segurança, a derrubada da floresta avança, bem como o saneamento de águas estagnadas e a fundação de cidades age como uma "franja pioneira". A situação geográfica inicial parte da necessidade de conquistar o terreno frente às condições naturais de difícil dominação e o processo de valorização de novas terras implicou a construção de estradas, dado que estas ligam os mercados. Toda a produção local do espaço é estimulada pela economia internacional, em pleno século XVIII.

A compreensão da mudança do nível de vida material de amplos setores de população está no centro do trabalho de Monbeig. Nas ilhas Baleares, essa transformação é situada para Monbeig no século XVIII. Sendo assim, o fenômeno para o qual atenta é o da valorização de novas terras em Maiorca e Minorca, revelando, sob outra perspectiva, um primeiro contato com o processo econômico que ele observará no Brasil: a valorização das terras de colonização. Monbeig está se tornando, gradativamente, um geógrafo da colonização no contexto da mundialização. Mas, uma mundialização vista historicamente, bem como um processo de colonização, o que é diferente de pensar uma geografia colonial que aposta na potência de intervenção do homem no presente e projetivamente. Recuperando um tema da antiga geografia colonial, isso não estabelece, ainda assim, um tropismo por rompimentos paradigmáticos, como fez Pierre Vilar, com os princípios clássicos e antigas tensões? É o que caberá medir e graduar mais uma vez.

Mundialização e epistemologia da geografia

Ver-se-á que Pierre Monbeig aplica dois tipos de raciocínio para diferentes situações das ilhas Baleares: uma primeira situação de fechamento do sistema tem como base de explicação os fatores físicos e mobiliza relações causais de tipo simples bem como de encadeamentos causais lineares e múltiplos; uma segunda situação das Baleares é levada à considerar um outro tipo de raciocínio, em que a moldagem do espaço regional é estimulada por fatores externos, em um sistema aberto, cuja base originária é a ação econômica do homem e a estruturação é cíclica.

Neste novo momento, ao articular fatores econômicos externos na base da explicação de uma situação regional, o raciocínio conduz para uma construção cíclica e sistêmica (observar as figuras 2 e 3). A este respeito, tem-se mais um claro exemplo de como o avanço do capitalismo e das relações econômicas globais tiveram impacto na metodologia da geografia. Segundo Hobsbawm, é justamente entre 1870 e pós primeira guerra mundial que a economia mundial passa por um processo de consolição (HOBSBAWM, 1995).

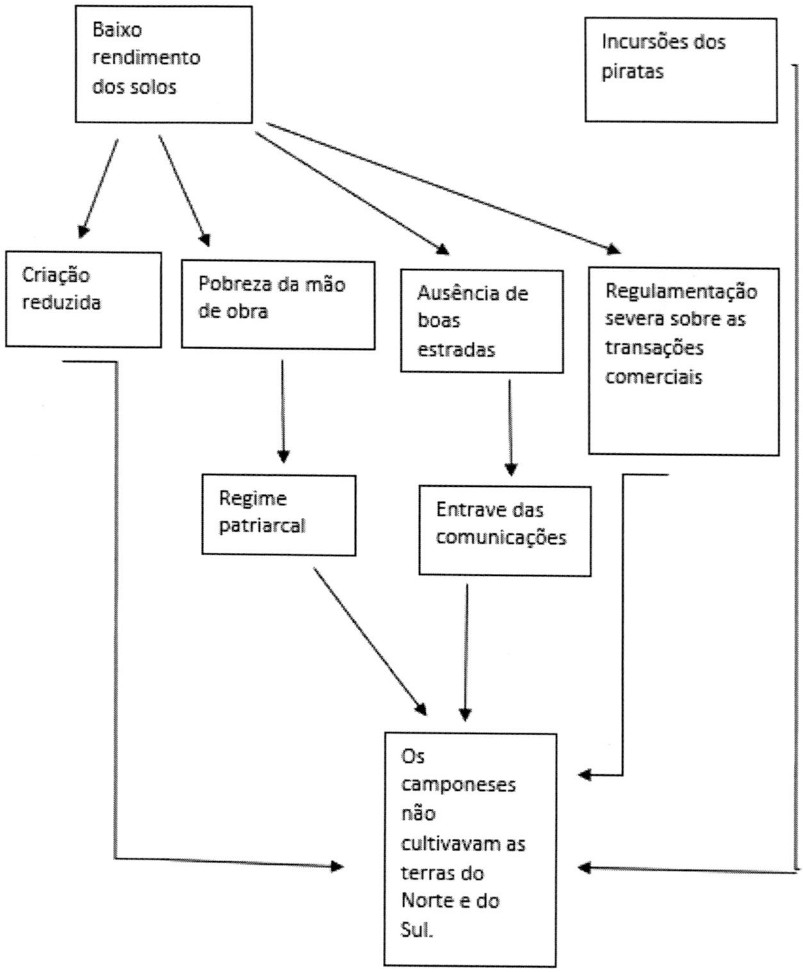

Figura 2 Exemplo de estrutura causal em Pierre Monbeig (1932) – cadeia causal com lógica mista (semi-determinista) em situação de fechamento das Ilhas. Concepção: LIRA, 2017.

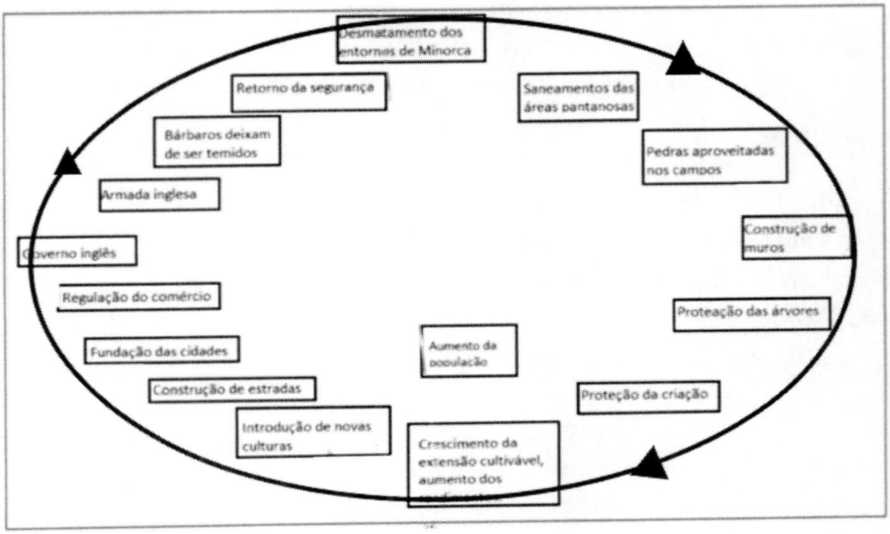

Figura 3. Exemplo de estrutura causal em Pierre Monbeig (1932) – Situação de abertura das Ilhas. Concep. LIRA, 2017.

Pierre Monbeig aplica, consequentemente, raciocínios sistêmicos para o caso das ilhas Baleares em situação de abertura e cuja base consiste na incorporação causal da influência do governo inglês. Ele aplica também raciocínios de encadeamentos causais múltiplos para situações de fechamento da ilha, onde os fatores naturais têm maior peso. De um lado, ele não chega a relacionar essas duas situações que correspondem a duas formas de causalidade, de outro, a utilização precoce de um raciocínio sistêmico era uma originalidade de Monbeig?

De acordo com Daniel Loi (LOI, 1982, 1985), as estruturas causais mais recorrentes nas obras clássicas dos geógrafos são aquelas organizadas em torno de encadeamentos lineares que evocam uma construção teórica predominantemente histórica, baseada numa linearidade linguística e temporal, revelando uma "tendência diacrônica da geografia francesa" (LOI, 1982, p. 19) e que, via de regra, começava com a consideração dos fatores naturais:

> É em todo caso a linearidade causal que é colocada em primeiro plano pelos geógrafos. A ideia de que temos de nos haver com "séries", "encadeamentos" é constante desde Vidal de la Blache (...) e encontra-se particularmente associada à preocupação de

> remontar ao passado: a linearidade temporal se combina com a linearidade racional e linguística para fazer da cadeia causal o embasamento de explicações genéticas, sendo a estrutura explicativa mais comum (LOI, 1982, p. 18).

No entanto, há também a estrutura sistêmica, ou sintética, mas ela se reserva a um estado de potência naquele estado de desenvolvimento da pesquisa geográfica: "É o tipo de estrutura de estrutura [de tipo 2] da qual muito se fala, à qual se aspira, mas que não se pratica, que não se pode praticar" (LOI, 1982, p. 20). Falando da mesma estrutura sintética:

> É em geral neste tipo que pensam os geógrafos quando eles se veem como especialistas de combinações, de conexões, de síntese, em uma geografia que é uma 'rede'. A concepção organicista da Terra, a ideia de totalidade, da unidade terrestre, central em Vidal, reforçam a convicção de que eles seguem nessa direção (LOI, 1982, p. 20).

> (...) as estruturas de tipo de natureza não causal, são, em realidade, pouco representadas na geografia clássica, ao menos até a Segunda Guerra mundial. Isto faz ressurgir uma espécie de incompatibilidade entre espaço e tempo, mais genericamente entre sincronia e diacronia, que impede uma fusão profunda de ambas, e obriga-os a explicitarem uma evolução complicada sob a forma de uma sucessão de complexos em épocas diferente (LOI, 1982, p. 21-22).

Esta conclusão reforça o argumento de que a consideração do determinismo natural recorre a um método científico anterior à atualização das ciências impulsionadas pela renovação. Ele evoca relações de causas e efeitos, tendência diacrônica, situações fechadas em que o homem é mais passivo do que ativo. De um lado, uma Geografia Humana sob novos líderes, ao considerar a ação humana num contexto geo-econômico da mundialização, vai intervir nessa balança epistemológica, vai ampliar o quadro de análise, considerar fenômenos externos, em relação sincrônica, ao passo que vai se integrar às tendências de renovação que caminham em paralelo à padronização do mundo moderno. De outro lado, a Geografia Humana de Monbeig continua a considerar os benefícios do determinismo geográfico na conformação de paisagens pré-modernas.

Esta constatação também aponta para a novidade de posturas sincrônicas mesmo no interior da Geografia desenvolvida no começo do século XX. Pierre Monbeig, ao incluir o elemento externo se contraponto à linearidade histórica, cria duas séries paralelas que não se fundem. Como já anunciou Loi, a lógica causal com base nos fatores naturais não é facilmente conciliável com a lógica com base nos fenômenos humanos; daí o grande desafio que a geografia se coloca enquanto disciplina. O interessante é pensar que uma primeira série parte das causas naturais e uma segunda série das causas humanas (o processo de metropolização) não se fundem, o que também pode salientar as tensões epistemológicas do momento.

Assim, repete-se a conclusão que situa os trabalhos espanhóis de Pierre Monbeig em um momento de transição de paradigmas, entre um paradigma natural e um paradigma dos espaços em cruzamentos (de Ettiénne Juillard, ressaltado na introdução), acrescentado que: "assim e de maneira um pouco prometeica, Juillard coloca o homem no comando, revertendo a solução proposta por J. Brunhes e, com isso, o determinismo ambientalista que assombra as mentes de seus contemporâneos, tais como Le Lannou" (ROBIC, 2001b, p. 89). Repetidamente, contudo, Monbeig não consegue ainda articular essas duas séries causais, mas não minora a relevância do determinismo geográfico. Essa articulação chegará a acontecer no exercício acadêmico das experiências de Monbeig? Suas contribuições podem representar uma nova reformulação dos paradigmas da geografia que o levariam a conciliar a lógica de fatores naturais e humanos? E mais, como ele faria essa conciliação no Brasil, um espaço em que o movimento humana estará em pleno avanço? A pergunta se coloca para avançar-se em algumas hipóteses e clarear o raciocínio pretendido.

Vidal de la Blache já havia compreendido as diferentes implicações desses dois sistemas causais, um em face do isolamento, de um lado, e da modernização, de outro: "Ele insistia sobre a descontinuidade entre o princípio local, ligado ao solo, e o princípio da dependência horizontal, que governa a troca econômica e a organização política" (OZOUF-MARIGNIER, ROBIC, 1995, p. 4). O homem que está ligado ao gênero de vida, estabelece relações causais simples ou múltiplas entre sua cultura e o solo. O homem que se incorpora à modernização é um tipo que possui uma função econômica, inserido no processo de mundialização, suas relações geográficas de descolam da determinação do meio, são cíclicas e com maior poder de atuação. No âmbito econômico, não há determinismo ou gênero de vida em estado puro. No meio natural, não há funções econômicas ou liberdade de ação.

O homem associado ao gênero de vida é um homem que evoca narrativas geográficas, descrições particulares de realidades pré-modernas. O homem ligado às características da modernização está inserido em um sistema de equivalências estimulados pela circulação. Com o avanço da colonização, do capitalismo, a modernidade evoca epistemologias sistêmicas. Nota-se então que a epistemologia da geografia vai se modificando tendencialmente de acordo com o compasso de avanço do capitalismo na civilização moderna ocidental. Mas não se vê, ainda aqui, uma anulação de qualquer dos lados desse pêndulo epistemológico. O desafio de associá-los não é menor nesse momento.

Do ponto de vista teórico, um dos elementos essenciais no modo de escrita geográfica que aparece nos escritos de Monbeig sobre as Baleares é o tratamento sincrônico e diacrônico das explicações da Geografia francesa levando-se em consideração esses dois sistemas. Marie-Vic Ozouf Marignier exprime a ideia de que as relações modernas horizontais no tratamento geográfico se consolidam nos trabalhos sobre os "mauvais pays" nos anos 1920, estando Pierre Monbeig, em consonância com o seu contexto científico.

> No fim dos anos de 1920, os geógrafos incluem um novo parâmetro na leitura da relação do homem e do meio nesses 'mauvais pays'. Enquanto até então tendiam a privilegiar causas endógenas na valorização das regiões segundo uma visão internalista, eles visam cada vez mais uma causalidade exógena, relativa ao avanço do progresso ou de seu freio. (OZOUF-MARIGINER, 2000b, p. 83).[1]

1 Contudo, isso não está em dissonância com as considerações de Vidal de la Blache : "Assim, no desenrolar de seus estudos, a referência aos fatores econômicos é cada vez mais frequente. Uma noção aparece, aliás, que não é designada ainda pela expressão 'interação espacial', mas que se liga a concepção vidaliana quanto a relatividade da noção de região no tempo e no espaço : é a ideia que o destino

Vidal de la Blache já também estabelecera um programa de pesquisa que visava a observação de um processo de expansão dos gêneros de vida, em um segundo momento do estudo, e que consistia em compreender o vetor extensivo dos gêneros de vida nos novos territórios. A origem do gênero de vida, tema do primeiro artigo publicado por Vidal, dá-se em quadros compartimentados da natureza. Uma segunda etapa, contudo, é o irradiamento dos gêneros de vida **mais evoluídos** para grandes extensões continentais. De toda maneira, todo gênero de vida representa realidades pré-modernas pois são heranças de estabilizações econômicas ocorridos no neolítico.

> Tais gêneros de vida, porém, tendem a se confinar e a se restringir. A agricultura e a pecuária, ao contrário, não pararam de estender seus domínios, de dar lugar a variedades e a subgêneros cujas diversas ramificações penetram até as partes mais inóspitas dos continentes (VIDAL DE LA BLACHE, 2012 [1911], 2° artigo, p. 160).

Anunciando dois momentos de existência do gênero de vida, o do isolamento e o da expansão, à herança de Vidal não está ausente no trabalho de Monbeig. Há para esse geógrafo uma mundializaão primitiva de modos de vida pré-modernos. Soma-se a isso contribuicão de Demangeon para a análise dos problemas econômicos e contemporâneos. De um lado, haveria uma mundializiação de realidades pré-modernas que legimitimaria uma exportação dos métodos franceses clássicos. Por outro lado, uma teoria da colonização econômica ressurge como uma importante agenda de pesquisa de Vidal de la Blahe, o que reforça que Monbeig poderá se localizar plenamente nesta tradição ao estudar o Brasil. Mas isto revela também, como já salientei, a temporalidade gradual e específica da Geografia Humana francesa na construção de seus modelos, sua capacidade de interpretar realizados anteriores aos processos de mundialização econômica, bem exportar essas ferramentas de análise.

Se Vidal de la Blache representa uma das heranças da geografia clássica francesa sobre o raciocínio de Monbeig, uma segunda camada de influências é

---

das regiões depende das relações que ela mantém com as vizinhas" (OZOUF-MARIGINER, 2000a, p. 84).

representada por Hauser e Febvre e um contraponto a Brunhes. Mais significativa, contudo, do que influência desses autores para Monbeig é a concepção geográfica da economia internacional formulada por Albert Demangeon. Antes de Braudel, Demangeon lograra compreender o ritmo geográfico da expansão do mercado mundial. Esta concepção terá efeitos profundos nos estudos de Monbeig sobre a Espanha e, posteriormente, sobre o Brasil.

Um aspecto da obra de Demangeon que teve e terá impacto nos futuros trabalhos de Monbeig, e que implica profundamente nas transformações metodológicas da disciplina geográfica no contexto da mundialização e internacionalização, é a formulação, no âmbito da geografia, das diferentes temporalidades do mercado local e do mercado mundial. Na verdade, é Pierre Monbeig quem expressa este entendimento, em um artigo publicado em 1934 com título "Les importations de fruts frais en Grande-Bretagne" (1934). É claro que ao expressar-se sobre a Grã-Bretanha, sob direção de Demangeon, a influência deste último pode-se pressupor.

Como Demangeon explica o desequilíbrio provocado pela crise de 1929, Monbeig exprime o juízo de que a agricultura continua a ser comandada por forças naturais nos locais de origem. Mas a propensão da circulação imperial mercantil se esforça por anular os ritmos das estações. O mercado mundial anula os descompassos dos mercados locais ao variar os espaços em que drena seus respectivos produtos. Assim, o mercado mundial, geograficamente, mantém uma demanda e uma distribuição de produtos quase constante.

Os mercados locais, quando estão intimamente ligados às propensões dos mercados globais, são levados a anular o tempo natural das suas estações, ou o tempo natural da produtividade do solo.

> Assim as laranjas espanholas surgem de novembro a junho, seguidas até abril pelos envios da Palestina; a partir de março aparecem as laranjas brasileiras e sul-africanas, que duram até o outono. A chegada de ameixas se estende ao longo do ano, com um pico em outubro e novembro. Já mencionamos a vantagem que dá aos Estados Unidos a possibilidade de enviar peras para as ilhas britânicas de janeiro a dezembro; porém essas remessas se completam no período de março a setembro por aquelas da Austrália, e de julho a outubro, pelas da Bélgica e da Itália.

> O hemisfério norte, com a Espanha, fornece as uvas de verão, enquanto o hemisfério Sul, com a África do Sul, as de inverno. Finalmente, todos os países se sucedem no envio de ameixas: de janeiro a abril, a África do Sul; a partir de maio, as remessas da Europa; as dos países mediterrâneos até outubro; as da Bélgica até novembro; as ameixas americanas de junho a outubro, e, por fim, as ameixas para geleia vindas da Alemanha e da Tchecoslováquia, de maio a novembro. Assim todos os países do mundo competem e, muitas vezes graças à habilidade de seus agricultores e à técnica leal de seus comerciantes, escapam do ritmo das estações. (MONBEIG, 1934, p. 95-96).

Esta característica do mercado mundial teve importante impacto na organização econômica da Espanha no passado e à época. Contudo, a Espanha possui um longo passado. Mesmo que encaixada em áreas semiperiféricas na economia mundo Atlântica, no século XX, ela apresenta resistências à sua homogeneização comercial completa. Os camponeses, antigos herdeiros de gêneros de vida, permitem que um certo contingente da população ainda viva sob predomínio das trocas naturais e internas, o que perturba o funcionamento do capitalismo, o que se demosntrou em 1929, segundo Demangeon. Este ajuste do capital, que necessitará renovar a sua demanda, terá que ocorrer em uma periferia e não no centro ou na semiperiferia. O capitalismo avança nos novos estados em toda marcha e a anula as temporalidades da natureza, e, com isso, também os elementos epistemológicos pré-modernos de entendimento?

Ao perceber esta nuança, é aqui que Monbeig começa a dar os primeiros passos rumo a sua futura compreensão do Brasil, bem como à uma complicada exportação da associação do paradigma literário e aplicado, ou natural e econômico. As abordagens de Demangeon são mais uma das âncoras para as transições graduais às quais Pierre Monbeig se filia para dar sustentação a seus deslocamentos. Mas haveria no Brasil uma resistência das realidades pré-modernas, que sustentariam a exportação do paradigma geográfico francês, mesmo com todas as suas tensões? Ou que há é a modernização em toda marcha, fazendo pender a geografia para à ação, à aplicação e a intervenção? O que se pode realizar no Brasil, uma geografia regional, uma geografia da colonização ou uma geografia colonial? O que Pierre Monbeig praticou e levados por quais injunções espaciais, sociais e institucionais, políticas, pessoais e epistemológicas? Como a experiência brasileira, desde os seus atributos espaciais, passou a compor a atitude de Monbeig frente às tensões de longa duração da geografia francesa e, com isso, imprimir uma feição própria a geografia brasileira que ele ajudou a fundar?

Capítulo 3

Organizar a geografia no Brasil (1935-1940)

Os quatro capítulos que se seguem retratam a experiência brasileira de Monbeig. O primeiro deles concentra-se mais em um contexto social e institicional, o segundo, o terceiro e o quarto, ou seja, o quarto, o quinto e sexto capítulos, remetem mais imeditamente a um contexto mais espacial. Essa abordagem pode parecer uma inversão ao que foi incialmente proposto como metodologia, que visa valorizar os espaços no início do processo intelectual. Na verdade, essa inversão deu-se por razões didáticas (apresentar ao leitor os principais atores em seu contexto) e porque o cerne de minha análise, sobre as transformações da teoria francesa em espaço brasileiro, desenvolveram-se nos próximos capítulos. Dessa forma, nos próximos capítulos, as conexões são mais diretas. Feitas essas ponderações, vale também lembrar que o método de exposição não é o mesmo do método da construção teórica do trabalho.

As circunstâncias em que Pierre Monbeig decide vir ao Brasil são bastante curiosas. Após passar dois anos na Espanha, tendo em seguida ingressado no corpo profissional de um liceu em Caen, Pierre Monbeig recebe um convite inusitado a partir da indicação de Henri Hauser e seu sogro Paul Janet e a Georges Dumas para vir ao Brasil. Os três já tinham visitado o país. A proposta é vista por Monbeig como uma aventura, uma imersão em um país desconhecido que duraria de início 6 meses. Ele interrompe momentaneamente sua tese sobre as Baleares para aceitar uma proposição sedutora aos olhos de um geógrafo, o de conhecer o outro lado do Atlântico. Embarca apesar da mulher grávida, que teria o bebe em algumas semanas. Aceita ser professor de História, mesmo que já se reconheça plenamente como geógrafo. Em seus planos, ele voltaria à Espanha para continuar a sua tese (entrevista de Pierre Monbeig a Claude Bataillon, 1991, p. 29). Esses planos se demonstrariam "planos de verão".

Neste capítulo, o propósito é de se confrontar com a reconstituição dos primeiros projetos e ações de Pierre Monbeig para a organizar a geografia no Brasil. Em um primeiro momento, sua principal tarefa é organizativa, o que não me impede de observar como esse processo organizativo se reflete também em mudanças epistemológicas da geografia e é produtor de transições e durações. As durações são sempre transições graduais e as injunções práticas e institucionais são aqui vistas como produtores dessas gradações, o que também o campo da teoria. Como professor universitário, ele se colocou alguns objetivos. Como esses projetos contribuíram com *a organização* da Geografia brasileira? Esta era a tarefa à qual os professores franceses foram chamados a empreender. Parte-se da suposição de que a organização de instituições moldadas sob padrões globais de pesquisa, e a posterior elaboração de um método geográfico de circulação global, mas com as marcas do espaço brasileiro, é também um processo permeado por um série de influências que tencionam às tendências da longa duração ora para frente, ora para trás. A organização das instituições também preenche essas durações "intelectuais" pois são instrumentos ao intelectual, e que possuem suas próprias temopalidades, permitindo avanços em seus trabalhos, ou retardando alguns objetivos. Se quisermos estabelecer um marco de autonomização da geografia brasileira, isso não pode ocorrer antes de, por ora, 1940, quando só então se consolidam essas primeiras instituições.

Organzação de grupos, associações, estatísticas, revistas, são as condições necessárias para a consecução das tarefas de elevação da geografia brasileira em novos patamares. Por exemplo, segundo Albert Demangeon, três são as etapas do método geográfico: localizar, descrever, comparar (MONBEIG, 1949, p. 492). Essas etapas não dependeriam da consolidação das instituições? Uma boa cartografia é *mister* para completar os esforços de localização, e instituições específicas são solicitadas para este fim; para acumular um fichário de descrições de todo o território, um grupo de pesquisadores, trabalhando sob os mesmos parâmetros, formados por essas ou outras instituições, é igualmente imprescindível. Para comparar os trabalhos e produzir sínteses, necessitar-se-á da reunião de abundante material em bibliotecas, arquivos e revistas. A construção intelectual do método caminha *pari passu* com a construção e esforço de organizar a Geografia brasileira. Reunir as bases organizativas que contribuíssem com a formação dessa Geografia é um processo histórico concomitante ou preliminar à emergência de um discurso de ordem intelectual. Assim, a geografia brasileira, e afirmo por ora pela negativa, dicilmente poderá se ver consolidada antes de 1940.

Com parcos conhecimentos prévios sobre o Brasil, Pierre Monbeig e seus aliados da missão universitária francesa fizeram circular no espaço atlântico as práticas e as estratégias francesas, tendo em vista a urgência que se solicitava. Ele aderiu, mais uma vez, a um movimento de retorno à experiência formadora, à historiografia e aos métodos franceses e, do encontro original com o terreno brasileiro, sucedeu-se a frutificação de uma cultura intelectual local apoiada em sólidas instituições. As "resistências" epistemológicas são também fruto das "resistências" organizativas. O movimento de organização das instituições brasileiras sob os moldes franceses é permeado de uma complexidade intrínseca, pois foi essa construção institucional que permitiu, entre outros aspectos, melhor olhar para o Brasil, uma vez que se estava agora nesse país.

Ao mesmo tempo, o modo como Monbeig organizava seu próprio trabalho intelectual refletia-se no modo como ele liderava a organização do campo. Identificou-se, a partir da análise da obra, dos documentos e da trajetória de Monbeig, que, com o objetivo de contribuir com a organização da geografia brasileira, a ação do geógrafo francês foi norteada em função das seguintes atividades: em um primeiro momento, ele veio ao Brasil para tentar ascender na carreira universitária, aumentar seus rendimentos e continuar sua tese sobre a Espanha. Nisso, ele manteve fortemente associado a seu espaço de referência, mesmo que organizar a geografia brasileira era também um a consequência desse movimento. Por conta de uma série de adversidades, e devido ao apego que ele desenvolveu pelo novo país, Monbeig reorienta seu tema de tese em direção ao avanço pioneiro nos arredores de São Paulo. Ao mesmo tempo, estava inserido em uma missão cultural francesa, de forma que toma como tarefa realizar a propaganda de sua cultura. Para seguir com um resumo incial do quadro que vamos tracar, é importante acrescentar que reunir condições de trabalho para os professores, que permitissem a criação de vínculos, liberdade intelectual e instrumentos de pesquisa, não esteve ausente nos planos de fundação de uma cultura local e de uma cultura intelectual.

Ele tinha a intenção, de maneira similar, de contribuir com a organização da Faculdade de Filosofia, Ciências e Letras e com o ensino superior de História e Geografia- tarefas que lhe foram confiadas depois da aliança da elite paulista com a diplomacia francesa. Continuar as atividades da Associação dos Geógrafos Brasileiros (fundada em 1934 por Pierre Deffontaines) e respaldar as atividades do Conselho Nacional de Geografia, fundado no Rio de Janeiro em 1938, foram igualmente objetivos de Pierre Monbeig. Com uma postura política de esquerda, ele lastreou a edificação de uma geografia nacional com o compromisso de resultados científicos voltados à construção social da nação no Brasil, e assim, consolidou vínculos. A postura política de Monbeig, mais uma vez, é vista como como uma das sinalizadoras de seus movimentos intelectuais. De um ponto de vista teórico, Pierre Monbeig toma o ensino universitário como uma oportunidade de estimular os estudantes a lerem os clássicos, notadamente os franceses, mas não somente, e estimular a confecção de monografais regionais brasileiras. De um ponto de vista prático, adota uma organização escolar bastante próxima da que ele viu em marcha na *Sorbonne* como estudante.

Como linha de interpretação adotada no capítulo, obsercar-se-á que, em todos esses planos e atividades organizativas da Geografia brasileira, ele remete-se a todo momento à sua herança geográfica, que recebeu de seus professores na *Sorbonne*. O referencial francês é constante e não corroboro com a visão de que Pierre Monbeig, ao chegar ao Brasil, tudo fundou, ou que ele teria adotado uma postura radical de revisão de suas bases teóricas. Neste capítulo, são as tarefas de organização do campo geográfico local, material e institucionalmente, que serão levadas em conta como pressupostos ao posterior desenvolvimento de um discurso geográfico de cariz nacional. Pratica e insticionalmente, Monbeig adota uma postura *relativamente* conservadora.

Mas apesar das resistências, entra-se em território brasileiro. O Brasil começa a ser entendido nesse capítulo como um espaço geográfico e intelectual que abre a possibilidade de fazer avançar o pólo aplicado da ciência, mais rapidamente do que teria ocorrido na França, empurrando as transformações do paradigma literário para adiante, e isso também se manifesta no caráter organizativo da ciência em vias de construção. Mas, ainda aqui, o movimento é premido por lentidões, talvez ainda mais, mesmo que essas lentidões, aquelas das conquistas institucionais, no interior dessas durações intelectuais, devam ser sempre ponderadas. Os franceses continuam a reconhecer o potencial de transformação das ciências sociais de seu país, segundo seus próprios parâmetros de origem, ao mesmo tempo que reconhecem ser o Brasil um campo fértil de pesquisa. E eles resistem às tendências que o próprio espaço brasileiro tenciona, mas estão também abertos à alteridade. Se, de um lado, no Brasil, não só a vinculação da ciência se liga de alguma maneira à tarefa da modernização dos territórios ditos vazios (Pierre Monbeig a essa altura já havia escolhido um tema de tese ligado à colonização), e as tarefas de organização intelectual e institucional são também sentidas de alguma maneira de forma urgente, no contexto de uma país que tem pressa em construir seu território para construir a nação (MORAES, 2005); de outro, as estratégias de muitos franceses continuam mais arraigadas em seus próprios parâmetros de origem, do que se poderia observar em um espaço circulação de saberes mais aberto do que a França, como era o Brasil. A esta altura, o Brasil não recebe apenas intelectuais franceses. No caso da geografia, o país tropical, aberto, vazio, e prenhe de "fundos territoriais" (MORAES, 2005) recebeu também americanos e alemães, tais como Leo Waibel e Preston James. A França exerce, porém, uma liderança incontestável, e Pierre Monbeig trabalhou firme para isso.

Foto 6. Pierre Monbeig. Fonte: Cartilha da Cátedra Pierre Monbeig. Cedida gentilmente por Hervé Théry.

A reorientação do tema de tese

Pierre Monbeig chega ao Brasil no dia 3 de março de 1935, segundo a documentação dos arquivos diplomáticos franceses (ARCHIVES DIPLOMATIQUES (FRANCE)- LA COURNEUVE, caixa 443/1.Informations sur la mission universitaire de São Paulo [3 março – 20 abril 1938]). Logo em seguida, alguns dos componentes dessa "missão francesa" (Monbeig e Maugüê chegaram no mesmo dia) assinarão os seus contratos. Imediatamente, serão lançados ao meio social do qual farão parte. Um jantar organizado pela elite paulista em homenagem a "amizade franco – brasileira" terá ocasião de ocorrer no dia 6 de abril de 1935 (ARCHIVES DIPLOMATIQUES (FRANCE)- LA COURNEUVE- caixa 443/1.Informations sur la mission universitaire de São Paulo [3 março – 20 abril 1938]).

O interesse da elite paulista pelos assuntos estrangeiros mostra que continuar a tese sobre as ilhas Baleares não era divergente do que se esperava de um professor francês. O apreço às questões estrangeiras apresentava-se como um sinal de distinção no meio social brasileiro, principalmente em meio aos "grã-finos", segundo alguns franceses. Muitas palestras sobre a Europa eram proferidas pelos professores e noticiadas nos jornais. Por exemplo, em 28 de julho de 1935, o jornal *O Estado de São Paulo* anuncia "o programma das conferencias publicas, a terem incio amanha, sobre 'Literatura Franceza', 'Problemas Geographicos do Mundo Moderno', 'A crise do progresso' e 'Literatura italiana', a cargo dos professores Pierre Hourcade, Pierre Monbeig, Claude Lévi-Strauss e Francisco Piccolo" (O Estado de São Paulo, 28 de julho de 1935, p. 9). O curso terá duração de quase um mês, com repetidas divulgações por parte do jornal (O Estado de São Paulo, 15 de agosto de 1935, p. 5; O Estado de São Paulo, 27 de agosto de 1935, p. 7; O Estado de São Paulo, 28 de agosto de 1935, p. 5.).

Não foi, portanto, o meio social brasileiro que motivou a mudança de seu tema de tese da Espanha para o Brasil. O estopim da necessidade de reorientá-lo esperou o começo da guerra civil espanhola para se anunciar. Os primeiros movimentos rebeldes na Espanha ocorreram em 17 e 18 de julho de 1936. De fato, "em 1936 se desencadeou a guerra civil espanhola, o que colocou fim à minha tese sobre as ilhas Baleares" (Entrevista de Pierre Monebeig concedida a BATAILLON, 1991, p. 29). Mas existiam outros motivos para a reorientação:

"(...) além disso, o Brasil me havia cativado, sem dúvida – então foi sobre ele que fiz minha tese" (Entrevista de Pierre Monbeig conceida a LAPOUGE, 1984)

Todavia, malgrado o fato de que Pierre Monbeig fizera uma escolha relativamente ousada, de estudar o Brasil em seu tema de tese (Braudel e Lévi-Strauss, por exemplo, ambos participantes da mesma missão francesa, não o fizeram no que diz respeito a tese), com poucos instrumentos disponíveis, ficará claro que os modelos franceses serão reafirmados a todo momento por Monbeig, no conjunto das dimensões da vida acadêmica brasileira. A organização das instituições é também criadora de resistências dos paradigmas.

Fortalecer a influência cultural francesa no Brasil

A participação de alunos e professores do Instituto de Geografia da Sorbonne, na construção da École des Hautes Études de Madrid, entabula-se em uma longa duração da ação cultural francesa sobre o Mediterrâneo. Na década de 30, verifica-se que esta política exterior se aprofunda e se amplia também sobre a América Latina, com novas estruturas institucionais. Para além da expansão dos mercados culturais, as ações da diplomacia são também voltadas às necessidades de construir alianças num contexto de guerra (SUPPO, 2000, p. 322).

A França tirará proveito de uma longa história de trocas recíprocas e anteriormente dispersas com a América Latina (MATTHIEU, 1991). O *Comité France-Amérique* é fundado por Gabriel Hanotaux em 1909 (SUPPO, 2002, p. 85). Este comitê é um lugar de encontro das elites sul-americanas com as personalidades do mundo científico e político francês (SUPPO, 2002, p. 86). George Dumas ocupa um posto de direção deste Comitê, ao lado de Fortunat Strowski, Paul Hazard e Henri Hauser (SUPPO, 2002, p. 87).

Também junto a Henri Hauser, Dumas é membro do Conselho de Administração da Aliança Francesa (SUPPO, 2002, p. 89). Com outras personalidades, tornou-se igualmente formulador das políticas culturais da França para o estrangeiro. Em 1908, é fundado o *Groupement des Universités et Grandes Écoles de France pour les relations avec l'Amérique Latine*. Seus membros participam da *Société de l'Enseignement Supérieur* (SES). Em 1910, Dumas será enviado ao Brasil como parte das ações do *Groupement*. Lá, estabelece relações com o meio intelectual de São Paulo, o que possibilitou a criação da União Escolar Franco-Paulista e da cadeira de estudos brasileiros na Sorbonne (SUPPO, 2002, p. 97-98). Personagem chave dessas articulações, Georges Dumas é sustentado por Jean Marx, à frente do *Service des Oeuvres Françaises à l'Étranger* (SOFE) entre 1933 e 1940 (SUPPO, 2002, p. 76). Dumas constata que a receptividade dos brasileiros aos produtos culturais da França é positiva, mesmo que os Partidos Católico e Germânico paulistas lhe sejam hostis na capital (SUPPO, 2002, p. 116).

Petitjean averigua que a referência à latinidade está no seio do discurso do *Groupement*. Da parte francesa, Gabriel Hanouteux veicula que "o gênio latino, no qual nos incluímos, não se opõe a nenhuma tendência nacional, e é por isso que não se deve temer, da nossa parte, nenhum perigo de hegemonia ou de absorção" (HANOUTEUX apud MATTHIEU, 1991, p. 48). Este discurso se vincula ao espírito das altas letras brasileiras, onde os membros das Academias de médicos, escritores e políticos, falavam do Brasil como o mais novo irmão latino de países como França e Itália (PETITJEAN, 1991, p. 858). O interesse do *Groupement* pela América Latina expressa-se também nas ações editoriais. Passando por reformulações constantes, a revista da associação era o *Bulletin de la Bibliothéque Am*éricaine (de 1910 até a Primeira Guerra), *Bulletin de l'Amérique Latine*, até 1922, e *Revue de l'Amérique Latine*, de 1922 a 1932 (PETITJEAN, 1996b, p. 99.).

Uma série de conferências em São Paulo e no Rio de Janeiro é organizada pela associação, com a exposição de palestras de intelectuais como Pierre Janet, Georges Dumas e Chiray, em 1922, Henri Abraham e Henri Piéron, em 1923, Emile Marchoux e Paul Janet, em 1925, contando com a presença de notáveis francófonos (PETITJEAN, 1996b, p. 106-107). Vale ressaltar a passagem de Paul Janet pelas terras americanas, uma vez que ele será o sogro de Pierre Monbeig. Em 1922, foi fundado no Rio de Janeiro o Instituto Franco Brasileiro de Alta Cultura. Em 1923, é inaugurada a *Société des Lycées franco-brésiliens*. A partir de 1934, cinco missões serão organizadas e destinadas à Universidade de São Paulo e posteriormente ao Distrito Federal e à Universidade de Porto Alegre (SUPPO, 2002, p. 75).

A Seção paulista do *Groupement* era presidida pelo professor Bettecourt-Rodrigues e contava com a participação de outros intelectuais brasileiros, como Vergueiro Steidel, Ruy de Paula Souza, Victor da Silva Freire, além de Reynaldo Pochat, Ramos de Azevedo, José Carlos de Macedo Soares, Frederico Borba,

Ovidio Pires de Campos, Alves Lima, Júlio de Mesquita e Alfred Pujol (SUPPO, 2000, p. 320). Júlio de Mesquita Filho se tornará amigo de Pierre Monbeig e é um dos editores do jornal *O Estado de São Paulo*. Ele terá importante participação na fundação da Universidade paulista. De um lado, uma vez que esta diplomacia escolhe os professores como agentes da cultura francesa, eles serão envoltos na ocasião de trocas com tal corpo de personagens e políticos brasileiros (SUPPO, 2000, p. 321). De outro lado, os próprios brasileiros se tornam cada vez mais reticentes à política esporádica de encontros no âmbito da alta cultura. Eles querem professores que criem vínculos com o país (SUPPO, 2002, p. 104). Começa-se então as negociações para a criação da Universidade de São Paulo.

Num contexto de crise das oligarquias e após a derrota pelas armas do exército paulista pelas forças do governo federal, batalha que ficou conhecida no Brasil como Revolução "Constitucionalista" de 1932, a elite paulista traçara um plano de aprofundar o irradiamento de seus objetivos políticos através da organização do ensino superior. Os partidos envolvidos na criação da Universidade de São Paulo constatam o vazio cultural da intelectualidade local no que toca à formação de espíritos científicos contrários ao "autoritarismo" do comunismo (que consideravam uma ameaça vigente e que dava supostamente suporte, através dos tenentes, ao governo de Getúlio Vargas) e ao próprio autoritarismo da ditadura varguista. A elite paulista avalia a importância de irradiar a influência da democracia liberal através da difusão do espírito científico, apostando que a ciência poderia desempenhar uma reordenação geral da sociedade, fora do escopo do que eles chamavam de autoritarismo.

Fernando de Azevedo, diretor da Instrução Pública do Estado de São Paulo prepara, em 1934, um projeto de decreto para fundar a Universidade paulista. Ele monta uma comissão de 11 membros para ajudá-lo, da qual participa Júlio de Mesquita Filho. (PETITJEAN, 1992, p. 360). Mesquita fora participante enérgico da oposição ao governo Vargas na ocasião da Revolução de 1932 (PETITJEAN, 1992, p. 360).

Da parte dos franceses, quando George Dumas e seus aliados constatam a intenção de recrutamento de professores em terrenos europeus, uma estratégia enérgica é montada para atrair a elite paulista à sua órbita. O futuro diretor da Faculdade de Filosofia, Theodoro Ramos, viaja para a Europa para observar a organização universitária, a vida acadêmica e o funcionamento dos laboratórios, entre outras preocupações. Sua primeira parada é Roma, dirigindo-se à Academia Italiana de Ciências para procurar matemáticos e físicos (PETITJEAN, 1996a, p. 263-264).

Temerosos de que a Itália ganhasse muito espaço, Georges Dumas não espera que Theodoro Ramos se despeça da Itália e, a 19 de março, vai ao seu encontro. "Em 22 de março ele escreve de Roma a Jean Marx dizendo que as negociações terminaram na noite anterior". Inicialmente reticente em relação aos franceses, Dumas acredita que "havia semeado a dúvida em Theodoro Ramos sobre 'nossas capacidades de exportação universitária'". "Havia oito cadeiras para os franceses em 1935: geografia, sociologia, história, filosofia, literatura francesa, filologia greco-latina, física-matemática, além de literatura greco-latina. A Itália terá três, o Alemanha duas (zoologia e literatura alemã) e o Inglaterra uma (literatura inglesa)." (PETITJEAN, 1996a, p. 265), o que demonstra uma grande vitória da diplomacia francesa.

Seis contratos são assinados em 29 de abril por Theodoro Ramos, e co-assinados por Georges Dumas e Jean Marx. Robert Garric engaja-se na cadeira de literatura francesa, Émile Coornaeert para a história da civilização, Paul Arbousse Bastide é contratado para a cadeira de Sociologia, Pierre Deffontaines para a Geografia, Étienne Borne para a Filosofia e Psicologia e Michel Berveiller para a literatura greco-latina (PETITJEAN, 1996a, p. 267). "Com 6 [sic] franceses, 4 italianos, 3 alemães, tratava-se, praticamente, do equilíbrio previsto um pouco antes da viagem (...)" (PETITJEAN, 1992, p. 351), ou seja, os franceses haviam conquistado seus objetivos. No segundo ano, 1935, Coornaert é substituído por Fernand Braudel, Garric por Pierre Hourcade, Borne por Maugüê, Deffontaines cede lugar a Pierre Monbeig, que era "genro de Paul Janet, um físico que fizera parte das conferências do *Groupement* no Rio em 1925, e que teve, por intermediário de sua mulher, uma boa propaganda do Brasil" (PETITJEAN, 1992, p. 352-353). Lévi-Strauss é contratado para a segunda cadeira de Sociologia.

Com efeito, os intelectuais mantinham contato estreito com a diplomacia, as negociações para a fundação da Universidade de São Paulo se dão no alto escalão da política, e os professores franceses se tornarão agentes da ação cultural. O próprio Pierre Monbeig chega a defender os interesses da diplomacia. Em carta enviada em fevereiro de 1938 ao ministro dos assuntos estrangeiros e desenvolvimento internacional, Pierre Monbeig alude às dificuldades encontradas na ocasião da assinatura de um novo contrato, alegando, todavia que "a algumas semanas da retomada dos cursos, dado o interesse de *continuar a obra de propaganda francesa no Brasil*, não me é possível recusar este projeto de contrato" [grifos nossos] (ARCHIVES DIPLOMATIQUES (FRANCE)- LA COURNEUVE- - caixa 443/1- Carta de Pierre Monbeig ao ministro). Mas mesmo no interior de um contexto de propaganda, Monbeig assume plenamente a tarefa de ficar ao lado dos brasileiros num momento em que estes demonstram um maior interesse pelas suas raízes, pela sua nacionalidade. Petitjean dá voz às impressões e ao compromisso assumido por Monbeig:

> A criação do USP coincidiu com a emergência de um sentimento nacional no Brasil, explica Monbeig numa entrevista em 1981, um pouco como o que se passou na Europa na metade do século XIX. Essa 'descoberta da nacionalidade" implica um 'grande interesse pelas raízes da sociedade brasileira, raízes históricas, geográficas e sociológicas. O fenômeno aproxima-se do papel desempenhado par Michelet com sua História da França. Vindos nos anos da década de 30, num momento em que os brasileiros se preocupam um pouco mais com eles mesmos em razão da crise econômica, os professores estrangeiros, animados por um desejo de pesquisa sobre o Brasil, contribuem, aqui em São Paulo, para uma espécie de descoberta e de tomada de consciência da realidade'. (MONBEIG apud PETITJEAN, 1996a, p. 303).

Monbeig acredita estar imbuído de uma missão científica que estava envolta na descoberta das paisagens nacionais do país tropical. O Brasil se aproximava, para ele, a uma conjuntura de descoberta das paisagens e narrativas históricas dos literatos, historiadores e geógrafos do fim do século XIX. Há, a partir da iniciativa de Monbeig, não somente uma intenção de manutenção de estabilidade dos métodos franceses, que dava lastro à circulação do pensamento francês, como também um vínculo às estratégias dos literatos, no momento em que Monbeig queria tocar o coração dos jovens brasileiros.

A vasta documentação apresentada por Hugo Suppo e outras que colhi em complementação nos Arquivos Diplomáticos franceses sobre a fundação da

USP, aponta para a importância de um relativo grau de sincretismo entre os interesses da diplomacia, dos professores e da elite paulista, e da similaridade da conjuntura entre o Brasil e a França, principalmente *no começo* da estadia dos franceses. Depois, com o desenrolar de suas atuações, alguns professores procurarão outros aliados preferenciais, procurando se afastar da elite paulista. O projeto das elites paulistas era fazer emergir uma classe de técnicos e intelectuais de valores liberais, insipirados e motivados por fazer o Brasil se inserir em uma rede de pesquisas internacionais de nações democráticas, o que favoreceu que à ancoragem no sistema teórico e institucional francês. Um projeto, portanto, que era na sua raiz, elitista, porém cosmopolita. Todavia, a vertende literária da geografia francesa, com apego às particularidades do ambiente, ajudou aos estudantes a chamada "descoberta" das paisagens *brasileiras*.

Evocando Pierre Monbeig, fica claro que, nos primeiros anos de instalação da missão francesa, as oposições de interesse entre os grupos envolvidos eram menores, só se acentuando adiante. Depois, Pierre Monbeig adota uma postura mais à esquerda em relação aos projetos que fora chamado a empreender. Monbeig incumbe-se de realizar a propaganda e, ao mesmo tempo, ensinar os brasileiros (os brasileiros a que ele se refere são os alunos de classes mais populares, frequentemente comissionados pelo Estado a estudar, voltaremos a este assunto) a observar, e amar, suas próprias paisagens. Para além de sua filiação à uma escola geográfica constituída, acredito que o compromisso de Monbeig com os interesses populares da nação brasileira é também responsável pela sua profunda missão por fazer os estudantes "descobrirem" o Brasil, através do aguçamento de suas sensibilidades, evocando novamente, portanto, o lado artístico da geografia:

> Você consegue imaginar que aventura fascinante era para um jovem francês ser de repente atirado nesta outra dimensão. E que enriquecimento, em vez de seguir uma carreira sossegada, monótona e cômoda na França, era o fato de termos de inventar e de nos envolver em confusão. Enfim, posso parecer pedante ou nacionalista, mas nós tínhamos a incumbência e responsabilidade de divulgar a cultura francesa. Eu adorava ajudar os jovens a descobrir seu próprio país, que eles pouco conheciam.

> Eu os ensinava a ver suas próprias paisagens, o que era emocionante. (MONBEIG in LAPOUGE, 1984).

A elite paulista solicitou a vinda da missão francesa pois toma como projeto a urgência de uma missão civilizatória e, ao mesmo tempo, esse projeto pressupunha uma desconfiança em relação a capacidade do dito "povo", como se falava na época. Num país vasto e permeado por atrasos culturais, se o processo civilizatório não fosse atacado em toda marcha, a construção das representações coletivas não permitirá o ingresso do Brasil na vanguarda da modernidade. Assim, essa missão de alta importância deu alguma margem de manobra aos franceses. Partindo de um certo sincretismo dos interesses da elite paulista e da diplomacia, alguns professores franceses também conquistaram um certo grau de autonomia que os permitiu reverbar seus próprios interesses e visões mais engajadas sobre o Brasil, o que, por outro lado, abriu espaço para que a experiência brasileira fosse instigadora de novos equilíbrios epistemológicos. Ao fim e ao cabo, os franceses impulsionaram, através de seus próprios métodos, um movimento mais nacionalista do que poderia esperar a elite paulista e a diplomacia francesa. Nacionalista para França, para também para o Brasl. Nesse movimento, não foi só o Brasil que aprendeu com os franceses, mas os franceses também aprenderam com o Brasil.

O contexto de lançamento da pedra fundamental da Universidade

Os professores franceses foram chamados a contribuir na organização dos cursos superiores da recém fundada Faculdade de Filosofia, Ciências e Letras da Universidade de São Paulo. Como projeto da elite paulista, a diplomacia francesa encontrou uma maneira de conciliar sua proposta universitária com os objetivos dos "brasileiros". Para compreender os interesses em questão, a concepção de Universidade e a prática de ensino desses jovens professores, será preciso mergulhar nas vicissitudes da política paulista e brasileira. Também no domínio da organização da Faculdade, o movimento é permado por durações e transições.

Foto 7. As primeiras instalações da FFCL, na Faculdade de Medicina. Fonte: Arquivo CAPH.

Uma figura chave atua como articulador da fundação da USP: o jornalista Júlio de Mesquita Filho, sucessor de seu pai na direção do jornal *O Estado de São Paulo*. Referindo-se à derrocada em campo de batalha da Revolução Constitucionalista de 1932 com o triunfo das forças do governo federal, Júlio de Mesquita faz uma associação direta entre esta luta política e a fundação da USP, campo de disputas plenamente compreendido pelos jovens franceses:

> **Vencidos pelas armas, sabíamos perfeitamente que só pela ciência e pela perseverança no esforço voltaríamos a exercer a hegemonia que durante longas décadas desfrutáramos no seio da federação.** Paulistas até a medula, herdáramos da nossa ascendência bandeirante o gosto pelos planos arrojados e a paciência necessária à execução dos grandes empreendimentos [grifos meus] (MESQUITA, 1969, apud LIMONGI, 1988, p. 8).

Um pouco antes de 1932, tanto os setores do governo de Getúlio Vargas, quanto os liberais paulistas, defendiam importantes reformas do Estado e tinham maneiras particulares de afrontar a oligarquia tradicional que se reproduzia no poder por meios fraudulentos. Mas os comunistas também eram alvo de rechaço pela elite paulista. De um lado, os liberais falavam de uma educação para o povo, mesmo que guiada por elites, auto-denomiadas democráticas, mas não através de um Estado forte que enfraquecesse a "autonomia" paulista. De outro lado, os tenentes, um dos setores mais importantes que davam sustentação ao governo Vargas, reivindicavam uma revisão do federalismo, no sentido de fortalecer o Estado central e contribuir para desenvolver os estados mais fracos (LIMONGI, 1988, p. 5-6), diminuindo as desigualdades regionais. Para os tenentes, enfraquecer os paulistas era essencial para a consecução das reformas populares anunciadas. Havia uma disputa pela condução das transformações políticas do Brasil, uma elitista, outra com raiz mais popular.

Assim, mesmo que com posturas convergentes no enfrentamento à oligarquia, os dois grupos têm concepções políticas divergentes: os paulistas – elitistas e liberais, e os varguistas e tenentes- centralizadores e "populistas". Sob direção de Vargas, o Estado brasileiro foi totalmente reformulado (AGGIO, BARBOSA, COELHO, 2002, p. 10). Ele propôs organismos para disciplinar as atividades econômicas e políticas, dissolveu câmaras municipais, decretou um novo código eleitoral após convocar a constituinte (AGGIO, BARBOSA, COELHO, 2002, p. 10). Sobretudo, Vargas dissolveu as assembleias e o congresso nacional. Saídos da República Velha, que ordenara a sociedade brasileira através de um acordo de elites, o congresso e as assembleias eram antigos palcos dos mandos dos oligarcas, mas também dos "democratas" liberais e elitistas, filhos renovados dessas antigas elites, sendo então a sua abolição uma consequência da Revolução de 30 que ensaiou uma primeira ruptura com o domínio oligárquico. Sem defender o Estado Novo, vale a pena lambrar que o liberalismo econômico no Brasil esteve sempre associado a valores econômicos conservadores e anti-nacionais.

Júlio de Mesquita Filho fora exilado após a revolução constitucionalista. Mas em poucos anos, as coisas parecem convergir aos seus interesses. Há pressões por "reconstitucionalização" do Brasil. A Assembleia Nacional constituinte é marcada para o dia 3 de maio de 1933 (SALONE, 2009). Segundo Cardoso, ao terminar os trabalhos constituintes, a Assembleia chegava a um acordo com Getúlio Vargas: este seria eleito indiretamente e a Assembleia não se dissolveria, sendo mantida com os mesmos membros (CARDOSO, 1982, p. 153). Isso deu margem de manobra aos paulistas.

Vargas nomeia então Armando Salles de Oliveira, pertencente ao grupo do jornal *O Estado de São Paulo*, para a interventoria paulista. Nesse mesmo ano, o presidente decreta a anistia aos revoltosos e, a 22 de novembro, Júlio de Mesquita volta ao estado (SALONE, 2009, p. 159). Começa a ganhar força um novo debate sobre como reverter o quadro político. A Universidade, pela receptiviadade encontrada, passa a ocupar um papel chave –a luta migra para o campo da cultura.

Limongi caracteriza que, de acordo com Mesquita, "(...) elites aptas a dirigir os negócios públicos existem, apenas encontram-se afastadas em função das deformações do regime político. A questão reside em encontrar os meios para que ela retorne à vida política." (LIMONGI, 1988, p. 74-75). Para eles, era necessário formar uma elite educada de brasileiros que pudesse amalgamar o discurso nacional e que guiasse os jovens às concepções democráticas, mas pouco se falava de uma expansão massiva do ensino básico. Na visão dos paulistas, a dessiminação dos valores democráticos deveria ser conduzida gradualmente pela elite, ou seja, uma elite seria apta a influencia o povo, não educa-lo. Witter dá voz ao depoimento de Aziz Simão, sociólogo, socialista, e antigo aluno da FFCL. Segundo Simão, o problema da educação *das elites e das massas* divide opiniões de alunos e professores (WITTER, 1984, p. 103).

O depoimento de Júlio de Mesquita Filho revela mais um elemento que aproxima sua concepção de Universidade com fins políticos. Para ele, o estado de São Paulo perdera a guerra devido a um problema de cultura, entre outros fatores. Ora, a França já havia feito este diagnóstico na ocasião da derrota de Sedan, e Júlio de Mesquita Filho acredita se encontrar sob conjuntura semelhante. Esta avaliação conjuntural da elite paulista está em plena consonância com que pensavam os franceses e contribuiu para justificar a influência francesa sobre o sistema universitário brasileiro:

> Ao sairmos da Revolução de 32 tínhamos a impressão perfeitamente nítida de que o destino acabava de colocar São Paulo em posição idêntica àquela em que se achava, após Iena, a Alemanha, o Japão no dia seguinte ao do bombardeio dos seus portos pela esquadra norte-americana, e a França depois de Sedan. (...) (MESQUITA FILHO apud SCHWARTZMAN, 1979, p. 193-194).

Neste contexto, a Universidade de São Paulo fora concebida com o fito de ser responsável pela criação de *elites* intelectuais "desinteressadas", formados nas ciências puras, impregnadas de um olhar "técnico", alheio aos vícios políticos, de visão eminentemente científica e democrática (LIMONGI, 1988).

O liberalismo encontrara na democracia das elites brasileiras a base a ideológica contra o poder pessoal (oligárquico), segundo Lévi-Strauss (STRAUSS apud PEIXOTO, 2001, p. 502) mas também contra os valores chamados de "populares". No Brasil, tratava-se de revestir a democracia dos interesses *elitistas* dos paulistas, tarefa que, se se colocava em oposição reformista, não deixava de se posicionar no rastro de mentalidades oligárquicas, pelo seu lado anti- popular.

Começando a reforma educacional pelo topo da sociedade, essa visão supostamente democrática, anticomunista, elitista e liberal, encontrou no discurso de uma ciência isenta, propugnada pelo modelo francês, e que tinha como eixo organizador uma Faculdade de Filosofia, uma capa ideológica para a ação e irradiamento político dos paulistas no seu combate ao populismo de Vargas e aos comunistas. Ora, colocar a Filosofia, as ciências puras e as letras na base da Universidade era fortalecer o discurso da isenção dos altos estudos (SCHWARTZMAN, 1979, p. 199).

Democracia, elites intelectuais, universidade e liberalismo são os quatro pilares de uma visão elitista do processo de transformação social pelo qual deveria passar a sociedade brasileira. O depoimento de Júlio de Mesquita Filho é clarividente em como o modelo francês, de colocar o eixo nas ciências puras, era permeado por uma estratégia de reconquista de hegemonia de determinado grupo social abalado pela Revolução de 30, da mesma forma que começar a reforma educacional pelo ensino superior, representava um esforço tático de reconquista urgente de liderança sem perigo de divisão do poder com o povo:

> Mas haveria ainda uma outra razão muito forte para que se fixasse a preferência no modelo francês, desdenhando a importância científica principalmente dos modelos inglês e americano, onde a ciência experimental (e não "principalista", como a francesa e a alemã) estava dando frutos de grande importância. E que na visão dos fundadores da Universidade de São Paulo, a Faculdade de Filosofia, Ciências e Letras reuniria de uma tacada todos os ramos da ciência numa só instituição, dando a ela um alto poder de geração e irradiação de uma nova mentalidade. Os paulistas tinham pressa. Não podiam desperdiçar nem tempo nem recursos. Júlio de Mesquita Filho tinha plena consciência disso, já bem antes da Revolução de 32. O inquérito

> mostrou para ele que, para fazer a Universidade, tinha de fazer uma reforma completa em todo o ensino: primário, secundário, médio e universitário. Então ele disse: 'Nós temos de fazer tudo isso. Agora, se nós começamos pelo primário, como é lógico, do primário preparar para o secundário, do secundário preparar para a universidade, nós temos de demorar ar uns dez ou doze anos. Vamos fazer o contrário. Vamos fazer a Universidade e, dentro da Universidade, nós fazemos um ginásio-modelo.' Seria um liceu como na França. 'No ginásio, fazemos o preparo para a Universidade. E, na Universidade, fazemos o preparo para ser professor de ginásio' (Duarte, entrevista.)" (SCHWARTZMAN, 1979, p. 200).

Paulo Duarte, um dos articulares da concepção de Universidade confirma que a inspiração quase total no modelo francês se casava com esses objetivos políticos. Antes da comissão dos onze, toda a articulação fora feita por Júlio de Mesquita Filho, Armando de Salles Oliveira e Paulo Duarte (SCHWARTZMAN, 1979, p. 201). Duarte fora posteriormente excluído da comissão, que irá elaborar o decreto de fundação da Universidade. Ele mesmo atribui a exclusão à sua posição de esquerda (SCHWARTZMAN, 1979, p. 203). Mas, como ativo participante dos primeiros estudos, seu depoimento é esclarecedor:

> 'Nós elegemos – aí já fizemos de comum acordo – dois paradigmas, digamos assim, para a Universidade. Em primeiro lugar, tanto a formação do Julinho quanto a minha são formações francesas. Mas nós não quisemos nos restringir à nossa formação francesa. Escolhemos a Sorbonne, evidentemente, para estudar uma universidade cientificamente estruturada. E escolhemos, também, a universidade inglesa, através de Cambridge. Mandamos buscar tudo quanto fosse informação dessas universidades. Mas, na realidade, a organização francesa era superior à inglesa. (...) E a nossa organização, pode-se dizer que em 80% seguiu o modelo francês. (...). A Universidade francesa tinha como célula mater a Faculdade de Filosofia, Ciências e Letras. (DUARTE apud SCHWARTZMAN, 1979, p. 197-198).

Georges Dumas começa a participar das articulações de um ensino superior no Brasil, com a prematura discussão de fundação de uma Faculdade de Educação, que deveria se chamar Faculdade de Filosofia, Letras e Educação, mas que não saiu do papel (LIMONGI, 1988, p. 85-86). O modelo francês encontra plena guarida na existência da Faculdade de Filosofia como eixo da Universidade. Apoiados nas visitas que fizeram repetidamente ao Instituto franco-brasileiro de Alta Cultura, os intelectuais franceses não se eximiam de defender o seu modelo. Paul Fauconnet protagoniza uma palestra na qual afirma que

> verifiquei que há em São Paulo uma magnifica Faculdade de Medicina, uma notável Faculdade de Direito e uma Escola Politécnica de renome universal. Não vi, entretanto, ensino superior de filosofia, de literatura ou de línguas. Pois bem, senhores, sem órgãos capazes de fornecer esse ensino, não se pode pensar em universidade. (...) E como vi que no campo das letras é que há maior deficiência, volto a dizer que será preciso cuidar de uma faculdade de filosofia ciências e letras, ou órgão semelhante. (FAUCONNET apud LIMONGI, 1988, p. 116-117)

George Dumas tornou-se amigo dos paulistas que articulavam a Universidade. Pode-se até dizer que eles formavam um grupo que girava em torno da redação de *O Estado de São Paulo* (CARDOSO, 1982, p. 61). "A universidade de São Paulo foi criada por ato de Armando de Salles Oliveira, em 25 de janeiro de 1934" (WITTER, 1984, p. 23). Esse é, em resumo, o ambiente intelectual e político a que está envolto São Paulo e o Brasil e que revela também o que se esperava dos franceses.

Porém, uma vez concretizado esse importante projeto, a vocação do ensino que preconiza a elite paulista é confrontada às suas reais tarefas práticas, e a compreensão do modo de empreender essas tarefas divide os professores entre uma concepção de ciência "desinteressada" ou uma concepção voltada para fins práticos. O fato é que alguns professores franceses tiveram uma postura ainda mais engajada do que a elite paulista esperava, e fizeram com que o soerguimento do debate cultural, com atualização dos alunos com o que havia de mais novo do ponto de vista científico, tivesse repercussão igualmente entre os alunos mais populares, sem perder, contudo, a vocação do modelo francês e nem a dimensão política desse processo. Há avanços e recuos na referência aos parâmetros franceses e na imersão na realidade brasileira.

Na prática, assim, e com o prolongamento de suas experiências, alguns professores franceses adaptaram os desígnios democráticos, liberais e elitistas, suportados por uma concepção de ciência baseada na filosofia como eixo central, nos altos estudos e na neutralidade, para um quadro de interessesses associado a um público mais popular, filhos de imigrantes trabalhadores, engajados na construção social de um Brasil nascente e para um quadro de utilidade e engajamento prático do ensino. De um lado, se o nacionalismo dos franceses progressistas e o cosmopolismo da elite paulista já evocava valores divergentes do ponto de vista da reposição do conflito entre a arte a ciência, para o caso da geografia, a oposição entre os altos estudos e a utilidade prática do conhecimento, debate que se reveste no problema da inserção de uma camada mais popular como público alvo da ciência produzida, opõe valores da literatura e de uma ciência aplicada mais uma vez. Esse conflito aparece em situações bem concretas no momento de definição das possibilidades de funcionamento da Faculdade neste contexto.

Assim, ocorre que os filhos das elites não procuraram a Faculdade para continuar seus estudos, e a diretoria, temerosa de que os cursos de humanas fechassem as portas, distribuíram bolsas de estudos para professores inscritos no sistema de ensino de estado de São Paulo que não possuíam diplomas. Assim, esse perfil de estudantes "desinteressados", advindos das elites, foi motivo de crítica da parte de Fernand Braudel e de Pierre Monbeig que preferiam uma solução didática mais voltada aos alunos que viam na ciência veículo de soluções de problemas práticos. Eles saldaram a entrada desses novos alunos na Faculdade:

> Sem esperar o estatuto definitivo, é evidentemente [que é] para essa direção que deve ser orientado o nosso ensino. Preparar as gerações de professores, mais que eruditos especialistas e remexedores de teorias confusas, e tratar, ao mesmo tempo, de discernir, entre os futuros educadores, aqueles que serão capazes-de realizar trabalhos científicos, de efetuar pesquisas pessoais. Ora, isso não é possível atualmente, porque os programas não o permitem e porque os alunos não têm a formação necessária:

> uns excessivamente escolares; outros excessivamente grandios" (MONBEIG, apud LIMONGI, 1988, p. 228-230).

Mas com o objetivo de formar elites "desinteressadas", o regimento, a estrutura da Faculdade de Filosofia, Ciências e Letras e sua dinâmica de funcionamento, exemplifica a importância da abordagem interdisciplinar que tem como eixo central a filosofia como agregadora das humanidades, segundo preconiza o modelo francês. Se a composição dos comissionados (bolsistas) exemplifica o material humano disponível, o regimento da Universidade reflete os princípios organizativos idealizadores. Na origem, a própria disciplina geográfica, ancorada em valores literários, também propugna um viés desinteressado, mas, como ensaia-se afirmar, isso também terá a oportunidade de se transformar no Brasil.

No primeiro capítulo, observei que, apesar de todas as transformações sofridas pela geografia francesa, os valores da literatura em seu arranjo epistemológicos parecem continuar dominantes. No momento de expansão desses arranjos teóricos, quando os intelectuais franceses passam a viaja pelo mundo, como Pierre Monbeig fez em ir para a Espanha, concluí que os valores da literatura sofrem poderosos ataques, mas resistem. Vejo agora esse primeiro momento no Brasil como um amálgama bastante equilibrado, se ão mesmo conservador, entre os pólos em conflitos que opunham valores literários e científicos-aplicados e que se expressavam nas estratégias institucionais, entrando nesse debate o ingrediente da política e da inserção das classes populares no aproveitamento dos benefícios da ciência. Política e posturas epistemológicas podem ser associadas nesse trabalho que gira em torno da ideia de espaços, em uma ponta, e "valores", atitutes, teorias e práticas, na outra.

A imersão no Brasil e a luta por autonomia

Pelo que foi até aqui exposto, vê-se que as referências francesas, de viés ainda mais literário do que científico e aplicado, não se encerram na propaganda, mas avançam sobre as estratégias de organização e de posicionamento no campo científico. Além disso, a trajetória, as estratégias individuais e coletivas de construção de uma carreira universitária, vinculados naquele momento ao Brasil, mas com perspectivas de voltarem à França, também permite vislumbrar como cada um estabeleceu um vínculo específico com as tarefas de organização da ciência brasileira. A situação no Brasil apresenta diversos graus de transitoriedade para cada professor, e nesse ponto, demonstram um engajamento mais ou menos acentuado entre a França e o Brasil. Lévi-Strauss relembra que, no Brasil, parecia estarem se jogando as peças de uma carreira universitária francesa posterior (MASSI, 1981). Para mim, esses movimentos são também produtores de durações intelectuais, com as transições que as preenchem.

Vale lembrar que caracterizei o espaço do Brasil, na introdução, se não como a possibilidade de um amálgama equilibrado dos paradigmas, outrossim, como a possibilidade de fazer acelerar o paradigma literário rumo a um paradigma aplicado, conduzido pelos intelectuais em associação com *o Estado moderno em formação*. O fato que de que o avanço do paradigma seja conduzido pelo Estado e não pelo mercado no Brasil é importante, pois evoca um organismo nacional na condução do processo, e não um ente que representa a soma de indivíduos com interesses utilitários. Veremos, contudo, que esse é também um processo complexo.

Assim, apesar deste caráter de transitoriedade, Pierre Monbeig é um dos personagens que mais se deixou levar pelas tarefas de construção da Geografia deste país novo através do reforçamento do sentido pública da Universidade. Isso é perceptível tanto na reorientação de seu tema de tese, pela postura militante que nutria junto aos alunos para o melhor conhecimento de seu próprio país, pela militância junto aos alunos trabalhadores, pela decisão de liderar a Associação de Geógrafos Brasileiros, como fundar o Conselho nacional de Geografia, entre outras. No entanto, ainda assim, ele mantém uma postura conservadora no que toca aos seus vínculos com o país de origem.

Para ponderar o grau de imersão dos professores, e como essse movimento é também produtor de transições intelectuais graduais, com avanços e recuos em relação a um pólo francês e a um pólo brasileiro de determinação das ideias, será preciso começar por salientar que a segunda missão francesa, da qual Pierre Monbeig é integrante, é orientada sob nova formulação política. Havia uma estratégia coletiva na qual ele estava inserido. O perfil exigido para esta aventura é de professores que queiram se vincular mais fortemente ao país novo. Após a primeira missão, de 1934, Paul Arbousse-Bastide informa aos intelectuais e diplomatas que os brasileiros

> "têm horror do turismo dos que vem ao Brasil mais desejosos de conhecer o país do que de se ligar a seus homens" e que a equipe vindoura tenha "um verdadeiro desejo de colonização intelectual, e de longo prazo, é o próprio futuro da Missão francesa que está em jogo" (ARBOURSSE BASTIDE apud SUPPO, 2002, p. 166-167).

Essa preocupação tática procedia porque a missão francesa possuía adversários internos e uma estratégia era exigida para adaptação ao novo ambiente intelectual. Se ninguém mais contestava os benefícios da Universidade de São Paulo ao estado paulista, os franceses, no entanto, eram acusados de terem pouco espírito prático, "artistas desinteressados", muitas vezes inábeis à ação (SUPPO, 2002). Aparentemente, a influência que a literatura exercia na tradição francesa era conhecida por todos! No Brasil, os franceses terão que se adaptar e se defender. Porém, aparece nos discursos que os arranjos da ação cultural em território paulista são sutis pois, para aqueles que apoiam a missão, nada melhor que ver, no Brasil, franceses, personagens que representem seu país e seu patrimônio cultural: para Arbousse-Bastide, "é a título de franceses que nós fomos chamados." (ARBOUSSE BASTIDE apud SUPPO, 2002, p. 178). Assim, no domínio das estratégias de construção da ciência brasileira, os franceses souberam jogar com suas heranças e com suas imersões no Brasil.

E é também nesse contexto de imersão, transitoriedade e propaganda em que são debatidas condições de trabalho julgadas adequadas pelos professores franceses, vistas como necessárias para organizar o campo da ciência brasileira. As condições de trabalho da segunda missão francesa ao Brasil não eram ruins, mas os professores reivindicavam melhorias. O argumento embasador é que eles queriam que suas carreiras fossem similares às carreiras francesas. Argumentavam que isto era essencial para desenvolver pesquisas que se dotassem de padrões globais e que fossem a garantida da sua autonomia intelectual frente às pressões sociais, e, para alguns, como Pierre Monbeig e Lévi-Strauss, de feições de classes elistista de orientação do saber.

De um lado, os brasileiros queriam contratos de três anos. Da parte dos franceses, eles reivindicavam que as viagens de retorno à França fossem arcadas no interior do contrato. Para os professores, as melhores condições de trabalho implicavam em manter seus *status* como intelectuais franceses em missão, a que se deviam manter os parâmetros do meio intelectual de origem. O próprio Pierre Monbeig utiliza o argumento da carreira para reivindicar melhor salário em carta enviada a Jean Marx em 14 de maio de 1937:

> Não esconderei mais o meu desalento ao tomar conhecimento da carta endereçada ao Sr. Arbousse-Bastide. Não posso evitar de comparar a escala de salários com a tabela de antiguidade. Enquanto minha remuneração não é mais alta do que a de dois colegas agregados duas ou três promoções depois de mim, a diferença de um ano entre a Agregação de Arbousse-Bastide (1928) e a minha (1929) se traduz em uma diferença de remuneração de mil francos por mês. Eu não entendo a razão desta classificação (...) uma anomalia ainda maior se levarmos em conta, como você sabe, que o progresso em Paris é mais rápido em história do que em filosofia; meus melhores camaradas da Agregação estão em Paris há um ano ou dois; eu tenho o direito de pensar que se eu tivesse permanecido na França, eu não teria tido menos sorte do que eles e, neste caso, de todos os professores de nossa missão, exceto Braudel, cuja situação é completamente à parte, eu seria o beneficiário da melhor remuneração. (ARQUIVOS DIPLOMÁTICOS (FRANÇA) - LA COURNEUVE - caixa 443/1. Carta de Pierre Monbeig para J. Marx, São Paulo, 14 de maio. 37).

Esta carta revela ainda que Pierre Monbeig não aceita que uma hierarquia arbitrária seja estabelecida no Brasil. A posição ocupada na Universidade de São Paulo teria reflexos na construção da carreira na França. Nenhum deles permite ser tratado como subordinado. Assim, um outro conflito em que se envolvem os franceses e que reflete o hibridismo dessas estratégias franco-brasileiras, e, por conseguinte, o próprio problema da construção da autonomia de trabalho, diz respeito à figura do chefe da missão: um grupo formado por Pierre Monbeig, Lévi-Strauss e Fernand Braudel não aceita a titulação de Arbousse-Bastide como chefe e reivindicam que as decisões da missão sejam tomadas de forma colegiada. Constata Monbeig:

> Tinha um deles que sempre gostava de se autodenominar 'chefe da missão' e não queríamos chefes de forma alguma. Contudo, também havia as afinidades. Gostei muito de Lévi-Strauss, que se interessava por tudo, mas principalmente pela Geologia e Geografia. E, em seguida, de Braudel, um dos historiadores que compreenderam que não se faz uma boa história sem sólidas informações geográficas. (MONBEIG in LAPOUGE, 1984).

Por trás do debate da hierarquia está também a liberdade das atitudes práticas e das tendências teóricas do ensino, dado que é visto como capital para facilitar a construção organizativa e teórica da ciência brasileira sob a ótica dos professores mais progressistas. Sobre este ponto, o ano de 1936 se agita novamente quando Arbousse-Bastide acusa Lévi-Strauss de dar aula de etnografia ao invés do curso de Sociologia, para o qual fora contratado (SUPPO, 2002, p. 181-182). Antônio Almeida Prado, diretor da FFCL, considera que Lévi-Strauss rompe seu contrato. Este caso evidencia que havia pouca margem a viradas teóricas radicais, mas que alguns professores levaram a negociação de sua própria autonomia até o limite da tolerância da elite paulista e da diplomacia. Esse e outros eventos, colocariam em xeque a interpretação de parte da historiografia que vê os professores franceses como subordinados aos interesses da elite paulsita, mesmo que se pondere que, neste caso, Levi-Strauss tenha sido derrotado, e seu contrato não fora renovado. De acordo com Strauss,

> Antes de mais nada no Brasil, onde os patrões da Universidade esperavam de mim que contribuísse para uma sociologia durkheimiana para a qual tinham sido orientados pela tradição positivista, tão viva na América do Sul, e pela preocupação de dar uma base filosófica ao liberalismo moderador, que é a arma ideológica habitual das oligarquias contra o poder pessoal. Eu chegava em estado de insurreição aberta contra Durkheim e contra todas as tentativas de utilizar a Sociologia para fins metafísicos (STRAUSS apud PEIXOTO, 2001, p. 502).

Pois o caso de Lévi-Strauss catalisa ainda outra ordem de problemas: ao chegar em São Paulo, ao invés de se envolver com a alta sociedade, ele prefere outras alianças, notavelmente a companhia de Mario de Andrade, Sérgio Millet, Rubens Borba de Moraes e Paulo Duarte, intelectuais críticos, do departamento de cultura da municipalidade de São Paulo, relacionando-se pouco com Júlio de Mesquita, membro da elite política (SUPPO, 2002, p. 183). Pierre Monbeig é mais astuto. Ele é de igual maneira pouco atraído pela alta sociedade, mas abre exceção para Mesquita.

> Segundo Lévi-Strauss, 'a missão está dividida em pequenos clãs, e não se olha da mesma forma a realidade brasileira... Cada um tem seus amigos brasileiros privilegiados, e diferentes. Monbeig explica que ele conhecia pouco a alta sociedade paulista da época, que não o interessava muito. Havia muitas sociedades paulistas, com diferenças de classe muito fortes. Ele faz uma exceção para Júlio de Mesquita Filho que era, 'mais que um 'grã-fino', nosso 'anjo protetor' (PETITJEAN, 1996a, p. 300-301).

A postura de Strauss, apoiado por Monbeig, parte da avaliação de que a diplomacia liderada por Dumas comete um erro estratégico. Mais importante do que uma aliança com a burguesia refinada, porém decadente, que buscava a universidade como uma distração, seriam os estudantes que buscavam ascensão social através do estudo se consolidando como uma nova elite emergente (SUPPO, 2002). Para Strauss, nas palavras de Suppo, "o SOFE privilegiou exclusivamente a formação das elites urbanas em determinante das massas populares pois ele não compreendera que o século XX era um século de massas e da opinião pública" (SUPPO, 2002, p. 384-385.). Tanto Strauss quanto Monbeig parecem ter migrado os vieses de suas alianças, no começo prioritariamente com a elite paulista e, então, para obter e garantir seus postos, cada vez mais incorporando o suporte e respaldo dos estudantes. Strauss e Monbeig souberam apreender o significado intelectual de uma luta por autonomia não só vinculada às suas carreiras como às demandas de uma classe nacional emergente. Pode-se então até avançar a hipótese que nessa luta, eles aprenderam muito sobre o Brasil.

Como já rapidamente assinalado, a heterogeneidade das classes na FFCL constituiu-se um pouco por acaso. Seus diretores, percebendo que a continuidade do ensino fosse talvez prejudicada do primeiro para o segundo ano por falta de público, decidiram por distribuir bolsas de estudos (PETITJEAN, 1996a). Antônio Cândido tem uma versão detalhada dos fatos:

> Bem no comecinho da Faculdade, em 34, 35, inscreveram-se poucos alunos e muitos dos que se inscreveram abandonaram o curso. Quando chegou o ano seguinte, quase não havia estudantes. Então Júlio de Mesquita Filho disse ao prof. Fernando de Azevedo, de quem eu ouvi isso: 'Veja você, não adiantava o nosso esforço, São Paulo não está à altura do que nós queríamos, ninguém se inscreveu, ninguém se interessa, essa Faculdade vai fechar por falta de aluno'. Então Fernando de Azevedo, que era diretor do Instituto de Educação, teve uma ideia genial, dizendo mais ou menos o seguinte a Júlio de Mesquita Filho: 'Se você obtiver um decreto, eu encho a Faculdade de alunos capazes. Como? Comissionando os professores primários com os vencimentos. Eu pego os jovens professores primários que estão aí pelos grupos escolares, por escolas rurais, os bons entre eles, os que tiveram boas notas e os comissiono na Faculdade como alunos. Eles receberão o salário não para serem professores, mas para serem alunos. (CÂNDIDO in FREITAS, 1993, p. 41).

Já citei que Braudel percebeu claramente a mudança de ambiente (PETITJEAN, 1996a). Monbeig também viu uma profunda mudança de perfil na faculdade. Esta ligação com um Brasil mais popular estabelece, para mim, um outro tipo de vínculo com o país, em que as aspirações de mais amplas camadas da sociedade são incorporadas pelos trabalhos dos professores franceses. Portanto, na raiz da universidade instala-se uma variedade de público que orienta a ação pedagógica em função de uma visão política com vistas em uma maior transformação social através do ensino e como eles entendiam que deviam contribuir com a construção da ciência e do espaço cultural, mas também geográfico do Brasil. Pierre Monbeig foi um geógrafo que soube ler o Brasil também devido à sua postura engajada frente às classes populares. Esse engajamento da ciência começa a abrir espaço para o paradigma continue a migrar de uma ciência desinteressada, com características literárias, para uma ciência mais aplicada e socialmente engajada.

Dessa forma, se havia um sincretismo inicial, as relações se desenvolveram de forma a não se conciliarem plenamente os interesses da elite paulista e os dos professores universitários franceses. O eixo das alianças vai gradativamente migrando "da França" (e dos francófonos) para o Brasil e os brasileiros. Um conflito de trabalho em que Pierre Monbeig está profundamente enredado também o demonstra. Como também demonstra que grande parte das questões de trabalho que surgiram envolviam uma luta por autonomia do ensino, que não estava dada, visto o caráter divergente dessas alianças. A elite paulista e os diretores do ensino queriam duplicar a cadeira de geografia. O jovem Monbeig não pretende se ver sombreado por um possível concorrente e vai buscar apoio entre os colegas franceses, uma vez que Júlio de Mesquita acorda que o convite seja feito novamente a Deffontaines. Uma carta aparentemente de Arbousse-Bastide é escrita ao ministério:

> Se, de uma parte, M. Deffontaines retorna a São Paulo, a situação seria muito delicada. Primeiro, porque ele não viria mais para começar, mas para continuar. Ora, Deffontaines é sobretudo um iniciador. E ainda, aqui ele encontraria M. Monbeig, que também é professor de Geografia Humana, como Deffontaines. Aqui igualmente se colocaria a questão do Departamento pois haveria dois professores da mesma especialidade. Habilmente, e prevendo dificuldades, os brasileiros, no aditivo dos contratos (documento c) precisaram, para o caso de M. Monbeig e sobre a demanda de que a independência didática das cadeiras seja completa, inseriram que a cláusula só valeria para o ano de 1936 subentendendo-se que ela não seria válida daí em diante e que **seria importante que o ensino de cada especialidade fosse orientado**. Como quer que seja, e mesmo com uma independência teórica, as dificuldades não deixariam de surgir. [grifos meus] (ARCHIVES DIPLOMATIQUES (FRANCE)- LA COURNEUVE- caixa 443/2. Cas Deffontaines.)

Monbeig também se vale das restrições orçamentárias que o diretor Antônio Almeida Prado aponta como impedimento à duplicação da cadeira. Uma disputa entre Júlio de Mesquita Filho e Antônio Prado se desenrola (SUPPO, 2002, p. 189). Na carta de 14 de maio de 1937 à Jean Marx, Monbeig adota uma postura defensiva:

> Esta manhã mesmo, o diretor da Faculdade, o Dr. Almeida Prado, me anunciou espontaneamente que ele está disposto a propor ao governo brasileiro a renovação por três anos de meu contrato, assim como o desdobramento de minha cadeira em proveito de outro professor francês. Permito-me de pensar que é necessário reprovar esta atitude do fato que, de ano e ano, o número de estudantes aumentou e que, desde um ano em meio, os estudantes e meus amigos geógrafos não cessam de manifestar sua amizade por mim, em particular, como também por manifestações públicas cujos ecos você certamente tomou conhecimento (MONBEIG, ARCHIVES DIPLOMATIQUES (FRANCE)- LA COURNEUVE- Ministère des Affaires étrangères et du Développement international- caixa 443/1. Lettre de Pierre Monbeig à J.Marx, São Paulo, 14 maio. 37.)

Muitos personagens acabam se envolvendo nesse conflito. Mesmo Emmanuel de Martonne fora acionado na França. Ele também apoiava o desmembramento da cadeira. Mas Monbeig é ajudado pelas circunstâncias: os jornais cariocas anunciam de forma um tanto desagradável aos olhos dos patrões paulistas que Pierre Deffontaines irá finalmente ocupar uma cadeira de geografia no Rio de Janeiro (SUPPO, 2202).

Por fim, uma controvérsia que se desenrola no ano de 1937 revela que as estratégias profissionais de Pierre Monbeig tencionaram, até o limite, os interesses da elite paulista em relação a como os professores franceses entendiam a organização da universidade. O fato é que esses professores querem partir o quanto antes para França, antes mesmo do término dos exames, conflito que já se esboçara em 1935 (PETITJEAN, 1996a). O diretor da Faculdade protesta vivamente (SUPPO, 2002). O problema tornou-se de monta, uma vez que os contratos dos franceses chegam a ser ameaçados pela rebeldia dos jovens professores, notadamente a de Pierre Monbeig. Ele não acata as ordens e parte à França num ato de rebeldia em 1937 (PETITJEAN, 1996a). Sofre pressões para pedir demissão (PETITJEAN, 1996a) e é avisado que deve voltar ao Brasil imediatamente, sob o risco de se verem os contratos franceses anulados, o que não ocorre. Mas o contrato de 1938 é considerado uma derrota para professores franceses, num contexto em que as pressões pela "nacionalização" do ensino paulista começam a ganhar coro. Monbeig declara que não acataria algumas cláusulas do contrato, mas que, por dever patriótico, manterá seu posto no Brasil.

> Paris, 02 de fevereiro de 1938
>
> Sr. Ministro,
> Tomei conhecimento dos projetos de contrato propostos pelo Sr. Diretor da Faculdade de Filosofia, Ciências e Letras de São Paulo.
> Há algumas semanas da retomada das aulas, dado o interesse em continuar o trabalho de propaganda francesa no Brasil, não me é possível recusar tal projeto de contrato.
> No entanto, venho informar vossa excelência que recuso qualquer obrigatoriedade de observância das cláusulas V, VIII, IX (2ª frase). Na verdade, essas cláusulas são claramente abusivas e sua aplicação me impediria de cumprir (...) a missão que tenho a honra de ver-me confiada.
> Eu apreciaria que vossa excelência me informasse das medidas que serão consideradas para compensar as perdas financeiras previstas no texto do novo contrato.
> Estou disposto de bom grado a embarcar em 18 de fevereiro para Alcantara (...). Infelizmente me é totalmente impossível adquirir bilhetes para mim e para minha família. (13.800 francos por pessoa, um total de aproximadamente 35.000 francos) (...).
>
> Pierre Monbeig
>
> (ARQUIVOS DIPLOMÁTICOS (FRANÇA) - LA COURNEUVE - caixa 443/1. Carta de Pierre Monbeig ao ministro, Paris, 2 de fevereiro de 1938).

Quando o problema é finalmente resolvido, os professores franceses assinam uma carta conjunta em que argumentam ser possível a sua substituição por auxiliares e também que precisam manter contatos estreitos com o meio intelectual francês. Assim, eles atestam que o diretor da faculdade finalmente "demonstra (...) uma certa compreensão da nossa situação de professores europeus experimentando a necessidade de não permanecermos muito tempo sem ligação com o meio intelectual no qual nos formamos" (ARCHIVES DIPLOMATIQUES (FRANCE)- LA COURNEUVE-caixa 444- serie D, carton 170, dossie 9, Informations sur la mission universitaire de Sao Paulo (julho, setembro de 1938). A carta é assinada por Pierre Fromont, Pierre Monbeig, R. Bastide, Jean Maugué, Jean Gagé, Arbousse-Bastide e Alfred Bonzon. Portanto, do ponto de vista dos contatos periódicos com a França, Pierre Monbeig não faz concessão, o que implica em questões provavelmente pessoais, mas também na manutenção dos padrões franceses como parâmetro de construção de suas carreiras universitárias. Mas quanto aos estudantes, não seriam eles uma força política renovadora de viés nacional, de atração à imersão em um Brasil com potencial de renovar ainda mais os paradigmas e de ensinamentos recíprocos?

Para encerrar este quadro de elementos institucionais, com elementos que tencionam uma evolução nada linear das ambivalências, uma transiçao lenta e tortuosa da sucessão de um tipo de paradigma para outro, quero ressaltar como as vicissitudes da organização de uma ciência brasileira sob liderança dos franceses são também produtores do que chamei de "durações intelectuais", ou seja, estão prenches de avanços e recuos. Essas estratégias organizativas revelam pólos e graus de imersão. Revelam tensões, avanços, reformulações e recuos, mas também alianças que apontam para outras soluções organizativas, práticas e teóricas.

Sobre as condições de trabalho que eles julgavam adequadas para sua ação no país, será preciso abordar que a partir de 1938 o ensino "liberal" (em sentido cultural) dos professores franceses começa a sofrer constantes ataques do diretor da FFCL, Alexandre Correia. Ele solicita aos professores um ensino tão impessoal quanto possível, que ele denomina de "tipo de manual" (SUPPO, s/d, p. 204). Seu alvo é prioritariamente o ensino de filosofia. Os professores reagem: nenhuma concessão a um ensino que não seja pessoal. Eles recebem homenagem dos alunos em solidariedade às suas causas. "Nesta ocasião, os estudantes afirmaram publicamente seu apreço pelo trabalho dos professores franceses e, especialmente, pelo espírito de liberdade intelectual presente na condução deste trabalho" (ARCHIVES DIPLOMATIQUES (FRANCE)- LA COURNEUVE- caixa 444- serie D, carton 170, dossie 9, Informations sur la mission universitaire de Sao Paulo, julho, setembro de 1938]).

Essas e outras situações de conflitos profissionais e intelectuais que se jogavam no Brasil demandavam estratégias coletivas dos professores franceses, mas encontravam ressonância específica na visão de cada um deles. Pierre Monbeig foi um dos que mais se vinculou ao Brasil, seja pelo tema de tese, seja pela postura política que nutria frente às classes sociais brasileiras. As soluções pessoais para os conflitos nos quais se envolveu são o indício de uma estratégia profissional que tinha por base as disposições pessoais e os padrões franceses, tanto profissional quanto teoricamente, mas que esses padrões estavam sujeitos a tensões.

Os franceses, jovens que eram, não se eximiram em apresentar à elite paulista sua própria concepção de organização universitária. Depois, mesmo através dos conflitos profissionais, evidencia-se que a imersão no país é crescente, e, junto com essa imersão, a possibilidade de transformar a ciência que partilhavam em parte pela sensibilidade que desenvolveram em direçação a uma força mais nacional. Eu acredito que o engajamento com os estudantes brasileiros foi fundamental para tencionar um pouco mais o coração do paradigma geográfica francês. É de se surpreender porém que não tenha sido feito ainda mais? Muitas vezes, o Brasil parece até exercer uma possibilidade de retorno de Monbeig aos valores da literatura, mais do que se teria vislumbrado, por exemplo, na Espanha. Nesse momento, o Brasil aparece como um campo de possibilidades híbridas. Monbeig foi um bom aluno na França, um aluno ponderado, mas antenado às mudanças na Espanha, um professor e organizador no Brasil que procurou resguardar o modelo francês, apesar das tensões e do exercício da alteridade, que ele não deixou de exercer.

Organizar o curso superior de Geografia da FFCL

No currículo geral, boa parte da cultura europeia (como história grega e medieval) ocupa espaços importantes nas grades e nas suas subdivisões. Sua organização reflete uma preocupação ao mesmo tempo com o ensino geral (cujos princípios gerais advém de modelos europeus) e uma ciência local, valorizadora da cultura e do conhecimento nacional (UNIVERSIDADE DE SÃO PAULO, 1937, p. 125-130). Ainda do ponto de vista do modelo francês, o curso de História e Geografia prioriza o contato com as ciências naturais e ciências literárias, além de serem ministradas juntas. Sem destoar dos princípios norteadores da Universidade e da Faculdade de Filosofia, Pierre Monbeig adota a estratégia de produzir uma ciência a partir da realidade paulista, portanto, na escala local. Os trabalhos de Geografia que são por ele salientados num pequeno texto em que apresenta sua orientação didática, produzido em 1935, são todos relativos à realidade do estado de São Paulo (MONBEIG, 1937, p. 113-114). Mas ele rejeita, em alguma medida, a vulgarização de uma ciência totalmente desinteressada: "torna-se necessário dar aos estudos da Faculdade uma finalidade prática (...)" (MONBEIG, 1937, p. 114), dando preferência a um método pedagógico voltado aos estudantes de baixa renda e cuja geografia teria um interesse prático (MONBEIG, 1937, p. 120). Mas apesar de condições muitas vezes difíceis, ele não abdica de *princípios* gerais norteadores dos cientistas. Tal como o curso da Sorbonne, o curso de Geografia era um curso que procurava iniciar os estudantes em diversas regiões do globo, que lhe permitissem comparações no âmbito de Geografia Universal (MONBEIG, 1937, p. 116).

A partir dos programas, observa-se que Pierre Monbeig organiza o curso de Geografia de maneira bastante similar ao que se observa na Sorbonne. Num primeiro momento, o curso de Geografia Física parece preceder o curso de Geografia Humana. Pierre Monbeig não prescinde de introduzir o que ele chama de "leis gerais da geografia" (FACULDADE DE FILOSOFIA, CIÊNCIAS E LETRAS, 1937; MONBEIG, 1940a, P. 275).

O curso é organizado em aulas expositivas, trabalhos práticos, excursões e seminários, exatamente como na Sorbonne. Apesar de não possuirmos o programa de curso de 1935 e 1936, os programas de 1937 e 1938 representam um movimento interessante: em 1937, Pierre Monbeig parece proferir um ensino clássico de geografia, a bibliografia é quase toda francesa e os conceitos de geografia humana giram em torno da questão do povoamento, distribuição da população, enquadramento regional, gênero de vida, habitat, tipos de construções, exploração agrária e aglomeração urbana. As referências bibliográficas essenciais são Jean Brunhes, Vidal de la Blache, Lucien Febvre, Camille Vallaux e Huntigton (FACULDADE DE FILOSOFIA, CIÊNCIAS E LETRAS, 1937). O curso regional sobre a América do Sul reproduz a estrutura do livro de Pierre Denis, publicado na coleção da Geografia Universal. O modelo de ensino mimetiza o método do Instituto de Geografia da Sorbonne, sendo complementado por exercícios práticos e excursões.

Já o programa de 1938 oferece uma mudança de perspectiva: um pólo de influência *americano* se anuncia. O curso incide em sua totalidade à questão da colonização, das matérias primas e das zonas pioneiras. Privilegia-se, assim, a geografia econômica. Os estudos regionais não serão esquecidos, mas passam a priorizar as regiões de pioneirismo: América do Sul, África do Sul, Austrália e zonas orientais. O curso, salvo pelas zonas orientais e pela exclusão da América do Norte, segue a estrutura da obra do geógrafo americano Isaiah Bowman. Aliás, este geógrafo americano, junto com Fernand Maurette e Henri Hauser, substituem os clássicos da Geografia na bibliografia que Monbeig indica aos alunos. Ele inclui neste programa, além dos exercícios práticos e das excursões (que devem ser complementadas pela elaboração de relatórios com cartas, esboços e fotografias, por parte dos estudantes), seminários de proposição temática regional: ilhas Britânicas, Irlanda e África (FACULDADE DE FILOSOFIA, CIÊNCIAS E LETRAS, 1938). 1938, portanto, se anuncia como um marco importante do processo de ressignificação da geografia regional de Pierre Monbeig em torno dos processos de colonização das zonas pioneiras, ao ponto que ele passa a ensinar os alunos os conteúdos geográficos desses processos. O estudo da colonização, sob influência das ideias de um geógrafo americano, não reverberaria um viés já relativamente mais aplicado da geografia? Mas ao mesmo tempo, o curso da FFCL não parece reproduzir fielmente a ponte equilibrada entre as ciências e as Letras, tal como na Sorbonne de 1920? Lembro que o contra-peso da geografia vidaliana fora a geografia colonial, de Marcel Dubois, no começo do século XIX. A geografia de Bowman pode ser classificiada como uma geografia colonial norte-americana.

Para além das salas de aula, também a associação do ensino à pesquisa foi um passo essencial para amarrar o vínculo de Pierre Monbeig ao Brasil profundo e às classes sociais a ele vinculadas, como seus interesses *práticos* mais candentes. Um aluno dele, Pasquale Petrone, que se tornará professor do Departamento de Geografia da USP, relata como a prática de pesquisa foi essencial na formação do departamento: "creio que o primeiro aspecto para o qual dever-se-ia chamar a atenção é o relativo ao fato de que, desde o início de sua existência o Departamento de Geografia, se não associou sempre, pelo menos procurou sempre associar ensino e pesquisa" (PETRONE, 1994, p. 3.). Segundo Nilo Bernardes, a prática da pesquisa empreendida por Monbeig no Brasil agiu na formação de um corpo de geógrafos, passo essencial para a formação de uma escola brasileira de geografia (BERNARDES, 1982, p. 521-522). Associar o ensino à pesquisa foi uma originalidade institucional de Monbeig no Brasil. Isso pois, o fichário de situações geográficas tinha pressa a se consolidar minimamente?

Enfim, será preciso ressaltar que os professores franceses participam da organização do ensino universitário no Brasil através do estímulo de doações e compras de livros de seu país de origem. Muita movimentação gira em torno da aquisição de livros, e as citações a tais eventos, envolvendo a compra e doações, são recorrentes nos documentos. A consequência mais evidente era não apenas difundir a cultura francesa, mas, principalmente, possibilitar que os alunos tivessem acesso à bibliografia indicada pelos professores. O próprio Monbeig salienta que sua bibliografia se restringe ao que está disponível. A formação de bibliotecas é um importante capítulo da influência francesa no Brasil. Braudel chegou a articular uma massiça compra de livros franceses enquanto o diretor da Faculdade estava ausente! Essa compra foi posteriormente revertida. As negociações de compra de livros são feitas em várias instâncias da política

> Em 20 de abril, o senhor Souza Campos foi ao Rio ter com o ministro da Educação. Na ocasião de sua viagem, ele também visitou o embaixador da França e contava com isso intervir pessoalmente junto a Getúlio Vargas para obter isenção na douana das caixas de livros, oferecidas a Universidade pelo governo francês e que eles pudessem ser transportados o mais rápido possível a São Paulo para que fossem recebidos solenemente pela universidade (ARCHIVES DIPLOMATIQUES (FRANCE)- caixa 443/1. Lettre de la mission (em que consta a assinatura de Monbeig) à J. Marx, 23 de abril de 1938).

Sem que se possa adentrar neste trabalho em uma história do livro francês na universidade de São Paulo, o fato é que os professores franceses pressionavam os diretores a adquirirem materiais vindos do Hexágono.

A aula inaugural: esboçar a normatização do método

Ao chegar ao Brasil, em fevereiro de 1935, o geógrafo francês profere a Aula Inaugural do curso de Geografia Humana na Universidade de São Paulo. Nesta aula, a tradição geográfica francesa é abordada no que se refere à explicitação de uma determinada definição de geografia, seus princípios e seu método, mas já dentro de um contexto de tarefas institucionais e *práticas urgentes* que se revelam cada vez mais no Brasil. A primeira tarefa anunciada se dá no âmbito de uma certa definição da Geografia: faz-se mister ler livros de grandes geógrafos, em especial, Vidal de la Blache, para compreender uma determinada significação do objeto e propósitos da Geografia no âmbito das ciências:

> Li, há pouco, um pequeno trabalho, cuja bibliografia será particularmente reveladora dessa tendência que faz com que se fale de geografia sem ter sequer lido seus melhores livros. Com efeito, [as referências bibliográficas] (...) brilhavam pela ausência de Vidal de La Blache, como se numa bibliografia sôbre a metodologia da sociologia esquecessem [sic] de mencionar a obra de Durkheim (...) (MONBEIG, 1940a, p. 11)

Em seguida, ao expor a forma como os geógrafos devem observar a realidade, ele recorre aos princípios geográficos sistematizados por Emmanuel de Martonne, tal como evoquei no primeiro capítulo. A capacidade de síntese da definição é impressionante: a geografia localiza (princípio da localização e da extensão), explica a distribuição dos fenômenos (princípio da extensão e princípio cartográfico) e procura as relações desses fenômenos entrei si (princípio de causalidade). O seu corolário é o princípio da geografia geral e o da geografia comparada (MONBEIG, 1940a, p. 16).

Os princípios geográficos são apresentados junto às práticas e exercícios que se fundamentam pela valorização do concreto. Ancoram-se no trabalho de campo e na descrição da paisagem: "isto me leva a uma observação essencial, a saber, que o campo de estudos do geógrafo é a paisagem" (MONBEIG, 1940a, p. 13) e numa concepção integradora do passado e do presente: "cabe-lhe estudar fatos mui diversos e não raro penetrar muito longe no passado" (MONBEIG,

1940a, p. 13). Por fim, a importância de representar os fenômenos espaciais em um mapa (MONBEIG, 1940a, p. 14).

Uma citação desta aula sintetiza esse método de trabalho: "Por isso prefiro abrir o tratado de de Martonne para ler esta definição, que reputo excelente (...). '**Ela (a geografia) tem um caráter não só essencialmente científico e filosófico, mas ainda descritivo e realista**, que faz a sua originalidade' (...)" [grifos meus] (MONBEIG, 1940b, p. 11). Como demonstrei no tópico anteior, se o engajamento da ciência é crescente, por outro lado, vê-se na referência a de Martonne que há uma síntese brilhante de como a geografia francesa repõe seu estatuto epistemológico original no Brasil. Ela reproduz desígnios "científicos e filosóficos", como também "descritivos e realistas". Um esforço de generalização científica e filosófica articulado aos valores descritivos e realistas, aos valores literários e, igualmente, pela crescente sistematização do método e engajamento prático permeiam as entrelinhas dessa aula inaugural.

Por outro lado, em face das "urgências" das tarefas brasleiras, entre elas, a formação massiva de alunos em um país com claro *déficit* profissional, Pierre Monbeig iaugura no Brasil um estilo que apenas começa a se despontar na geografia francesa: a elaboração de manuais. Um documento datado de 1940, preservado no IEB e não publicado, indica a preocupação de Monbeig em elaborar, neste momento, um manual para confecção de monografias regionais (IEB, FUNDO PIERRE MONBEIG. MONBEIG, O Estudo regional na Geografia Humana. Caixa 6, doc 1. 1940).

Nesse documento, apesar da descrição da excepcionalidade das paisagens, que ele pretende descrever, vê-se Monbeig adotar uma postura mais sistemática na exposição do método. Uma forma de compreensão da geografia regional francesa em seus traços comparativistas e que permitam generalizações: "meio físico", "elementos dos gêneros de vida", "técnica agrícola", "povoamento e economia regional", "gêneros de vida ligadas à indústria", "estudo geográfico das cidades", "estudo monográfico de uma estrada de ferro" são algumas de suas evocações, o que ilustra uma concepção mais normativa da parte de Pierre Monbeig no Brasil. Assim, a invisibilidade metodológica da geografia francesa também avança em contexto de formação do Estado e do espaço nacional.

Liderar a Associação dos Geógrafos Brasileiros (AGB)

Em complemento as aulas na Faculdade, a fundação da Associação dos Geógrafos Brasileiros por Pierre Deffontaines, em 1934, constitui-se um dos mais importantes patrimônios legados por este geógrafo à geografia que encontra Pierre Monbeig no Brasil e, portanto, como continuidade de uma tarefa que Monbeig assume sem hesitação. Monbeig dará continuidade ao trabalho da associação em parceira a notáveis intelectuais da ciência brasileira. A AGB se tornará um órgão fundamental do movimento de organização e renovação da geografia brasileira apoiada em novas estruturas institucionais. A associação também faz parte de um conjunto de artifícios alentado quase que mimeticamente no modelo francês: "ele [Deffontaines] se apóia na verdade sobre o modelo das sociedades geográficas francesas que permitiram a institucionalização da geografia na França" (DELFOSSE, 1998). Ao assumir a presidência da associação em 1935, Pierre Monbeig também deixa transparecer sua referência na *Association de Géographes Français.* As estratégias de formação de uma escola também são circulantes:(...) folheando a lista dos membros da Associação dos Geógrafos Franceses, deparam-se não apenas professores de geografia, mas oficiais, agrônomos, coloniais, diretores de importantes serviços públicos, homens de negócios e secretários de Câmaras de Comércio. Acolhe a Associação estudantes já experimentados: pelo ensinamento da Faculdade, os jovens adquirem o conhecimento das leis gerais da geografia; ficam conhecendo a particularidades de cada país, pois seria vão pretender estudar seu próprio país sem poder fazer comparações sugestivas (MONBEIG, 1940a, p. 276).

A ata de fundação da associação data de 17 de setembro de 1934. Inauguração que se dera na Avenida Angélica, 133, residência de Pierre Deffontaines, que se tornou seu presidente. Estavam presentes Luiz Flores de Moraes Rego (geólogo, catedrático da Escola Politécnica), Rubens Borba de Moraes, encarregado da tesouraria e Caio Prado Jr (estudante e escritor), que se tornou seu secretário (SEABRA, 2008, p. 16). Com a chegada de Monbeig, a associação pretende continuar a "tradição" da liderança dos franceses. A solenidade do convite feito a Pierre Monbeig para liderar as atividades da AGB quando da vacância da presidência (depois da partida de Pierre Deffontaines) não dá margem a enganos. O convite feito por Caio Prado a Pierre Monbeig:

> Na décima reunião (18 de março de 1935- doc. 01.02.11), pela primeira vez esteve presente o prof. Pierre Monbeig. Ele foi apresentado- e já proposto como membro- por Caio Prado Jr, como sucessor de Deffontaines na cadeira de Geografia da USP. Ao fazê-lo, disse Caio Prado que a Associação '[...] contava com ele para levar adiante seus trabalhos, cuja iniciativa cabe ao antecessor na Cadeira de Geografia, o prof. Deffontaines, (pois) a Associação, como fruto do ensino de Geografia inaugurado em São Paulo pela Faculdade de Filosofia, Ciências e Letras, precisa contar sempre entre seus elementos de maior destaque com o catedrático desta cadeira, a quem competia uma verdadeira obrigação inata de a orientar.' (SEABRA, 2008, p. 29.).

Realmente, através das costumeiras atividades da entidade, distingue-se que a AGB reunia propósitos necessários para a organização da geografia brasileira sob liderança francesa: em primeiro lugar, ela servia como um espaço em que os estudantes e profissionais podiam debater suas pesquisas com os professores, uma espécie de continuidade e aprofundamento dos conteúdos que eram ministrados na sala de aula, tal como se via na AGF. Como orientadora de pesquisas, a AGB tem papel profícuo na aclimatação dos geógrafos e estudantes de geografia aos métodos encabeçados pelos professores (da Geografia, da Escola Politécnica, etc), a partir de 1935, liderados por Monbeig. Esses estudantes queriam a orientação francesa, postura assinalada por Caio Prado Jr.

Foto 8. "Pierre Monbeig supervisionando trabalho dos alunos. Ribeirão Preto (1954)". Fonte: Cartilha de Comemoração de 70 anos dos estudos de Geografia-FFLCH- USP. Cedida gentilmente por Hervé Théry. Org: Cátedra Pierre Monbeig.

É indubitável que a AGB é uma das mais importantes condições para que o grupo de geógrafos ganhem um corpo de escola. Nas palavras de Monbeig, "mais tarde, foi aparecendo cada vez mais bons geógrafos. Havíamos criado a associação dos geógrafos brasileiros, onde havia um grupo interessante, que não comportava apenas geógrafos, um geólogo, um historiador, Caio Prado Jr." (MONBEIG in LAPOUGE, 1984). Não se descarta, entretanto, que a AGB tenha sido, do mesmo modo, uma mediadora da percepção desses franceses às demandas teóricas e práticas do campo geográfico brasileiro, formulação que encontra plena guarida na liderança concomitante que o geólogo Luiz Flores de Moraes Rego exercia no seio da entidade (ANTUNES, 2008, p. 60). As monografias regionais de orientação às questões econômicas do estado de São Paulo que a AGB estimularia, encontravam profunda fusão de interesses dos dois grupos. Segundo Monbeig:

> Enfim, uma série de monografias das atividades humanas atuais permite que nada se ignore dos recursos econômicos do país; as origens, as condições naturais, as dificuldades econômicas e as importâncias reais dos diversos ramos da agricultura, do co-

> mércio e da indústria são estudados com cuidado e os trabalhos geográficos acabam por constituir uma verdadeira 'suma', que reúne o valor científico à utilidade nacional (...). É o fim a que se propõe a Associação dos Geógrafos Brasileiros. (MONBEIG, 1940a, p. 276).

Neste movimento de renovação, a organização da biblioteca, com contribuições nacionais e estrangeiras, biblioteca esta que até hoje é um dos maiores patrimônios de periódicos geográficos do Brasil, se constituiu, de igual modo, como lugar inerente à originalidade deste processo. Além de uma evidente curadoria editorial, à constituição da biblioteca se soma à crítica que seus membros submetiam os materiais geográficos que estavam sendo produzidos dentro e fora do país. Uma carta do então secretário da AGB, Caio Prado Jr, ao então diretor da Faculdade de Filosofia, Eurípedes Simões de Paula, manifesta, em primeiro lugar, o sentimento de pioneirismo que estava impregnado nos círculos dos fundadores da entidade, no contexto de constituição da Geografia Brasileira. E, além disso, como a crítica ao material geográfico já existente era estratégico para o movimento de remodelação da cultura geográfica brasileira sob liderança precisa.

> São Paulo, 8 de novembro de 1935
>
> Prezado colega,
> A 4 do corrente, a A.G.B. realizou a reunião de encerramento dos seus trabalhos do corrente ano. A primeira reunião do próximo ano foi fixada na primeira segunda feira de fevereiro (dia 2).
> No seu primeiro ano de existência, a AGB deu provas cabaes de sua vitalidade. Foram realizadas 22 reuniões, tendo sido nelas debatidas as mais variadas questões geográficas de maior interesse. Demos início a nossa publicação trimestral GEOGRAFIA, que já se acha no seu terceiro número, encontrando-se o 4º correspondente ao mês de dezembro, prestes a entrar no prelo. A revista tem tido a melhor acolhida possível, aqui e no estrangeiro, e já se pode considerar como definitivamente integrada nas publicações científicas do paiz. Cremos portanto que, sem

> exagero, a Associação cumpriu, senão ultrapassou as perspectivas que se lhe deparavam. Encerramos nosso primeiro ano de existência com um ativo de trabalho e resultados reais e altamente promissores para o futuro.
> Cumpre-nos agora persistir. Ainda temos muito a fazer e nosso trabalho, embora tenha sido produtivo, está em começo. O terreno em que operamos ainda está quase virgem, e até o dia em que virmos no Brasil estudos e pesquisas sistemáticas e organizadas de geografia, ou seja, uma verdadeira ciência geográfica brasileira, e não apenas como até hoje, esforços isolados embora de grande valor, o caminho a percorrer é longo. E a AGB, que se propôs contribuir eficientemente para este fim, tomou a si uma grande responsabilidade, e tem de se manter à altura dela.
> Para isto contamos com o apoio decidido e o esforço do prezado colega; e mais uma vez solicitamos sua colaboração, que será a que mais lhe convier: informações que nos ponham ao par de tudo quanto no Brasil se faz em matéria de geografia; comunicações sobre pesquisas científicas; artigos, críticas e notas para a revista; extensão das nossas relações culturaes, pondo-nos em contato com novos meios científicos e reunindo maior número de membros correspondentes e efetivos, etc. Em todos esses terrenos o prezado colega muito nos poderá auxiliar. E contamos firmemente com esta sua contribuição, que representa um fator indispensável para que realizemos as finalidades que temos em vista e cuja importância cientifica e prática o prezado colega, melhor que ninguém, saberá apreciar.
> Saudações cordiais,
>
> Caio Prado Jr.
>
> (CAPH, Projeto Memória da FFCL/FFLCH-USP, Arquivo pessoal Eurípedes Simão de Paula, caixa 27, doc 2390 [carta de Caio Prado Jr a Eurípedes- diretor da FFCL- sobre a AGB])

Como citado na carta, a AGB muniu-se, outrossim, de uma publicação trimestral denominada "Geografia", que teve aparição regular entre os anos de 1935 e 1936, sendo depois substituída pelo Boletim da Associação dos Geógrafos Brasileiros, publicado em 1940 na Revista Brasileira de Geografia (ligada ao IBGE) e depois de forma autônoma. "GEOGRAFIA obteve do público brasileiro uma acolhida inesperada. Isto prova que a lacuna preenchida era deveras sensível. Sobretudo entre os membros do magistério secundário foi grande o sucesso." (DEFFONTAINES, apud ANTUNES, 2008, p. 106).

Figura 4 Capa do número de lançamento da Revista Geografia, da Associações dos Geógrafos Brasileiros- AGB possui o mapa do Brasil escrito em baixo "S. Paulo". Revela a ambição da entidade de construir uma geografia brasileira a partir de um pólo paulista. LIRA, 2016.

A AGB, portanto, atuava como uma espécie de filtro a um público mais amplo. Ela orientava pesquisa dos alunos sob a liderança de Monbeig e de Moraes Rego; ela submetia o material geográfico já publicado no Brasil a crítica dos mesmos; ela, por fim, ampliava o público leitor dessa "nova geografia". O primeiro estatuto da AGB reforça o expediente da entidade no sentido de expandir tanto quanto possível o conteúdo de suas discussões. Para os sócios residentes fora do Estado de São Paulo, não havia contribuição financeira obrigatória, resumindo suas obrigações a acompanhar a atividade da associação (ANTUNES, 2008, p. 64). Além do mais, através do perfil dos primeiros sócios, deslinda-se que o tipo de recrutamento da AGB nos seus primeiros anos era bastante democrático, visto que a entidade era assiduamente frequentada por estudantes (SEABRA, 2008, p. 61).

Os trabalhos coletivos eram necessários para treinar o público da AGB nos métodos franceses. Eles apareceram em muitas ocasiões. As expedições de campo, como afirma Petrone, eram frequentes (PETRONE, 1994, p. 8). Eram propulsores da liderança dos professores sobre os componentes do grupo. Nas primeiras excursões, o próprio Emmanuel de Martonne, que assumiu o curso de geografia física na Universidade de São Paulo por um período de 3 meses a convite de Pierre Monbeig, participa em uma série delas (IUMATTI, SEABRA, HEIDEMANN, 2008, p. 78).

Foto 9. De Martonne no Brasil. Fonte: LÉVI-STRAUSS, 1994. De Martonne está no centro, à esquerda um geógrafo brasileiro que é supostamente João Dias da Silveira e à direita, Rebé Courtin.

Foto 10. Trabalho de campo no Brasil. Fonte: LÉVI-STRAUSS, 1994. De Martonne está à esquerda. Segundo Strauss, trata-se de viagem que ocorreu em 1937. Ela começou de carro, depois a cavalo e por fim a pé, por estradas "difíceis".

A AGB tinha um papel de organização do material, pedagógico e especializado. Foi responsável pela criação de um corpo de geógrafos que partilhava as mesmas práticas e métodos (franceses) de compreensão do Brasil. Mas a AGB era uma atividade de viés literário e científico, enquanto os brasileiros viram cada vez mais a necessidade de uma entidade prática para a constituição do campo específico da Geografia. Assim, brasileiros e franceses construíram juntos o Conselho Nacional de Geografia, mais um campo de tensões das diferentes grandes tendências da geografia francesa reposicionadas no Brasil.

Estimular a criação do Conselho Nacional de Geografia (CNG) e o Instituto Brasileiro de Geografia e Estatística (IBGE)

Se os paulistas possuíam sua entidade nacional, a capital brasileira, neste período, também fora sede de outra entidade: o Conselho Nacional de Geografia. E neste círculo, a participação dos franceses foi igualmente importante, ampliando o escopo de circulação de suas perspectivas para além dos espaços pauslitas.

O CNG contou com o apoio de Pierre Monbeig e outros franceses. Emmanuel de Martonne teria pautado a constituição do CNG como uma condição ao ingresso do Brasil na União Geográfica Internacional. O CNG teria ainda um outro valor para Monbeig: a entidade fora o berço da inclusão da pesquisa geográfica no Instituto Nacional de Estatística (INE). O censo de 1940 começara a ser preparado pela entidade desde 1938. Este senso terá um enorme impacto na pesquisa de doutorado de Monbeig. O processo de elaboração dessa enquete nacional pode de alguma maneira explicar por que a sua tese de doutoramento começara a ser redigida de maneira mais contínua apenas na década de 40.

Portanto, a criação do CNG também tivera o estímulo dos franceses. Para o meu argumento, que oscila neste capítulo entre um pólo brasileiro e outro francês de determinação da construção da ciência e como expressão das longas tendências, será ainda mais significativo constatar que a iniciativa francesa *precedeu bastante* a fundação dos conselhos e do instituto. Em 1933, Emmanuel de Martonne, em visita ao Brasil, formulara oficialmente o convite endereçado à Academia Brasileira de Ciências para promover o ingresso do Brasil na União geográfica Internacional (PENHA, 1993, p. 74). Penha trouxe à luz uma posição bastante contundente de de Martonne:

> Declarou Martonne nesta ocasião que, dada a riqueza e variedade das paisagens brasileiras, as atividades geográficas no Brasil 'serão ainda mais fecundas no dia em que um Comitê Nacional de Geografia puder coordená-lo em espírito geográfico, pondo-se em contato com organizações análogas por intermédio da UGI. Os proveitos serão úteis para a ciência em geral, mas também para o próprio país, cheio de possibilidades de desenvolvimento' (PENHA, 1993, p. 74.).

Esta citação coloca luz sobre o fato de que o processo de incorporação do Brasil também era essencial para complementação dos modelos da Geografia Francesa. Um grande esforço foi empreendido para organizar as entidades (PENHA, 1993, p. 74, CAMARGO, 2009). Todos estavam envolvidos. Uma carta de Pierre Deffontaines enviada ao alto escalão do governo federal, em 1936, o convida a ingressar na União Geográfica Internacional através do CNG.

> Em outubro de 1936, entendeu o Ministro Macedo Soares que era chegado o momento da criação de uma instituição que representasse os anseios dos eminentes geógrafos daquela época, no sentido de inserir o Brasil no contexto internacional da ciência geográfica. Neste contexto, o recebimento de uma correspondência do Prof. P. Deffontaines, para que o Brasil aderisse à União Geográfica Internacional, tornou-se um importante fator de alavancagem na criação do Conselho Nacional de Geografia - CNG (SANTOS, CASTIGLIONE, 2014).

Diretor da Revista Geografia a partir de 1936, Pierre Monbeig também se posiciona, em 1936, pela inclusão do Brasil nas redes geográficas internacionais. Esse movimento que envolve a criação do CNG é bastante significativo do ponto de vista do que estava em jogo na vinda dos geógrafos franceses ao Brasil: a formação da geografia brasileira sob esta liderança implicava na inserção do Brasil numa rede de pesquisas mundializadas, mas implicava também em uma imersão mais profunda *no Brasil*. Na reunião da AGB de 19 de outubro de 1936, Pierre Monbeig expôs as diligências apresentadas ao ministro das relações exteriores, com o fito de promover o ingresso do Brasil na UGI. O comitê editorial relata os argumentos expostos por Pierre Monbeig na ocasião:

> Considerando a necessidade para toda ordem de disciplina científica de nos encontrarmos ao corrente dos trabalhos internacionais, tendo em conta o interesse que apresentam os inquéritos realizados em todos os países pela União Geográfica Internacional mais de trinta Estados, a Associação dos Geógrafos Brasileiros, querendo ver o Brasil ocupar o seu lugar no movimento científico mundial, faz votos para que o Conselho Nacional de Geografia dê a sua adesão à União Geográfica Internacional e, para a rápida realização desse desejo, deposita inteira confiança na ação do Exmo. Sr. Ministro das Relações Exteriores. (AGB, 1936, p. 67).

Quando finda o governo provisório de Getúlio Vargas, com a promulgação da recém elaborada Constituição da República, em 16 de julho de 1934, este mesmo político, reconduzido ao poder por meios legais, assina em 6 de julho de

1934 a criação do Instituto Nacional de Estatística (SENRA, 2014). O instituto é criado para realizar levantamentos sistemáticos nas esferas federal, estadual e municipal, ou seja, tratava-se de um sistema federativo de organização da estatística brasileira (SENRA, 2014). Por fim, intentava-se inserir o Brasil nos padrões de estatísticas internacionais:

> "a produção das estatísticas seguiria um plano anual, sempre seguindo os 'melhores padrões que a técnica da especialidade aconselhar ou já estiverem firmados por acordos internacionais, mas respeitadas as necessidades e contingências peculiares à vida brasileira' (parágrafo único do art. 1° [decreto que fundara o INE])." (SENRA, 2014).

O governo eleito instala uma Junta Executiva provisória para o INE, sendo o nome de Teixeira de Freitas escolhido para ocupar o cargo de Secretário-geral (SENRA, 2014). Teixeira de Freitas, em ocasião posterior, resume o estado anterior da estatística brasileira que "traziam a marca da descontinuidade, não possibilitando base segura para os estudos necessários à boa ordem administrativa e ao progresso do País" (FREITAS, apud SENRA, 2014). Mas o INE só começará a funcionar em 1936. Esta iniciativa é saudada positivamente por Monbeig:

> Os geógrafos e os sociólogos sabem quantas dificuldades decorrem da ausência de mapas municipais: muitas localizações dos fenômenos geográficos, econômicos, sociais, folclóricos são impossíveis sem cartas precisas e, como localização dos fenômenos, o estudo da sua extensão, da sua difusão são essenciais nos métodos das ciências humanas (...). É a esta obra de grande importância que e dedica o Conselho Nacional de Geografia, assembleia plenária do Instituto de Estatística. (MONBEIG, 1940d, p. 278-279).

É só a partir deste momento, portanto, que o trabalho de Monbeig e dos geógrafos brasileiros em geral contam com estatísticas e cartografia de padrão internacional e eles tinham todo o motivo para apoiar a consolidação das entidades (MONBEIG, 1940d. p. 277-278). A padronização de um sistema de enquetes equivalentes demonstra que a tendência à sistematização do ensino, da pesquisa e do uso do método não se resume apenas à geografia francesa. Mostra também que a formação da geografia brasileira não era apenas um movimento endógeno, mas entrecruzado com tendências de anexação das geografias e estatísticas nacionais à UGI. As ciências como um todo estão se transformando. Porém, o CNG constiu-se como uma entidade pública, diretamente ligada ao presidente da República, modelo que era aparentemente novo no contexto da época. A urgência de aplicação das ciências no Brasil casaram-se com a urgência de constituição de uma geografia universal na França e, aqui também, o empreendimento foi hídribo. A fundação da Associação dos Geógrafos brasileiros e o estímulo à criação do CNG dão provas da impressionante e enérgica atuação dos franceses na organização prática e institucional da Geografia Brasileira, em uníssimo às tendências francesas, brasileiras e globais.

Será interessante salientar ademais, que Pierre Monbeig, através do estímulo ao CNG, no Rio de Janeiro, oscila entre dois ambientes intelectuais diferentes e, por vezes conflituosos. Na década de 1930, existiu no Brasil dois ambientes científicos com tonalidades diferentes: uma vertente paulista, de um lado, e uma vertente carioca, de outro, mais marcada por um novo contexto geopolítico em que se inseria a capital brasileira. Assim, São Paulo e Rio de Janeiro representam outros dois pólos de reposionamentos dessas tensões, agora em ambiente brasileiro. Ao versar sobre a trajetória de um dos alunos des mestres franceses, Orlando Valverde, que depois tende a incorporar mais fortemente a influência da escola americana, Adas verifica que

> (...) embora os geógrafos paulistas também tenham passado a travar contato com o centro do poder e, no decorrer do início dos anos 1940, Valverde tenha vivenciado maior proximidade com a Geografia praticada por esse grupo, mais uma vez desponta claro que o impulso inicial de sua carreira se deu no cerne das iniciativas e do ideário governamentais assumidos pelo CNG e que mantinha estreitas relações com a AGB carioca. Aqueles, mesmo assentados na linhagem metodológica da Escola Francesa de Geografia e, sob o comando de Pierre Monbeig, propugnando contra a "Geografia de nomenclatura" ao lado dos ibegeanos, **mantiveram maior independência** em

> relação aos desígnios governamentais, estruturando-se na direção de uma orientação mais acadêmica, **ao contrário de nosso autor e de seus pares**. [grifos meus] (ADAS, 2006, p. 27).

Na verdade, o que se observa é que Pierre Monbeig enrraiza suas pesquisas em São Paulo, mas com horizonte de atuação intelectual e organizativa no conjunto do Brasil, ao mesmo tempo que pode ter conduzido uma disputa pelo polo legítimo de aglutinação dita nacional. O que estava em causa era a formação de uma geografia *brasileira*, que, se tinha um pólo originário paulista, mantinha, ao mesmo tempo, uma ambição nacional. Por outro lado, a variação de escala entre os pólos de atuação de ambientes intelectuais diversificados demonstra que, a medida que Monbeig se distancia de um pólo paulista, este, por sua vez, mais francês (e sem deixar jamais perder suas próprias raízes particulares) ele se aproxima de um pólo *brasileiro* – que é, também aqui, um cruzamento de infuências - ele transforma ao mesmo tempo sua concepção de ciência, que toma feições cada vez mais engajadas. No caso da AGB, Monbeig logrou torna-la uma disciplina nacional no polo paulista. No caso do CNG, o mesmo movimento não parece ter se repetido.

Verifico que em um primeiro momento de atuação institucional círculo de afinidades de Monbeig no Brasil, há uma forte resiliência dos antigos equilíbrios da Geografia francesa. Contudo, à medida que o Brasil de Monbeig se torna mais brasileiro, seja por influência de outras correntes globais e americanas, seja pela própria descoberta de novas paisagens reveladas pela marcha para Oeste e a entrada no sertão do governo de Getúlio Vargas, há uma forte tensão que sofre esses antigos equilíbrios epistemológicos da geografia francesa. A questão é saber se, a medida que Monbeig se aprofunda no Brasil, se ele se submeteu a essa espécie de energia centrípeta que o território brasileito parece submeter uma geografia ainda muito ancorada em valores literários. O Brasil da década de 1930 é um país que quer se modernizar e transformar suas paisagens na mesma marcha das civilizaçõeos modernas, tendo como um dos sintomas desse movimento a criação do CNG e do IBGe na capital e no âmbito da geografia. Mas esse desejo se realiza na prática? Se esse movimento de conjunto, que carrega consigo a ciência, se realizou, não resta dúvida que o tenha feito com lentidões, muitas lentidões. Mais até do que teria se observado na Espanha. O Brasil é um país menos mundializado que a antigo coração do Império de Felipe II.

Este capítulo tentou demonstrar mais uma vez como esforço de observar transições teóricas e epistemológicas pode-se dar a partir da mobilização de atores, coisas e estratégias inseridos em enquadramentos espaciais. Um dos pressuspostos assumidos é que as ideias científicas, nas suas lentas ou curtas durações, não existem fora dos espaços, dos corpos, dos objetos e dos contextos. Esse pressuposto será novamente aplicado no próximo capítulo. Neste capítulo, teremos a oportunidade de observar como ocorreu o aprofundamento de Monbeig na realidade brasileira e quais foram as consequências teóricos do mergulho de uma geografia francesa, que se torna cada vez mais brasileira. Montada uma estrutura institucional, abre-se o período de consolidar sua liderança prática e teórica sobre esta estrutura.

Capítulo 4

Como um jovem professor francês adquire autoridade no Brasil? (1937-1946)

Em 1940, uma polêmica aparecerá no plenário do 9º Congresso Brasileiro de Geografia, realizado em Florianópolis e patrocinado pela Sociedade de Geografia. No momento da aprovação das moções, uma indicação de separar o ensino de Geografia ao de História é anunciada no salão de debates. A proposta fora feita por um dos jovens geógrafos do Rio de Janeiro e causou rebuliços. Pierre Monbeig não abdicará de reagir.

Na hora da votação, ele pede a palavra: "Sr. Presidente, parece-me que uma das moções apresentadas pela Comissão e sobre a qual já tive oportunidade de fazer algumas críticas, resolve, com excessiva pressa, uma coisa bastante importante – a ligação entre o ensino de Geografia e História nos cursos de ensino superior do Brasil" (ANAIS DO 9º CONGRESSO BRASILEIRO DE GEOGRAFIA, 1941, p. 131-133). O presidente do congresso, o sr. Ministro Bernardino José de Sousa, aceita encaminhar a moção para reexame, mas alguns participantes se sentem contrariados. Jorge Zarur, autor da moção, se manifesta:

> (...) tenho a esclarecer que a Comissão discutiu e rediscutiu o assunto. A matéria foi amplamente ventilada no seio da nossa Comissão, que chegou atrasada ao plenário, justamente porque chamou o Prof. Pierre Monbeig para ouvir sua opinião. O Prof. Pierre Monbeig manifestou seu ponto de vista, e o assunto foi, pela segunda vez, submetido à votação. A moção, de minha autoria, mereceu novamente a aprovação, e é por isso que aqui es-

> tou em sua defesa (ANAIS DO 9º CONGRESSO BRASILEIRO DE GEOGRAFIA, 1941, p. 131-133).

Mas o ministro não pretende se opor a Monbeig. Ele argumenta que, "com a devida vênia, pediria que se atendesse ao apelo do digno Prof. Pierre Monbeig, no sentido de que a Comissão reexamine o assunto. Trata-se de uma delicadíssima solicitação do Presidente da 4ª Comissão, que, estou certo, será tomada no devido apreço. (muito bem)". Muito bem? Nada disso. Há novos contrariados.

O Sr. Francisco José Gomes de Oliveira vê um impasse. Ele sugere que um corpo de consultores fosse constituído para colaborar com a comissão (ANAIS DO 9º CONGRESSO BRASILEIRO DE GEOGRAFIA, 1941, p. 131-133). Mas o presidente torna-se progressivamente irritado: "Ilustres companheiros de Congresso: não quero acreditar que haja, em qualquer das comissões técnicas, quem quer que seja com espírito preconcebido em matéria de ciência!" (ANAIS DO 9º CONGRESSO BRASILEIRO DE GEOGRAFIA, 1941, p. 131-133), e acrescenta que:

> Seria indelicadeza de minha parte, se não orientasse a digna Assembleia, proporcionando-lhe oportunidade de atender ao pedido desse ilustre mestre. (...). Devemos, portanto, atender ao apelo do Sr. Prof. Pierre Monbeig, em homenagem à sua cultura e à colaboração que traz para os nossos trabalhos (Palmas). (ANAIS DO 9º CONGRESSO BRASILEIRO DE GEOGRAFIA, 1941, p. 131-133).

Como se vê, o presidente do congresso vale-se do respeito acumulado por Pierre Monbeig em sua cruzada de contribuição à geografia brasileira para obstruir uma moção. A presença de Monbeig é de alguém que, no Brasil, acumulou capital simbólico para que suas proposições exerçam normatividade sobre a geografia no Brasil. Vem a calhar, pois, efetivamente, para ele, a harmonia do ensino de Geografia com o de História era fundamental, segundo um antigo pressuposto literário da geografia mista de Vidal de la Blache.

Nesse capítulo, minha finalidade é depreender da trajetória de Pierre Monbeig o modo como ele fundou a sua autoridade e liderança no processo de emergência de uma Geografia desenvolvida no Brasil. Desde o último anterior, estou transitando do contexto institucional e prático, para uma análise que se tornará gradativamente mais teórica, assim como estou aumentando gradativamente a importância dos espaços como esfera de análise no meu modo de exposição dos resultados. Como se sabe, relacionar a formação da geografia no Brasil, em sentido amplo, com a importância do espaço brasileiro constitui um dos meus objetivos essenciais. Como um jovem geógrafo francês conseguiu liderar uma campanha para difundir a "geografia moderna" no Brasil?

Ele e Lévi-Strauss gostavam de lembrar que vieram a este país muito jovens, que seus alunos eram até mais velhos do que eles próprios (os professores) e que sofriam ataques políticos de todos os lados. Eram recorrentes as "publicações de certos artigos e acusações" denunciando as competências rasteiras dos jovens francesas e suas rebeldias. Monbeig diz que estes ataques não os incomodavam, mas eles sempre voltam aos relatos:

> Muitos anos se passaram para que me seja permitido evocar as críticas que, em São Paulo, receberam os professores estrangeiros, os franceses talvez mais do que os outros. Através de nós, as críticas visavam à política universitária do governo de São Paulo. À equipe francesa, reprovava-se sua juventude, o que lhes permitia duvidar de nossas capacidades. Contra Júlio de Mesquita, dirigia-se a acusação de ter entregue a Faculdade aos estrangeiros (MONBEIG [1984], in THÉRY, DROULERS, 1991, p. 230).

Se já no campo geográfico existiam tensões, no campo intelectual brasileiro existiam muitos outros conflitos e armadilhas que rondavam a FFCL. Pelos seus adversários, a Faculdade de Filosofia era acusada de não ser mais do que um artifício político da elite paulista liberal e democrática, um locus de "estudos desinteressados", *desligados das demandas práticas* do Brasil. No que toca aos franceses, eles sentiram que precisavam conquistar sua autoridade, provar sua capacidade científica, mas também técnica. No Brasil, a geografia francesa deveria mostrar a que viera, tanto do ponto de vista teórico *como prático*.

> Ela [a FFCL] apareceu como uma intrusa, como uma ideia excêntrica ou uma operação política. Aos olhos dos técnicos de

> Direito, da Arte da Engenharia e da Medicina, parecia uma espécie de miscelânea; a faculdade, dizia-se, nada mais era do que um local de encontro de um público mundano mais interessado em belas conferências do que ávido de ciência (MONBEIG [1984], in THÉRY, DROULERS, 1991, p. 227).

Na verdade, o ambiente científico brasileiro é um contexto em que os intelectuais são chamados à ação. No Brasil, parte da intelectualidade não valorizava estudos desinteressados. O contexto de avanço da erosão dos valores literários, do engajamento prático e da sistematização do método, aprofunda-se neste país novo. Assim, parte da autoridade adquirida por Monbeig foi conquistada em meio à imersão em tendências paulistas, mas também brasileiras e globais, que passaram a exigir cada vez mais explicitamente critérios de praticidade. Esse viés prático da intelectualidade brasileira, eu associo em parte à urgência da resolução dos problemas vistos como inerentes ao meio tropical, ao mesmo tem que reflete a necessidade de ocupar um país continental entendido como vazio.

Tentarei demonstrar como Pierre Monbeig será chamado a construir um discurso normativo sobre o método, ao acomodar em São Paulo uma estrutura pedagógica, científica e institucional que ele liderava, e uma orientação sobre o uso prático dos estudos geográficos. Esta estratégia, por sua vez, implicava em um jogo de sedução com seus alunos e colegas brasileiros. Um jogo em que ele também fazia muitas concessões em relação os valores literários e científicos orginais da geografia francesa. Nas excursões, Pierre Monbeig construiu um ambiente de trocas recíprocas, onde todos participavam da aventura do conhecimento, ele inclusive, pois o Brasil e os brasileiros o motivavam. Ele agiu igualmente como um ponto de convergência entre os diferentes grupos de geógrafos. Através da AGB, atuou como um articulador entre diversas comunidades geográficas. Em seguida, também auxiliado pelas atividades da AGB, conseguiu construir um público de intelectuais de diversos campos "consumidores" dos trabalhos e das reflexões ofertadas por esta comunidade de geógrafos. De um lado, pelo modo como conseguiu consolidar sua autoridade, junto com ela conseguiu resguardar valores epistemológicos que lhe eram caros. De outro lado, Pierre Monbeig se adapta às exigências do Brasil e dos brasileiros. Estamos em uma fase mais avaçada da carreira de Monbeig em que ele já se vê em posição de receber e prestar serviços ao Brasil.

As disputas políticas em torno do papel da Universidade se aprofundaram e também dividiam as opiniões. Pierre Monbeig vai escolher um lado, que, apesar de crítico, assim o fez aceitando dar orientações pragmáticas a seu pensamento. Todavia, não se pode olvidar os avanços e recuos dessa orientação. Para mais, Pierre Monbeig fazia a propaganda dos benefícios da Geografia entre a sociedade paulista através da imprensa. Essa imprensa, outrossim, fortemente arraigada nos interesses políticos e culturais da elite paulista local, permitiu a Pierre Monbeig um espaço de divulgação, que visava a ampliar o espaço de inserção dos geógrafos na sociedade como, igualmente, seu prestígio e legitimidade, construindo um amplo leque de alianças. Assim, Pierre Mombeig, através de suas relações, oscila entre dois pólos da produção científica: uma paulista, de abordagem mais "desinteressada", e uma nacional, já mais brasileira do que francesa, de orientação mais pragmática. Ele procurou conciliar essas orientações. Assim, se utilizei os polos espaciais da França e da Espanha, em primeiro momento, como expressões das tensões de longa duração da geografia, em seguida utilizando como polos de reposicionamento de tensões o Brasil e a França, e, depois, São Paulo e Rio Janeiro, neste capítulo vou polarizar a herança de Monbeig e sua atuação paulista, com um processo de irradiação nacional de sua geografia.

Essa sua atividade abre um novo momento de relações com o Brasil. Sob o jugo da conquista de autoridade, já não se trata apenas da circulação das enquetes, questões, práticas e estratégias francesas, mas o começo de uma adaptação mais profunda da geografia francesa praticada em campos material, político e intelectual brasileiros. Ele começa a elaborar dispositivos metodológicos específicos ao desvendamento do território nacional em contexto de avanço do capitalismo e chega a propor um *modelo* do ciclo urbano brasileiro no ecúmeno da modernização. A sistematização metodológica e o interesse (em certo grau) ao embasamento à ação caminham juntos no processo de consolidação da Geografia brasileira com modelos mais claramente estabelecidos, em uníssono à consequente erosão dos valores literários. Doravante, a modelização passa a ser uma tendência crescente na geografia.

Mas nem tudo são rupturas. Ao manter a sua autonomia, Pierre Monbeig assegura a estabilidade das teorias francesas no âmbito da circulação. Pois na base desse movimento estava o fato que ele era um representante da ciência francesa. Ele carregava atrás de si o capital simbólico de uma ciência que não cansava de crescer em importância, e que havia adotado no passado um estatuto metodológico ímpar. A resistência desta autoridade no Brasil também se reflete na resistência das estratégias: Pierre Monbeig não aceita que a Geografia se separe da História, antiga aliada da Geografia permeada pelos seus valores literários, mas se adapta às exigências do Brasil, até onde parecia permitir as suas possibilidades de resistências práticas e teóricas do modelo francês e do paradigma vidaliano reformado. A autoridade de Monbeig foi exercida em termos materiais, institucionais, intelectuais e teóricos.

Geografia e o Estado varguista: os estudos regionais orientados às demandas do desenvolvimento

Exercer uma liderança dependia de implementar um discurso que desse vazão às demandas intelectuais, mas também políticas, de outros indivíduos inseridos nos espaços que Monbeig frequenteu. Era um exercício de representação e, portanto, de jogos propositivos e de concessões. A Geografia praticada por Pierre Monbeig esteve sempre atenta aos problemas do mundo contemporâneo, de forma que este engajamento não só ocorreu no Brasil, como se aprofundou. O discurso geográfico revestiu-se de conotações políticas, ainda que em marcos de formulações para os interesses da nação. Após segunda guerra, uma conjuntura planificadora se instala no seio da sociedade científica internacional (ARRAULT, 2007, p. 496). O próprio Monbeig auxilia aqui na caracterização dessas circunstâncias econômicas e políticas que rondavam o Brasil e o mundo.

> Convém lembrar que em nossa época mesmo nos países onde o liberalismo econômico e o livre empreendimento conservam seu prestígio teórico, verificou-se a necessidade de se impor uma direção geral à coletividade. (...). Deve-se isto ao fato de que por tôda parte surgiu e se impôs o problema da **organização do território da forma mais racional *possível***, e de uma ocupação mais proveitosa do solo a fim de aumentar e a melhorar a produtividade. [grifos meus] (MONBEIG, 1957e, p. 22-23).

De um lado, Monbeig imputa ao homem político, na sua condição de planejador, um potencial de organização *racional* do território. Por outro lado, este agente de transformação fará o "possível", pois, para Monbeig, ele é igualmente determinado pelos reveses do determinismo geográfico. A tendência à constituição de uma *expertise* é mais do que nunca um movimento irrefreável: "pode-se acompanhar o processo pelo qual as ciências vão paulatinamente se distanciando da literatura, e como os valores tradicionais, que se poderia denominar literários, são excluídos do cânone do saber" (LEPENIES, 1996, p. 13). Mas até que ponto esta *expertise*, no âmbito da Geografia, se desprega dos seus condicionantes geográficos e dos valores literários que valorizam os aspectos de determinação natural e dos métodos descritivos? Daí em diante, como o homem pode tudo comandar? São questões teóricas que estão subentendidas no texto de Monbeig nesse momento.

No caso do Brasil, deve-se ressaltar, contudo, que o contexto de formação do Estado Brasileiro no interior da formação de um capitalismo nacional, e, após a Revolução de 30, o país *antecipa* a conjuntura planejadora que decorre das reconstruções de guerra na Europa. A inserção de Pierre Monbeig no contexto nacional brasileiro já foi notada por Nogueira (2013) e por Dantas (2005) acentuando que "estando no Brasil, Monbeig toma consciência dos desafios que se colocam à geografia **mais cedo** do que se permanecesse na Europa. Ele é sensível à exigência de desenvolvimento que se apresenta no Brasil do Estado Novo" [grifos meus] (DANTAS, 2005, p. 18). O fato, porém, de que esse movimento planejador seja comandado pelo Estado e não pelo mercado, o reveste de um caráter mais nacionalista do que mundializado, tal como entendo.

O Estado Novo é uma reorganização do Estado brasileiro, inaugurado pelo golpe de 1937. Apesar de perseguir os comunistas, Getúlio Vargas era também um antiliberal, e, assim, contrário à liberdade plena do mercado. Em 1937, Vargas declara imediatamente que seu maior objetivo era combater as discrepâncias regionais do Brasil (e os particularismos locais) para promover o desenvolvimento nacional através da ação de um Estado forte (PENHA, 1993, p. 52). Tal como aconselhava Monbeig, uma das formulações centrais da política econômica do governo Vargas era a criação de um mercado *interno* capaz de diminuir as desigualdades regionais (NOGUEIRA, 2013, p. 57-58).

De acordo com Cano, a política de fortalecimento do mercado interno era essencialmente geográfica, pois requeria a eliminação das barreiras físicas que impediam a livre movimentação econômica para o interior do país, mais do que para o exterior (CANO, 1985, apud NOGUEIRA, 2013, p. 58). As formulações de Monbeig estarão em consonância com as diretrizes econômicas do Estado Novo. Para ele, a criação de um mercado interno estava em acordo com a diminuição da desigualdade de renda da sociedade brasileira, em benefício do trabalhador. Outro ponto bastante coincidente entre as formulações de Monbeig e a política desenvolvimentista do governo Vargas era o estímulo à construção de estradas como fixadora da mão de obra, geradora de renda e equalizadora das desigualdades regionais (NOGUEIRA, 2013, p. 53), mesmo que seja possível presumir que ele tivesse reservas ao "autoritarismo" varguista .

Assim, a agenda de pesquisa de Monbeig, no âmbito do território paulista e nos quadros de uma estratégia regional, estava em bastante consonância com os objetivos da política econômica e geográfica do governo Vargas. Assim, uma saudação da AGB à política do Estado Novo encontrado nos arquivos não se assemelha à simples retórica. Em 1º de setembro de 1942, Pierre Monbeig envia o seguinte telegrama a Vargas:

> São Paulo, 1º setembro de 1942.
>
> Exmo. Senhor Presidente Getúlio Vargas
> Palácio Catete
> Rio
> Temos a honra levar conhecimento Vossencia que a Associação Geógrafos Brasileiros com sede SPaulo deliberou unanimente hipotecar irrestrita solidariedade patriótica atitude assumida governo Vossencia aguardando ordens para poder prestar serviços defesa do Brasil. Respeitosas saudações
>
> Pierre Monbeig presidente
> Aroldo de Azevedo secretario
> Salvio Almeida Azevedo tesoureiro
>
> Fonte: Arquivos da AGB-SP.

O telegrama obteve uma resposta agradecida do presidente.

Nogueira também notara outro elemento de vínculo do governo Vargas com o grupo liderado por Monbeig: a organização e financiamento de algumas excursões. Uma excursão ocorrera no Nordeste entre 20 de janeiro e 3 de fevereiro de 1944, composta por Monbeig, Ary França, Aroldo de Azevedo, Maria

Conceição Vicente de Carvalho, José Ribeiro de Araújo Filho, João Dias Silveira e "contou com o apoio financeiro do CNG e do Instituto do Açúcar e do Álcool (IAA), autarquia federal criada por Getúlio Vargas, em 1933, para *planejar* a expansão dos canaviais, o financiamento das usinas e *organizar a produção*, funcionando como um mecanismo *de regulação* do mercado." [grifos meus] (NOGUEIRA, 2013, p. 111).

Foto 11. "Viagem ao Nordeste do Brasil, Recife (02/02/1944) - da esquerda para a direita: Aroldo de Azevedo, Ary França, Pierre Monbeig, Conceição Vicente de Carvalho, José Ribeiro de Araújo Filho e João Dias da Silveira". Fonte: Cartilha de Comemoração de 70 anos dos estudos de Geografia- FFLCH- USP. Cedida gentilmente por Hervé Théry. Org: Cátedra Pierre Monbeig.

Mas os ventos desenvolvimentistas não seduzem Pierre Monbeig de um só golpe, de tal sorte que o geógrafo preserva os pormenores de sua concepção política. Em 07 de junho de 1945, o jovem geógrafo participa de uma confraternização ítalo-brasileira na cidade de São Paulo que visava congregar os antifascistas da cidade de São Paulo em prol de uma "Itália Livre" (O Estado de São Paulo, 07/06/1945, p. 8) contrapondo-se aos flertes supostamente fascistas do governo de Getúlio Vargas.[1]

---

1 Vale lembrar que essas alianças também se transformam. Salgueiro lembra que

O discurso de Monbeig vai incidir mais no domínio do planejamento de uma macro política econômica do que na organização de uma ação planificadora *racional* dos micro e meso espaços inseridos dos mercados globais. Ele mesmo reconhece que há aqui um pioneirismo, mesmo em relação à França. Ele chama este movimento internacional planificador, que incluí o Brasil, de *neo*-regionalismo, evocando, é claro, os aportes da geografia regional francesa. Mas ele não desemboca na convicção de uma organização "racional" dos espaços pelos indivíduos. Para ele, uma reorganização dos territórios seria fruto de uma nova conformação *regional,2* nos marcos de um processo de adaptação à natureza, de um organismo nacional como o Estado, e não *racional*, que pressupõem a liberdade de ação do indivíduo.

A evocação da região não é gratuita: através do estímulo ao crescimento econômico *regional*, ele reconhecia que os fatores naturais ainda colocavam limites à plena liberdade individual da ação humana. A concepção intervencionista de Monbeig busca promover o crescimento econômico, mas ainda é uma concepção que se pauta pela adaptação do homem do meio, como quando Henri Hauser utilizou a obra de Vidal de la Blache para pensar uma nova regionalização no após primeira guerra pautado sob critérios industriais.

> Para que êste **neo-regionalismo** tivesse probabilidade de êxito, fazia-se mister**, escolher sensatamente** os ramos da produção a serem intensificados ou criados nas diferentes regiões, o que pressuporia o **perfeito conhecimento dos recursos naturais** e o não **menos perfeito conhecimento dos problemas econômicos e humanos.** Também aí a pesquisa geográfica foi chamada a colaborar, **nessa obra eminentemente prática**. (...). Seria injusto não me referir ao Brasil, onde se recorre aos geógrafos para a realização de inquéritos práticos. A própria criação do **Conselho Nacional de Geografia** tem por finalidade **o melhor**

Pierre Monbeig participa, em 1944, do congresso dos escritores brasileiros, que se alça como *lócus* de combate pela demoncratização do país.

2 O termo regional evoca a ideia de adaptação. Pois na Geografia, as regiões são sobretudo formadas a partir de divisões naturais do espaço. Mesmo que se avance para uma concepção de "região nodal", como Vidal o fez no fim de sua carreira, há sempre aspectos importantes de resiliência do meio natural.

conhecimento do país, indispensável à sua boa administração. [grifos meus] (MONBEIG, 1957e, p. 22.)

Como se vê, a tensão entre valores literários e científicos ou aplicados revestem-se nesse momento de outros porta-vozes, ou seja, a novas injunções, reformulando-se por dispositivos de aproximações sucessivas a novas realidades. Assim, após a década de 20, Robic identifica que os geógrafos franceses convergiram ao debate da reorganização *regional*. Apesar da *precocidade* das intuições, suscitada pela experiência brasileira, Pierre Monbeig não está, por outro lado, em largo descompasso com o que está acontecendo na França: "O livro de Y – M Goblet sobre a formação de regiões se destaca pelos seus avanços conceituais sobre a noção de 'rede' e de 'complexo' e pelas suas distinções tipológicas entre 'regiões de economia tradicional' e 'zonas de economia modernas extravertidas (...)". (ROBIC, 1996b, p. 43). O livro de Goblet fora editado em 1942, mesmo ano, portanto, das principais reflexões de Monbeig sobre o impacto do capitalismo em terras brasileiras durante a segunda guerra mundial.

Assim, ainda que o Brasil tenha antecipado e reforçado este discurso prático no seio da atitude científica de Monbeig, é preciso notar que, ainda aqui, Pierre Monbeig não abandona suas bases formadoras. Ele conciliou seu discurso à conjuntura de formação do Estado Brasileiro, ao da comunidade científica paulista e francesa e dos seus companheiros de trabalho da FFCL. Por que, por outro lado, o espaço da Universidade de São Paulo era onde se encontravam copiosas forças políticas de vieses regionais, nacionais e internacionais. Construir uma autoridade no domínio intelectual demandava assumir posturas políticas em um ambiente que era um campo de forças.

Uma postura crítica sobre o desenvolvimento do capitalismo no Brasil

À Faculdade de Filosofia, encaminhavam-se majoritariamente os filhos de imigrantes ou os comissionados (LIMONGI, 1988). Ou seja, uma burguesia nascente e uma parte da classe trabalhadora assalariada. Já para as Faculdades de Direito e Medicina, seus espaços eram majoritariamente ocupados pelos filhos das elites tradicionais (LIMONGI, 1988). Frente a este contexto, não somente havia uma forte demanda por oferecer resultados, conquistar uma autoridade, como de dar vazão às ideias populares que pululavam na FFCL.

Assim, faz-se mister não olvidar do jogo de ponderações. O desafio pessoal de Pierre Monbeig também respaldou-se em reformular seus legados discursivos e as estratégias de pesquisa das monografias regionais a uma *crítica* ao capitalismo especulativo e imperialista, de acordo com suas convicções ideológicas, dele, dos seus colegas e alunos da FFCL, do Estado popular brasileiro, e do que ele entendia como sendo os interesses da nação, através de um modelo de desenvolvimento *e estatal* (e não de mercado) que se tornara *urgente* no Brasil.[3]

No esmiuçamento de sua posição, é possível perceber que a geografia regional francesa podia ser conciliada com uma postura crítica, social e humanista, com o projeto de desenvolvimento popular de estados de antigo passado colonial e com uma política de desenvolvimento do país pelo viés do Estado e da nação. Isto dava vazão, assim, a uma demanda intelectual militante que surgia no Brasil nas décadaas de 1930 a 1950 (MICELI, 2001) e, ao mesmo tempo, evocava valores de aplicação da ciência. Mas o fazia sob a condução de um organismo nacionalista, e portanto, que nutria as vantagens de uma recuso aos valores aplicados puros, já nesta época plenamente associados ao mercado mundializado e cosmopolita.

Adotando uma postura em contraposição ao modelo imperialista de organização dos espaços, pois, para ele, este modelo promoveria uma padronização extrema do estoque vegetal e uma destruição dos solos tropicais (e que não encontrava resistência social ou geográfica no Brasil), a produção de monografias regionais *poderia convergir ao desenvolvimento nacional* no sentido de revelar muitas outras possibilidades do meio.

> A grande lavoura é, do ponto de vista geográfico, uma forma de exploração destrutiva das riquezas naturais; é especulativa e de-

---

3 Evoco aqui a idéia que a "urgência" do desenvolvimento como uma resiliência do passivo territorial brasileiro no processo de conformação das mentalidades científicas. O espaço, como se vêm afirmando, é também produtor de durações intelectuais. A intelectualidade brasileira filia-se em menor e maior grau a um discurso desenvolvimentista, em parte porque a "missão geográfica" de desenvolver o Brasil lidava com um passivo continental.

> predadora, principalmente quando **não se sente limitada pela falta de espaço.** Ela assim o foi na cultura algodoeira do sul dos Estados Unidos, o foi e o é ainda na cultura cafeeira do Brasil. Podemos exprimir isso de maneira resumida: **houve desajustamento entre os homens e as terras. Cabe aos homens levar a cabo o reajustamento.** [grifos meus] (MONBEIG, 1944a, p. 21).

Sua apreciação crítica ao modelo capitalista especulativo é aclarada em uma resenha à obra do geógrafo americano Carl Sauer, publicada em 1942 em português. Nas palavras de Monbeig, pode-se imputar aos geógrafos franceses a evidência de que a conquista do solo pelo homem é remotíssima (remontando ao neolítico por meio do conceito de gênero de vida) - e promotora de uma especialização crescente do meio físico e geográfico graças a evolução dos gêneros de vida. Ao longo da história, o homem direcionou o uso da natureza em função de uma variedade estreita de habilidades herdadas (MONBEIG, 1942a).

Mas na agricultura comercial, "esta rarefação é levada tão adiante que a reconstituição integral é praticamente impossível" (MONBEIG, 1942a, p. 80). Paralelamente à padronização de vastas áreas, uma eliminação de espécies é recorrente nos países novos. A integração do Brasil **sem resistências** a um capitalismo especulativo internacional tem efeitos não apenas na paisagem como também no equilíbrio ambiental.

> A terra arável se esgota pela cultura reiterada da mesma planta em cada ano, e é deixada, sem manto protetor, ao trabalho lento e obstinado das chuvas, dos ventos, da alternância de temperatura. Sistema de cultura voltado para o comércio especulativo de um produto básico, existente em todos os países jovens, enquanto que no velho mundo uma harmoniosa combinação extremamente antiga faz completar a criação e a cultura, de tal sorte que o solo não conhece esta nudez perigosa durante as estações de chuvas violentas ou de insolação dessecante. Na Europa e em algumas regiões do nordeste dos Estados Unidos, a agricultura adotou um sistema que economiza o solo e a **economia rural conserva ainda alguns dos traços da economia doméstica previdente e prudente.** Aí o capital natural permanece intacto; reforma-se sem cessar graças à alternância das culturas

> e à combinação cultura-criação, enquanto que nos países jovens o solo arável desaparece, deixando somente a rocha nua e inútil. **De um lado uma economia e uma técnica conservadora; de outro uma técnica brutal, saída da economia capitalista.** [grifos meus] (MONBEIG, 1942a, p. 82).

É necessário ponderar que Pierre Monbeig reorienta suas críticas ao imperialismo, mas não ao capitalismo nacional ou doméstico. Ele está cada vez mais preocupado com a vinculação direta do Brasil ao mercado internacional, que anulava a temporalidade da vida material, sazonal e regional, segundo havia esclarecido Albert Demangeon, mas parece apoiar um capitalismo doméstico. Fundadas estas críticas, é neste ponto onde aparece a importância da consecução de monografias regionais. As monografias regionais seriam a caracterização de um outro quadro de possibilidades do uso do meio. Elas seriam, de igual modo, auxiliares ao projeto estatal de desenvolvimento do Brasil.

Monbeig tinha uma leitura ao passo crítica ao passo desenvolvimentista do Brasil. Para ele, as dificuldades do espaço brasileiro eram "os insetos que assolam as culturas e os organismos [ou seja, fraca resistência dos gêneros de vida menos evoluídos]; as terras pobres (e as terras empobrecidas), que constituem pêso morto [solos improdutivos]; as enormes distâncias que entravam ou retardam a exploração e enfraquecem o povoamento [ou seja, a ausência de infraestrutura de transporte e a vastidão e disponibilidade de terras]." (MONBEIG, 1946, p. 680). Os remédios que o Estado podia imediatamente adotar seriam o estímulo à economia interna (fixação do trabalhador, camponês ou operário), o impulso à mineração (geração de energia para a produção industrial, a urbanização e o saneamento) e a construção de uma rede de estradas modernas (articulando as distâncias e as vocações regionais), segundo a opinião de Monbeig.

Este discurso crítico tinha como pré-requisito uma autonomia teórica. Pierre Monbeig não se posiciona em descompasso com o que estava se produzindo em São Paulo, na França, e em resposta ao clima intelectual brasileiro. Sua intenção era construir um verdadeiro espaço de trocas. Isto implicava em um impacto de sua produção acadêmica no meio científico e nas correntes intelectuais francesas, mas principalmente brasileiras. Do ponto de vista do alcance das suas publicações, o meio intelectual francês tem apenas ligeira vantagem em ralação ao meio intelectual brasileiro o que não é pouco, visto que ele escrevia seur originais em francês, segundo mostram os arquivos. Uma bibliografia da produção de Monbeig mostra que as publicações são bastante bem divididas entre os dois ambientes intelectuais (SALGUEIRO, 2006).

De um lado, o efeito de anexação do Brasil na estrutura cognitiva da geografia francesa ainda não produzira qualquer fissura em relação ao Brasil, mesmo que se tenha constatado que nesse país acelerava-se (em relação ao meio intelectual francês) a constituição de uma *expertise* em prol do desenvolvimento econômico, visto que um esforço da parte dos intelectuais já se delineia a partir da década de 30 no Brasil. Por outro lado, isso leva a pensar que, se o Brasil, um país que passava por um processo de colonização, não fora excluído das temporalidades da construção dos modelos globais da geografia Humana francesa, a sua incorporação pode ter acelerado o processo de erosão dos valores literários, em prol de uma Geografia Humana que colocava o homem no centro da organização dos espaços e que promovia uma crescente modelização dos processos do ensino e do uso do método geográfico, além de estar voltado ao tema da colonização. No passado, o tema da colonização já havia aparecido na França do fim do século XIX como em oposição a uma geografia humana de tipo vidaliana. E o continente que o Estado nacionalista brasileiro oferecia aos valores da aplicação não deixa de ser uma barreira importante ao avanço sem resistências dos valores da aplicação.

Construindo alianças em diversos ambientes políticos

Não se deve deixar de observar que Pierre Monbeig construiu uma ampla rede de diálogos. Ele manteve seus contatos com a elite paulista "democrática", mas não deixou de dar respostas às demandas desenvolvimentistas varguistas. Ele manteve a sua independência, conversava com Vargas, com os paulistas, com os franceses, com os comunistas (penso aqui em Caio Prado Jr) e seus alunos. Em 1940, ele endereça um convite ao historiador comunista para participar de uma publicação especial da AGB sobre o estado de São Paulo, em que Caio Prado voltaria a discorrer sobre os aspectos geográficos da cidade de São Paulo (MONBEIG apud IUMATTI, SEABRA, HEIDEMANN, 2008, p. 52-53). Nesse sentido, acredito que Nogueira conclui um pouco apressadamente que as relações pessoais de Monbeig poderiam ter determinado uma posição política de ordem liberal.[4] Não acredito que essas relações constituem provas contundentes, pois ele tenta traçar diálogo em diversas frentes.

É verdade que frequentou alguns espaços da alta sociedade paulista. Em 20 de Março de 1937, será anunciado no jornal *O Estado de São Paulo* como um dos participantes de uma homenagem a Júlio de Mesquita Filho, quando "um grupo de intellectuais e amigos lhe oferecerá um grande banquete, que se realisará no Automóvel Club (...). Essa iniciativa visa prestar homenagem ao illustre jornalista, em signal de reconhecimento pela sua actividade em prol da elevação do nível cultural em nosso Estado". A reportagem não deixa de lembrar que a atuação do jornalista tinha também fortes conotações políticas. "De um grupo de fundadores da Liga Nacionalista receberá o sr. dr. Júlio de Mesquita Filho um pergaminho relembrando as victoriosas campanhas em que aquela Liga tomou parte e contendo os nomes de seus antigos membros, entre os quaes se contava o do distincto jornalista." (O Estado de São Paulo, 20 de março de 1937, p. 7).

Porém, em outro evento, desta vez ocorrido em 1946, Pierre Monbeig participa de uma homenagem a Paulo Duarte, que voltava do exílio. Este intelectual, militante de esquerda, responsável pela vinda de Lévi-Strauss à Universidade de São Paulo e tendo sido, no início, membro do grupo que discutiu a formulação do projeto da USP, terá indisposições com Júlio de Mesquita Filho. Mesmo assim, Pierre Monbeig lhe presta homenagem: "Amigos e admiradores do nosso prezado companheiro de trabalho, dr. Paulo Duarte, vão oferecer-lhe, em dia, hora e local a serem oportunamente designados, um almoço por motivo de seu regresso do exílio (...)". (O Estado de São Paulo, 22 de fevereiro de 1946, p. 2). Esses são os primeiros sinais, entre outros, de que Monbeig não praticará no Brasil uma geografia de viés liberal.

4 "A intersecção entre a assimilação de certas concepções de classe e a seleção das fontes de informação utilizadas para a redação do trabalho evidencia-se igualmente quando o francês se vale de um livro lançado em comemoração ao centenário de Martinho Prado Jr. para descrever a atuação dele e de seu irmão, o conselheiro Antônio Prado, tios de Caio Prado Jr., na organização da imigração de colonos estrangeiros vindos da Itália, ação que considera uma prova da "modernidade" desses fazendeiros, que anteviram o fim da escravidão." (NOGUEIRA, 2013, p. 140).

Pierre Monbeig e a imprensa. Construindo a legitimidade e um público para geografia

Pierre Monbeig logrou construir no Brasil um público cada vez mais amplo que reconhecia a legitimidade da Geografia tal como ele praticava. Nas margens desse círculo de consumidores dos discursos geográficos, é preciso reforçar que ele teve uma forte atuação na impressa paulista, principalmente no jornal *O Estado de São Paulo*, onde tinha como aliado o jornalista Júlio de Mesquita Filho. Era frequente que o jornal veiculasse as atividades da Universidade de São Paulo.

Além disso, Pierre Monbeig também procurava divulgar os benefícios da metodologia geográfica francesa. Para ele, o trabalho de campo se tornou essencial no processo de ressignificar os conceitos franceses. Sem contar que, ao divulgar tais atividades, ele se reafirmava como detentor de discurso legítimo sobre a geografia no estado de São Paulo e no Brasil. Vale lembrar que o jornal *O Estado de São Paulo* também tinha uma circulação nacional:

> Residindo em São Paulo há muitos mezes, tendo realizado demoradas visitas ao interior paulista, de modo a conhecer as fazendas e os fazendeiros de café, o ilustre professor aproveitou com gosto a opportunidade que le lhe apresentou de conhecer igualmente os usineiros de assucar de Pernambuco e os fazendeiros de cacau da Bahia. Assim, de volta dessa viagem, trouxe interessantes observações que esplanou hontem diante dos seus ouvintes. (O Estado de São Paulo, 06 de junho de 1936, p. 6).

Logo após a divulgação dessa viagem de campo à Bahia em 06 de junho de 1936, em 27 de junho do mesmo ano, o jornal divulga outra viagem, dessa vez para Minas Gerais. A direção do jornal conferia ao geógrafo uma avantajada importância. Júlio de Mesquita Filho chegava mesmo a viajar em companhia de Pierre Monbeig e sua esposa. Os diálogos cordiais travados por Monbeig em muitas direções ou pessoas de variadas tendências políticas ampliavam o público interessado pela geografia, que, mantendo sua autonomia, adquiria um discurso engajado, mas desligados dos interesses partidários.

Pode-se acrescentar também que através da proximidade com os professores franceses, Júlio de Mesquisa exercia uma espécie de tutela sobre eles. Mesmo assim, como apresentou-se no terceiro capítulo, os designínos da elite liberal paulista à formação dos jovens brasileiros estiveram sujeitos a negociações conflitantes.

Uma notícia veiculada em 02 de setembro de 1939, bastante depois, portanto, de suas primeiras andanças pelo Brasil, expõe como Pierre Monbeig, até pelo menos 1939, prefere observar o problema do desenvolvimento brasileiro de um ponto de vista bastante distanciado da política partidária. Portanto, sem definir explicitamente as suas opções ideológicas, abordando, por exemplos temas como "'A paizagem, espelho da civilização' (O Estado de São Paulo, 02 de setembro de 1939, Notícias diversas), Pierre Monbeig realiza palestras e exposições em diversos institutos de pesquisa de São Paulo. No começo de sua permanência no Brasil, ele já realizara uma palestra sobre o Reno no interior da Faculdade de Direito. Em 1937, a Sociedade de Etnografia acolherá na sua ordem do dia (O Estado de São Paulo, 05 de agosto de 1937).

Por fim, através da AGB, Pierre Monbeig travou contato com o público dos professores de Geografia do ensino secundário. Estas atividades também foram veiculadas pelo jornal O Estado de São Paulo:

> "O prof. Pierre Monbeig falará hoje sobre 'O ensino da Geographia nas escolas secundárias" (...). Para as conferencias que serão públicas, são especialmente convidados os professores dos gymnasios officiaes e particulares da capital" (O Estado de São Paulo, 22 de setembro de 1936, p. 8)

Também com o auxílio da AGB, no que se refere às questões do ensino, Pierre Monbeig toma contato com personalidades importantes do meio político. A partir de sua presidência, a AGB tem cada vez mais peso nos debates nacionais, conferindo-lhe maior legitimidade. Pierre Monbeig e seus parceiros vão elaborar propostas para a reforma educacional de 1945, encaminhando sugestões ao ministro da educação através do embaixador José Carlos Macedo de Soares. (ASSOCIAÇÃO DOS GEÓGRAFOS BRASILEIROS. Carta ao Exm° Sr. Embaixador José Carlos Macedo Soares (IBGE). São Paulo, 16 de junho de 1944, Arquivos da AGB).

O carisma, as amizades e a rede de relações

Outrossim, a constituição de um público para o consumo de discursos geográficos foi igualmente erigida pelas relações pessoais de Pierre Monbeig. Ele teceu uma rede de amigos.[5] Jovem que era, claramente aderiu a uma missão de maneira muito peculiar. Por uma iniciação recíproca nos assuntos do Brasil e nos métodos franceses, por uma honestidade das relações, ele não se ajuizava como divulgador de doutrinas. Queria também desbravar novos horizontes. Trouxera bagagens teóricas sólidas, soube cultivá-las, e se esforçou para aprender o português. O esforço de compreender a língua aumentava o seu compromisso com o país e ele podia se alçar como um legítimo representante da geografia brasileira (SALGUEIRO, 2006c, p. 204).

Pierre Monbeig também admirou as paisagens brasileiras, fez amigos, viveu experiências e eles se divertiram juntos (seus momentos de desconstração e suas paixões também não falam pelos seus vínculos?). Ele ajudou a edificar ambientes de trocas, estimulou a crítica, combateu o dogmatismo, estimulou o gosto pela ciência, a reflexão e os espaços coletivos de solidariedade científica e de aprendizado mútuo.

> Para mim, a melhor escola de português foram as 'excursões' de Geografia. (...). Conversávamos muito durante essas viagens pelo interior. Os alunos descreviam-me a sua terra tal como a conheciam. E creio que da minha parte ajudei-os a descobrir – digo isso porque mais tarde eles disseram a mesma coisa – qual

5 Em momentos de descontração, por exemplo, ele "entendia-se muito bem com o literato Ungaretti e sua família e com os matemáticos André Weil e Omar Dieudonné" (SALGUEIRO, 2006c, p. 206), além dos estudantes que, sendo quase todos da mesma idade, tornaram-se amigos (SALGUEIRO, 2006c, p. 206). Outras personalidades tornaram-se íntimas, algumas das quais já figuram nos relatos: Rubens Borba de Moraes, Júlio "Jullinho", além de Caio Prado Jr, "'comunista (...) historiador marxista de uma inteligência brilhante'" (MONBEIG In SALGUEIRO, 2006c, p. 206), o médico Geraldo de Paula Souza (SALGUEIRO, 2006c, 206). Na aula magna proferido pelo cinquentenário da Universidade de São Paulo, Monbeig cita outros personagens com quem travou laços de afetividade duradouros: Aroldo de Azevedo, João Dias da Silveira, Eurípedes Simões de Paula e João Cruz Costa (MONBEIG [1984] In: THÈRY, DROULERS, 1991, p. 228).

> era o conteúdo das paisagens. (...). Dessa forma, os dois elementos – professor e alunos –ensinavam um ao outro, como deve ser. (MONBEIG, In MOTA, 1981, p. 255)

Nos trabalhos de campo sob o céu tropical, "o partilhar de imprevistos climáticos" e das "preocupações com as panes de automóvel nas velhas estradas do interior" são motivo de recordações divertidas, nas reminiscências de Pierre Monbeig. Ele não era o único que sentia nostalgia. Lévi-Strauss escreveu uma legenda bem-humorada em sua "Saudades do Brasil": "vê-se as pernas de Martonne na passagem estreita e íngreme que dá acesso ao cume"! (LÉVI-STRAUSS, 1994) como que se divertindo com os obstáculos encontrados nos trabalhos de campo:

> **Essa mútua simpatia** foi reforçada por um desejo comum de realizar pesquisas sobre o Brasil. Por ocasião desses trabalhos, a distância entre a cátedra magistral e os bancos dos anfiteatros era totalmente abolida. **Vivíamos então uma espécie de iniciação recíproca quanto às coisas e as pessoas do Brasil.** (...) **Assim, a despeito da presença de tantos estrangeiros**, a Faculdade de Filosofia, Ciências e Letras da USP tornou-se um dos **mais ativos centros de estudos brasileiros**, e de formação de multiplicadores. [grifos meus] (MONBEIG In O Estado de São Paulo, 28 de janeiro de 1979, p. 178).

Com efeito, laços fraternos foram estabelecidos sem preconceitos de classe ou distinções. Ele tinha facilidade de trocar afeições. Tinha também o gosto pela diversão, pela vida mundana da noite paulista. Era sensível quanto aos espaços de sociabilidade que se desenvolvem fora das salas de aula, que geraravam laços afetivos.

> Entre nós a diferença de idade era pequena, o que facilitava o diálogo. Para mim, o trabalho de campo, compartilhar os imprevistos climáticos e as preocupações com o carro na estrada velha me possibilitaram criar **laços afetivos** que não sofreram nem com o tempo nem com a distância. [grifos meus] (MONBEIG [1984], in THÉRY, DROULERS, 1991, p. 230).

Mas por outros depoimentos, é preciso perceber que, na sala de aula, ele matinha sua autoridade. Alguns alunos tinham receio de lhe dirigirem a palavra nos corredores da FFCL.

Pierre Monbeig instalou uma ordem pedagógica institucional

Pierre Monbeig foi o responsável pelo estabelecimento de uma verdadeira ordem institucional. Ele teve liberdade de pensar parte de sua estrutura, mas principalmente seus desígnios e seus propósitos. Tivera o talento de prescrever uma concepção de ensino que assentiu aos alunos uma formação coerente em métodos (voltada sobretudo aos pesquisadores) e o irradiamento dessa geografia em outras camadas sociais (como entre os professores do ensino secundário). Em primeiro lugar, o ensino geográfico universitário e secundário convergiam à formação do cidadão. Secundariamente, ele mirava o manejo de técnicas especializadas, que se desenvolveriam na consecução dos doutorados, direcionados para aqueles que se destacavam na prática da pesquisa durante o processo de licenciamento. Ele concebeu um ensino intimamente ligado à pesquisa, o que era uma novidade para época.

A este entendimento humanista do ensino estava subjacente manter-se à distância de concepções excessivamente *aplicadas* da geografia: o professor de geografia seria igualmente um pesquisador, tendo as mesmas iniciações aos princípios e métodos para os quais o discurso da profissionalização pretendia, muitas vezes, ter seu monopólio. Ele se inspirava mais uma vez em Albert Demangeon. Para ambos, "a geografia é uma das formas do humanismo moderno" (MONBEIG, 1957e, p. 29). Ainda aqui, a vocação de formar professores pela Faculdade não é um caminho que Monbeig trilha isoladamente. Muito pelo contrário, uma tendência de associação das técnicas de pesquisa à didática se vê oficializada nas reformas universitárias pelo Brasil afora (FACULDADE DE FILOSODFIA, CIÊNCIAS E LETRAS, 1953, p. 15).

Assegurada essa tendência, nos cursos de geografia oferecidos por Monbeig na FFCL, reinou a diretriz de formação de uma escola geográfica paulista, segura de suas origens e de seus métodos; enfim, Monbeig contribuiu para a consolidação da cadeira de Geografia do Brasil e com a crescente nacionalização do currículo de Geografia da USP, através do irradiamento, pelos alunos da FFCL, dos compromissos desta tradição em espaços institucionais que se propagariam pelo Brasil em tempos um pouco mais adiantados. Monbeig narra uma pequena história, esmiuçando um projeto de expansão que quase sai das entrelinhas. Estava em seus planos unificar a escola brasileira em torno da escola francesa, depois, paulista, e, por fim, brasileira.

> Como se pode depreender dos dados acima, ao mesmo tempo que se vai estabelecendo a colaboração do elemento nacional no ensino da Geografia na Faculdade de Filosofia, Ciências Letras, não se tem perdido de vista a necessidade de **oferecer ensino uniforme em tendências e processos**. Os três professores oriundos sempre de França, são filiados à mesma escola e **têm suas características cientificas formadas sob os mesmos métodos**. Os elementos nacionais são todos antigos alunos da Faculdade, o que lhes garante grande **homogeneidade de trabalho**. Não se pode esquecer a importância de tal fato, pois graças a isso, vai se formando junto ao departamento de Geografia **um bloco** de professores e pesquisadores **bastante seguros nas suas concepções e nas interpretações que dão aos fatos e aspirações da Geografia**. [grifos meus] (MONBEIG, 1944b, p. 346).

É Monbeig quem concebe o planejamento estratégico da formação dos estudantes de geografia da FFCL. Segundo suas palavras, seria preciso ter um ensino que se voltasse à "coerência" e à "homogeneidade dos métodos". A liderança francesa no processo da formação dos professores está mais do que subentendida. Da França vieram os primeiros professores, já os professores nacionais, que vieram em seguida, saíram todos dos quadros da FFCL. [6] Mas

6 A cadeira de Geografia da FFCL, que englobava geografia física e humana, fora inaugurada em 1934 por Pierre Deffontaines, logo para ele transferida, em 1935. Em 1936, João Dias da Silveira, no fim de sua graduação, foi nomeado seu assistente adjunto. De 1937 em diante, a partir de uma viagem de Emmanuel de Martonne ao Brasil, ambos congregaram os esforços e se responsabilizaram pelo ensino da geografia física, o que durou de julho até fins de outubro. "Com a volta para a França do prof. Emmanuel de Martonne, foram os cursos de Geografia Física novamente entregues ao Prof. Monbeig, auxiliado pelo assistente João Dias da Silveira". (MONBEIG, 1944b, p.346). Assim as coisas ficaram até 1939, quando a cadeira de Geografia foi finalmente desdobrada em Geografia Humana e Geografia Física, sen-

isso me levaria a questionar se não houve um *excesso* de autoridade francesa no processo de formação pedagógica. Esta é uma questão que não pode deixar de ser levantada após um depoimento explícito sobre o monopólio da atuação francesa na sua concepção de ensino.

Outros pesquisadores testemunharam a liderança de Monbeig no processo de corporificação da escola paulista, o que, como foi aludido, esta passou a figurar como um grupo coeso e irradiador do movimento geográfico brasileiro. O depoimento é de Aroldo de Azevedo. Este último, por sua vez, parceiro de Monbeig nos trâmites da institucionalização da geografia no Brasil, deixa entrever, como se fosse necessário provar, que a incorporação das tendências geográficas de outras escolas se dava sob a vigilância da geografia francesa. Em um clima de coesão, o aproveitamento de contribuições estrangeiros de fora da França era mais parcial do que total:

> Por isso mesmo, não há exagero em falar-se na existência de uma escola paulista de geografia, que apresenta algumas características marcantes, suficientes para individualiza-la: 1- **inspirada na orientação metodológica, a francesa**, tem procurado aproveitar **o que há de melhor** noutros países; 2- dentro dessa orientação, dedica-se ao estudo e à pesquisa de temas ou problemas diretamente ligados à **geografia brasileira**; 3- em virtude das circunstâncias que presidiram sua formação, tem dirigido suas preferências mais para o campo da Geografia Humana, embora **sem nunca desprezar o quadro natural** [grifos meus] (AZEVEDO, Aroldo de. O Estado de São Paulo, 25 de janeiro de 1959.)

Que não se confunda que um ensino avesso à especialização, direcionado à formação de professores secundários, tivesse algum prejuízo em relação aos estudos técnicos. Desde o momento de entrada na Universidade, a exigência

---

do esta última entregue ao professor João Dias da Silveira. No mesmo ano, Maria da Conceição Vicente de Carvalho assume a assistência da cadeira de Geografia Humana, preservado o posto, é claro, a Pierre Monbeig. "Em maio de 1940 foi nomeado assistente extra-numerário, junto à cadeira de Geografia Humana, o sr. Renato da Silveira Mendes, licenciado igualmente em 1938", mesmo ano de licenciamento de Maria da Conceição" (MONBEIG, 1944b, p. 346).

do professor Monbeig não era menor. À dificuldade de entrada, somava-se a dificuldade das aulas. Mesmo para os alunos saídos de família com melhores condições e com boa formação, como Ruy Coelho e Antônio Cândido, o depoimento dos dois professores chega a arrancar risos, frente à exigência de Monbeig, esse "homenzinho terrível"!

> Vivíamos uma fase da educação brasileira em que o francês era uma segunda língua. Nossos pais falavam francês. Portanto, a dificuldade não vinha tanto da língua, mas da súbita **imersão num método** e num estilo de aulas a que não estávamos habituados. Era também em francês o curso de geografia humana com o Pierre Monbeig, **um homenzinho terrível, todo queimado de sol, que viajava pelo Brasil** e dizia: 'Não quero saber se são estudantes de ciências sociais ou o que quer que seja. Geografia tem que ser comigo e **vocês têm não apenas de ler coisas, como também interpretar a paisagem geograficamente**'. Antônio Cândido e eu tivemos notas baixas com Monbeig nos primeiros tempos [grifos meus] (COELHO, Ruy. O Estado de São Paulo, 14 de outubro de 1979).

Com o desenrolar da Segunda Guerra, Monbeig compreendera que se anunciava uma época de ascensão das democracias. A capacidade de expansão, decisão e mobilização dos cidadãos ganhara novas dimensões, o que, evidentemente, tem repercussões sobre o ensino. Não eram mais apenas os capitalistas e os chefes de Estado que conduziam unilateralmente os destinos do país. Os cidadãos também se imiscuíam na política. Esta visão de mundo estava em pleno acordo com o viés crítico da Geografia Humana que ele vivera na Sorbonne no seu período formador, mesmo contexto que ele vivenciou na FFCL. Se o viés popular do governo de Vargas provavelmente o interesseva, ainda assim, ele se diferenciava dos modelos institucionais do regime discricionário, aproximando-se dos valores dos paulistas. A epistemologia da geografia tem também conformações de ordem política. Anunciava-se a capacidade da geografia de olhar os problemas do alto, a meio caminho das teorias de viés aplicado, exercitando, portanto, a sua autonomia teórica. E, se tal entendimento amalgamava a formação do professor à formação do cidadão, em nada ela é correspondente, convém insistir, a um rebaixamento da qualidade do curso: "Será prova de imperialismo geográfico perguntar-se se não cabe ao geógrafo a parte essencial dêsse preparo cívico?" (MONBEIG, 1957e, p. 17)

> Convém que o ensino acompanhe as transformações do globo. Outrora talvez à geografia não coubesse ação tão relevante na formação do futuro cidadão, pois os problemas políticos possuíam então a importância que atualmente adquiriram as questões econômicas. Os cidadãos dos vários países não se manifestavam, como em nossos dias, por meio do voto, cujas consequências podiam influir na evolução das economias de modo tão decisivo. Para um mundo moderno convém um ensino moderno e a geografia é uma interrogação permanente do mundo. (MONBEIG, 1957e, p. 18)

Na trilha dessas orientações, e seguindo a tendência das reformas educacionais, a partir de 1943, funda-se a cadeira de geografia do Brasil. Mas na verdade, *a nacionalização* do currículo foi também um plano estratégico de Pierre Monbeig.[7]

Os manuais de Pierre Monbeig: as primeiras inovações metodológicas

Na tarefa de formular os desafios estratégicos da geografia universitária e liderar o ordenamento de uma estrutura institucional, Monbeig também se dedicou à produção de manuais. A produção de manuais está ligada à carência de bibliografia especializada veiculada em português. Nesse tipo de material, o geógrafo francês faz um claro esforço para normatizar o ensino da geografia universitária no Brasil. Neste esforço, ele se destaca dos ensinamentos de seus mestres da *Sorbonne*, que veiculavam um estudo do método "invisível", mas, por outro lado, empreende desde já uma verdadeira adaptação dos conceitos franceses à realidade brasileira. Neste esforço adaptativo reside a força de sua autoridade sobre o campo brasileiro: a geografia desenvolvida no Brasil começa a ganhar cada

7 Na apresentação da cadeira, o professor Azevedo reafirma como a herança francesa persiste em sua orientação de ensino (UNIVERSIDADE DE SÃO PAULO, 1943. São Paulo- Brasil).

vez mais especificidade metodológica, uma teoria adequada à compreensão do Brasil, enquanto, ao mesmo tempo, a geografia francesa constrói a universalidade de seus modelos explicativos incorporando os ensinamentos *do* Brasil.

Nos manuais, já se vê um primeiro labor da parte de Monbeig de adaptar metodologicamente a geografia ministrada no Brasil ao próprio território que se quer observar e explicar. Mas não seria possível afirmar que "(...)desde sua chegada ao Brasil, Monbeig se dá conta de que o instrumental da geografia regional francesa não dará conta de explicar nosso país, e esta compreensão vai se consolidando ao longo da década de 1940" (DANTAS, 2009, p. 13). O instrumental francês da geografia sofre adaptações, cujo ritmo deve ser especificado, mas não há nenhum tipo de abandono profundo.

Mesmo que haja, nesse momento, uma maior imersão na realidade do Brasil, ainda assim, o coração epistemológico da geografia francesa exercia uma liderança forte. Qualifico neste momento a unidade essencial da geografia francesa como uma geografia regional, mista entre o literário e o científico, e de viés ecológico, com muitos desdobramentos que se pode ter a partir dessa caracterização. Monbeig empreende, através da redação de manuais, um verdadeiro esforço de normatizar o ensino do método geográfico francês no Brasil. Isso me leva a ratificar, por outro lado, esta tendência crescente à sistematização dos métodos.

Dentre os materiais de vulgarização produzidos por Pierre Monbeig, três são importantes manuais publicados em espaços de divulgação diferentes. O "estudo geográfico das cidades", com início de produção, aparentemente, no fim da década 30 (se confrontarmos às publicações os rascunhos e documentos); um pequeno manual de excursões é um adendo produzido a um artigo de Delgado de Carvalho na Revista de Geografia; e uma coleção chamada "Região e Geografia" é publicada em 20 artigos, no jornal *O Correio Paulistano*, entre 1944 e 1945.

Observada esta necessidade didática, não é fortuito que os manuais toquem em pontos sensíveis da Geografia francesa: a relação entre a realidade urbana e *a história*, a *descrição* da paisagem (através do manual de excursões), a unidade *regional* (manual das monografias regionais). Eles formam um conjunto já adaptado à uma experiência "geográfica" vivida no Brasil, mas ainda recuperavam aspectos dos valores literários.

> O que deve ser creditado a Monbeig, com justiça, é que foi ele quem elaborou o primeiro trabalho metodológico e didático sobre o assunto no Brasil (necessidade, talvez, de sua atividade docente num país sem qualquer tradição acadêmica em geografia, reunindo num único texto proposições analíticas provenientes de várias fontes). (ABREU, 2006, p. 135).

Neste ponto, Abreu reforça uma interpretação de que a atitude normativa de Monbeig se antecipa à tendência de sistematização do método vivida mesmo na França, ou seja, a evolução da sistematização metodológica, no Brasil, caminha também numa temporalidade específica. Essa urgência de profissionalização parece ser um aspecto do contexto do Brasil visto suas tarefas de desenvolvimento.

Do ponto de vista teórico, e levando em conta os determinismos brasileiros, o que aparece nesses manuais é que há uma hierarquização das determinações, estando na base o meio físico e geográfico e, no topo, a camada da rede urbana, um raciocínio topográfico que já observei nos escritos de Demangeon sobre o mercado mundial. No Brasil, esta camada, que se materializa nas redes de cidades, ganha ainda mais importância, uma vez que os processos de evolução natural (como aqueles que existiram no Mediterrâneo europeu) são aqui processos à montante (depois) da evolução capitalista. Segundo esse raciocínio, ao contrário do que se via na França, a Geografia urbana não era apenas um ramo da geografia, mas o carro chefe da geografia brasileira.

Esta interdependência dos **estudos urbanos com os enquadramentos regionais** rompia com um suposto dualismo do Brasil rural e urbano, do Brasil arcaico e do Brasil moderno e tinha muitas consequências no debate historiográfico. Notou Peixoto, por exemplo, que "a compreensão do espaço e dinâmicas urbanas para Monbeig é inseparável do exame das paisagens rurais" (PEIXOTO, 2008, p. 93) e também não escapava à compreensão histórica. O passo era ainda mais ousado na medida que o avanço e o êxodo da zona pioneira nutriam e impulsionavam a metrópole urbana, em um movimento de ação e reação recíproca:

> (...) a complementariedade entre o desenvolvimento da cidade tentacular e o desenvolvimento das margens pioneiras, a cidade

> sendo o produto de condições geográficas locais e regionais, o fruto de uma organização regional. (...). Uma rede urbana se estabelece, estruturada por vias férreas, os migrantes afluem em direção às cidades pioneiras onde se ofertam lotes a bom preço. Pierre Monbeig, com o exemplo de Marília, (....) analisou de maneira precisa a origem e as modalidades de crescimento das cidades da franja pioneira cujo dinamismo repercute nas capitais. (DROULERS, 1991b, p. 114).

O modo como a zona pioneira se conectava com a metrópole abrirá a Monbeig a possibilidade de desenvolver uma concepção geográfica totalmente baseada em estruturas causais com vistas a compreender processos *sincrônicos* no espaço, o que, segundo Daniel Loi (1982), era algo raro na geografia clássica. Isto configurou mais uma evidência de como os instrumentais epistemológicos da geografia francesa foram modificados a partir da experiência brasileira e aqui falo no âmbito do coração da epistemologia. Um país de fronteiras abertas, cujo capitalismo está em plena marcha, não podia ser entendido fora dos marcos do tipo de causalidade sincrônica, aberta e sistêmica, assente no princípio da unidade da terra e da extensão.

Assim, ao mesmo tempo, sem perder os lastros do determinismo geográfico (que evoca uma linearidade causal diacônica), Monbeig repõe uma valorização dos princípios geográficos da Geografia Humana em função de dar primazia à compreensão de uma realidade quase totalmente econômica (como fizera Demangeon em relação ao legado de Vidal de la Blache), em expansão sincrônica e em processo de crescente autonomia relativa das raízes da geografia física o do seu embasamento natural. Contudo, ainda que se vejam as descrições das paisagens físicas decrescentes em importância quanto às suas irredutibilidades, as particularidades do meio físico continuam a ser reproduzidas no raciocínio de Monbeig. Ele desacelera o processo potencial em curso de autonomização da Geografia Humana em relação à Geografia Física. Os aspectos naturais não são abolidos da geografia de Monbeig.

E o princípio geral que orientava esta historiografia urbana como enquadrada em uma teoria regional era a sua sobreposição e o contato *pontual* da rede urbana ao meio físico e geográfico. Os pontos de contato são istmos. Esta estreita ancoragem física abria possibilidades para que as redes urbanas sobrepujassem os *obstáculos geográficos*, dando maior capacidade de ação ao homem do século XX: "(...) a cidade seria mais um palco de exibição da superioridade da **'vontade humana'** sobre o jugo ambiental. Cabia ao geógrafo demonstrar essa verdade". (ABREU, 2006, p. 129-130). Esta interpretação é embasada pelas palavras de Monbeig quando ele diz que "para êle [o geógrafo], a cidade é uma forma de ato de posse do solo por um grupo humano" (MONBEIG, [1941] 1957a, p. 34). Mas a ancoragem da rede urbana no meio físico resiste:

> Não é, absolutamente, com efeito, apenas o jôgo do acaso que fêz com que exatamente em **um certo ponto do solo**, nascesse e se desenvolvesse um aglomerado urbano; e o organismo urbano, na sua forma e na sua função, **só pôde desenvolver-se aproveitando certos elementos naturais** (digamos assim para usar a terminologia corrente); ou, ao contrário, foi preciso superar obstáculos postos pela natureza, mas que a técnica, posta em ação e de algum modo estimulada pelas necessidades econômicas, finalmente [os] reduziu. (MONBEIG, [1941] 1957a, p. 35).

A técnica reduz os efeitos dos obstáculos geográficos, mas não os abole. No pensamento de Monbeig, a "unidade humana" na condução da construção de redes urbanas ainda se deve fazer por *esforços adaptativos*, mesmo quando se fala de uma ancoragem a um certo *ponto do solo*. Naquela citação, observa-se que Pierre Monbeig começar a rearticular o meio econômico e o meio natural, que, possuindo dinâmicas próprias até seus trabalhos espanhóis e apareciam para ele como ordens lógicas paralelas nos estudos geográficos no bojo da mundialização, começam agora a aparecer com seus pontos de contatos pontuais nos istmos do meio fisico, mas que sustentam as redes, da construção humana.[8] Portanto, a mundialização, para Monbeig, não produzira uma ruptura total de suas lógicas econômicas com as lógicas dos processos naturais.

Partindo das premissas de que as redes urbanas têm relação pontual e estreita com a natureza, superam os obstáculos e ocorre a tomada de posse da

8 Gostaria de ressaltar aqui o grande esforço teórico que a geografia regional encetou para articular o meio natural ao meio econômico. Possuindo lógicas diferentes, não é um empreendimento simples. Essa ideai vai de encontro à uma noção difundida de que a geografia regional não empreende esforço teórico.

natureza pelo homem, os primeiros elementos desse manual desembocam na compreensão da relação entre *situação* e *sítio urbano*, seguido pelo *material humano* (densidade, distribuição, etc) que o preenchem: "Será preciso estudar, então, não somente os elementos do quadro natural, mas também a massa humana, seu volume, sua composição, sua localização no passado e no presente." (MONBEIG, [1941] 1957a, p. 35-36). O estudo da posição da cidade é chamado por ele de *situação*: "Por situação da cidade entendo a posição geral da cidade em relação a um vasto conjunto regional, sobretudo topográfico, mas não exclusivamente" (MONBEIG, [1941] 1957a, p. 39). O estudo do sítio é o das particularidades específicas de um ponto do solo.

Sítio e situação estão intimamente relacionados. Mas a situaçao é determinante sobre o sítio se pensada na realidade do Brasil. Isso tem consequências metodológicas importantíssimas. Esta é uma originalidade metodológica de Monbeig, elaborada com base em seus estudos brasileiros, se aceitada a leitura historiográfica de Maurício de Abreu, para quem, na metodologia da geografia urbana definida por Blanchard, "reinou imponentemente o conceito de sítio, com a noção de posição ocupando um nível subsidiário" (ABREU, 2006, p. 130). Mas o Brasil é um espaço aberto, sendo esta uma das suas determinações essenciais: o fator externo tem precedência sobre o fator interno, a situação tem maior importância que o sítio. Desta maneira, Pierre Monbeig promove, a partir das determinações do espaço brasileiro, uma das mais importantes inversões metodológicas baseado na historiografia francesa e na situação particular do Brasil na economia mundo: na geografia humana brasileira, uma quase total geografia da colonização comanda pela geografia urbana, a situação importa mais do que sítio e isso já aparecia nos manuais que ele elaborou aos brasileiros.

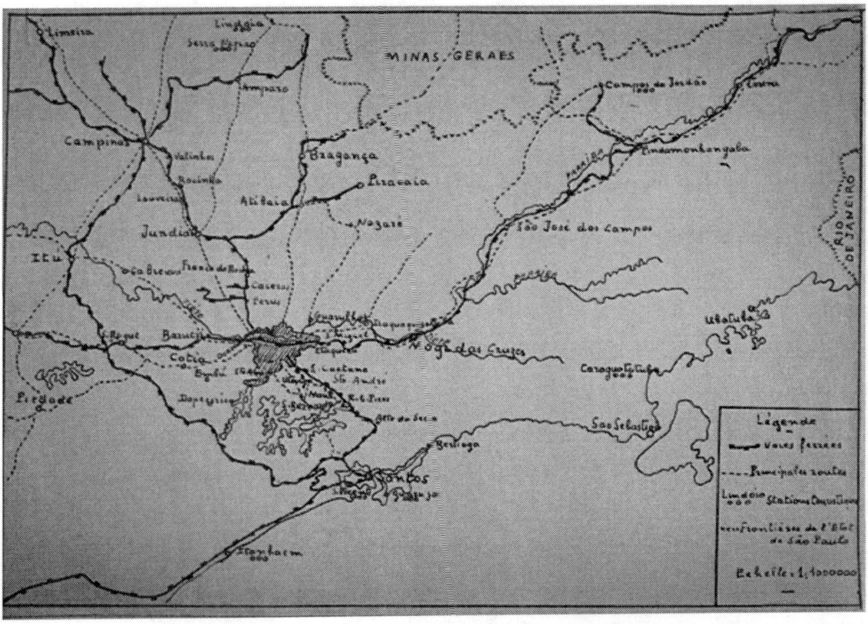

Mapa 1 A situação de São Paulo. Carta desenhada à mão por Pierre Monbeig, conservada no Fundo Pierre Monbeig, do IEB. Caixa 9.

Localizar uma das originalidades metodológicas de Monbeig na inversão da importância da situação sobre o sítio, contrapondo-se ao modelo proposto por Blanchard, é algo controverso para Abreu. Segundo este autor, "o esquema apresentado por Monbeig nada tinha de original, já que as monografias urbanas vinham sendo elaboradas na França há quase quarenta anos e seguiam sempre o mesmo modelo, já sistematizado, aliás, por Blanchard (1922)" (ABREU, 2006, p. 135).

Em minha leitura, ao contrário, verifica-se que a evolução dos sítios num contexto de mundialização segue a tendência espacial ditada pela situação (o vice-e-versa deve ser atenuado). Ele examina, como amostra, o caso da cidade de Casa Branca, cidade que foi alvo de um dos trabalhos de um de seus alunos no congresso de Florianópolis, em 1940. De início, o núcleo central se dispunha de acordo com a disponibilidade da água, à beira d'água. Progressivamente, as construções subiram pela encosta do vale. Com o surgimento da via férrea (1875), a cidade toma o sentido dessa infraestrutura, se afastando do rio (MONBEIG, [1941] 1957a, p. 46).

Monbeig declara que é preciso diferenciar o elemento da formação e o elemento da progressão da cidade (MONBEIG, [1941] 1957a, p. 35): "Por isso, em primeiro lugar convém analisar a 'evolução do espaço': as etapas, não mais apenas de sua formação, mas de sua progressão, o ritmo e as circunstâncias dessas etapas." (MONBEIG, [1941] 1957a, p. 45). Os elementos de formação muitas vezes não têm as mesmas causas e consequências que os elementos de progressão. Mas são os elementos de progressão que são realmente importantes no processo de modernização do território brasileiro.

Assim, o estudo da situação tem precedência ao do sítio se quisermos compreender a formação territorial do Brasil. Uma pergunta sempre retorna: "quais são, portanto, as relações mantidas pela cidade com as regiões dependentes (as vezes distantes) e como se realizam?" (MONBEIG, [1941] 1957a, p. 61) E a situação evolui ao longo da história. Uma mudança na rede de relações e a cidade se reformula. Assim, é necessário subordinar os critérios de análise internos à cidade, a um estudo situacional e dinâmico, e no interior de um processo histórico (MONBEIG, [1941] 1957a, p. 48). Vale a pena lembrar que origem dessa inversão entre sítio e situação é também fruto do *insight* de Caio Prado Jr, que compreendera em toda sua magnitude o que sigfnicado da condição tropical: um *sentido geográfico*, uma vinculação excessiva do espaço nacional às demandas do mercado internacional.[9]

Para Abreu, os estudos urbanos de Monbeig tiveram uma repercussão muito impactante no Brasil. Seu trabalho sobre a metodologia da geografia urbana adquiririu significado ainda maior por ter se constituído como o "carro-chefe" de uma série de trabalhos apresentados no congresso de Florianópolis de 1940 (ABREU, 2006, p. 133). Nesse congresso, consagrou-se a existência de uma escola paulista de geografia, na liderança de uma geografia brasileira. Sigo abordando a produção desses alunos, como forma de medir os primeiros impactos qualitativos da autoridade política, institucional e intelectual que este jovem geógrafo francês exerceu no Brasil.

---

9 Essa constatação me levaria a avançar a hipótese se o pensamento social brasileiro da década de 1930 não teria nascido sistêmico a partir de um condicionamento geográfico: a abertura ao mercado mundial.

Um trabalho coletivo: os alunos de graduação observam a evolução do Brasil moderno comandado pela rede urbana

Os congressos de geografia, especialmente aquele realizado em Florianópolis, em 1940, consolidaram o grupo "dos paulistas", que apresentou uma contribuição coletiva e articulada em torno da geografia urbana do interior do estado. Já se observou como na Faculdade de Filosofia, Pierre Monbeig liderou um movimento de corporificação do grupo paulista. Os paulistas passaram a figurar entre a comunidade de geógrafos como uma escola de corpo específico, organizados em torno de algumas ideias, mestres e seus discípulos e alçaram-se como líderes da geografia brasileira. Mas, principalmente, a produção geográfica dos alunos de Monbeig reforça a impressão de uma atitude normativa desse geógrafo quando o que está em questão é o ensino do método geográfico francês no Brasil. Aziz Ab'Saber fala uma "nova ciência", uma "fiscalização severa" frente aos antigos sábios, uma formação científica rígida, o que ajudou a consolidar a posição de liderança de um grupo, dirigido por Monbeig:

> [No congresso de Florianópolis] (...) o grupo paulista, sob orientação de Pierre Monbeig, teve uma atuação científica ímpar, servindo de arautos da nova ciência e **fiscalizando com severidade** exigida a ação dos falsos profetas que, sem ter a necessária formação e **vocação científicas**, quiseram se guindar à posição de líderes. (AZIZ AB'SABER, 1960, p. 75).

Ab'Saber utiliza termos como "fiscalização do método", que caminhava paralelamente à valorização das "vocações científicas". No longo século XX, a ciência renovada, a técnica e seus valores específicos ganham cada vez mais autonomia, como Hobsbawm definiu o avanço das ciências naturais ao longo do século XX: "o problema dessas tecnologias é que se baseavam em descobertas tão distantes do mundo do cidadão comum" (HOBSBAWM, 1995, p. 507). Neste cenário, ratifica-se a leitura de Bourdieu para quem no interior do campo científico há uma disputa pela normatividade do objeto e do método como tendência constante no processo de construção da autonomia.

O novo congresso foi um momento estratégico do movimento geográfico brasileiro sob liderança de Monbeig: "[no nono congresso é] preciso criar o estado de espírito favorável (...) para a **propaganda da Geografia Moderna**". [grifos meus] (MONBEIG, 1944b, p. 346-347). O esforço de "propaganda da geografia moderna" exprimia o caráter militante do jovem Monbeig no meio intelectual brasileiro. É através desse movimento dotado de simbologia pioneira que ele reforça sua condição de um mestre francês nos Trópicos. Portanto, poder-se afirmar que, mesmo após ter promovido adaptações do método geográfico francês à realidade brasileira, sua condição de professor francês, era o que lhe garantia sua posição destacada no campo. Dessa maneira, Pierre Monbeig não promoveu uma ruptura, pois ele esteve atento às reformulações, mesmo que críticas, das suas heranças.

De um ponto de vista organizativo, aqui reside, segundo Pereira, a inovação dessa "assembleia" de geógrafos. Estaria no seu modo de funcionamento e o controle mais rigoroso, pela parte dos geógrafos "modernos", das comunicações e publicações das teses apresentadas no evento (PEREIRA, 2007, p. 6). Eis uma primeira vitória de Pierre Monbeig: muitos dos trabalhos aprovados eram monografias urbanas de seus alunos (ABREU, 2006, p. 134). Ao mirar-se nos estudos urbanos dos alunos de Monbeig, apresentados no 9º congresso, tem-se a impressão, muitas vezes, de ouvir a voz do professor nas entrelinhas desses trabalhos. Essas produções seguem tamanha sistematização que parecem ter todas seguido um roteiro comum e firmemente traçado.

A problemática dos estudos urbanos de seus alunos, além de muito bem caracterizar o método geográfico desenvolvido no Brasil, dá provas de que os pilares metodológicos fundadores de uma geografia humana brasileira sob o comando dos estudos regionais de São Paulo estão se tornando cada vez mais sólidos. O legado da liderança de Pierre Monbeig no Brasil já começa, no início da década de 1940, a dar resultados teóricos e intelectuais evidentes, o que reforçou a própria construção da autoridade que se exigia da intelectualidade francesa no Brasil.

O congresso de 1940 foi o espaço que sediou uma disputa sobre a normatividade do método no interior do campo. Como assinalou Bourdieu, com a crescente autonomização do campo, ele reveste-se de capacidade de ditar as próprias normas. As antigas alianças com os outros setores da sociedade, como quando a geografia se definia como uma ciência mista, associada ao vocabulário vernacular, já não são mais tão dominantes. Dessa maneira, não é apenas o avanço da cientificidade que erode os valores literários. Também não é apenas o crescente engajamento em direção a uma ciência aplicada que caminha neste mesmo sentido. Também a crescente autonomia do campo vai erodir progressivamente os valores literários, tendendo para uma sistematização do ensino e do uso do método.

Monbeig forma um grupo de pesquisa que abrangeu o processo de modernização do território brasileiro em diferentes regiões e, mesmo que circunstanciados aos casos paulistas, eles revelavam o processo de modernização em etapas diversas, com diferentes personagens à frente desse processo e desses sistemas econômicos (como o primitivo, o tradicional, o monocultor, o pioneiro, e a policultura) e que se interpenetravam no território. Na verdade, a própria tese de Pierre Monbeig é apenas uma parte de uma pesquisa coletiva. O objeto de Monbeig não se recorta pelo estado de São Paulo e pelo norte do Paraná, mas pelo ecúmeno da modernização em território brasileiro.

Nos anais do 9º congresso, os estudos desses alunos são apresentados como um trabalho coletivo sob a direção de Monbeig: "(...) foram, na maioria, redigidos sob nossa direção por alunos da Faculdade" (MONBEIG, 1941, p. 546) e caracterizados como um conjunto de "monografias urbanas". Ao destacar que os estudos mais demonstrativos obedecem a uma lógica de proximidade da capital, ele revela a importância de seguir a construção do ecúmeno passo a passo, numa ampla área regional (observar a geo-cronoliga da franja pioneira no mapa 2, produzido por Hervé Théry que gentilmente cedeu para publicação). Também não é menos importantes que aos alunos de gradução ele tenha conferido a tarefa de realizar estudos *urbanos*.

Mapa 2: "A expansão do café na época de Pierre Monbeig". Fonte: Mapa cedido gentilmente por Hervé Théry. Publicado originalmente: Théry, 2009.

Santo André, em primeiro lugar, cidade industrial, "filha da capital paulista"; Casa Branca (muito próxima de Campinas, ao norte) e Franca (ao norte de Ribeirão Preto), que polarizam "regiões naturais de características opostas", mas que nem por isso fora do padrão, ambas cidades antigas (ou seja, as primeiras cidades atingidas pelo café, bem como de decadência mais prematura). Catanduva (140 km a oeste de Ribeirão Preto), também "cidade velha", ou seja, constituindo-se como exemplar das primeiras vagas pioneiras (MONBEIG, 1941, p. 546); e por fim, Marília, estudada pelo próprio Monbeig, símbolo atual da marcha para Oeste: "são todas filhas do café e da estrada de ferro, até aquelas que, como Casa Branca e Franca, conheceram certo florescimento nos tempos longínquos do carro de boi" (MONBEIG, 1941, p. 546).

Ora, tais cidades tiveram florescimento e decadência em épocas diferentes. Além de estarem inseridas em regiões naturais de componentes diversos. Segundo o mapa de Théry, Casa Branca é atingida pela estrada de ferre nos arredores de 1870, Franca, no começo do século XX, bem como Catanduva (sendo, porém, postos avanços, pode-se mesmo pensar que no período limite do início de uma nova fase), e Marília é atingida em 1929. Mesmo estando seus florescimentos situados geograficamente em regiões naturais diferentes, e historicamente em momentos também diversos, mesmo assim, verifica-se um modelo de crescimento e decadência de cada cidade e da região que ela amarra e comanda. A que se deve esta repetição? É um modelo, comandado pela mesma estrutura?

Cidades construídas a partir do impulso colonizador, são comandadas por fenômenos eminentemente econômicos e "humanos", depois do avanço da estrada de ferro e do café. Elas repetem o fato de serem fruto da colonização do espaço por forças econômicas, que se constrói de cima para baixo, e que passam a comandar as relações com o sertão. Novamente ilumina-se a ação humana como articuladora de "homogeneização" regional (ação que vai acrescentar em peso a uma autonomização da Geografia Humana); estudando-se esses padrões, pode-se chegar a modelos. A ideia de ciclo urbano é um dos primeiros esboços de modelos tipicamente expressos na obra de Monbeig. O tipo de "modelo" que ele desenvolve remete a padrões cujos valores literários em parte negam em parte são preenchidos pelo cotejamento de singularidades. Mas o "modelo" de Monbeig não é uma lei, mas é uma repetição de fatos históricos, permeados ainda assim, portanto, à imprevisibilidade da contingência humana em contato com a natureza.

É o próprio Monbeig quem introduz essa modelização: o fator de fundação da cidade é um fato pretérito. O impulso modernizador, todavia, é seletivo, valoriza alguns cruzamentos (cidades), em desfavor de outros em função da situação. Como consequência à intervenção técnica há uma "ressignificação" dessa rede de relações. Com a chegada da via férrea, o florescimento das cidades se desloca para o seu ponto terminal, enquanto que aquelas que ficam na retaguarda envelhecem. Nesta condição, a cidade que é "boca do sertão" passa a significar um importante mercado entre a parte do ecúmeno industrializado e o sertão. A nova cidade serve como espaço de aprovisionamento entre as zonas ocupadas e as zonas afastadas, um verdadeiro mercado de convergência entre os produtos do sertão, zona ainda não atingida pela estrada de ferro, e as zonas que produzem mercadorias manufaturadas.

As primeiras colheitas que a nova cidade concentra são distribuídas e exportadas pela via férrea, e são excepcionais, mas logo o solo se esgota pelo seu próprio ciclo. Os pioneiros, os fazendeiros e os sitiantes, só conseguem renovar as suas esperanças com a ideia de avançar ainda mais sob novas terras. Mas tendo capturado o Estado politicamente, e detendo informações privilegiadas, os capitalistas antecipam a ideia e começam a organizar a nova boca do sertão à distância: missões científicas, especulações, precificação da terra, planos para a via férrea. Quando há um deslocamento do "pioneering front", na renovação da demanda externa, a cidade perde sua condição de entreposto comercial, e, nas palavras de Monbeig, começa o período crítico: os solos esgotados tenderiam a não resistir à concorrência das novas zonas e às suas cidades correspondentes. Na lógica do lucro rápido, os capitalistas preferem avançar sob um espaço vazio do que recuperar um solo que já começara a apresentar desgastes. Aqui, a condição de tropicalidade se encontra com a imensidão do Brasil, conformando processos econômicos, mas também mentalidades.

Mas caso a agora velha cidade tenha conseguido se solidificar aderindo a uma nova função urbana, ela tem mais chances de sobreviver: indústrias, escolas, praças bancárias podem ajudar na especialização dessa função. O equipamento de transportes é essencial para fixação das cidades, fixando o trabalhador e ajudando a construir um mercado interno. Assim, depois da decadência, as migrações podem seguir para as novas zonas pioneiras ou para as regiões industriais na retaguarda do processo, mais próximos da capital. Na nova zona pioneira, vê-se um recomeço do ciclo. Nas cidades, gera-se um ciclo de crescimento e industrialização.

Assim, ao redor da cidade "velha" ou industrial constroem-se bairros ou vilas para produção de hortaliças, não muito afastados. Ao que sou levada a concluir que o problema da construção do mercado interno no Brasil se dá após um longo ciclo de desenvolvimento regional: o trabalhador vai se fixando à terra na retaguarda do processo, ou seja, entre a metrópole e a zona pioneira, depois que sua classe fora explorada na zona pioneira, e não na vanguarda, o que, meu ver, retarda o processo de *desenvolvimento*, além de distribuir riqueza de forma periférica e não no centro do processo. *Trata-se de um ciclo geográfico da exploração.* A frente pioneira paulista, com suas ações de ação e retroação, descrita por Monbeig, retrata (e retarda) o processo de formação do capitalismo brasileiro.

Começando pela cidade mais próxima da capital, o estudo de Raul Andrade e Silva, sobre "A cidade de Santo André e a sua função industrial" discute uma problemática recorrente entre os trabalhos: brevemente, trata-se de defender que, para a agricultura, o *sítio* da cidade é muitas vezes desfavorável, enquanto a *situação* numa rede de cidades deve ser bastante vantajosa. Má qualidade do solo, alta umidade, enorme altura pluviométrica, sem reservas naturais ou de matérias primas... como uma região que 'não se notabiliza por grandes possibilidades geográficas", favoráveis aos estabelecimentos humanos, pôde desenvolver uma importante atividade industrial? (SILVA, 1941, p. 550).

Contudo, a situação explica o sítio: a cidade de Santo André é um ponto de passagem da estrada de ferro que liga a capital ao porto de Santos, e, desse ponto de vista situacional, e não de outro, ela encontra suas vantagens em um sítio valorizado pela situação: o relevo não levanta barreiras à circulação, o caminho é pouco ondulado, sendo então a comunicação mais viável entre o litoral e o planalto paulista (SILVA, 1941, p. 550). Essa situação é favorecida à medida que o sítio se valoriza em função da situação – ou, em outras palavras, o sítio natural se valorizando em função das construções humanas - e não a situação se valorizando em função do sítio.

Os fatores do desenvolvimento industrial são de ordem humana e não natural: a linha férrea S. Paulo Railway corta o município, a cidade depende de importar matéria prima e combustível, a mão de obra não é local, mas convergiu à cidade, assim como convergiram os investimentos e a força motriz, com a instalação da Light and Power em Cubatão, que construiu uma vasta represa em Rio Grande, a iniciativa privada e administrativa transpuseram gradualmente a cidade de São Paulo (SILVA, 1941, p. 553-555). Foi a rede de relações e concentração que fez tudo convergir: um exemplo de uma cidade antiga que se desenvolve de acordo com este ciclo urbano dentro de uma maior unidade regional. Tão interessante será notar que este aluno não faz tábula rasa da questão de classes, mas elas estão subordinadas à análise da situação.

Se a situação explica a inserção em ciclo urbano, as hierarquias contribuem para explicar a distribuição e organização interna da cidade. Para que não se subestime o valor das diferenciações de classe para os geógrafos dessa época, elas estão restritas às relações intra-urbanas. "Calcula-se que haja em todo o município uns 3 ou 4000 sindicalizados, ou seja, 20 a 25% do total dos operários, cuja educação sindical está apenas começando (SILVA, 1941, p. 559). Mas esta consideração é fundamental, pois aclara-se que a proteção ao trabalhador se dá na retaguarda do processo. Pierre Monbeig e seus alunos não se eximem em compreender um "ciclo geográfico da exploração", segundo denominei.

O segundo trabalho ressaltado por Monbeig foi produzido por Maria Aparecida Pantoja e tem como título "Estudo funcional de um centro urbano: a cidade de Casa Branca". A aluna versa sobre uma cidade velha, umas das primeiras "bocas de sertão" das ferroviais pioneiras. Novamente, as considerações situacionais precedem à consideração das demais chaves de análise. É a situação que valoriza o sítio – não há considerações sobre as condições propícias às lavouras (PANTOJA, 1941, p. 566).

Foto 12. "Excursão de alunos do Centro de Estudos Capistrano de Abreu para Casa Branca (1958)". Fonte: Cartilha de Comemoração de 70 anos dos estudos de Geografia-FFLCH- USP. Cedida gentilmente por Hervé Théry. Org: Cátedra Pierre Monbeig.

Enquanto era boca do sertão, a cidade comandava uma vasta zona sertaneja que se ligava a ela através de carros de boi vindos de Minas e de Goiaz: a boca do sertão é a ligação do Brasil arcaico com o Brasil moderno, ponto crucial para constituição de mercado e para drenagem de mão de obra. Em 1924, vê-se o esgotamento do solo e a intensificação da concorrência.

Após uma fase de decadência, a cidade se especializa, "um novo progresso da cidade se verifica no presente, ainda em correlação com a situação da zona rural: o incremento da criação de gado, bem como da fruticultura e do plantio de cereais" (PANTOJA, 1941, p. 568). Ocorre que os colonos estrangeiros, que trabalhavam nas zonas novas do café, ao constituírem pequeno pecúlio, investem na produção de hortaliças e cereais para escoarem para outras cidades próximas da retaguarda da franja.

Há também um surto industrial, com a criação de fábricas de laticínios além da configuração de uma função intelectual, com a criação de uma Escola

Normal. Nesse longo percurso histórico, a cidade evoluiu seguindo as tendências da situação, mas também da configuração de hierarquias sociais: "em conclusão: há, dentro da cidade de Casa Branca, quarteirões nitidamente caracterizados que revelam uma época, quer uma classe, representada pela profissão" (PANTOJA, 1941). Serie interessante perceber, por outro lado, que, na fase de decadência há um retorno relativo às antigas funções. Casa Branca, já sob uma herança do progresso, especializa-se na produção de carnes, antigo motor da colonização. Prova de que, em matéria geográfica, não exista evolução que não seja de avanços e recuos.

Um outro estudo sobre a cidade de Franca ("Franca: contribuição do estudo dos centros urbanos brasileiros"), de Maria da Conceição Martins Ribeiro, é igualmente esclarecedor sobre como, em primeiro lugar, a função da boca do sertão (o último estágio da ferrovia), é um elo entre o Brasil arcaico e moderno e, portanto, um ponto avançado de Monbeig e seus alunos sobre a historiografia brasileira do período. Tudo isso pode ser observado na paisagem, pelos tipos de veículos e pelos seus raios de alcance:

> "mais uma vez ela concentra o comércio entre São Paulo e os estados vizinhos de Goiaz, Mato Grosso e Minas Gerais. Novamente os carros de boi ali se concentram, trazendo cereais e outros produtos do sertão, os quais trocam por sal e artigos manufaturados" (RIBEIRO, 1941, p. 593).

Assim como as outras cidades, segue-se à fase de decadência de Franca, a sua função industrial, causada por três principais fatores: a guerra de 1914-1918, uma nova alta do café e depois a crise. A nova alta dos preços do café gera o deslocamento para novas bocas de sertão, pois a produção do café prioriza os solos que não estão cansados, nas regiões novas. Uma nova crise na vanguarda da zona pioneira, contudo, volta a valorizar as antigas zonas novas, agora velhas, através do estímulo à indústria. A principal indústria reafirma novamente as particularidades da região que a circunda: é a do couro. Um novo retorno. "Assim, Franca evoluiu de entreposto comercial para monocultura do café, tendendo hoje para uma associação entre a policultura e a indústria" (RIBEIRO, 1941, p. 598).

Eis o ciclo urbano brasileiro, compreendido por Monbeig e seus alunos. Através de um olhar mais sistemático sobre aspectos do método geográfico que são particularmente valorizados no Brasil, que partia do princípio da extensão e da unidade, seguia para análise das condições da situação, continuava pelo ordenamento diacrônico dos mesmos componentes do complexo e finalizava pela consideração das condições sociais intra-regionais da cidade, Pierre Monbeig e seus alunos conseguiram delimitar tanto um ciclo urbano em enquadramentos regionais, como um ciclo geográfico de exploração do trabalhador.

Arremata-se que, após um amplo ciclo de desenvolvimento (talvez em torno de 40 anos!), finalmente, sinais de instalação do sitiante aparecem no fim do ciclo. Isso, quando o trabalhador consegue juntar algum pecúlio, porque, por outra via, o operário agrícola vai se tornar um operário industrial. Esta é também uma das conclusões do estudo de Olga Pantaleão sobre "A cidade de Catanduva" (1941) que examina, repetidamente, as importantes condições em jogo para que a cidade possa chegar a alguma maturidade: isso depende, de alguma maneira, da estabilidade do *habitat* (isso não dependeria, aliás, do tamanho do ciclo urbano?).

Os alunos de Monbeig faziam parte de seu projeto de pesquisa e sua contribuição intelectual, para além das franjas pioneiras, era suficientemente ampla para iniciar os estudos de geografia tanto na tradição da geografia francesa, quanto em sua atualização metodológica. O estudo e a sistematização do método das monografias urbanas de Monbeig tinham um amplo alcance teórico e uma possibilidade de expansão e aplicação por todo o território nacional. Assim, Monbeig não estuda São Paulo ou o Paraná, mas o ecúmeno brasileiro da modernização que partia dessa zona. Isto foi sentido por outros intelectuais da época.

> Quanto a nós, concluíamos que esse fenômeno do impulso paulista para o Paraná tem um valor exemplar, em suma, do próprio movimento que deveria, normalmente, estudar-se pelo Brasil inteiro, isto é, a segunda conquista do nosso [país] pelo homem (LAMBERT, J. O Estado de São Paulo, 30 de setembro de 1953, p. 45).

Os alunos de tese fazem um sobrevôo pelas antigas e novas temporalidades do Brasil

No caso das orientações de tese, a autoridade conquistada pela postura normativa do ensino de um método adaptado às condições geográficas brasileiras é incrementada por uma divisão de trabalho entre Pierre Monbeig e seus alunos em uma áera mais ampla. Outrossim, o estudo das teses de doutoramento dos alunos de Pierre Monbeig, orientadas por este geógrafo entre 1935 e 1946 na USP, e defendidas até esta data, confirma que as franjas pioneiras são apenas uma das áreas englobadas no processo de construção do campo geográfico brasileiro sob liderança do geógrafo francês e seus discípulos paulistas. Em realidade, ocorreu uma verdadeira partilha territorial entre esses personagens, o que lhes impulsionou, acredito, à formação de uma escola. O estado de São Paulo e suas áreas de influência foram prioritariamente alvo desses estudos, vistos como um vasto espaço em processo de modernização, que condensava realidades históricas e geográficas de alcance nacional.

Quatro são as teses escritas e defendidas entre 1935 e 1946, momento, portanto, em que Pierre Monbeig ainda se encontrava no Brasil: "Santos e a Geografia Humana do litoral paulista", de Maria da Conceição Vicente de Carvalho (1944), "Estudo sobre o clima da bacia de São Paulo", de Ary França (1945), "Estudo Geográfico dos contrafortes ocidentais da Mantiqueira", de João Dias da Silveira (1946) e "Sítios e sitiantes no Estado de São Paulo", de Nice Lecoq Müller, defendida em 1946, e publicada em 1951. Com exceção da tese de Ary França, ela mesma singular, por se tratar exclusivamente do clima de São Paulo e suas adjacências, as demais teses, em conjunto com o trabalho de Pierre Monbeig, se unificam por alguns pontos. Monbeig e seus alunos de tese começam a elaborar uma teoria da *colonização* no Brasil. Na França, a noção de colonização remete à antiga geografia colonial, de viés menos literário e mais aplicado, como já afirmei. Mais adiante, vou tentar precisar que tipo de teoria da colonização é empreendida por Monbeig e seus alunos. Uma teoria aplicada da colonização, como fizeram Dubois para as colônias francesas? Ou uma teoria regional da colonização, numa tentativa de fazer avançar as concepções lablachianas a partir de sua experiência no Brasil?

Colocadas as questões em que vou desembocar, volto então ao Brasil. Em primeiro lugar, as teses dos alunos de Monbeig retratam diferentes momentos do processo de modernização de regiões do território paulista: começando pelo litoral, estudado por Vicente de Carvalho, tem-se a primeira zona de avanço das relações econômicas, ainda que não lideradas pelo café, bem como a primeira zona de decadência; em seguida, tem-se os contrafortes ocidentais da Mantiqueira, próximos ao Vale do Paraíba, a primeira zona cafeeira na transição do estado do Rio de Janeiro, Minas Gerais e do estado de São Paulo, estudada por Silveira; só depois entra em cena o trabalho do próprio Pierre Monbeig sobre o avanço do café nas franjas pioneiras entre o fim do século XIX e a década de 1940; por fim, o encaixe da tese de Nice Lecocq Müller, sobre os sítios e os sitiantes, processo geográfico que autora apresentou espalhado em todo em território do estado de São Paulo, e que representou o fenômeno de colonização do estado após as principais crises do café.

Em segundo lugar, essas teses encontram uma unidade por representarem diferentes tipos humanos que predominam como líderes do processo geográfico que se desenvolve nessas zonas: Vicente de Carvalho coloca acento no estudo do *caiçara*, antigo caboclo do litoral; João Dias da Silveira percebe que é o *caipira* que antecede o café nessa zona dos contrafortes que vai se tornando mista; Pierre Monbeig caracteriza, como bem se sabe, os *fazendeiros e pioneiros* do oeste paulista e Nice Lecoq Müller fala sobre os *sitiantes*. Cada um desses personagens é representativo de um espaço geográfico, do grau de modernização, resistência histórica e posterior decadência desses territórios. São estudos do processo de modernização focados, novamente, na influência dos gêneros de vida nos tipos econômicos. Todos os trabalhos convergem para a mesma questão: por que o oeste paulista se tornou palco do avanço do café a despeito das outras áreas? Quais são os critérios espaciais, portanto, do avanço do capitalismo no Brasil? A introdução de Vicente de Carvalho vai nessa direção:

> O litoral do Estado de São Paulo que se estende de Ubatuba a leste, até [ilegível] a oeste, descrevendo uma larga curva, é uma zona de povoamento antigo que, no entanto, apresenta hoje pequenas densidades de população. Foi nela que se iniciou a ocupação portuguesa em caráter permanente e, dadas as precárias

condições em que se processou o povoamento da colônia, possuía nos primeiros séculos apreciável cabedal humano. Quais razões de permanecer reduzido o povoamento dessa zona em relação às demais regiões, sobretudo no planalto, cuja ocupação foi mais tardia? Até hoje ela é a zona de povoamento de passagem, e se considerarmos que apenas uma estreita faixa do continente está ocupada, ainda mais estranho pode parecer esse fenômeno, essa orla litorânea desocupada ou quase vazia. (CARVALHO, 1944. p. IV-V).

Foto 13. "Alunos no porto de Santos, destacando-se José Ribeiro de Araújo Filho e Dirceu Uno de Matos (1949)". Fonte: Cartilha de Comemoração de 70 anos dos estudos de Geografia- FFLCH- USP. Cedida gentilmente por Hervé Théry. Org: Cátedra Pierre Monbeig.

Para explicar esse esvaziamento demográfico, Carvalho esboça uma conclusão pautada em um determinismo inicial do meio físico, tal como Monbeig costumava a fazer. Se Pierre Monbeig recusa frequentemente a fatalidade do meio físico e biológico no processo de modernização conduzido pela vontade humana, aqui aparece que, na verdade, esta interpretação não se recusa a considerar um *determinismo inicial.* Carvalho descreve uma região litorânea de solos aluvionais, clima úmido e quente, de chuvas torrenciais, relevo desfavorável, bastante íngreme, que separa o litoral do interior por uma imponente Serra. Este litoral é composto por duas formações bastante diferentes, com a cidade de Santos como ponto de cruzamento e transição, ambas hostis, contudo, à ocupação humana (CARVALHO, 1944, p. VI).

Uma característica física marca a sua evolução: a ausência de comunicações fáceis com o interior: "as dificuldades de comunicação levam os homens ao isolamento" (CARVALHO, 1944, p. 33). Obrigados a produzir o mínimo, e com alguma inclinação ao comércio, espalhou-se a cana de açúcar, a banana, o comércio de água ardente e depois o café. Depois, de lá partiram as bandeiras, que irradiou o povoamento em muitas direções. Somada à falta de comunicação, mais uma característica física se impõe ao favorecimento da decadência: não há espaço à expansão do povoamento.

> "Não dispondo de hinterland para abastecer-lhe o comércio, com as terras esgotadas depois de alguns anos de cultivo, com um clima depauperante a moléstias para afugentar a imigração, o litoral decaiu, as cidades estagnaram-se, reduzidas às suas próprias forças" (CARVALHO, 1944, p. 98).

Neste ponto, aparece que a economia brasileira nos seus estados primitivos também se viu formarem economias fechadas de habitação dispersa, só que em estado de pobreza, devido à tropicalidade, ao contrário do que se viu na Europa.

O gênero de vida dessa população isolada e ligada ao mar é a pesca e, complementarmente, a cultura sedentária da banana. Secundariamente, há um gênero de vida sendetário urbano que se dispõe ao longo das poucas estradas e que pratica o comércio. Pelas condições geográficas de comunicações e isolamentos, a modernização é retardatária, formando gêneros de vida mistos, entre o sedentarismo e o nomadismo (CARVALHO, 1944, p. 68). Tais gêneros de vida, herdeiros, na sua temporalidade mais antiga, dos indígenas, demonstra a pouca evolução dos habitantes da costa brasileira: "(...) pode-se dizer que a pesca é uma das formas de economia mais primitivas empregadas pelo homem"

(CARVALHO, 1944, p. 100). Depois, com a colonização, o litoral se estabiliza como uma rota de passagem: nada se fixa, nem um gênero de vida pode evoluir (CARVALHO, 1944, p. 82).

Pelas descrições de Carvalho, notam-se que, a partir do litoral, quatro tipos de sistemas econômicos se sucederam no Brasil: uma *economia fechada* (que Carvalho não aprofunda), uma *economia colonial*, uma *economia monocultora cafeeira* (mas que atinge o litoral de maneira subsidiária) e uma *economia moderna*. A economia fechada ou tradicional é pobre, determinada pelas condições geográficas dos gêneros de vida e pela tropicalidade. A economia colonial apóia-se nessa pobreza, explorando e não sedentarizando os gêneros de vida. A economia cafeeira é monocultora e exploratória da condição de nomadismo dos gêneros de vida. Por fim, uma economia moderna rompe o monopólio agroexportador e, mesmo que pautada sobre a exploração do trabalhador, carrega consigo um maior desenvolvimento dos tipos econômicos, liberados da condição do nomadismo dos gêneros de vida da região tropical.

> Sobre a economia colonial] Ainda em 1900, São Paulo e de modo geral o Brasil, estava num regime de economia colonial, exportando um único produto, e importando gêneros alimentícios e produtos manufaturados em pequenas quantidades, de acordo com o baixo poder aquisitivo da população local" (CARVALHO, 1944, p. 158).

> [Sobre a economia monocultora do café] Construído para [ser] porto exportador de café, e para importação de artigos variados, em pequena quantidade, eram os armazéns de café que ocupavam a maior faixa do cais. O desenvolvimento econômico trouxe, além do aumento do tráfego de exportação, maior volume de artigos importados, que são mais variados e requerem, alguns, instalações especiais. (CARVALHO, 1944, p. 170)

> [Sobre a economia moderna] [Hoje] Já se pode perceber o fim da economia colonial, que predominara até há pouco. Santos não é mais um porto ligado a uma monocultura de exportação, tendo necessidade de importar alimentos e produtos manufaturados, mas escoam-se por êle produtos variados, ao mesmo

> tempo que se mantêm elevadas as importações, indício de desenvolvimento econômico de seu hinterland" (CARVALHO, 1944, p. 161).

Este é um quadro de *sistemas econômicos* que predominaram no Brasil e que foi uma das principais conclusões da tese de Carvalho. Todos esses sistemas podem ser observados na paisagem, através do regime agrário, os tipos de plantação e pela disposição dos núcleos nas estradas. Já a economia tradicional será compreendida por outro colega de trabalho, João Dias da Silveira.

Assim, uma segunda região, também em estado de decadência, foi estudada por João Dias Silveira. Esta segunda tese converge à problemática: por que o avanço do café se deu no oeste paulista a despeito de outras áreas? Esta segunda área tem sua colonização exatamente em sequência à da zona do litoral, caracterizando-se como uma zona mista: começando no vale do Paraíba, que se avizinha, passando pela região mineira de relativo atraso e terminando na primeira zona de colonização do café: Jundiaí e Campinas, atravessadas pelas estradas de ferro da Paulista e da Mogiana. Contudo, os motivos que a levaram à não estabilização do café na zona adjacente a Minas, desviando para Campinas, foram outros.

João Dias da Silveira, tal como Carvalho, evoca um determinismo inicial: "Na generalidade, trata-se de uma região de costas elevadas, dentro do comum de nossa topografia" (SILVEIRA, 1946, p. 9). Tal como o litoral, a zona carece de linhas de continuidade, diferente do que se verificou no planalto estudado por Monbeig (SILVEIRA, 1946, p. 10). A declividade começa muito forte a leste e vai diminuindo a oeste, em direção à zona do café. O café não suporta a alta declividade, por conta das geadas (SILVEIRA, 1946, p. 34). O café não se generalizou: "O inverno rigoroso com consequentes geadas, defendem a agricultura primitiva" (SILVEIRA, 1946, p. 64). As regiões altas possuem menor densidade (SILVEIRA, 1946, p. 39-40).

Toda a área foi colonizada por um tipo de economia antiga, com núcleos isolados e de produção local e é isto que a unifica. Contudo, com a chegada da onda cafeeira, ela confirma que a colonização se deu de maneira seletiva. No Brasil, a modernização capitalista pretende fugir da resistência dos territórios tradicionais e ela escolhe para isso os sítios que sejam istmos valorizados pela existência de *hinterlands* (ou seja, o sítio valorizado pela situação).

Forma-se então uma região mista, onde a invasão cafeeira escolhe seus pontos de vantagens, enquanto outros núcleos se mantêm à margem. Nos núcleos relegados, continua a se desenvolver uma economia que ele qualifica de "caipira" – e que denominei através dos termos de "economia fechada", "vida tradicional" ou "processos naturais". Elucida-se nessas descrições que existiram regiões no Brasil, em plena tropicalidade, que presenciaram modelos de evolução econômicas de tipo fechado:

> Muitos núcleos se formaram nessa área (...) e viveram como os demais de uma atividade puramente local dentro de uma economia sem comércio externo. Quando a região ganhou maior vigor e surgiu a cultura de expansão, com interesse externo, então se estabeleceu o domínio dos centros melhor colocados, daqueles que mais satisfaziam as exigências das comunicações (SILVEIRA, 1946, p. 60).

Vê-se aqui uma organização social de gênero de vida um pouco mais avançado do que o da pesca. A zona caipira é marcada pelo domínio de grandes proprietários, mas que levam uma vida bastante primitiva. Mesmo possuindo latifúndio, as áreas cultivadas, normalmente nas várzeas aluvionais dos vales (favorecidas pelos solos fáceis), são restritas e pequenas (SILVEIRA, 1946, p. 103). Distinguem-se entre os grupos rurais os proprietários, que são patriarcas, e os auxiliadores, que são os foreiros (arrendatários) e os meeiros (que são os parceiros) (SILVEIRA, 1946, p. 103-104). Todos vivem uma vida primitiva: "A economia é fechada. A população pouco compra fora. Apenas produtos industriais e uma ou outra curiosidade." (SILVEIRA, 1946, p. 109).

Será interessante perceber que tal estado embrionário não se desenvolve, contudo, sem a presença de centros urbanos, ainda que eles sejam marginais. Os centros urbanos são "como dissemos numerosos, mas a maioria tem pequenas proporções. O fato, aliás, se explica pela baixa densidade demográfica" (SILVEIRA, 1946, p. 110-111). Esses núcleos embrionários, permanecem, todavia, ligados às estradas, percebidos flagrantemente por seus formatos longitudinais (SILVEIRA, 1946, p. 111).

Por aí conclui-se que em ambos os sistemas econômicos, um representado pela economia tradicional, e outro representado pela modernização cafeeira, contêm sistemas que se interpenetram nas suas brechas marginais: "Repetem-se aqui os fenômenos observados na origem dos núcleos primitivos da zona cafeeira" (SILVEIRA, 1946, p. 112). Através deste trabalho consegue-se perceber como processos aparentemente contraditórios se espraiam diferentemente no espaço geográfico.

Uma evolução natural, em que o sítio cria ou valoriza a situação, que organiza a vida material *antes* da a vida econômica, possui seus mercados nas margens da colonização dos espaços, em zonas de contato. No Brasil, estas lógicas têm como epicentro as pequenas cidades. Ao contrário, quando o mercado internacional se organiza antes da vida material, ou seja, quando a situação valoriza o sítio, ele está no centro da organização espacial, os espaços de enraizamento se dão em suas margens ou em suas retaguardas e o seu epicentro são as zonas pioneiras. Essas vidas possuem evoluções históricas opostas, mas elas constroem lógicas espaciais complementares pois colonizam o mesmo espaço sob critérios espaciais diversos (a vida natural e a qualidade do solo, a vida comercial e os istmos) e que podem ser complementares. Essas lógicas evolutivas opostas começam a se unificar na compreensão geográfica de Monbeig e seus alunos.

Quase ao final da tese, conclui-se pela vantagem desses sistemas arcaicos de policultura, mesmo que eles representem características econômicas com aberturas bastante diversas ao comércio exterior. Os núcleos primitivos são mais protegidos das crises da economia mundial, exatamente como havia formulado Albert Demangeon após a crise de 1929 (SILVEIRA, 1946, p. 99).

Adentro, por fim, à terceira tese de importante significação para problemática da seletividade da modernização. Esta tese, no entanto, foca-se no mundo rural do estado de São Paulo após as principais crises do café: "O 'pivot' dessa transformação foi o fracionamento da propriedade e o desenvolvimento da policultura" (MÜLLER, 1951 [1946], p. 13). O sitiante é o pequeno produtor policultor (MÜLLER, 1951 [1946], p.13). As áreas escolhidas variam o recorte da reacomodação da agricultura após a crise em região velhas (Vale do Paraíba, Central, Campos de Jordão, Iguape e Registro) e regiões novas (São José dos Campos, Campinas, São José do Rio Preto, na Araraquarense, Nhamdihara e Fernandópolis e que ainda apresentam produção crescente de café). (MÜLLER,

1951 [1946], p. 16). Observa-se que nenhuma destas teses foca-se em regiões naturais homogêneas, nem em apenas um tipo de processo modernizador.

Segundo Müller, foi só a partir do século XX que o sitiante encontra ambiente propício ao seu aparecimento, pelos seguintes motivos: crise do café com consequente fracionamento da propriedade, fuga para cidade dos grandes proprietários e desenvolvimento do arrendamento, a chegada dos imigrantes com estabelecimento do sistema de parceiras e, por fim, desenvolvimento da industrialização, urbanização e, por consequência, do mercado interno (MÜLLER, 1951 [1946], p. 27). Depois de analisar a distribuição da pequena propriedade pelo estado, Müller esboça uma conclusão de ordem geral.

Dessa conclusão deriva que o determinismo inicial ainda não desapareceu, em pleno século XX, na distribuição da produção agrícola na zona cafeeira e policultora. Monbeig e seus alunos sempre repõem o efeito do determinismo geográfico e as lógicas modernas e naturais são opostas, mas ganham espacialidade complementar. Eles começam a articular lógias opostas em cujos seus estudos espanhóis ainda apareciam como duas séries paralelas. A conclusão é que os processos naturais desembocam em processos econômicos, e vice-versa, mas em temporalidades e espacialidades distintas.

Na teoria da colonização de Monbeig, o que se verifica é sempre uma retomada das terras velhas, as primeiras que entraram em decadência: "É interessante notar que a subdivisão de terra parece ter mais relação com os fatores fisiográficos nas regiões de povoamento antigo do que nas de recente" (MÜLLER, 1951 [1946], p. 52). Nestas regiões de povoamento antigo, a adaptação ao meio é mais antiga e um novo recomeço do ciclo proporciona uma nova rodada de colonização com tratamento mais minucioso em relação ao meio. Portanto, a teoria da colonização de Monbeig e seus alunos não deixa de levar em conta os condicionantes da natureza, abrindo mão de entender a colonização como conduzida pela liberdade de intervenção do mercado em toda a sua potência.

Assim, todas as atividades dos sitiantes vivem um momento de maior aproveitamento e compreensão dos recursos do meio, mas a conclusão é, ainda aqui, pessimista do ponto de vista de uma política de desenvolvimento nacional: "É uma exploração instável no tempo, pois que dura tanto quanto a moda do momento, instável no espaço, pois que os arrendatários se deslocam sempre, e instável economicamente, pois que dependem estritamente do mercado"

(MÜLLER, 1951 [1946], p. 62). Ainda que se possa ponderar: "o trato mais cuidadoso da plantação e do solo prolonga a produtividade, fazendo com que só se desloquem quando os rendimentos não compensam, de todo, os tratos culturais. Segundo observamos, raramente isso se dá antes dos vinte anos, mais comumente, só depois dos trinta" (MÜLLER, 1951 [1946], p. 79).

Mas a vida dos sitiantes, participando de uma nova onda de colonização, é diferente da do fazendeiro. Com menos recursos econômicos, o sitiante envolve-se em um isolamento relativo. O espaço brasileiro foi colonizado por ferrovias que atingiam diretamente as grandes fazendas. Com a nova fragmentação da propriedade, alguns sítios tornam-se relativamente distantes. Seu comércio se volta às cidades regionais e uma indústria regional também se desenvolve. É como se as ondas colonizadoras oscilassem entre o fechamento e a abertura do sistema.

Para Müller, o sitiante não se encaixa bem nos ciclos econômicos globais (MÜLLER, 1951 [1946], p.109): "as estruturas econômicas não tinham lugar para o pequeno produtor (MÜLLER, 1951 [1946], p. 109), "ele fica quase sempre à margem" (MÜLLER, 1951 [1946], p.109), tal como já observou-se acontecer na Espanha de Pierre Monbeig – uma inadaptação do pequeno proprietário ao pleno sistema de mercado internacional. Normalmente, ele se dedica a gêneros alimentícios, e, quando há facilidade de comunicação, pode desenvolver uma cultura comercial (MÜLLER, 1951 [1946], p. 109). Sua caracterização é muito próxima da do caipira. Indício de que o raciocínio de Monbeig e de seus alunos pende para a ideia dos movimentos intensivos e extensivos em uma teoria da colonização. Num país de vastidão e fronteiras aberturas, relacionar a teoria da colonização com a situação de abertura de fronteiras, tem alcance especial.

Monbeig e seus alunos compreenderam o processo de colonização do território brasileiro pelo capital em suas temporalidades e em suas geograficidades. Cada momento da colonização abrange um território, um ajustamento espacial específico, um sistema econômico, um período, uma situação de abertura e fechamento de fronteiras, e um personagem socialmente representativo. Trata-se de compreender, coletivamente, o espaço brasileiro com as ferramentas da geografia francesa *pari passu* à inserção do Brasil na economia mundo Atlântica. A repetição das ferramentas, dessa forma, não é à toa. O Brasil faz parte, definitivamente, de um espaço-mundo americano, tropical e latino, também do ponto de vista científico. Outrossim, um grupo orientado pelos mesmos objetivos e métodos anunciam a formação de uma nova escola, com adaptação dos fundamentos de uma antiga, rumo à uma geografia feita no Brasil.

A nacionalização da geografia paulista

Se havia um objetivo consciente de construir uma escola de geografia feita no Brasil a partir de um pólo paulista, se esse movimento incluíu importantes adaptações metodológicas ao método francês original, além de todos os aportes materiais e intelectuais trazidos pela liderança de Monbeig no processo de formação da geografia brasileira, há que se incluir nesse movimento o processo de irradiamento da escola paulista sobre outros territórios do Brasil. Isto foi feito com o auxílio da AGB, da qual Pierre Monbeig era o presidente.

O coletivo de geógrafos que se congregavam na AGB, cuidava de expandir a área de influência da entidade. Para começar, tiveram certa ousadia em fundar uma entidade dita nacional fora da capital do Brasil (ANTUNES, 2008), desviando-se de um discurso regionalista na formação da geografia brasileira. As atividades da "seção carioca", localizada na capital eram debatidas nas seções "nacionais", localizadas na verdade em São Paulo e na USP! Há que se presumir que se a escola paulista logrou seu objetivo, é provavelmente porque logrou ser reconhecida como o modelo de uma escola nacional. Importantes geógrafos rendiam visitas à ABG nacional e frutificavam a troca de ideias entre esses dois importantes núcleos, um local, o outro nacional (IUMATTI, SEABRA, HEIDEMANN, 2008, p.95- 96).

> (...) cabendo-me o ensino da geografia na Universidade de São Paulo, entrei logo em contacto com a A. G. B. e, através das colunas do jornal tentava fazê-la conhecida do público paulista, mostrando, ao mesmo tempo o valor nacional das investigações inspiradas pela geografia moderna (MONBEIG, 1940c. p. 277-278).

Pierre Monbeig trabalhou pessoalmente na expansão da AGB e na articulação dos diferentes núcleos. Seu primeiro relato refere-se à articulação das escolas paulista e carioca. Mas ele também participava igualmente de inaugurações das seções no interior do estado de São Paulo, como o núcleo de Amparo (O Estado de São Paulo, 27 de setembro de 1938, p. 7).

> Em seguida, o movimento- que partiu de São Paulo – chega ao Rio de Janeiro, graças a Deffontaines e Ruellan. Seria desnecessário lhes dizer que entre os geógrafos do Rio e de São Paulo existia uma rivalidade virulenta. Gabo-me de ter ajudado a sobrepujá-la. Ruellan e eu organizamos uma excursão de trabalho à Serra do Mar, com docentes e alunos do Rio e de São Paulo. No início, as pessoas não se suportavam, mas logo depois, como uma benção, caiu uma tremenda tempestade. Ficamos molhados juntos, espirramos juntos, o grupo encontrou sua unidade e tudo transcorreu em ordem (MONBEIG in LAPOUGE, 1984).

Todos os comentaristas, muitos dos quais vivenciaram este momento, são unânimes sobre o marco de 1945 como sendo o da nacionalização da AGB e a consequente "difusão da geografia moderna", para usar os termos do período. (MONTEIRO, 1980, p. 13-15). Por que 1945? Desta data em diante os diretores da AGB experimentam o ímpeto de reformar o seu estatuto para abranger novos grupos. Será Monbeig quem vai liderar o processo de nacionalização da entidade (cf. NOGUEIRA, 2013, p. 98). Isto é confirmado pelos documentos. Um rascunho do novo estatuto, encontrado nos arquivos da AGB, exibe uma série de anotações e retoques à mão, além de uma pequena nota, em francês, no cabeçalho, com a caligrafia de Monbeig, em que está anotado, "discuté et aprouvé à São Paulo 4 et 5 juin 1945" (discutido a aprovado em São Paulo entre 4 e 5 de junho de 1945), (Arquivos internos da AGB).

Após a implementação do novo estatuto, a entidade procurou reunir anualmente os geógrafos do Rio de Janeiro e de São Paulo, além de geógrafos do IBGE, em assembleias gerais (ANDRADE, 1994, p. 74-75), além de cruzar todo o território nacional. Essas assembleias eram alimentadas pelas discussões de "sessões locais" que continuavam a funcionar em São Paulo, mas principalmente no Rio de Janeiro e em Curitiba (ANTUNES, 2008). Nessas assembleias anuais, eram apresentadas teses e comunicações, ladeadas por relatórios de pesquisa de campo, a serem discutidos e publicados nos Anais do evento (ANDRADE, 1994, p. 74-75).

Ao mesmo tempo que tais assembleias eram itinerantes, realizavam-se trabalhos de campo sob orientação de grandes geógrafos por todo o Brasil, para onde afluíam muito interessados. Um exame de alguns pontos do estatuto de 1945 denota uma associação em um processo de expansão dirigida, uma vez que novos integrantes passavam pelo crivo da diretoria. A primeira assembleia anual depois da reforma estatuária, ocorrida em Lorena em 1946, é divulgada com pompa pelo jornal O Estado de São Paul e no Boletim Geográfico: "Os trabalhos submetidos à Assembleia tratavam de diferentes regiões brasileiras" (MONBEIG, o Estado de São Paulo, 28/03/1946, p. 4).

De acordo com os fins propostos, os trabalhos de campo e as assembleias anuais, começaram a substituir os congressos de Geografia realizados pela Sociedade de Geografia (ABREU, 2006, p. 141). Em cada nova assembleia, eram recrutados novos sócios, à medida que iam se implantando, como informa Antunes, novos centros de estudos geográficos, entre universidades públicas e particulares. (ANTUNES, 2008, p. 195-196).

Depois de realizadas as atividades públicas da AGB, recrutavam-se novos organizadores para que estes encabelecessem novas seções locais. Uma estrutura militante e tentacular começa a se irradiar por todo o território brasileiro. Este processo deve ter se intensificado após o estabelecimento das assembleias gerais: "Dentro do espírito que norteou seus fundadores, deve congregar todos quantos, vivendo no Brasil, desejam ver mais bem conhecida a nossa terra e difundidas, entre nós, as diretrizes da moderna Geografia" (AGB, 1944, p. 3). A geografia paulista sob liderança de um francês, lançava as bases para a sua irradiação em todo o território nacional para transformar-se em uma geografia brasileira.

Foto 14. "Sessão Inaugural da VIII Assembléia Geral da Associação dos Geógrafos Brasileiros, em Cuiabá-MT (1953)". Cartilha de Comemoração de 70 anos dos estudos de Geografia- FFLCH- USP. Cedida gentilmente por Hervé Théry. Org: Cátedra Pierre Monbeig.

A existência de uma escola brasileira antes de 1956?

Monbeig deixa o Brasil em 1946, mas seu legado é considerável. Tendo como suporte o Manuel Bibliográfico de Estudos brasileiros (MONBEIG, 1949), demonstra-se que a Geografia Humana foi o campo que teve o crescimento mais espetacular no Brasil, tendo saído da condição de quase inexistência de trabalhos brasileiros antes de 1916, tanto em relação à produção nacional quanto estrangeira, para uma posição de liderança (MONBEIG, 1949). Ao final da década de 40, consta nesse manual mais de 50 trabalhos de geografia humana publicados no Brasil, contra apenas uma dezena de trabalhos de geomorfologia e outra dezena de biogeografia (MONBEIG, 1949). É sabido que Pierre Monbeig é um dos principais líderes do processo de estímulo aos trabalhos de geografia humana, e, nessa tendência, ele contribuiu para uma explosão bastante significativa dos trabalhos desse ramo da geografia. A tendência da produção brasileira do período vinculada à Geografia Humana aparece também na participação dos trabalhos brasileiros nos congressos internacionais da UGI (KISH, 1979).

Entre 1946 e 1956, os geógrafos brasileiros, herdeiros agora de uma tradição sólida porém já modificada pelas próprias exigências heutísticas do território brasileiro, ganham uma certa autonomia em relação aos mestres estrangeiros no modo como levam a cabo às tarefas teóricas e institucionais da geografia feita no Brasil? Segundo Marie-Claire Robic, a eleição do Brasil como local sede do congresso da UGI, em 1956, representava a legitimação do olhar dos brasileiros sobre o seu próprio país, uma vez que a comunidade internacional "aceitava" ser guiada, em pesquisas e excursões, por estes novos ingressantes na rede universal da geografia: "a prática de excursões sob a direção de geógrafos locais supoém uma igualdade de olhares sobre um espaço e um troca confiante dos diagnósticos" (ROBIC, 2013, p. 19-20).

Do lado da geografia brasileira, ela se tornava cada vez mais conhecida com um corpo de geógrafos cada vez mais expressivo. Alguns diálogos entabulados nos anais dos congressos dão provas de um respeito mútuo entre os geógrafos nacionais e estrangeiros. Há um deslocamento progressivo das parceiras à aceitação de que já se via no Brasil a constituição de um escola com sua própria feição e autonomia? Uma questão adjacente a esta seria se perguntar se este reconhecimento se deu em torno de um *savoir-faire* ou de uma certa originalidade teórica. Apesar de defender que essas originalidades existiram, não acredito que a geografia feita no Brasil tenha sido reconhecida com um estilo teórico prório, como, até hoje, poderia formular-se a hipótese de que este reconhecimento *de estilo* não existe, apesar do destaque de grandes mestres. Essa invisibilidade de estilos deva-se talvez as injunções da colonialidade defunciadas por autores decolonais. Assim, esta reflexão talvez seja propícia para lembrar a salutar separação deste ponto de minha análise com o que era reconhecido pelos atores.

Acredito que, a partir de 1956, tanto o interesse pelo Brasil começa a crescer pelo mundo, como o próprio Monbeig parece aderir de forma mais coadjuvante a este movimento, inclusive de devido à forte emergência dos geógrafos do IBGE, sendo que um grupo deles sofre forte influência da escola geográfica americana. Para Nice Lecocq Müller, 1956 separa uma fase de consolidação para uma fase de afirmação (ABREU, 2006, p. 149).

Estou de acordo com este caminho interpretativo, mas concebo algunas especificidades à periodização: até pelo menos 1956, a autoridade e liderança de Pierre Monbeig logrou estabelecer uma teoria cada vez mais pertinente ao território brasileiro. Mas isso é um processo histórico com durações que, ao ter lançado as bases para a emergência de uma tradição, não pode ter ocorrido de um só golpe, segundo uma perspectiva geo-histórica.

As conclusões de Muller são mais condizentes com a temporalidade estabelecida por uma geo-história dos saberes. Pelo que desenvolvi neste capítulo, não seria prematuro afirmar que Pierre Monbeig lançou as bases de consolidação de uma geografia feita a partir da experiência territorial do próprio Brasil. Essas bases eram consolidadas inclusive com a elaboração de raciocínios metodológicos particulares (como a inversão da dependência da situação em relação ao sítio e a inversão do processo de colonização comandado por lógicas naturais ou econômicas), com a colocação do Brasil em uma economia mundo, uma ciência-mundo (POLANCO, 1995), e um geografia universal. Dessa maneira, posso claramente situar Pierre Monbeig como um autor essencial da formação do pensamento brasileiro em geografia. Porém, são claras as heranças francesas que ele até então mobilizou na França, na Espanha, e nos seus primeiros momentos no Brasil, com todas as transformações e tensões que o coração dessa epistemologia francesa já vinha sofrendo.

Assim, será importante reafirmar a temporalidade dos processos. O trabalho de Monbeig foi essencial no processo ao elaborar uma teoria da colonização, relacioná-la ao gênero de vida do Brasil pronfundo e compreender os processos de espacialidade das forças em jogo na colonização. Portanto, ele elaborou uma teoria regional da colonização comandada pelo Estado, e não uma teoria aplicada da colonização comandada pelo mercado, como já anunciado no passado Marcel Dubois, então em conflito com Vidal de la Blache. Mas o fato de ter-se dedicado ao tema da colonização também já releva um hibridismo de perspectivas, preferência definidas na Espanha. Mas o Brasil também pôde representar uma necessidade de revisão da geografia francesa. Representou um espaço simbólico diferente da representação das regiões temperadas (ROBIC, 2013). Representou um espaço de colonização de expansão do capitalismo em pleno século XX, ou de capitalismo tardio (MELLO, 1982),[10] onde a força da ação do homem frente à natu-

10 A modernização brasileira encetada em fins do século XIX e início do XX foi qualificada por João Manuel Cardoso de Mello de "capitalismo tardio" (1991).

reza é solicitiada em toda a sua magnitude, mas *dirigida pelo Estado*. Representou também as impossibilidades concretas de abandonar em profundida da geografia de Vidal de la Blache, aos olhos de Monbeig, pelos próprios constrangimentos que o grande vazio colocava, desse vez, aos estudos aplicados.

Assim, a incorporação do Brasil, e de toda uma Geografia tropical, no campo simbólico da Geografia francesa, pode ser visto como um estímulo à sua atualização, não apenas dos métodos, peleja em que está envolvido Monbeig, mas também de suas estratégias e paradigma. Robic fala de um retorno do paradigma da geografia colonial de Marcel Dubois (ROBIC, 1996b, p. 46), (com todas as nuances e especificidades desse movimento) no século XX. Geografia colonial e política que observaram-se sendo marginalizadas no começo do século e que representava um outro arranjo paradigmático da geografia moderna (CLERC, 2017). Sou levada a questionar, assim, se a geografia de Monbeig se autonomizou do paradigma vidaliano no seu processo de adaptação ao Brasil antes de 1956? São com essas questões que introduzo o próximo capítulo, não sem antes questionar se seria ingênuo não dizer: não é o congresso da UGI que ratifica a existência de uma escola? Já não há mais ciência fora do escopo de uma mundialização, se é que algum dia houve.

No próximo capítulo, atacaremos em cheio essa problemática: se Monbeig dedicou-se a um processo de colonização, ele não fez outra coisa que não abordar, entre outros fatores em causa, como o próprio papel do Estado, o avanço do capitalismo em território nacional. Ou, o nascimento de um capitalismo brasi-

---

Partindo de reflexões materialistas, Mello defende que foi só nesse momento que o capitalismo encontra no Brasil condições "endógenas" para se reproduzir, ou, em outros termos, conseguiu-se instalar através do trabalho assalariado. O fato de que ele tenha sido "retardatário" diz respeito a inércia que o trabalho cativo representou na estrutura do estado colonial. Com essa reflexão, Mello escapa de uma abordagem geográfica, e prefere ancorar-se em um "internalismo" econômico e sociológico. No caso da geografia, essa reflexão corresponderia a perguntar-se quais são os elementos do espaço, e não apenas da estrutura social, que condicionam o atraso relativo. A nomenclatura, todavia, é coincidentemente quanto às intuições prementes que ambas as abordagens podiam esclarecer quanto à formação do território econômico brasileiro. Há um atraso relativo, condicionado ora pelo espaço, ora pelo modo de produção "pré-capitalista". Prefiro utilizar a conotação geo-histórica ao invés da marxista, que não é menos proveitosa.

leiro. Esse tema tinha tudo para tencionar o coração literário da geografia francesa. Como Monbeig pôde desenvolver uma teoria regional sobre o processo de expansão de um fenônomo, o capital, incontestavelmente global sobre padrões literários? Ao mesmo tempo, voltamos a lidar com capítulos mais epistemológicos da passagem de Monbeig pelo Brasil, se é que epistemologia, espaços, atores e objetos, possam novamente ser separados neste trabalho se não para efeito de estabelecer gradações.

Capítulo 5

Uma geo-história da expansão do capitalismo (1940-1957)

O edifício de uma tradição brasileira de Geografia está a meio caminho de um "difusionismo" de atores e ideias "globais" e da singularidade das descrições dos atores locais alheios aos modelos gerais de representação. O caminho intermediário é o da nova significação dos conceitos franceses em território alheio, liderados por um personagem sensível ao encontro dessas temporalidades, e da emergência de novas autoridades detentoras de discursos considerados legítimos, surgidos após o confronto entre realidades desconhecidas.

Apenas uma geo-história dos saberes revela o movimento das ideias oscilando entre um pólo evolutivo e um pólo de acomodação espacial, mediada por um personagem inserido em situações concretas da construção do saber. Ideais não conversam diretamente com ideias. Elas são mediadas por pessoas inseridas em espaços, contextos e temporalidades. Monbeig era ciente desse movimento das ideias. Para ele, em matéria de ciência, ser independente não é um caminho possível, mas, por outro lado, uma ciência brasileira vai passar por um processo de autonomização em função das características específicas das temporialidades deste território:

> (...) Eu acho que os professores franceses de ciências humanas contribuíram, na sua esfera bem limitada, a ajudar os brasileiros a descobrir seu país, isto é, a atenuar a dependência intelectual brasileira. (...) [ainda que] **ser independente, cientificamente,**

> **isto não existe...**[grifos meus] (MONBEIG. Pierre. Entrevista com P. Petitjean e M. Paty, 1987 in SALGUEIRO, 2006c, p. 193).

Este capítulo enseja traçar um primeiro esboço da relação entre a formação espacial brasileira e as proposições metodológicas de Pierre Monbeig. Minha hipótese é que Pierre Monbeig contribuiu com um "tipo de teoria que seria *mais relevante* para o Brasil" e "para os países subdesenvolvidos e dependentes" [grifos meus] para arrolar o que Florestan Fernandes considerou fundamental para o processo de autonomização intelectual (FERNANDES, 1975, p. 17). Apropriando-se do cerne do raciocínio de Fernandes, cabe ainda assim fazer uma ressalva. Aderir a uma terminologia como a de "desenvolvimento" ou "subdesenvolvimento", "países dependentes" para explicar os desafios intelectuais que apareciam no contexto em que se insere Monbeig, é, talvez, permitir-se ilusões retrospectivas. Atribuir-lha aos personagens pode ser um anacronismo, mas manejá-la enquanto conceito para compreensão das tarefas intelectuais do momento pode ser profícuo. De toda maneira, mesmo se se acredite que a noção de um "subdesenvolvimento" não esteja presente no vocabulário da época, a necessidade de "desenvolver" o Brasil está presente no clima intelectual.

Meu objetivo é recompor a construção cognitiva que está subjacente ao raciocínio de Monbeig, em contato com as características geográficas especiais do Brasil e com o contexto intelectual em que se insere. Tratarei do *método de investigação* de Monbeig e seus determinantes espaciais. A relação das teorias científicas com o contexto histórico é uma convergência reconhecidamente legítima na história da ciência. Já a relação daquelas com o meio geográfico continua a ser um empreendimento duvidoso, apesar de seu enorme potencial explicativo (LIVINGSTONE, 2004, p. 1). Assim, a evocação dos espaços nos processos de emergências das identidades científicas, implica uma transformação da concepção de ciência adotada. A ideia subjacente de Livingstone é que ciência se produz nos lugares e sua legitimação como um empreendimento universal é também um processo de conquista territorial (LIVINGSTONE, 2004).

Uma géohistória dos saberes que se volta para a contribuição singular que o terreno brasileiro representa para o desenvolvimento das ciências sociais é talvez uma originalidade desse trabalho. O método geográfico passa por adaptações no contato com o terreno brasileiro? Ele se modifica em função de uma lenta evolução histórica e da circulação espacial das ciências? Estas são questões colocadas pela geo-história.

> O contexto com o qual ele se defrontou [Pierre Monbeig] é uma das peças-chave para reconstituir alguns elementos que podem servir como pistas para entender parte de sua produção e **o papel da fertilidade do terreno brasileiro para o desenvolvimento das ciências sociais e a renovação dos métodos e mesmo das disciplinas acadêmicas** [grifos meus] (GOMES, 2006, p. 224).

Há um silêncio consensual, ou uma defesa ainda tímida, sobre a contribuição **teórica** de Pierre Monbeig às ciências sociais no geral, ou da Geografia em relação às outras ciências humanas. De um lado, se poderia deslizar esta impressão para o próprio contexto brasileiro em que se insere a sua produção científica, tratando-se de uma atribuição que retira do próprio território brasileiro sua capacidade de transformar grandes teorias explicativas. De outro, tratar-se-aí da suposta incapacidade da geografia de influenciar outras ciências humanas, o que se revela como um anacronimo, visto que Vidal de la Blache foi um dos líderes da renovação intelectual das ciências humanas francesas em fins do século XIX, o que é pouco reconhecido no discurso não especilizado. São muitos os discursos que reproduzem esses pressupostos. Fora do campo da Geografia, Pereira de Queiroz afirma que "Pierre Monbeig seguiu empiricamente o mesmo caminho, [do de Roger Bastide, expoente da Sociologia, defende ela]; porém não avançou no terreno teórico." (QUEIROZ, 1996, p. 247).

Tal conclusão, de que Monbeig não avançou no terreno teórico, também é nutrida por parte dos geógrafos brasileiros ao aludir a uma ruptura precoce que muitos atribuem, supostamente, aos suportes com que a Geografia francesa teria contribuído à Geografia brasileira. Tornou-se mister produzirem-se rupturas ao longo da história da ciência, para conceber mitos fundadores (LEPENIES, 1996). Todavia, ao separar precocemente a Geografia encetada por Pierre Monbeig da geografia francesa, perde-se a capacidade de medir o real peso das rupturas e o real impacto da conjuntura e dos acontecimentos da própria teoria de Monbeig, que só podem ser medidos nas diferentes temporalidades dos processos inteleculetuais enquadradas por uma longa duração (BRAUDEL, 1992).

Por outro lado, uma taxação simplista de uma suposta ruptura da geografia vidaliana em relação a Monbeig permitiria dar a ele o título legítimo de fundador da geografia brasileira. O título foi de fato concedido, mas a lógica do processo foi encoberta. Muitos geógrafos corroboram com uma lógica de estruturação das ideias que, no fundo, acaba por desvalorizar Monbeig, Vidal, o Brasil, e sua própria disciplina. Uma coesão interna no campo da geografia brasileira, através da negação coletiva de alguns processos, deu coesão a uma escola, mas à custa de sua desvalorização sobre o impacto dessa disciplina e do terreno que ela foi desenvolvida sobre processos intelectuais mais gerais.

Num artigo publicado 2012, Vasconcelos, Hada e Martins Junior discorrem como "Pierre Monbeig, confrontando a teoria da escola regionalista francesa com a complexidade da dinâmica brasileira de ocupação rural e urbana da primeira metade do século XX, mostrou serem necessárias novas formas de se pensar a Geografia" (VASCONSELOS, HADAD, MARTINS JUNIOR, 2012). Alguns autores situam Monbeig em uma encruzilhada:

> Desejamos discutir neste texto que as interpretações que Pierre Monbeig apresenta não são, de fato, verdadeiras análises de uma geografia de viés marxista desenvolvida no Brasil nos anos subsequentes. Contudo, tal análise não se encaixa nos padrões da geografia tradicional, incapaz de travar uma interação dos elementos explicativos e um tanto avessa às questões sociais (...). (ANDRADE, 2011. 45).

Segundo os princípios da geo-história, uma ruptura *tout court* com "uma" geografia clássica seria uma solução inadequada para compreensão do movimento das ideais. Ademais, a ideia de que os geógrafos vidalianos não se atualizaram politicamente, o que lhes torna talvez inaptos a estudar países como o Brasil, aliás, também teoricamente está superada (ARRAULT, 2008, GINSBURGER, 2010, CLERC, no prelo). Essa ideia apenas deu artilharia a uma geografia crítica no seu movimento mais corporativo do que de entendimento dos processos intelectuais e históricos da Geografia feita no Brasil o que também não é nada a se condenar. Os intelectuais possuem estratégias.

Essa rutptura entre Monbeig e Vidal de la Blache não foi fácil, se é que se consumou e, de um maneira ou de outra, todos os geógrafos brasileiros são herdeiros dessas injunções? De um lado, da avaliação das originalidades discursivas de Monbeig emerge que as soluções originais do seu discurso teórico eram também soluções temporárias para a lenta consolidação dos equilíbrios epistemológicos que vivencia Geografia francesa desde os seus primórdios institucionais até sua instalação no Brasil. Vê-se uma tendência irrefreável da crescente sistematização adquirida pelo discurso científico. De outro lado, a maior imersão nas demandas práticas do Estado brasileiro em contexto de avanço e expansão do capitalismo, e a compreensão de seus problemas no seio de uma ordem global, parece compor um cenário em que o viés literário do discurso busca se renovar em um momento de abalo de sua relevância. Está-se já bastante longe de referir-se a uma "personalidade" do Brasil, para usar um termo típico da geografia vidaliana. Mas, por outro lado, a valorização da especificidade do terreno brasileiro vai encontrar novas formas de expressividade.

Seguindo a pista lançada por Salgueiro, acredito que a contribuição metodológica de Pierre Monbeig ao acúmulo da geografia francesa e brasileira foi amoldar o método geográfico francês a um espaço regional de características "abertas" e "internacionalizadas", algo que já havia aparecido nos seus trabalhos espanhóis: "(...) e, no caso específico de Monbeig, transformar o método clássico da monografia regional e dos estudos urbanos sob uma perspectiva mais internacionalizada" (SALGUEIRO, 2006c, p. 201). Assim, o Brasil deu ensejo à emergência de uma *geo-história da expansão do capitalismo em ambiente tropical* no seu processo de expansão geográfica global: um método embasado na proeminência da conexão dos espaços e na compreensão das temporalidades da colonização capitalista tardia desses espaços abertos , que são os territórios de passado colonial. Aqui, a intuição do sentido da colonização de Caio Prado Jr parece ter sido fundamental a Monbeig, o que já cheguei a afirmar.

No Brasil, esta remodelação surge nas palavras de Pierre Monbeig em uma autorreflexão, que é fornecida tardiamente. Além da designação que aclara o título de sua tese, "pioneiros e plantadores", categorias econômicas, elas fazem face ao termo "paysan", posto que, aqueles, ao contrário destes, são desenraizados. Tais denominações são fruto da consideração dos processos geográficos entabulados em um vasto espaço, o que também corrobora que o Brasil e a França ainda formam, nesse momento, um campo de um discurso simbólico integrado (ou, ao menos, que as categorias se constróem por clara oposição):

> **Todos esses povos dispõem ainda de espaço a ocupar.** O norte do Canadá, por exemplo, é um pouco como a Amazônia. É inegável que há no Brasil **uma tradição pioneira que desapareceu na Europa. A Europa é um beco sem saída.** Vejam o mapa: ela está na ponta ocidental dessa enorme massa de terra que começa na China e vai-se tornando cada vez mais fina no sentido do Oeste. Os povos que habitam a Europa deslocaram-se de Leste para Oeste até chegar às margens do Atlântico. **Ficaram lá, dentro de um espaço pequeno. Foram obrigados a instalar-se, a sedentarizar-se, a cuidar bem do solo de que dispunham. No Continente americano a situação é diferente. Como a população era pequena com relação ao espaço disponível**, os europeus que aqui chegaram, especialmente os espanhóis e portugueses, não tiveram necessidade de cuidar muito do solo, de tornar-se camponeses. É difícil traduzir para o português algumas palavras do vocabulário rural francês, e por isso vou usar uma delas no original mesmo. Não existe o 'paysan' no Brasil. O índio peruano e boliviano da encosta oriental é um 'paysan'. No Brasil não existe 'paysan'. Não se trata de um problema linguístico. Os primeiros agricultores, que depois se tornaram grandes proprietários de terra, tanto no sul dos Estados Unidos como na América espanhola e portuguesa, foram chamados de 'plantadores'. O plantador nada tem a ver com o agricultor, com o 'paysan'. **O agricultor cuida intensamente da terra, porque não tem espaço.** Vou dizer uma heresia, mas às vezes eu me pergunto se não seria melhor para o Brasil não ter tanto espaço. Não seria mais razoável e racional tornar mais densas as populações das regiões **tradicionais do Brasil, nas zonas rurais, implantando uma agricultura e uma pecuária mais intensivas?** [grifos meus] (MONBEIG In MOTA, 1981, p. 261).

O nomadismo brasileiro, dos pioneiros, dos plantadores e dos trabalhadores, se explica, entre outros fatores, pela herança do gênero de vida coletor indígena, pela magra oferta dos solos e por que há vastas terras disponíveis à colonização capitalista. Em um dado momento, a Europa se tornou uma terra sem saída, cuja colonização veio de Leste para Oeste. Seus colonizadores tiveram que lidar com fronteiras cerradas. No Brasil, isso *ainda* não acontece. As fronteiras são fictícias, são muito distantes. Isto é a base do que Monbeig chama de *nomadismo* brasileiro, mas que posso qualificar como o cerne do que ele via como o atraso do Brasil em relação as nações desenvolvidas, a partir de uma visão geográfica.

Um primeiro eixo de argumentação desse capítulo é a demonstração de que Pierre Monbeig desenvolveu uma geo-hisrória de expansão do capitalismo, um método adaptado aos processos de expansão territorial de espaços abertos, mas ainda ciente do passado *histórico* colonial, ainda que vislumbrado em país "novo". Já o segundo eixo de argumentação se define como partindo de uma readaptação metodológica que frutificou uma geo-história do capitalismo, de forma que tais raciocínios conduziram à construção de um método que teve como resultado uma modelização geográfica que caracterizou o atraso relativo do Brasil e os pressupostos necessários a seu desenvolvimento.

Os estudos de Monbeig desembocam em quatro grandes resultados, todos dependentes um dos outros: um compreensão geográfica *do* Brasil no escopo de uma história global ou geografia universal; como se deu a formação espacial do Brasil moderno; um método que denominei uma geo-história do capitalismo, articulando espaço e tempo em contexto de avanço do capitalismo sob a história dos países "novos"; e uma visão engajada da geografia cujos intelectuais poderiam contribuir com o desenvolvimento do Brasil e apontar soluções para romper com seus atrados. Assim, será preciso defender que os estudos brasileiros de Pierre Monbeig oferecem contribuição teórica numa temporalidade concomitante, e de forma integrada, aos principais avanços metodológicos que as ciências sociais testemunharam no período e que integram os avanços da geografia francesa *pari passu* à consolidação da Geografia Brasileira.

Pierre Monbeig e a geo-história

Em termos metodológicos, para compreender o funcionamento dessa zona pioneira brasileira em expansão e desequilíbrio interno, Pierre Monbeig *inverteu* o método geográfico vidaliano, de uma perspectiva europeia, constrangida por fronteiras, de longa duração do sedentarismo e peninsular, para uma perspectiva americana, internacionalizada e aberta, impelida pela baixa densidade, pelo gênero de vida indígena nômade e por uma vastidão espacial. Para mais, há um jogo de estruturas e superestruturas, pois a colonização da Europa, já na maior parte de seus espaços, vem de baixo para cima, ou seja, da organização da vida material, à organização da vida econômica. No Brasil, a predominância espacial é contrária. Em mais vastas áreas, a organização da vida econômica é anterior ao da organização da vida material. Qual o impacto dessa inversão no método?

Para o caso do Brasil, esta inversão não é uma percepção totalmente original. Ora, o próprio Pierre Monbeig faz menção de que não se desfezera de sua referência à geografia regional francesa, reportando-se à existência de suas muitas monografias que estudam regiões abertas (para ele, tratam-se das teses de Jules Sion, Deffontaines, Cavaillés e Gilbert) e que compreenderam que em alguns lugares os mercados externos têm entrada mais incisiva no território. O modo como os geógrafos franceses se lançaram tão acuradamente a estudos detalhados das regiões franceses proporcionou-lhes um fichário de situações geográficas bastante vasto (MONBEIG, 1945, p. 916-917).

O que o Brasil oferecera a Monbeig foi uma questão posta ao geógrafo francês por Gilles Lapouge, e o próprio Monbeig que avalia seus resultados. Numa perspectiva ao passo histórica e econômica, Pierre Monbeig fora responsável por elaborar uma geo-história em espaços continentais, no contexto do processo de colonização capitalista do território brasileiro:

> GL- Isto é o que o senhor acha que trouxe aos brasileiros; mas, em sentido contrário, o que o Brasil lhe deu? PM- Descobri o espaço, e que para um geógrafo é essencial outras dimensões. Tomei consciência que a França é um país de distâncias minúsculas. **Isto é, uma mudança de escala no espaço, porém também creio que havia uma mudança de escala no tempo, principalmente para a geografia humana que pratico**. (Entrevista de Pierre Monbeig Giles LAPOUGE, 1984).

Salgueiro dera pouca atenção a uma ideia que ela mesma veicula e que considero ser bastante original na interpretação da obra Pierre Monbeig que é o fato de que ele constrói uma "geo-história do presente" – e que eu requalifiquei, para o caso do Brasil, como sendo uma geo-história da expansão do capitalismo. Em uma nota de rodapé, a autora afirma:

> Porém, a tese que deu origem ao livro mencionado havia sido intitulada originalmente 'Marche du peuplement et zones pionnières de São Paulo' (...). Aqui, o destaque da dinâmica na expressão 'marche' também pode ser considerado como uma inovação metodológica já que Monbeig escreve uma geo-história do presente, acompanhando de perto as realidades do mundo pioneiro (SALGUEIRO apud ROBIC, 2006b, p. 51).

Monbeig segue o caminho contrário ao do grande historiador das permanências, Fernand Braudel, cuja tese foi publicada em 1949 em sua primeira edição, e que, num período imediatamente posterior, não teve grande repercussão. Ao contrário, Fernand Braudel fora duramente criticado, enquanto a tese de Pierre Monbeig foi premiada, o que mostra que a Geografia francesa já era mais aberta às inovações das relações entre espaço e tempo do que a própria História. A tese de Monbeig, publicada em 1952, segue de perto os avanços da historiografia do período e não está a reboque dessas inovações.

> Fernand Braudel, muito próximo de Monbeig, na verdade seguia um caminho inverso. Buscava fundamentar a história do Mediterrâneo em permanências, em movimentos muito longos, quase na imobilidade, como escreveu. A história se inscreveria de algum modo no tempo longo. A fantasia dos homens floreava sobre uma trama. Sem ignorar, bem entendido, as restrições naturais, os limites que aí se descobrem, enfim, a natureza do material sobre o qual os homens trabalhavam, Pierre Monbeig demonstrava facilmente que a **geografia era uma construção da atividade humana**, portanto da história. Como nascem fenômenos que frequentemente não são apenas inertes, mas capazes de tomar outras direções, como nasce eventualmente a longa duração, ou ao menos 'temporalidades' das coisas, dos homens, das representações mais longas e que **participam da atualidade** – essa foi a contribuição mais original, ou no mínimo mais ex-

> plícita, que nos foi dada por esse estudo do mundo pioneiro de São Paulo. [grifos meus] (RONCAYOLO, 2006, p. 126).

Na geo-história de Monbeig, a colonização do interior do território brasileiro tem como base um vasto espaço em processo de integração a partir do século XIX. No contexto de expansão do capitalismo, a formação do Brasil é estruturalmente influenciada pelos fenômenos externos. Sendo assim, do ponto de vista metodológico, o estudo da colonização do Brasil devia começar pelo que foi entendido na Europa como uma camada superior, pela análise de suas redes e do circuito de cidades. E ainda, a construção territorial do Brasil é sobremaneira determinada pela postura e atitudes dos grupos sociais e sua captura do Estado, na "quase" plena capacidade de ação que a Geografia Humana conferia ao homem no mundo atual, diferenciando-se aqui da geo-história de Fernand Braudel, para quem os sujeitos têm pouca capacidade de determinar o movimento das estruturas. Já para Monbeig, também as mentalidades já viajaram prontas de um lado a outro do Atlântico. O capitalismo que viaja numa camada superior da econômica, para usar a expressão de Braudel, vem também com suas mentalidades.

A determinação externa, numa escala mais ampla, ganha, no interior da rede urbana, precessão metodológica com a análise da "situação" em relação à do "sítio", o que orienta a confecção de monografias regionais urbanas para compreensão da construção da rede de cidades como impulsionadora do processo de produção do espaço tropical. Com efeito, o Brasil é um espaço aberto, um vasto sertão a desbravar pelas técnicas disponíveis do século XX e os fatores da estrutura econômica são espacialmente predominantes em relação aos processos naturais. Nesse viés, a história do Brasil é organizada em ciclos, pois são os ciclos da economia.

No que toca à ordenação das relações causais, será preciso dizer que, no interior do processo de modernização capitalista, a análise do território é sistêmica, buscando mostrar um desequilíbrio estrutural que se modifica segundo as conjunturas cíclicas da demanda do mercado internacional e dos deslocamentos da mão de obra, em um espaço aberto. Ao sofrer intervenção constante da injeção de nova demanda do mercado internacional por produtos primários, como causa geradora dos processos, a mão de obra se desloca em um espaço vazio, em direção à nova aglomeração.

A injeção constante de nova mão de obra na zona pioneira e a consequente formação de nova aglomeração no interior do sistema, também tem como efeito a quebra de estabilidade do mercado de trabalho e a renovação do ciclo geográfico de exploração.

Essa estrutura é tanto comandada por forças internas, como o esgotamento dos solos (que chamei de ciclo pedológico) e a herança do gênero de vida nômade, como por forças externas, com a renovação crescente da demanda internacional, e por questões de mentalidade, pois a positividade aventuriosa da "mentalidade bandeirante" esconde sua aversão a incorporar a mão de obra empobrecida nos benefícios mais diretos do progresso.

Uma demanda abundante em terras abundantes, quando conduzida por uma mentalidade conservadora, dá preferência à renovação do ciclo de exploração e aproveitamento do nomadismo do que a geração produtiva da riqueza pela ocupação sedentárias e democrática da terra. Essa estrutura se apóia em características específicas do Brasil pois a prerrogativa da abundância de terras e de mão de obra barata de pessoas do sertão ou, quando não, de mão de obra estrangeira empobrecida (atraída para renovar o mercado de reserva), gera um movimento instável no território, em que pessoas circulam em função de um capital concentrado. O desenraizamento da terra e a circulação da mão de obra são os aspectos mais brutais de uma política de desenvolvimento econômica concetrada conduzida por uma mentalidade, no limite, colonial. Acredito que Pierre Monbeig tenha descortinado uma forma quase padrão e geo-histórica do avanço da colonização capitalista dos espaços continentais, bem como um modo de pensar que descortinou os obstáculos do desenvolvimento e que levou em conta dos espaços junto com o papel das mentalidades.

Assim, além da inversão da priodade do interno sob o externo, do sítio sobre a situação, e da estrutura sobre a superestrutura, contrariamente a Braudel, ademais, Pierre Monbeig coloca os homens como condutores dos processos geográficos em pleno século XX (entenda-se os "homens", aqueles operadores da modernização, impregnados de uma mentalidade específica- o voto popular existe no Brasil, mas ainda não se anunciara na época em toda a sua potencialidade). A geo-história é um método adaptado aos processos de colonização, como o ocorrido no Brasil no século XX, assim como no Mediterrâneo no século XVI. Os estudos de Monbeig que se basearam nesse princípio alçam os processos de colonização à condição central para a compreensão do capitalismo. Aprofundo nos tópicos posteriores as diferentes características metodológicas dessa geo-história concebida por Monbeig e que se integra à própria capacidade de descortinar a formação espacial do Brasil. Não são etapas metodológicas, pois acredito que sejam processos metodológicos simultâneos.

A situação do Brasil na economia mundial

Uma primeira característica do método de Monbeig se fundamenta na tomada de consciência da vastidão temporal e espacial do espaço e dos processos históricos que se quer aprofundar. É começar a análise pela *situação* geográfica e histórica do Brasil *insight* retirado indiretamente da obra de Caio Prado Jr. E é também o exercício da precedência (aos outros recursos metodológicos) do caráter aberto da situação regional brasileira. Monbeig começa o seu trabalho com esta largada: medindo o grau de abertura das fronteiras regionais através do estudo da situação. Nesse país, a abertura das fronteiras é um fenômeno de longa duração. A história do Brasil sofre um "mal" de origem: tudo começa com a chegada dos europeus em terras virgens, ou ocupadas por civilizações que não lhes podiam fazer face. Está inserida, dessa feita, no processo de "expansão da raça branca", um processo que se dedicou mais a extrair riquezas do que a gerá-las, e com mentalidades específicas afloradas dessa situação tropical, assim como explicitou Caio Prado Jr. através do conceito do sentido da colonização.

Este espetáculo ainda se observa no século XIX: "(...) a difusão da cultura cafeeira encontra-se historicamente associada à expansão das grandes potências marítimas atlânticas" (MONBEIG, 1957a, p 161). Trata-se, em verdade, de observar que, na história do Brasil, há uma determinação precedente dos fatores sincrônicos aos fatores diacrônicos. Tudo começa e vem de fora. A geografia é um instrumental riquíssimo para análise específica desses espaços. Ele escreve nas notas de uma conferência: "'[a geografia] é um modo de ver essencialmente global, pois a geografia esforça-se por apanhar relações entre os fatos." (IEB, FUNDO PIERRE MONBEIG. A geografia: um valor cultural e um instrumento moderno. Caixa 4, doc 3). No Brasil, a sobredeterminação dos fatores externos se prolonga até o século XIX (ou mais...). Com a industrialização das metrópoles e as novas técnicas disponíveis, é possível iniciar o processo de interiorização da busca por riquezas. De forma fortuita, o Brasil encontra no café um produto do interesse crescente dos europeus (MONBEIG, 1957a, p. 155). É um acaso que este produto de consumo secundário seria ainda mais dependente da demanda externa?

Ao comparar a origem do processo de valorização das terras africanas com o do Brasil, aparece, mais uma vez, como este país é visto por Monbeig como um anexo da expansão econômica atlântica. Foram as relações com a Europa, após a independência, que permitiram uma acumulação de capital em terras brasileiras, sem romper com a lógica da dependência externa (MONBEIG, 1957a, p. 167-168). Esta constatação, aliás, remete às contribuições de Caio Prado Jr, como já se fez alusão.

Identificar conjuntos regionais

Mas apesar dessa precedência do externo sobre o interno, do aberto sobre o fechado, do ponto de vista da estruturação do território, uma segunda característica de seu método é o olhar interno à região. Ele busca um conhecimento das "possibilidades" intrínsecas dos *conjuntos regionais*, nos seus aspectos naturais e humanos: "[com os estudos regionais] melhor ficaremos documentados sobre as correntes humanas ou de permuta, melhor se conhecerão as possibilidades exatas de cada região (...)" (MONBEIG, Correio Paulistano, 6 de outubro de 1944). Depois, será preciso compreender as conexões, desconexões e trocas entre as diferentes regiões (naturais e humanas). O estudo da geo-história, ou da geografia como um todo, não pode começar de um espaço que não seja o próprio espaço físico, que é, no limite, o cerna diferenciação regional para Monbeig.

Mas se um geógrafo não é um leitor exclusivo das unidades naturais, tampouco pode-se excluí-las da análise. Existem dois tipos básicos de região a serem caracterizadas, que se *subdividem* em realidade em *três* tipos básicos de unidade regional: as regiões naturais e as regiões humanas (esta sendo subdividida em região geográfica e região econômica). Um enquadramento em que as fronteiras da região natural e humana coincidam é uma região geográfica, já a região econômica, por sua vez, tem um encaixe pontual e discordante sobre o meio físico, pois ela unifica duas regiões geográficas e sobrepuja os obstáculos que as separam. Participando do movimento de autonomização da Geografia

Humana, Monbeig não abandona os determinantes naturais, mas também não lhe atribuí uma determinação exagerada na vida dos homens no século XX.

À delimitação do meio físico, segue a delimitação do meio geográfico, e, mais à frente, do meio econômico. A delimitação de regiões naturais e geográfica não apresenta dificuldades suplementares porque coincidem. Assim, a delimitação da região geográfica começa com uma análise dos gêneros de vida: "delimitar primeiro um certo tipo de gênero de vida, de povoamento ou de ocupação do solo e em seguida investigar em que medida corresponde (ou não) à infraestrutura física." (MONBEIG, Correio Paulistano, 20 de outubro de 1944).

Contemporâneo de Monbeig, em 1947, Pierre Gourou, elabora uma pequena síntese na coleção "Colonies et empires" na qual declara que a zona tropical, onde o calor se combina com a humidade de maneira quase que permanente, constituindo um cenário de insalubridade, determina a pobreza na fertilidade dos solos, sendo, por isso, fatores limitantes para o povoamento do homem branco nessas zonas (ROBIC, 2006a, p. 156).

Assim como entendeu Gourou, Monbeig também acredita que os gêneros de vida das regiões que estudou eram menos avançados no seu processo adaptativo, marcadas pela tropicalidade e pelo nomadismo. Contudo, se a origem das relações sociais começa marcada por um determinismo direto, Monbeig anuncia que é possível quebrar uma sequência de causas e efeitos, de forma que a manutenção deste estado de coisas seja uma opção da sociedade. No limite, ele elabora uma visão positiva da tropicalidade (GOMES, DROULERS, 1996, p. 264). Diferentemente da afirmação de Andrade, de que Pierre Monbeig não utilizou o conceito de gênero de vida para analisar a zona pioneira (1994), ele reafirmou que, num mundo marcado pela mobilidade, a constatação do nomadismo não é algo menor, e que essa é uma das mais pesadas heranças do gênero de vida indígena e sertanejo sobre a estrutura econômica, cujo ciclo de causas e efeitos seria preciso interromper. Ao contrário do que pensa Andrade, a herança do gênero de vida é importantíssima na análise de Monbeig.

Esse levantamento regional é seguido por uma compreensão do modo como eles se articulam em dada realidade. Essa articulação seguiua concepção de Albert Demangeon, que via uma topografia do espaço em que o meio físico, o meio geográfico e o meio econômico estavam sobrepostos. Na perseguição de um enquadramento geográfico regional, ou seja, na intenção de articular os fatores naturais e os fatores humanos, ele reafirma esta sobreposição específica: primeiro, a geografia física, depois, a geografia agrária, por fim, uma geografia econômica e urbana, industrial, determinada pelos meios de transportes: "Depois da geografia agrária, vem a geografia da circulação" (MONBEIG, Correio Paulistano, 10 de fevereiro de 1945). Ver-se-á que os conjuntos regionais nem sempre possuem encaixes concordantes na topografia da realidade geográfica.

Quando tentar compreender como esses espaços diferenciados se articulam concretamente no terreno brasileiro, Pierre Monbeig vai perceber uma especificidade do Brasil. Aqui, grande parcela do espaço ocupado é construído por encaixes discordantes entre as regiões naturais e geográficas, e a região econômica. Aqui, os espaços são construídos de cima para baixo e os processos naturais só ganham sobrevida em momentos de crise. Vidal de la Blache já acentuara a importância da precedência urbana na construção dos espaços americanos (VIDAL DE LA BLACHE, s/d).

Pierre Monbeig percebe então que, no Brasil, o estudo das trocas e da circulação, de homens e de capitais, das redes, bem como dos sistemas urbanos, estão na base da compreensão dos processos de sua colonização. Isso não o faz alterar a organização de sua tese segundo os modelos das monografias regionais, ou seja, alterar o método de exposição que começava tradicionalmente pela consideração dos aspectos físicos. O meio físico é um dado pré-existente no território. Mas o motor do processo de colonização, e a próprio criação do edifício social são forças externas, que se chocam ao ambiente tropical e ao gênero de vida com um apetite violento. Daí seu método de investigação dar proeminência à uma análise da circulação dos homens e de seus capitais.

Uma análise da superestrutura regional

Essa superestrutura está em realidade "na base" do processo de produção do espaço brasileiro. Pierre Monbeig compreende à necessidade de extrair as *interações causais dessa superestrutura* que é determinante em relação aos outros enquadramentos geográficos, ou seja, partir para análise sistêmica desse conjunto regional.

O capital é expansivo e é a partir dele que se constroem as redes. No Brasil, logrou usufruir de técnicas demasiado primitivas para dar impulso à destruição das florestas, ocupando espaços vazios. Para isso, o capital se vale da existência de população ainda influenciada por gêneros de vida primitivos que povoam as áreas vizinhas às florestas (o sertão), aumentando a sua capacidade de exploração.

O encadeamento de que se revestem os processos dinâmicos é um dado essencial à compreensão da especificidade dos lugares no complexo geográfico de Pierre Monbeig, quando esses processos são colocados em movimento a partir de forças externas ao território. É esta *ordem em interação* que revela a especificidade dos territórios em contexto de expansão dos capitais.

De alguma maneira, Monbeig tenta desenhar para os olhos do leitor como está arranjado esse ciclo econômico. No capitalismo tardio brasileiro, a *primeiro ator local desse encadeamento*, e que avança sobre o território, é o capital financeiro. Ele chega *antes* do pioneiro na colonização dos espaços. Ele precifica a terra. Ademais, detém informações privilegiadas sobre o traçado das ferrovias: é a captura do Estado pelas elites. O pioneiro, marcado pelo nomadismo dos gêneros de vida, chega *depois* da precificação, atraído pela ilusão das terras virgens. Ele compra a terra, derruba a floresta e estabelece seu roçado. Para tanto, contrai empréstimos com os bancos, controlados pela mesma classe de capitalistas, o que vai diminuir constantemente seus ganhos. Após o trabalho do pioneiro, ele vende a terra ao fazendeiro, sem ganhos suficientes, e é o fazendeiro que vai comprar uma terra sabendo que será valorizada pela construção das ferroviais, depois que a massa dos pioneiros já fez o trabalho de derrubada da floresta.

Sem condições de manter a sua produção, só resta aos pobres pioneiros a migração para novas terras. Daí deriva que o pioneiro tenha uma mentalidade aventureira, malgrado esta mentalidade ser consequência das impossibilidades ditadas pela estrutura criada pelo capital financeiro. Trata-se de tentar romper em novas terras as amarras daquilo que não conseguiu romper no primeiro sítio. As esperanças se renovam, a democratização da terra, não.

O dinamismo da franja pioneira é fruto da influência do nomadismo e dos parcos ganhos do gênero de vida tropical, de uma estrutura espacial de espaços abertos, terras disponíveis, bem como da aquiescência do Estado e da sociedade à lógica da produção exploratória (uma questão de mentalidade, que não se dispõem em romper o ciclo de exploração), que dificulta a democratização da terra e a sedentarização dos desprovidos de capital, mesmo que essas terras, paradoxalmente, abundem. Um ciclo comandado desde já pelo capital financeiro.

> Seria mister talvez relembrar as **necessidades financeiras** do sitiante e a organização do crédito agrícola para subvencionar essas necessidades. Raramente se lhe apresenta outra possibilidade além da de dirigir-se a capitalistas, cujas exigências são desastrosas. Resta ao sitiante apenas uma solução, que lhe dá ânimo: **a ilusão** de que mudando-se [sic] para outro lugar, deixando um sítio por outro, as coisas melhorarão. Quando se vem a saber que, em algumas regiões, que são as mais pobres e, tecnicamente, as menos evoluídas de São Paulo, tôdas as colheitas são compradas por um único negociante e todo crédito depende dêsse mesmo negociante, compreende-se melhor a situação. É um raio de luz que se projeta na paisagem. [grifos meus] (MONBEIG, 1957a, p. 217).

A abundância da terra, o vazio demográfico, a monopolização dos benefícios da malha ferroviária, o tipo especulativo de exploração do capital e os gêneros de vida instáveis, resultam na mobilidade do pioneiro, e, de igual modo, no surgimento mentalidade que o impulsione a reproduzir o ciclo. O capital, que já é flexível, procurando soluções para aumentar as margens de lucro, é facilitado pela abundância de terras e de mão obra empobrecida. Jogando com as facilidades do avanço da franja pioneira e com gêneros de vida tropicais primitivos (normalmente nômades), ele os subjuga, novamente, a seu movimento.

Mas esse mecanismo de exploração gera também a superpopulação das metrópoles, com o êxodo se dando também em direção dos centros urbanos, quando da saída dos capitais para outros domínios. "Fatigado" pela consequência do uso de técnicas primitivas, com o empobrecimento dos solos, o capital concorre para dificultar a fixação do sitiante. Ele avança sobre as terras. Um movimento cíclico, uma vez mais, se renova. Observe-se que Monbeig, neste momento do método de investigação, procura compreender esse dinamismo e sua disposição no espaço.

> Sem dúvida a industrialização, visivelmente engajada, fora favorecida pelo crescimento demográfico, mas dois fatores agiram simultaneamente: a transformação do trabalho no campo no estado de São Paulo, onde pequenos produtores e rendeiros

> foram **expulsos das suas terras, e a abertura de novas frentes pioneiras** no mesmo estado e no estado vizinho do Paraná. (...) Grandes contingentes de mão-de-obra foram assim liberados e disponibilizados para o crescimento urbano ou **para a migração para outras frentes pioneiras** [grifos meus] (QUEIROZ, 1991, p. 59-60).

Logo se percebe que, no Brasil, país de fronteiras abertas à demanda do mercado mundial, este complexo é perturbado por forças externas, como bem notou Roncayolo, não chegando jamais a um estado de equilíbrio. No topo do sistema, as forças produtivas são novamente animadas por um renovado ciclo de alta de preços internacionais do café. Na base, o esgotamento dos solos tem como artífice a técnica destrutiva e acentua a condião nômade dessas populações.

Há então um revigoramento da demanda externa e o desgaste do solo, mas não só. O novo ciclo produtivo age sobre novas terras e coloca mais mão de obra nessa orquestração, aumentando o poder de atração da franja pioneira em relação a força de trabalho sertaneja e empobrecida. As populações, dessa maneira, não se estabilizam e são marcadas pelo êxodo. A reincidência constante da exploração da mão de obra, através da injeção de outros homens, gera uma instabilidade do mercado de mão de obra e é uma especificidade da leitura geográfica e sistêmica de Monbeig sobre o Brasil:

> **A marcha geográfica da frente dos plantadores de café** está na lógica desse fenômeno, desse movimento histórico contínuo. Mas a esses tempos determinados concomitantemente pela natureza do território e pelas formas de exploração, ritmos de certa forma 'interiores', somam-se as flutuações da conjuntura exterior. A frente pioneira se constitui e evolui, assim, na articulação de tempos locais e de tempos do comércio internacional – articulação entre escalas deste fato. Numa linguagem mais científica, poderíamos dizer que a colonização das terras e a expansão do café constituem **um sistema aberto**, em transformação contínua, sustentada ao mesmo tempo por suas próprias características, de **origem endógena (conquista do colo**, povoamento e deslocamento das populações, atração exercida pelos lucros obtidos da fertilidade de novas terras), e pelos mercados,

> de **dimensão mundial, fator exógeno.** O sistema, assim, **jamais chega a um estado de equilíbrio** [grifos meus] (RONCAYOLO, 2006, p. 120-121).

Paralementa à análise das interações da dinâmica da superestrutura, em termos de movimentação de homens e de capital, vê-se que Monbeig compreende este complexo em camadas de determinações hierárquicas (uma dominação do homem sobre o homem), considerando que características de ordens econômica e sociológica ajudam a compor essa dinâmica cíclica. A história, então, concorre para explicar a evolução desse conjunto.

Evoluções, ciclos e conjunturas

Inserida em um movimento de expansão do Atlântico, esta expansão depende em parte da história dos centros da economia mundo. São os ciclos do capitalismo. Quando a economia mundial cresce, avoluma-se a demanda por produtos tropicais, e a colonização no Brasil avança em um novo ciclo de acumulação. Quando a economia se retrai, encolhe-se também a demanda por produtos tropicais, irrompendo a possibilidade para construção de outro movimento histórico interno no Brasil. Chamo esses movimentos, que são consequência da demanda e da expansão, respectivamente, de "processos capitalistas" e "processos naturais".

Hervé Théry foi quem lançou luz sobre a originalidade da abordagem cíclica na obra geográfica de Pierre Monbeig. O Brasil leva à compreensão desses ciclos, uma vez que todo o seu dinamismo econômico, se deu, desde o século XVI, na conformação dessas variações conjunturais: "Usar como articulações essenciais as crises econômicas, era outra [ousadia]. E tentar construir toda a análise das franjas pioneiras em torno de três cortes históricos (1900, 1929, a época presente) era uma terceira ousadia (...)." (THÉRY, 2009, p. 51).

Para Queiroz Neto, Pierre Monbeig consegue perceber que a periodização da história econômica do Brasil se dava conforme os "ciclos" do café. Sob dependência externa, uma boa situação econômica no centro impele a ciclos de expansão. Esse primeiro movimento expansivo se deu ao longo da Baixada Fluminense, seguindo depois em direção ao Espírito Santo, sul de Minas e Vale do Paraíba (QUEIROZ NETO, 2009, p. 42).

Com um novo surto, o processo de expansão transpõe o planalto paulista, quando advêm as primeiras instalações em Campinas, que ainda se faz com escravos (QUEIROZ NETO, 2009, p. 42). Posteriormente, no último quartel do século XIX, e após a abolição do tráfico de escravos, os fazendeiros vão ocupar as novas zonas com imigrantes brancos do sul da Europa e investirão parte de seu capital na construção de ferrovias. Por fim, uma nova expansão serve-se de mão de obra nordestina e japonesa, desde o início do século XX (QUEIROZ NETO, 2009, p. 42-43). Para construir tamanho empreendimento, desde o princípio foi preciso que os fazendeiros tomassem o Estado.

> [As grandes famílias] passam a dominar o cenário econômico e político nacional, controlando a propriedade das terras, o comércio e a exportação (as casas comissárias), construirão ainda o sistema de transporte com a implantação das estradas de ferro, iniciarão a importação do trabalhador livre. Monbeig mostra que o interesse político coletivo do Estado passa a se confundir com os interesses dessa classe social (...). (QUEIROZ NETO, 2009, p. 43-46).

Quando o capitalismo se expande, há um movimento dos homens em três direções. A primeira direção é a continuidade da expansão na vanguarda da zona pioneira com a abertura de um novo ciclo de especulação e exploração: construção da via férrea, desbravamento das florestas pelos pioneiros e expansão da grande propriedade (movimento de expansão capitalista). A outra direção, porém, se dá na retaguarda. Com espaços mais circunscritos e técnicas menos modernas, a retaguarda das zonas pioneiras recebe parte dessa mão de obra empobrecida ou itinerante. Uma economia de trocas, de alguma forma, ainda se mantém pelo suporte da ferrovia. Com menos recursos, essas zonas que são chamadas de "velhas" tendem a ter a propriedade mais dividida e a produção voltada para o mercado interno e para a indústria (são a evolução dos processos naturais) e também por um isolamento relativo, pois a malha ferroviária atinge preferencialmente algumas propriedades (normalmente as maiores) em desfavor de outras. Um terceiro movimento ressoa na metrópole, que se industrializa. É o processo de urbanização das grandes cidades.

Não obstante, há igualmente o momento de revolução. Quando o café entra em crise definitiva, em 1929, os processos naturais são observados também na vanguarda da zona pioneira. Se a expansão já não é mais possível, ou seja, não há benefícios possíveis para ir tão longe frente à queda dos preços, então a fragmentação da propriedade se dá também na vanguarda da franja, que se integra à estabilidade e à construção de mercado da zona velha, observando-se um processo de nivelamento e sincronização mais acentuado do sistema regional em função do mercado interno.

Na retaguarda desse processo, o envelhecimento das antigas zonas reproduz um modelo histórico mais estável, favorecido pelo que resta das linhas ferroviárias e circunscritas pela dinâmica interna; no seu ponto de origem, o planalto paulista que abriga a metrópole também se alimenta da dinâmica da zona pioneira, pois o empobrecimento do operariado da frente agrária, desprovido de terras, alimenta uma migração constante aos centros urbanos em industrialização progressiva.

Fundadas essas análises, Monbeig consegue medir a temporalidade da exploração do trabalhador no Brasil. O que isso quer dizer? O trabalhador brasileiro, assolado pelos fatores do nomadismo da força de trabalho, passa por um longo ciclo de exploração antes de conseguir fixar-se ou na pequena propriedade, ou como proletariado urbano. Este ciclo, segundo as considerações de Monbeig e seus alunons, dura em torno de 40 anos. Quais são as consequências dessa afirmação? Monbeig elabora uma leitura geográfica da relação de exploração do sistema capitalista no Brasil, explicando o seu atraso relativo frente a um mercado interno que se consolida tardiamente e dos fatores territoriais de colonização desse espaço.

Em síntese, as características mais marcantes desse sistema regional são a vastidão de teras, a instabilidade da mão de obra, a mentalidade bandeirante, a financeirazação e a concentração dos capitais, que consegue renovar o ciclo de exploração pela presença da fronteira aberta. O capitalismo aproveita da má condição dos gêneros de vida da região tropical, assolados pela fome, pelas doenças, e pelo nomadismo e usa essa mão de obra barata para a abertura da floresta e nas fazendas em momentos de bonança. Aproveita-se da condição geográfica de fronteiras abertas. Com o poder do Estado, eles conseguem especular sobre as terras vazias, através da manipulação dos traçados das ferroviais, sem que esse processo seja percebido pelo pioneiro, que sonha com melhores condições de vida sobre terras que ele pensa estarem disponíveis. Com baixo capital, são obrigados a vendê-las, seguindo ora para frente, ora para trás, após terem derrubado a mata. Para frente - para as novas zonas e, para trás - para a metrópole, proletarizando-se.

Só quando o capitalismo entra em crise, uma brecha se abre nesse sistema. O pequeno capital encontra melhores oportunidades, o mercado interno melhora sua equalização, as regiões são mais circunscritas e a industrialização é favorecida. Pierre Monbeig modelizou e articulou esses processos regionais.

Mesmo que ele não tenha explicitado a intenção de produzir um modelo, todas as variáveis para a sua construção encontram-se no interior de sua obra. Tentarei demonstrar porteriormente que, se no método de pesquisa, os valores de um discurso literário quase já não se reproduzem, no método de exposição, eles estarão ainda presentes, valorizando as características específicas das paisagens brasileiras. A citação abaixo resume essa geo-história que relaciona tempo e espaço em dois modelos complementares e divergentes de ocupação do território em função dos ciclos, articulando então a análise sincrônica, à análise diacrônica e à econômica:

> É fácil entender que o paradoxo é apenas aparente. A agricultura e a sociedade rural de países tropicais apresentam dois aspectos que se opõem radicalmente, pelo menos na maioria dos casos. De um lado, a agricultura de subsistência tradicional praticada por grupos humanos com técnicas arcaicas, velhas estruturas e uma economia local ou doméstica. De outro, um setor que se interessa menos pelos mercados nacionais do que pelos internacionais. Sua agricultura comercializada atrai investimentos e se beneficia com os progressos da ciência e da tecnologia agronômica. Utiliza uma mão-de-obra operária mais do que camponesa, porém ainda ancorada às formas de pensamento tradicionais. Coexistem assim uma agricultura 'desenvolvida' e uma agricultura 'subdesenvolvida'. É precisamente essa dualidade que constitui uma das formas de subdesenvolvimento da zona intertropical, ao mesmo tempo em que é uma das causas essenciais. (IEB, FUNDO PIERRE MONBEIG. Sem

> título. Sobre a subalimentação no mundo intertropical. Caixa 5, doc 14. SD).

Na citação precedente, deixa-se entrever, da mesma forma, que o movimento histórico, quando vinculado a uma ambientação fechada, circunscrita ao local, desenvolve processos similares a um modelo natural.

Os modos de pensar

Sem entrar nos pormenores, já argumentei que Pierre Monbeig observa o século XX marcado pela possibilidade de intervenção do homem na construção dos espaços e na direção da economia: "os sucessos urbanos eram ao mesmo tempo o triunfo dos indivíduos e, em tal sentido, a geografia humana da franja pioneira é o fruto da sua estrutura social e econômica." (MONBEIG apud NOGUEIRA, 2013). A captura do Estado, principal agente econômico do século XX, é passo essencial para comandar esses processos. Essa captura passa também pela sustentação de mentalidades.

O programa de estudos sobre a psicologia dos povos terá realmente se tornado fundamental a partir dos trabalhos de Durkheim e Halbwachs (OZOUF-MARIGNIER, 2006c, p. 62). Ao lado de psicólogos como Charles Blondel e Henri Wallon, serão eles que se tornarão inspiradores do desabrochar da história das mentalidades, produzidas por Lucien Febvre e Marc Bloch (OZOUF-MARIGNIER, 2006c, p. 62). Os fundamentos dessas histórias, das mentalidades, das representações e das sensibilidades, estão em vias de elaboração na época de Monbeig. Sua impressão era que a incorporação destas abordagens em trabalhos geográficos constituía uma novidade para época:

> (...) ninguém na minha defesa de tese, nenhum membro do júri, disse nenhuma palavra - seja de louvor, seja de crítica - sobre as poucas páginas que eu havia consagrado à psicologia bandeirante. Eu tinha a impressão de que aquilo era uma novidade, e que eu provavelmente levaria um tapa na mão, ou então, ao contrário, que me elogiariam. (MONBEIG in BATAILLON, 1991, p. 31-32).

À diferença de Braudel, a geo-história de Monbeig, sendo também uma geografia do movimento, é uma geografia que pretende contribuir com os tomadores de decisão. Trata-se, portanto, de uma metodologia não só já adaptada ao terreno brasileiro, uma vez que a conjuntura de emergência de um Estado popular, planejador e de ascenção da cidania caracterizava o segundo governo de Getúlio Vargas, como as correntes científicas da época. O estudo das mentalidades torna-se importante para os países comandados por elites coloniais, ainda que o contexto brasileiro pós revolução de 1930 começe a abalar essa herança.

Mas, ainda nesse momento, não se pode falar de uma geografia aplicada. Aziz Ab'Saber rememora que Monbeig costumava alertar os geógrafos brasileiros, não sobre uma, mas sobre várias aplicações possíveis da geografia (AZIZ Ab'SABER, 1994, p. 231). Em outras palavras, tratava-se de compreender que cada modelo ou teoria possuía uma aplicação possível da geografia em função das características particulares do meio. Em Monbeig, para comandar, ainda assim, é preciso se adaptar.

Monbeig demonstra estar ciente do avanço das modelizações da geografia, mas sua compreensão geográfica da colonização desemboca em uma teoria geográfica *regional* do desenvolvimento brasileiro, que se direciona no sentido de valorizar todas as capacidades intrínsecas das suas regiões, e pela crença de que os indivíduos, em pleno século XX, tomaram os rumos da história, ainda que de maneira dependente e adaptativa às condições naturais.

Nesse domínio, se os espaços brasileiros são conformados segundo a vontade de certos homens, é claro que estes homens devem ter "modos de pensar" sintônicos com o processo de colonização. Marie-Vic Ozouf-Marignier lança luz:

> "Monbeig afirma toda a importância que atribui à consideração das 'atitudes mentais', julgando que elas constituem um propulsor essencial dos modos de ocupação do espaço e devem, portanto, ser objeto de pesquisas da geografia humana" (OZOUF-MARGNIER, 2006c, p. 59).

Nas próprias palavras de Monbeig: "o que se pretende é que sejam associados mais freqüentemente o estudo dos modos de pensar e o dos gêneros de vida." (MONBEIG, 1957c, p. 32).

Associar o modo de pensar ao gênero de vida é uma maneira de ver a Geografia Humana dialogar com outras ciências sociais. Na opinião de Ozouf-Marignier, Monbeig promove uma importante associação entre o meio natural e as sociedades através das mentalidades. Incorporando, neste ponto, as contribuições de Jean Brunhes, Monbeig aceita que as diferentes estratégias adaptativas, em meios físicos semelhantes, podem ser explicadas a partir das heranças das atitudes mentais (OZOUF-MARIGNIER, 2006c, p. 64-65). Os indivíduos tiveram um papel crescente nos rumos da história.

> A eficácia desses dons individuais e dessas influências pessoais não pode ser subestimada: ela se irradia livremente numa sociedade em que o controle administrativo e a direção política ainda permanecem nas mãos de uma minoria que frequentemente **confunde seu enriquecimento com o da coletividade**. Em seguida, por um fenômeno de contágio e de entusiasmo coletivo, a especulação atrai a especulação, e um sistema de publicidade efetivado por intermédio de **agentes, de jornais e de cartazes** garante a ocupação do loteamento, que logo dá lugar à cidade. (...). Assim, evitando a deriva de uma caracterologia temerária ou de biografias isoladas, Monbeig propõem à geografia 'levar a sério os atores e as situações', a fim de explicar ao mesmo tempo o processo de colonização e o desenvolvimento urbano. [grifos meus] (OZOUF-MARIGNIER, 2006c, p. 84-85).

Se se contata que a obra de Monbeig é elaborada para a análise do século XX, não seria ela uma continuidade ao programa de pesquisa estabelecido pela escola dos Annales? Monbeig, sem negar a visão de Braudel sobre a política do século XVI, mas concebendo o seu crescente papel, teria produzido análise complementar à do historiador, mas abordando um momento diferente da história. Não findaria este tópico sem reiterar a postura crítica de Monbeig ao modo capitalista de exploração e a valorização política que confere aos atores, como já percebera Ozouf-Marignier na citação acima, entre outros leitores atentos.

Porém, Pierre Monbeig, como visto, não concebe uma geografia aplicada (com o homem ditando regras próprias à organização *racional* do espaço), mas uma geografia inserida em seus condicionantes naturais. Não prescinde do caráter sintético da disciplina como um cruzamento entre as ciências naturais e humanas, frente à demanda dos planejadores. Em 1943, ele participa de cursos de inverno na Casa do Estudante do Brasil, no Rio de Janeiro (SALGUEIRO, 2006c, p. 205) em que profere uma conferência que poderia ser considerado um manifesto, *La crise des sciences de l'homme*, contra a segregação entre as disciplinas: "As diferentes ciências do homem não estão ainda organizadas, seja no seu próprio domínio, seja nas suas relações mútuas. Isso se manifesta claramente pela excessiva fragmentação" (MONBEIG, 1943, p. 42).

Monbeig percebe que a Geografia é ameaçada por este novo paradigma das relações científicas e se manifesta publicamente pela manutenção de antigos valores: "Não cabe à geografia, cujo valor essencial ainda está no fato de ser uma possibilidade de síntese entre as ciênciais sociais e as ciências naturais, que seja ameaçada por uma segregação abusiva, que lhe seria provavelmente funesta" (MONBEIG, 1943, p. 43). Ele mantém seu estatuto metodológico ímpar. Mesmo que o método de investigação seja bastante modelar, o método de exposição vai continuar a ser bastante literário, ao não abolir o determinismo natural, em benefício da ação do homem. Monbeig elabora uma teoria *regional* da colonização que leva em conta os condicionantes naturais, e um *padrão de funcionamento* que não é apenas essencialmente *urbano* (lugar que é expressão da vontade humana), mas sim a repetição de certos elementos geográficos no funcionamento de todas as áreas de modernização do capitalismo tardio brasileiro (litoral, metrópole, cidade e zona pioneira), segundo diferentes regiões geográficas, em que a vontade humana está limitada por algumas imposições da natureza, ainda que com graus crescentes de liberdade.

As estruturas causais da geo-história de Pierre Monbeig

Na geo-história, a geografia vem antes da história. E isto não é pouco. Observou-se que Pierre Monbeig vêm elaborando, ao longo do tempo, uma teoria da colonização dos espaços, segundo uma sugestão do próprio Vidal de la Blache, ao ressaltar a importância do estudo da expansão dos gêneros de vida e do meio natural, mas adaptada ao território brasileiro.

No que tange a relação entre a geografia e a economia, é interessante notar que, desde o fim do século XIX, sob a pena de Vidal de la Blache, ensaia-se construir um patamar profundo da história do homem que reconheça determinações mais lentas do que os do homem político ou do homem econômico. Vidal utiliza o termo "civilização material" (1994) para relatar essas profundezas. Max Sorre fala dos fundamentos biológicos da Geografia Humana. Pierre Monbeig corrobora com a visão de um homem biológico na base de *uma topografia da realidade.*

> Inicialmente, consideremos a 'região geográfica', isto é, a unidade regional onde se processou a síntese entre as condições físicas e os fenômenos humanos. Num quadro natural bem determinado desenvolve-se um complexo de atividades humanas que apresenta uma certa harmonia com as condições do meio físico-biológico. Somente após uma necessária e longa experiência do meio se chegou a esta espécie de equilíbrio perfeito. Da pré-história às últimas décadas, pode-se acompanhar às apalpadelas, os malogros e os êxitos dos grupos que se sucederam neste quadro e que lhe completaram a conquista, **depois de ter com tamanha intensidade e por tanto tempo**, agido sobre meio a ponto de, de certo modo, **terem-no criado de novo**. [grifos meus] (MONBEIG, 1957d, p. 142).

Para compreender os encaixes regionais e sua disposição na superfície da Terra, pensa-se nas camadas de deposição que se acumulam no relevo. Não é diferente com a produção do homem sobre a superfície da Terra, pensam os franceses. Numa camada inferior, as regiões naturais, e em uma camada superior, as regiões econômicas, são encaixadas na superfície da terra de maneira discordante. No meio de ambas, uma região humana ou geográfica (ver fugura 5).

Enquanto uma evolução natural se encaixa em uma região natural, o meio físico determina a construção do meio geográfico através de relações *causais diretas*: as relações são de ordem causais lineares e determinadas (reina um determinismo do meio físico ao meio geográfico).

Numa camada superior, a região econômica possui um encaixo específico: ela se enraíza no meio natural nos seus pontos de fronteira, onde o homem deve ultrapassar os obstáculos e toca o solo apenas nesses pontos (que Monbeig identificará como sendo as cidades situada em sitmos). Não se deve esquecer, todavia, que essas unidades econômicas se associam, da mesma maneira, com outras combinações do meio físico, os istmos e as linhas comunicação: "O estudo das vias de acesso é particularmente sedutor nos grandes vales dos principais rios, cujo papel como via de penetração através das zonas distintas é antiga e ativo" (MONBEIG, Correio Paulistano, 20 de outubro de 1944).

Esta camada econômica "sobrevoa" essas regiões naturais e geográficas e, via de regra, unifica duas unidades discordantes, possui uma dinâmica cíclica e é organizada, não em torno de relação determinadas de causa e efeito, mas em torno de interações cíclicas. Monbeig percebeu a dualidade das causalidades no âmbito da epistemologia da geografia: "a prática da geografia ensina logo que as relações entre a Terra, os fenômenos e os seres não são relações se causa e efeito, mas interações contínuas" (IEB, FUNDO PIERRE MONBEIG. A geografia: um valor cultural e um instrumento moderno. Caixa 4, doc 3). Esta é uma primeira estrutura causal a ser considerada originada as reflexões de um meio que unifica as temporalidades do meio natural e do meio moderno: uma topografia da realidade. Não seria esta a ideia básica do "complexo geográfico"?

> O que caracteriza o estudo geográfico é, pois, o fato de ser constituído por conjuntos complexos, 'combinações geográficas', para citar a fórmula do professor Cholley. Mas tais combinações têm um substrato sólido: a Terra. E isso não quer dizer apenas a superfície acidentada do solo, mas também o subsolo, as plantas, o clima, o meio biológico. É preciso ver como e por que existe tal combinação geográfica nesse determinado ponto do globo em que se localiza. Ela ocupa uma certa parte do espaço; impõe-se ao meio natural e é ao mesmo tempo, consequência dele. Transforma-se sem cessar, pois o que vive é dinâmico: é preciso portanto ver também de que maneira esse complexo evolui e quais as causas que o movem. (...). Se, desde então, todos os conhecimentos científicos e suas aplicações técnicas progrediram bem além do que seria de se esperar, nossa inquietação cresceu terrivelmente. Guerras, revoluções, fome, desemprego, vida em campos de concentração, aniquilaram toda a tranquilidade (...). Se não duvidamos do poder sobre a natureza que nos confere a ciência, o homem torna-se o centro de nossa preocupação (MONBEIG, 1957e, p. 13).

Seu raciocínio causal, ao incorporar a análise sincrônica, traça "combinações" e "interações" no topo da hierarquia, e "causas e efeitos", na base. Se se tem uma concepção de história evolutiva, na base, mobilizam-se concepções relacionais de causa e efeito: "Imediatamente, aparecerá a ideia da multiplicidade das causas tanto quanto de seus efeitos" (ALVES, FERREIRA, 2011). Se se trabalha com a concepção de uma história extensiva, mobiliza-se um raciocínio em avanços, recuos, interações, no interior de um sistema. Tanto os movimentos intensivos quanto os extensivos são histórias, temporalidades. Pois cada um desses movimentos predomina no espaço em atuações cíclicas, condizentes com o próprio movimento do capitalismo contemporâneo. Mas esse capitalismo não abole as estruturas espaciais herdadas (ver figura 5).

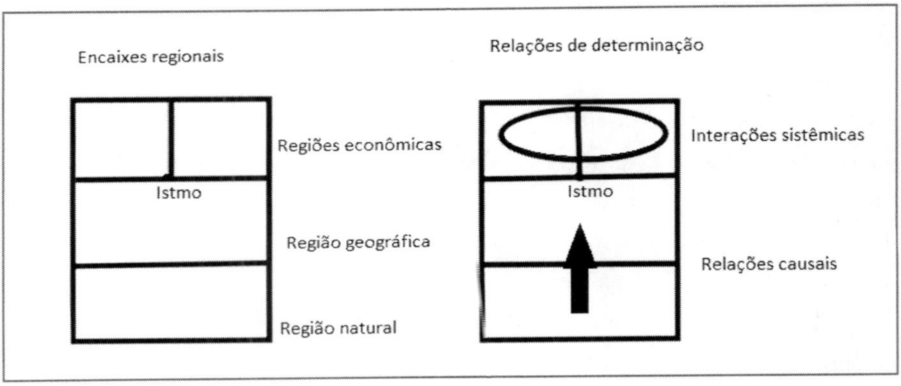

Figura 5. Modelo simplificado de raciocínio topográfico. Concep: Lira, 2018.

Dessa maneira, Pierre Monbeig faz um triplo movimento: primeiro, ele encaixa a região econômica sob uma camada mais duradoura e, o fazendo, articula suas proposições ao acúmulo teórico da geografia clássica, cujas relações diretas entre o solo e o homem foram amplamente debatidas (lembro do esquema do raciocínio causal linear nos primeiros estudos de Monbeig sobre a região parisiense, apresentados no primeiro capítulo). Depois, ele a sobrepõe a uma nova camada de colonização, dominada por forças econômicas e com estrutura interna cíclica, como nós aludido. Por fim, sua inovação, em contato com o terreno brasileiro, consistiu em perceber que, no Brasil, a circulação e a região econômica estão na base da construção dos espaços de colonização do capitalismo tardio, desenvolvido no Brasil após o fim do século XIX, mas que continuam enraizados no meio natural em pontos de contato.

Um raciocínio sistêmico

Esses espaços de colonização são construídos, portanto, de cima para baixo e com base em relações cíclicas: "O papel reconhecido dos transportes na estruturação do espaço nas franjas pioneiras explica por que Pierre Monbeig reconhecia neles a primazia na formação das regiões ou esboços de regiões" (THÉRY, 1991, p. 88). Portanto, no Brasil, as redes chegam antes da construção regional e a história é marcada pela forma cíclica. Mas as disposições espaciais são complementares, de forma que na retaguarda do ciclo de exploração, o sistema econômico, ainda constrangido por dinâmicas endógenas, desagua em processos civilizacionais, ou processos naturais, de forma retardatária.

Desse modo, segundo Roncayolo, são os ciclos pedológicos (na base) e econômicos (no topo) que alternam os vetores de força das diferentes territorialidades intensivas ou extensivas desse sistema regional concebido topograficamente (RONCAYOLO, 2006, p. 120-121). As crises reorganizam o movimento dos homens e das coisas, pois elas retiram do sistema dois elementos fundamentais: ora o capital, ora a terra.

Elaborei aqui um primeiro esboço de um modelo sistêmico da organização regional do Brasil a partir da articulação das franjas pioneiras com outras paisagens brasileiras – chamo de *modelo regional das franjas pioneiras (ou de regiões abertas) e das áreas de modernização do capitalismo*. Trata-se de um esforço interpretativo. Atribuir a Monbeig o esforço de construir um modelo pode parecer excessivo, mas ao mesmo tempo ele oferece esses elementos. Para nós, esta compreensão geoeconômica e géo-histórica do Brasil, antecipa, na verdade, uma interpretação geográfica do subdesenvolvimento pois nela se vê que os processo naturais de construção civilizacional se consolidam seja no fim do ciclo, seja na periferia do sistema, produzindo um atraso relativo do desenvolvimento. Esta modelização é parte de um raciocínio cuja estrutura causal topográfica. Ela pode ser vista com visão oblíqua e tridimensional se imaginarmos que a dinâmica dos solos está na base e a dinâmica das redes urbanas está no topo.

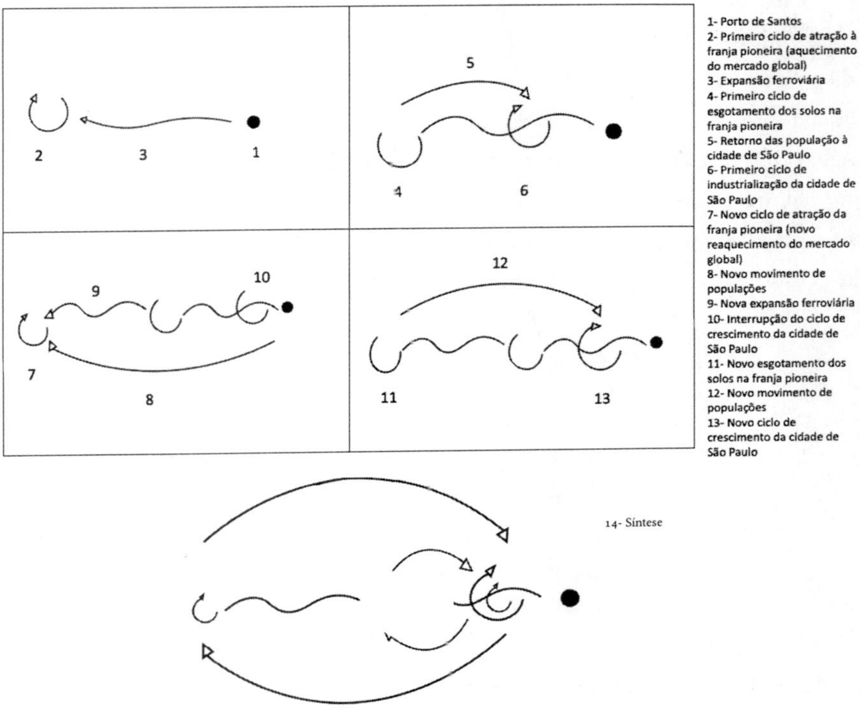

Figura 6: Modelo de estrutura causal das franjas pioneiras: cíclica, sistêmica e aberta. Org: Lira, 2017. Elaboração: Adèle Clerc.

A abordagem cíclica no âmbito da Geografia Humana, com determinações do meio apenas em pontos de contato, já aparecia nos estudos de Pierre Monbeig sobre a Espanha. Aqui, o modelo torna-se mais complexo. O que se observa nessa modelização geográfica do funcionamento regional do Brasil é que ela se constitui em ciclos dentro de ciclos, em que o fechamento de cada ciclo é marcado por uma reorganização do sistema, através de movimentos extensivos. Já argumentei que, para Daniel Loi, a geografia clássica usou de um raciocínio majoritariamente linear em trabalhos empíricos (LOI,1982, 1985), tendo, a vertente sistêmica existido até a segunda guerra mundial como projeto. Portanto, o raciocínio sistêmico de Monbeig, entabulado sobre as determinações do espaço brasileiro, é uma provável originalidade na sua utilização em trabalhos empíricos em Geografia Huamana.

Esse ciclo expansivo que reproduz a instabilidade da mão de obra, pode ser rompido? Na verdade, para Monbeig, nos interstícios da exploração capitalista, desenvolve-se uma sociedade que se esforça por oferecer respostas aos obstáculos que lhe fazem face. Na zona pioneira também se constroem fortunas civilizacionais e zonas de povoamento, além da exploração. O equipamento industrial, ligado às cidades, é o elemento mais notável desta luta. Significa romper com esta vinculação extrema ao mercado mundial e ao comércio exportador. Um melhor conhecimento da terra se verifica.

> Entre a franja pioneira e as indústrias das grandes cidades, estabelecem-se relações cada vez mais estreitas: para o Brasil, passou a hora em que toda a produção se destina ao comércio exportador; têm os produtos da terra um mercado nacional que se alarga, de ano para ano. A economia pioneira só tem a lucrar com essa evolução, pois ficará assim menos exposta às crises da economia mundial. (MONBEIG, 1984, [1952], p. 391).

Um melhor aproveitamento do meio, segundo Monbeig só irá se aprofundar quando houver um fechamento da fronteira, estabilizando a demanda externa e bloqueando o ciclo geográfico de exploração. Assim, o êxodo poderá finalmente estabilizar-se na cidade como mercado para indústria nacional. Toda a exposição de Monbeig virá a comprovar tais hipóteses. E virá, assim espero, também comprovar a minha hipótese de pesquisa: de que o estudo de Pierre Monbeig está voltado à compreensão de uma civilização brasileira nascente, com tudo o que uma Geografia Humana não nova, mas renovada, pode dispor para compreendê-la.

> O problema da conservação das riquezas naturais, e da restauração das regiões envelhecidas é agora encarado pelos meios urbanos, como pelos plantadores clarividentes. (...). Virá a desenhar-se uma espécie de retorno da marcha pioneira, por uma renovação do povoamento e uma retomada da agricultura nas velhas zonas? Não é de se rejeitar essa eventualidade. (...). **Mas tal renascimento só poderá vir depois que a marcha pioneira tenha atingido seus limites**. [grifos meus] (MONBEIG, 1984, [1952], p. 391-392).

Na passagem de sua obra acima, Monbeig anuncia que a teoria da colonização não será mais apenas compreendida no porvir em um sistema aberto (como observei ele desenvolver até aqui), mas igualmente em um sistema fechado, ou seja, quando a franja pioneira atinge seus limites que impedem a continuidade da expansão geográfica. Monbeig não faz apenas um exercício de compreender a franja pioneira nas suas experiências passadas. Ele também se arrisca numa análise do presente, de alguém quer prever seus desdobramentos, exercendo uma combinação de um paradigma literário com o de uma geografia aplicada.

Uma leitura geográfica dos atrasos seculares do Brasil: rumo a uma perspectiva de promoção do desenvolvimento?

Antes de entrarmos em demonstrações sobre como a geografia de Pierre Monbeig produz uma leitura geográfica dos atrasos seculares do Brasil, gostaria de expor uma divergência de leituras. Como sustentar posições teóricas de tipo progressista em se tratando de um personagem supostamente apolítico, liberal, como sustenta parte da historiografia brasileira? (GONCALVES, 1998, BRAY, 1983). Há um grande equívoco em associar Pierre Monbeig ao liberalismo econômico.

> Monbeig não falava de recordações socialmente diferenciadas, mas de uma história unificada que comporta os brasileiros em geral. Em momento algum ele se interrogou sobre a presença eventual de memórias contraditórias e estratificadas mesmo em termos de uma escala reduzida, como nas áreas de frentes pioneiras. Aqui encontram-se muito nitidamente alguns dos limites cognitivos da tradição de pensamento geográfico relacionada com Vidal de la Blache, Jean Brunhes e Lucien Febvre, mestres evidentes de Pierre Monbeig: a coisificação do gênero humano como essência que se manifesta através de entidades como Nação, Região, Civilização e assim por diante. Anula-se, nesta via, as diferenças socialmente construídas. Busca-se identidades, experiências coletivas indiscriminadas, processos capazes de permitir a singularização de uma pequenina e mapeável humanidade nacional. (GONÇALVES, 1998, p. 46-47)

Quando Pierre Monbeig observa que parte da burguesia nacional esteve empenhada na modernização capitalista e territorial do Brasil, ele não o faz esquecendo o lado perverso deste movimento: a captura do Estado, a exploração da condição empobrecida do sertanejo e do imigrante, a falta de democratização da terra, o desmatamento acelerado, são por ele assinalados. Essa burguesia nacional, ilustrada e liberal, no seu afã de modernização cultural da sociedade pela via universitária, salvo em situações que não puderam controlar (caso de Lévi-Strauss) tolerou as visões críticas dos professores no seio da FFCL, mesmo sendo os seus mantenedores.

Quando ele descreve cientificamente o processo de modernização do território brasileiro, mesmo que liderado pelos fazendeiros, ele não está elaborando uma justificativa científica aos que se consideram os arautos da modernização, afinal, o cenário é socialmente mais complexo. A análise de Monbeig revela determinações econômicas das relações sociais e é plenamente condizente com a compreensão da estratificação social nas sociedades brasileira e paulista.

Ao contrário do que se veicula, o pensamento de Monbeig se torna progressivamente mais explícito em suas formas padrões, junto com o acréscimo de crítica ao desajustamento que o capitalismo especulativo provoca no Brasil. Assim, de outro lado, esclarecer os métodos também vai se tornando progressivamente imperioso no contexto da instalação do pensamento crítico, ao contrário do que ocorre na predominância da consciência conversadora no pensamento, como demonstrou Mercadante:

> Em geral, não contém a mentalidade conservadora, por si própria, predisposição teorizante. Parte de uma pragmática de que não cumpre divagar sobre as situações em que se encontram os homens naturalmente ajustados. Dir-se-ia não haver problemas equacionado numa ordem natural das coisas, e eis a justificativa de um estado de espírito despido de inquietações. As reações conservadoras diante dos fatores imanentes e situações determinadas consistiriam em atitudes habituais, e nesta situação o pensamento tranquilamente aceita o existente, como se fosse a exata ordem das coisas e do mundo (MERCADANTE, 1972, p. 217).

Um aluno de Monbeig pôde constatar que havia um processo de virada à esquerda da intelectualidade geográfica francesa que não se contradizia com a herança da geografia clássica (MAMIGONIAN, 2005, p. 206-207). Pierre Monbeig está plenamente ciente de que os países novos multiplicam seus esforços para se verem livres das heranças coloniais, lutando para desenvolver suas economias à altura da mundialização:

> A geografia econômica do café reflete perfeitamente o mundo atual: dela apreendemos aquilo que subsiste ainda de uma época em que os grandes países industrializados do hemisfério norte dominavam as economias e exploravam os recursos dos países tropicais. Mas, ao mesmo tempo, esta geografia permite medir os esforços dos países subdesenvolvidos para se libertarem ao preço de mil dificuldades." (MONBEIG, 1954, p.285)..

Os cenários internacional e nacional vivem um contexto de democratização, tanto no aspecto político quanto econômico, após as medidas anticíclicas e de reconstrução de guerra. No Brasil, o "trabalhismo" se fortalece e, na França, importantes intelectuais do círculo de Monbeig tomam partido de ações radicais. Não há como não pensar que Monbeig também não se situe nessa transição dos discursos. Ele é um geógrafo crítico, atento aos processos sociais brasileiros e franceses, fincando suas raízes sob os terrenos seguros de uma geografia que o seduziu desde a primeira juventude.[1]

Ao contrário do que veicula parte da historiografia, Pierre Monbeig toma para si a tarefa de compreender a condição socialmente desigual da sociedade brasileira e de pensar seu desenvolvimento. Para ele, o desafio do desenvolvi-

1 Do ponto de vista do método, o que estou a argumentar é que se deve desconfiar de uma análise essencialmente epistemológica das obras. É certo que a dimensão epistemológica possui sua própria evolução, seus próprios ritmos, seus avanços e recuos. Mas as relações em ambientes intelectuais diversos fazem repensar as possibilidades de diálogos e empréstimos. Não se pode justapor a dimensão epistemológica à política, tampouco se pode exluir dinâmicas de trocas e empréstimos de pontos de vista. Um intelectual não é imune ao contexto em que se insere e às trocas dos pares com quem se identifica, mesmo que o discurso epistemológico possa seguir suas próprias regras.

mento brasileiro é, em primeiro lugar, instalar infraestruturas que permitam que toda a população possa conviver sob o domínio de uma mesma temporalidade, promovendo uma transformação do plantador em camponês, mais arraigado ao solo e criando um mercado interno em que as mercadorias e o capital circulem, e o homem cuide da terra. Além disso, o fortalecimento do mercado interno seria uma maneira de amortecer os reveses sofridos a partir dos ciclos econômicos internacionais. Para Monbeig, a criação do mercado doméstico se dá como consequência direta dos "processos naturais" e eles só poderão ser favorecidos com o fechamento da fronteira.

No ano de 1945, Pierre Monbeig pronunciará um ciclo de palestras promovida pelo Instituto I.D.O.R.T - Instituto de Organização Racional do Trabalho - junto a Caio Prado Jr, Aroldo de Azevedo e Alfredo Ellis Junior, denominado "O Brasil no após guerra", onde ele discutirá, segundo o anúncio: " as condições gerais em que o advento da paz encontrará o Brasil e do que será necessário realizar desde já para que, afastados os obstáculos inevitáveis, possa o país tirar o máximo proveito das suas possibilidades" (O Estado de São Paulo, 04 de Dezembro de 1945, p. 9). A agenda da soberania e do desenvolvimento dos povos já está na ordem do dia da geografia francesa amplificada no Brasil (ou de uma geografia brasileira saída de um processo de adaptação da geografia francesa em terreno brasileiro).

> Pierre Monbeig perseguia no Brasil uma via original e desenhava os contornos de uma geografia fora das contingências tradicionais da geografia colonial e menos marcada por um determinismo da tropicalidade, evoluindo em direção a uma geografia do desenvolvimento" (DROULERS, 1991b, p. 40).

Há vários autores que fazem pensar que o cerne da leitura do subdesenvolvimento do Brasil é a sua relação de dependência com as conjunturas globais na longa duração, numa situação de fronteiras abertas. Sua história colonial e sua situação periférica conduz imperativamente a uma observação global. Fernando Novais chamou essa indissociabilidade entre metrópole e colônia de "sistema colonial" (NOVAIS, 1981) enquanto Alencastro conduz à demonstração de que o tipo de trabalho servil que predominou no Brasil possui suas raízes no conjunto do império colonial português (ALENCASTRO, 2000).

Toda a economia brasileira se organiza com uma orientação econômica e geográfica extravertida. Até a estrutura social é condicionada (senhores de terras, escravos e grande monocultura) por essa orientação voltada para o exterior e pelo papel ocupado pelo Brasil de fornecedor de produtos primários no comércio internacional. Caio Prado demonstra, aliás, que todas as demais atividades econômicas da colônia são subsidiárias da grande lavoura e que, sobretudo, essa condição "subserviente" é um traço de longa duração no processo de desenvolvimento do Brasil (PRADO Jr, 1989).

Esse traço aberto e sistêmico da economia e do território brasileiro é tão marcante que há teorias nacionais consagradas que se preocuparam em caracterizar o Brasil como um espaço de capitalismo dependente (FURTADO,1965). Outros autores importantes do pensamento social brasileiro desenvolveram suas análises no século XX em campos disciplinares dos mais variados de forma a demonstrar que o subdesenvolvimento no Brasil se dá através de lutas políticas que não alteram o quadro de uma economia dependente (e.g. FERNANDES, 1968, 2006). Parece, pois, que o pensamento geográfico de Pierre Monbeig e Caio Prado, anteciparam as análises do subdesenvolvimento.

Ainda contrariamente ao que veicula parte da historiografia, Pierre Monbeig foi o responsável pela formulação de uma geo-história da expansão capitalismo a partir do Brasil. Além disso, a proposta de Monbeig incorria em uma reformulação das ferramentas cognitivas das ciências humanas, mobilizando raciocínios sincrônicos, diacrônicos e topográficos[2] (articulando relações causais linerares, sistêmicas e cíclicas).

---

2 O raciocínio topográfico também fora incorporado mais tarde por Fernand Braudel como uma herança da geografia francesa. Para ele, a realidade econômica pode ser organizada em diversos níveis, que ele sintetiza em três.: "Em suma, há uma hierarquia do mundo mercantil mesmo que, aliás como em qualquer outra hierarquia, os andares superiores não possam existir sem os andares inferiores que se apoiam. Não esqueçamos, enfim, que, mesmo abaixo das trocas, aquilo a que chamei de vida material, na falta de melhor expressão, constitui, durante séculos do Ancien Régime, a zona mais espessa de todas" (BRAUDEL, 1998, vol. 3, p. 8).

Quando Monbeig consegue modelar como o avanço da modernização - impulsionado por demandas internacionais ao se chocharem com as estruturas tradicionais tropicais- produz um desequilíbrio estrutural do território e que, além de tudo, retarda o processo de fixação do trabalhador e renova sua condição de exploração, além de retardar a formação de um mercado interno, através de processos naturais - ele antecipa uma compreensão geográfica do subdesenvolvimento, ainda que a palavra, talvez, venha a se consolidar no meio científico internacional um pouco mais tardiamente. Ademais, esse processo de transformação da geografia francesa em terreno brasileiro contribui para fazer avançar a erosão dos valores literários, tende a coloca a geografia a serviço da ação e normatiza o método geográfico na forma de estebalecer raciocínios que veiculem formas de funcionamento padrão. Por fim, Monbeig está em pleno diálogo com uma literatura, a literatura sobre o desenvolvimento, que se demosnstrou uma das grandes fortunas críticas da historiografia brasileira. Porém, Monbeig resguarda suas adesões. O ritmo dessa adaptação da geografia francesa em terreno brasileiro será suficiente para deslocar o paradigma de Vidal de la Blache para um novo tipo de geografia colonial apliada? É com essa questão que anuncio o próximo capítulo.

Capítulo 6

A resistência dos valores literários (1938- 1953)

Com a sensação crescente de que o mundo se constitui como uma civilização global, trabalhos como o do geógrafo americano Isaiah Bowman, apresentado em 1931 no congresso internacional da UGI, ratificaram a regra pela exceção: apenas as zonas pioneiras fugiam da imagem de um mundo "fechado" e padronizado (ROBIC, 2013, p. 14). Elas se alçam, a partir de 1931, à ordem do dia, como os últimos testemunhos do avanço da colonização das "civilizações" sobre um ambiente diversificado pela Natureza.

Aquele mundo "fechado", já estava cada vez mais conectado a processos que criam equivalências de situações econômicas e sociais em ordem global. Se, de um lado, as zonas pioneiras são vistas como resistências, "testemunhos" e vestígios de mundo sobre situações passadas (mesmo as mais distantes), por outro lado, sua excepcionalidade ratifica que o olhar do período está mais preocupado com as regularidades do que com as características irredutíveis dos espaços. No meio intelectual, já não se fala mais de uma economia-mundo para o século XX, mas de uma economia mundial. A epistemologia da geografia caminha *pari passu* com a conexão e padronização crescente do mundo.

Assim, os "testemunhos" e a excepcionalidade das zonas pioneiras também evocam a ideia de que este processo de padronização, do ponto de vista da Geografia, ainda não atingiu o seu ápice, e nem poderia. A Geografia francesa nasce a meio caminho dos marcos do entendimento da irredutibilidade das situações, que evocam recursos descritivos e literários, e das teorizações para compreensão dos processos padrões, segundo as influências renovadas das ciências naturais nas ciências humanas. Um território, a França, que não completou seu processo de padronização (completará um dia?), teria produzido uma geografia com um nível de excepcionaliadade exportável ao Brasil pioneiro.

Uma Geografia que parte dos valores da expressividade literária, que contribuiu com a sensibilidade das nações às suas particularidades, conseguirá repor os valores literários no interior de um espírito científico de ordem global que busca cada vez mais os padrões? No avanço do capitalismo sobre o mundo, este sistema conseguirá romper o determinismo geográfico inicial que alimenta as particularidades e as irredutibilidades dos espaços na conformação dos territórios de forma a estabelecer nova cognição das ciências que pressupõem que homens podem tudo comandar?

Este capítulo é consagrado a decompor o método de **exposi**ção da tese principal de Pierre Monbeig, a maneira como ele expõem os seus resultados. *Pionnieurs et planteurs de l'État de São Paulo*, tese principal e, *La croissance de la ville de São Paulo*, tese complementar, são as fontes essenciais. A tese foi iniciada em 1938,[1] finalizada em 1949,[2] ambas defendidas em 1950, publicadas em 1952 e 1953, respectivamente.

Como ele organiza a exposição do mundo pioneiro e do avanço do capitalismo em sua tese? Como ele rearranja as estruturações causais no domínio discursivo e como elas são expostas? Como o recurso ao estilo lliterário o faz adotar princípios metodológicos resistentes da Geografia francesa, frente às suas próprias transformações e as transformações de outras ciências? As parti-

1 Ele escreve no Prefácio da obra: "Em fins de 1937, Albert Demangeon aceitava o tema que eu lhe propunha: 'As zonas pioneiras de São Paulo'. Um ano mais tarde, aprovava ele o plano que eu lhe submetia" (MONBEIG, 1984 [1952], p. 17). No percurso final, Monbeig foi levado a trocar de orientador depois da morte de Albert Demangeon: "Em 1947, o Decano André Cholley consentiu em acrescentar às suas múltiplas ocupações o encargo de diretor da minha tese. Particularmente preciosas me foram sua benevolência e suas críticas. Rogo-lhe tenha a boa vontade de aqui encontrar a expressão do meu muito vivo reconhecimento." (MONBEIG, 1984 [1952], p. 17).

2 Esta data é também é demarcada numa nota de rodapé do Prefácio (MONBEIG, 1984 [1952], p. 20).

cularidades do meio continuam a ganhar destaque em seu discurso? Essas são algumas das questões que me acompanham.

Pierre Monbeig adota uma perspectiva teórica baseada na ideia de que a padronização crescente do mundo não rompeu com o determinismo geográfico inicial. Para ele, havia espaço para a construção de discursos nacionais, de valorização das características específicas do Brasil, da evocação das sensibilidades ao concreto, ao único, ao excepcional, da realidade brasileira, mesmo em um contexto de avanço do capitalismo sobre um ambiente ainda diversidade que é o ambiente Natural. O fato de situar a exaltação da excepcionalidade ao domínio do discurso não quer dar a entender um aspecto menos importante da conformação do pensamento de Monbeig. Ao contrário, o domínio da exposição, para Pierre Monbeig, era tão ou mais importante do que a construção de uma teoria, métodos construídos a piori ou apresentação de modelos.

Todavia, há aqui uma particularidade metodológica: a evocação das sensibilidades específicas aparece *menos* no método de investigação, e *sobretudo* no método de exposição. É por isso que situo a ideia de que os valores literários resistem na obra de Monbeig no domínio da exposição. Mas esses dois conjuntos de procedimentos (a investigação e a exposição), unificados, apresentam resultados singulares.

No âmbito da exposição, Pierre Monbeig vai diluir esta estrutura de construção dos modelos (modelo de ciclo urbano, modelo regional das franjas pioneiras) em narrações de ordem descritivas. O eixo da exposição não será explicar os padrões, mas situá-los como subjacentes às evocações das irredutibilidades dos espaços e das paisagens. Nem por isso a formulação de formas padrões está ausente, o que demonstra que as lógicas de investigação e as lógicas de exposição na Geografia de Monbeig são concebidas com base em uma complementariedade.

Dessa maneira, Pierre Monbeig em nenhum momento vai se afastar do legado discursivo da geografia francesa. Mesmo que seu método de investigação seja cada vez mais coeso, sistêmico e modelar, acredito que a organização expositiva da tese é a mais forte expressão da resistência consciente das suas bases epistemológicas, desde quando Vidal de la Blache chamou atenção às belezas das paisagens francesas. Por que uma resisitência? E por que consciente?

Ora, em 1942, ocupando a cadeira da Sorbonne, uma posição, portanto, nada marginal, André Cholley, o segundo diretor de tese de Monbeig (depois da morte de Albert Demangeon em 1940), exprime as dificuldades enfrentadas por uma nova forma de ensinar a geografia aos estudantes. Ele ascende à posição central na hierarquia das cadeiras com um discurso completamente diferente da fraca apetência metodológica que era ao gosto de Emmanuel de Martonne.

> A principal [dificuldade] é devida ao excesso de verbalismo. Muitas vezes os estudantes só têm na cabeça as palavras, que eles empregam mal **por não definirem o sentido com precisão.** Fala-se muito de 'peneplano', mas não se sabe o que significa exatamente, e muito menos o mecanismo de sua elaboração. (...) **O vocabulário geográfico** parece **obscuro** porque o **treinamento progressivo rumo à abstração é negligenciado** (...). Outra dificuldade é a ignorância de muitos iniciantes a respeito da própria **finalidade** e do **método da geografia** [grifos meus] (CHOLLEY, 1951, p. 1-3).

Ou seja, os debates sobre as formas de expressão do saber geográfico estão no centro de uma emergente renovação epistemológica. Mas não somente os termos estão em questão. Também a forma de estruturação das monografias regionais sofre necessariamente um abalo frente às rupturas epistemológicas que se anunciam. Através de um cotejamento dos sumários das monografias regionais, ver-se-á que Pierre Monbeig adota uma organização discursiva clássica, seguindo os exemplos das teses de Albert Demangeon e Jules Sion, inovando apenas nos critérios de organização discursiva que as teses clássicas já haviam flexibilizado.

Unificando método de investigação e exposição, Pierre Monbeig condensa uma atitude dupla em sua obra: a busca de padrões frente ao avanço dos processos equivalentes de ordem mundial, mas no interior da reprodução e resistência das particularidades do meio. Em outros termos, trata-se de dar um alcance universal a um caso particular através de um estudo regional. Para mim, continuo a ter características de uma visão ideográfica do avanço do capitalismo. Se o método de investigação suscita o conhecimento de elementos padrões de organização dos espaços capitalistas, o método de exposição, ao alterar *a ordem* dessas combinações do complexo geográfico, vai conseguir ratificar as particularidades dos fenômenos naturais. O conflito entre a universalidade e as particularidades dos fenômenos que ele quer ressaltar aparece na conclusão da tese, em que esboça uma comparação entre o Brasil e a Europa medieval que transita do feudalismo para o capitalismo. Não sem deixar de ressaltar que, *mutadis mutandis*, "a história não se repete".

> A rodovia criadora da região, a fundação urbana, que prospera graças à proteção de um personagem poderoso, a demarcação das terras, uma exploração a princípio desordenada dos solos e que pouco a pouco tende a organizar-se melhor, nada disso parece tão original quando se pensa na geografia das campanhas europeias. Falando da Alta Idade Média, descreve Marc Bloch, nas aglomerações, os homens que viviam chegados uns aos outros. Mas, essas aglomerações 'eram separadas por múltiplos vazios: eram fracos os rendimentos com os sistemas de cultura, e eram necessários grandes espaços de terra arável: não passavam os campos de provisórios e breves conquistas sobre os terrenos incultos... tendendo incessantemente a natureza a sobrepor-se'. E, mais adiante, assemelha-se a uma descrição da fazenda tropical essa análise do senhorio: esta compreende duas áreas, de um lado o domínio cujos frutos o senhor recolhe diretamente; de outro, as concessões, pequenas ou médias explorações camponesas. Formaram-se tais concessões, distribuindo-se lotes pelos escravos, transformados em arrendatários, no momento em que os vastos espaços dos latifúndios tornaram-se mediocremente rentáveis, mediante a exploração direta. Pensa-se logo na história do colono que se o torna meeiro, quando já não é bastante lucrativa a cultura do café. **Não será a mesma evolução? Mutatis mutandis; a história não se repete.** [grifos meus] (MONBEIG, 1984, [1952], p. 389).

Vê-se nessa citação que esta ordem discursiva que busca padrões não está ausente. Mas sua conclusão coloca ao mesmo tempo uma *relativização* dessas considerações. Acredito que esta busca por padrões é *subterrânea* ao discurso. De um lado, essa ordem subterrânea de organização do discurso por evoluções padrões do complexo geográfico é resultado direto do seu método de investigação, cuja utilização é cada vez mais rigorosa e sua sistematização cada vez mais explícita nos discursos geográficos. Por outro lado, Monbeig é consciente que as histórias, para ele, são sempre particulares, afinal, elas não se repetem, e ele procura ressaltar essas particularidades. Como o capitalismo, um sistema global, invade as paisagens naturais brasileiras e as incorpora no mercado mundial é o seu principal resultado investigativo, junto com a demonstração de como ele se expande.

Assim, surge também uma ordem superficial do discurso, que em nada é contraditória ao do discurso subterrâneo, em que as particularidades ganham *primeiro plano*. Esta ordem discursiva é priorizada na tese de Monbeig, pois ele quer mostrar um quadro em que as particularidades dos territórios no avanço do capitalismo global possuem *um jogo de reprodução inabalável* quanto às características originais dos espaços, que se repõem ao longo da história. Ao colocar essa ordem do discurso ao primeiro plano, isso nos parece uma forte tomada de posição em prol da manutenção do paradigma vidaliano. Pois isto não daria sustentáculo a um já antigo estatuto epistêmico literário e misto da geografia clássica?

Algumas ordens de fatores repõem o discurso literário de Monbeig: primeiro, do ponto de vista narrativo, estará sempre preocupado com um discurso do singular, dá preferência ao vocabulário vernacular específico que surge na própria realidade do Brasil e de seus homens. Isso aparecerá nos termos escolhidos e utilizados na tese, bem como na necessidade de organizar um glossário, nas suas páginas finais, para explicar a adoção desses termos. Segundo, a descrição do meio físico estabelece as bases para uma compreensão dos processos geográficos em ambientes totalmente singulares.

O terceiro ponto que repõem o discurso literário, que é também ideográfico, é perceber, mesmo nos marcos da mundialização, que a ordem dos fatores globais, ou as combinações, como ele gostava de falar, em encontro com os fatores locais, produzem um rearranjo do complexo geográfico, ou seja, uma mudança na ordem histórica em que os processos de colonização ocorrem, mesmo que esses processos sejam os mesmos em várias situações da expansão do capitalismo.[3] Observou-se no final do capítulo anterior que Pierre Monbeig

---

3 Ao longo de sua carreira, Monbeig se interessou cada vez mais por outros países

concebia o complexo geográfico como uma *combinação* específica. Mesmo que os elementos do complexo geográfico se repitam (tais como os fatores da economia que são a especulação, tamanho da propriedade, mercado nacional, mercado internacional etc) *as interações* em que eles se rearranjam em determinado território é fonte de particularidades.

Toda esta postura se baseia na percepção de que a Geografia francesa é ainda uma geografia cidadã e mesmo nacionalista e que a geografia brasileira também o pode ser. Na exposição de Monbeig, mais importante do que explicar e demonstrar a existência de modelos nos marcos de uma geografia nomotética, é suscitar um sentimento nacional frente às suas paisagens e compreender suas especificidades, para de alguma maneira não apenas valorizá-las, mas nelas intervir. O recurso discursivo mais importante que joga Pierre Monbeig no âmago do discurso literário é a utilização de *metáforas* para descrever o processo de conquista do território. "Franja pioneira", segundo ele, remete, *indiretamente*, à metáfora da guerra.[4]

Além disso, aparecem outras evocações de ordem artísticas. A descrição das paisagens brasileiras por Pierre Monbeig sofreu bastante impacto da ideia de movimento, da enorme velocidade que as transformações do espaço geográfico se davam no Brasil (SALGUEIRO, 2006, FERNANDES, 2011, ANDRADE, 2010). As zonas de colonização são espaços em movimento (SALGUEIRO, 2006), de baixo potencial populacional e de condições físicas, geográficas e sanitárias, dificultosas e incipientes. Essa colonização em movimento é seletiva. Pierre Monbeig se diligencia em demonstrar como são escolhidos os caminhos, numa conquista meândrica do espaço, como quando o rio foge dos obstáculos para percorrer outros caminhos possíveis.

Para captar este movimento, Monbeig se comporta como um cineasta viajante. Além de viajar no espaço, ele viaja no tempo, e produz cenas em quatro

---

da América Latina e da África. Para uma bibliometria dos temas de interesse bibliográficos de Monbeig, ver LIRA, 2017. Com efeito, acredito que o modelo da expansão da franja pioneira de Monbeig tenha algo de universal em relação à expansão do capitalismo nos chamados "países novos". Essa comparação e o potencial universal do "modelo" de Monbeig é uma questão em aberto.

4 Para uma discussão sobre a importância das metáforas no paradigma literário de Vidal de la Blache, cf. BERDOULAY, 1982.

momentos diferentes desse vasto espaço zonal, - uma primeira frente de colonização entre 1870 e 1900, uma segunda, de 1900 a 1905, depois mais uma, em 1929, e uma quarta, a do mundo pioneiro da época, que lhe era contemporâneo. Nessas quatro cenas, variam as pressões internacionais, as estratégias dos atores, os caminhos, o tipo de mão de obra, a representação do pioneiro em diferentes tipos sociais, a disposição das técnicas e a intervenção dos grandes grupos econômicos. O homem é o principal personagem deste filme: "Os homens das zonas pioneiras são animados por um espírito comum. (...) **A originalidade do mundo pioneiro é assegurada pela coexistência de todos esses tipos.**" [grifos meus] (MONBEIG, 1984 [1952], p. 127). Juntada essas quatro cenas, o que se vê é composição de cenas de um filme.

A adoção do modelo expositivo das monografias regionais

A tese de Monbeig é subdividida, em primeiro lugar, em três livros. O livro primeiro versa sobre as "Condições Naturais e Históricas"; o segundo livro zela por expor o movimento da "marcha pioneira" e o terceiro dedica-se ao "mundo pioneiro atual". Essa organização indica que o autor pretendia enfatizar as condições pré-existentes à marcha, as naturais e históricas; depois, ele realça o enfoque sobre o movimento, sobre o avanço dos caminhos; por fim, no terceiro livro, ao versar sobre a atualidade, sinaliza a importância das realidades sobreviventes atuantes no mundo atual e aponta para perspectiva de previsão do movimento, para a leitura do presente, como em uma geografia de tipo "aplicada".

Esta divisão temporal foi inspirada, segundo Droulers, na tese de Jules Sion, que fez uma tese histórica sobre a Normadia (DROULERS, 1991a, P. 35-36). Jean Gotmman traça também a filiação à tese de Albert Demangeon (GOTTMANN, 1954, p. 902), enquanto Pierre Monbeig já citara a tese de André Gibert e Cavaillès. Hugo Clout situa a tese de Pierre Monbeig, do ponto de vista da forma, em uma transição: "Não é surpresa que ele tenha declarado que sua tese de doutorado precisaria ser diferente das que vieram antes" (CLOUT, 2013, p. 62).

Minha suposição é que a organização dos sumários das teses inspiradoras (DEMANGEON, 1905; SION, 1909, GIBERT, 1930) reflete a maneira como os geógrafos veem ordenarem-se os processos geográficos. A análise cotejada dos sumários das monografias revela algumas generalidades e especificidades da organização discursiva de Monbeig. Em primeiro lugar, nenhuma das monografias retira do meio físico à precedência sobre os outros fatores. O meio físico, para Monbeig, é a origem da reposição das particularidades aos fenômenos gerais. Depois, alguns autores, como Jules Sion e André Gibert, aludem às considerações históricas antes da análise da ocupação do solo. Acredito que, junto a Pierre Monbeig, esses são os autores mais influenciados pela *démarche historique*.

Seguinte à análise das condições históricas aparece o que chamarei de "zona indefinida", bloco singular no conjunto das monografias regionais e particularmente importante para Pierre Monbeig e André Gibert. Em suma, nesta parte, eles devotam-se a resumir outras características dos espaços que são siingularmente precedentes à análise da ocupação rural do solo. Para Pierre Monbeig, são os jogos econômicos globais, derivados das situações geográficas desses espaços, e a psicologia bandeirante, derivada das suas condições históricas e geográficas específicas da formação da sociedade brasielria, que permeiam os movimentos estruturais de colonização do solo. Já André Gibert vai evocar os meios de transporte de uma região francamente industrial. Este bloco que denomino como sendo uma "zona indefinida" é uma fonte de originalidade na organização da monografia regional.

Um quarto bloco é comum às teses de Sion, Monbeig e Gibert. Salvo pela tese de Demangeon, todas as outras seguem seus sumários com formas de ocupação do solo periodizadas, ou seja, dividem a ocupação do solo em períodos históricos. Acredito que esta organização deriva da compreensão essencialmente aberta dessas unidades regionais, pois as regiões abertas estão mais sujeitas às lógicas cíclicas do espaço comandado por fatores econômicos contemporâneos. Aqui há também mais uma especificidade dessas três teses.

Por fim, segue-se com um último bloco que é comum a todas monografias: uma análise da atual da ocupação do solo, que está é organizada em: ocupação rural, indústrias, cidades e redes. É como se os espaços geográficos evoluíssem segundo esses modos de ocupação. Neste momento, vê-se que Pierre Monbeig evitou uma inversão importante: no Brasil, nos espaços de modernização do território, se o processo de ocupação do solo fosse encarado por ele como um processo predominantemente social, ele começaria com a instalação de uma rede de cidades, e os processos naturais seriam periféricos. Na ausência dessa inversão, Pierre Monbeig parece ter querido mostrar que não há oposições teóricas entre estrutura e superestrutura, e que a superestrutura de cidades se choca com um meio físico e a ele ainda se adpta, e que a estrutura organizativa da monografia regional continua essencial para reafirmar suas heranças epistemológicas.

O glossário da versão francesa de 1952[5]

Acompanhar os termos de que Pierre Monbeig faz uso, e que não podem ser traduzidos *do português* para o *francês*, é uma maneira de se aproximar das realidades descritas que são irredutíveis à realidade brasileira segundo sua leitura. Esse procedimento permite captar algo que o geógrafo viu de completamente original no Brasil. A análise da linguagem, para Berdoulay, é uma maneira de se colocar frente a uma tradição: "(...) a linguagem comum e os processos usados para traduzir a realidade apreendida revelam uma visão do mundo" (BERDOULAY, 1982, p. 575), enquanto Marie Claire Robic evoca o uso da linguagem numa mobilização específica do paradigma (ROBIC, 1991).

A primeira palavra que Monbeig não logra traduzir para o francês é "fazendeiros". Em nota, ele explica ao público francês que o fazendeiro é o "possesseur" [dono] e não um "planteur" [agricultor]. Atenta ele para uma realidade do Brasil: os fatores econômicos criam aqui matizes específicas. Ao invés de falarmos em agricultores, o que se vê no Brasil é uma cisão entre o dono e o plantador, que esvazia o significado do agricultor, e que são ambos motivados por fatores exclusivamente econômicos (MONBEIG,1952, p. 11, nota 1). A realidade do Brasil, fortemente circunscrita pela demanda do mercado mundial, dota-se de um vocabulário mais detalhado para se referir às consequências deste fenômeno. Sente-se sempre a ausência, ao longo do texto, da palavra "paysan" [camponês]. Ele assim define a fazenda, fazendo diferenciações aos termos do francês:

> Fala-se em uma 'fazenda de gado' ou em uma 'fazenda de café'. Neste caso, é bom traduzir por 'plantation' ('plantação') e não por 'ferme' ('fazenda') como se faz frequentemente: de fato, o

5 Ao final da edição francesa de 1952, a primeira edição, Pierre Monbeig coloca um Glossário dos termos em português que não encontram fácil tradução. Ao longo do texto, principalmente em notas, ele também dá algumas definições.

> arrendamento rural não existe nas fazendas. É ainda mais incorreto traduzir 'fazendeiro' por 'fermier': 'plantador' corresponde melhor à organização técnica e à realidade econômica e social (MONBEIG, 1952, p. 367).

Curioso será perceber que um fenômeno contrário também poderá ocorrer. Se a realidade brasileira exige mais termos para compreensão dos fenômenos econômicos, há casos em que o vocabulário francês é mais preciso, como na diferenciação entre "colonisation" [colonização] e "peuplement" [povoamento]. Segundo Pierre Monbeig, os próprios órgãos oficiais brasileiros confundem os termos: "Ver também o Relatório... 1912, que condena formalmente a colonização oficial e confunde o povoamento das fazendas de café com a colonização" (MONBEIG,1952, p. 143, nota 29). Nessa época, ainda não existia no Brasil, de acordo com Monbeig, uma colonização de povoamento. Tudo girava em torno de conseguir braços para lavoura. Dentro deste raciocínio, sustenta ele, não se deve confundir a palavra "colono", em português, com "colon" (francês), por que o colono, no Brasil, é um trabalhador assalariado, cuja relação é mantida por meio de contrato com o inspetor do trabalho (MONBEIG, 1952, p. 366), enquanto o colono francês é aquele que ocupa produtivamente a terra.

O conhecimento vernacular também nomeia paisagens geográficas. Monbeig faz questão de ressaltá-las como sendo uma medida de pertencimento. Esses nomes expressam muitas vezes um juízo de valor por parte da população. "Baixada", por exemplo, é uma região pouco propícia ao café: "região baixa e plana, propensa a inundações. As 'baixadas' dos principais rios são temidas pelos cafeicultores, porque aí as geadas são frequentes e severas. Na costa do Brasil, uma 'baixada' é uma planície costeira pantanosa (...)" (MONBEIG, 1952, p. 365). O fato de encontrarmos nomes populares para designar mais vastos espaços geográficos, é um sinal de pertencimento cultural da população ao território, como já notara Gallois (cf. primeiro capítulo), e da importante noção que, das terras altas do planalto partem o processo de interiorização do país, em oposição ao litoral:

> Os paulistas chamam as regiões pelos nomes das empresas ferroviárias que as servem. Os pioneiros usam nomes muitas vezes

> precedidos pelo adjetivo 'Alta'. Usaremos assim esta nomenclatura popular. A Alta Sorocabana é a região situada a oeste de Assis, servida pela Cia de Estradas de Ferro de Sorocaba, entre Paranapanema e Peixe. A Alta Paulista é a região a oeste de Piratininga, entre Peixe e Aguapeí. A Noroeste é a região a oeste de Bauru; como foi criada uma nova linha entre Araçatuba e o Rio Paraná, esta região é chamada de 'Variante'. Quanto à Alta Araraquarense, é a região de Rio Preto, servida pela Companhia de Caminhos de Ferro de Araraquara. (MONBEIG,1952, p. 13, nota 3).

O contrário também ocorre. Um sintoma de que uma falta de pertencimento do plantador ao meio que o circunda é a ausência de especificidade da nomenclatura da cobertura vegetal. Com efeito, já existem nomes próprios de alguns elementos da vegetação que são conhecidos pelos plantadores, sinais de fertilidade, ou oportunidades de comércio, como também de desconhecimento: "(...) O nome de Ipê é dado a três árvores diferentes; os mais comuns são os *Tecoma chrysostricha Mart.*; *Tecoma impetiginosa Mart.* e *Macrobolium hymenacoides Wild.* I. O jacarandá paulista é um papilionáceo, *Machoerium cillosum vog.* Faveiro: *Platypodium elegans vog.* Angico: *Piptadenia rigida, Benth*" (MONBEIG, 1952, p. 222). O mesmo acontece com o termo "terra roxa" que exprime uma variedade em realidade maior do que expressam os termos utilizados pelos plantadores (MONBEIG, 1952, p. 369).

Outro termo de grande importância ressaltado por Monbeig é "sertão", revelador do desconhecimento do público francês para um fenômeno de importância maior na história do Brasil: os vazios territoriais, regiões completamente à margem do movimento econômico e da cultura global. Monbeig explica aos franceses o que significa a palavra "sertão": "Qualquer região do Brasil quase inabitada por brancos. Os geógrafos franceses se acostumaram, na falta de um termo melhor, a traduzir muito aproximadamente por 'bled'. O homem que adentra o sertão é um 'sertanejo' ou sertanista" (MONBEIG,1952, p. 16, nota 8). Afastado das correntes modernizadoras, no sertão se localizam tipos com histórias totalmente singulares.

Outros termos se vinculam à realidade do sertão, como o de "boca do sertão" e "caboclo". De um lado, a boca de sertão é conhecida justamente como o limite da modernização, ela marca uma mudança quase total na paisagem, expressa no vocabulário popular "a aglomeração 'boca do sertão', porta do 'bled', marca o fim da fila de cidades dispostas sobre o planalto. Uma boca do sertão é frequentemente, mas não necessariamente, uma estação ferroviária final" (MONBEIG, 1952, p. 366). De outro lado, o vocabulário vernacular brasileiro, o "caboclo", distinguiu os descendentes das antigas colonizações. Isto porque o caboclo tem um papel essencial na transmissão de técnicas destrutivas que são de alguma maneira uma continuidade do modo de exploração do Brasil colonial:

> Caboclo: mestiço de índio e branco. É o caso da maior parte da população do interior do Brasil, razão pela qual a palavra, perdendo seu significado exclusivamente antropológico, [não] refere-se aos camponeses por excelência, mas ao camponês confinado numa economia local; o 'caboclo' não está **diretamente** envolvido no movimento pioneiro [grifo meu] (MONBEIG, 1952, p. 366).

Monbeig procede pela manutenção dos termos em português quando se trata de fenômenos completamente singulares e que têm grande sentido em sua tese. Veja-se a frase "Fique rico!": "Preston James marcou fortemente a permanência do mito do Eldorado; ele não forçou tanto a nota considerando o slogan publicitário da loteria federal 'Fique Rico', como sendo, em última análise, uma palavra de ordem coletiva" (MONBEIG,1952, p. 110, nota 2).

A pressa com que tudo ocorre no Brasil também é apresentada por uma bonita imagem, aparentemente estranha ao público francês: "Em outubro de 1945, durante uma viagem a Presidente Prudente, vimos os sitiantes fazerem fila na frente da agência do Banco do Brasil, pois havia rumores de que o financiamento tinha sido decretado. As primeiras chuvas tinham caído e o prefeito municipal não escondia sua preocupação" (MONBEIG, 1952, p. 205, nota 9). Ainda sobre a vinculação ao mercado, há outras situações curiosas, como a propaganda estado-unidense: "Uma publicidade muito ativa foi então lançada em favor do milho e da mandioca. Os mais bem informados não escondiam que sua origem [dessas ideias] era norte americana, a fim de desviar os paulistas da cultura do algodão" (MONBEIG, 1952, p. 294, nota 71). A ampla utilização de termos não traduzidos do português para o francês e a organização de um glossário ao final de sua tese, sinalizam a postura de Monbeig de dar relevância às especificidades do Brasil no domínio discursivo.

As características físicas do meio: as possibilidades dos caminhos e do calendário agrícola

No Brasil, poucos geógrafos que se imbuíram de um discurso crítico conseguiram perceber como as descrições do meio físico se articulam em função da problemática teórica da tese quando esta é uma monografia regional. Mas não raro, as descrições dos elementos físicos estão intimamente associadas ao que se quer explicar. No caso de Pierre Monbeig, os elementos do revelo, da geologia, do clima e da vegetação, são observados em função das possibilidades de que eles dispõem no traçado dos caminhos do povoamento. O impacto dessa expressão, ou a ideia de "marcha", evoca que o espaço brasileiro é um espaço em movimento, onde nada está consolidado. Dessa maneira, a descrição dos aspectos físicos na geografia regional cumpre duas funções: de um lado, ela está ligada a uma problemática teórica, de outro, o meio físico evoca situações completamente particulares.

Desenhados os caminhos, a questão que baliza Monbeig é tentar elucidar em que os fatores físicos contribuíram para uma importante inflexão: saída do rio Grande, mais ao norte, do Tietê, por que a colonização do café flexionou para oeste, em direção ao Paraná e não para noroeste, em direção ao Mato Grosso? Esta questão também se expressa em um mapa publicado na versão francesa (1952). Ainda que o título se refira às vias férreas, Monbeig insere pequenas setas que representam o movimento de inflexão dos pioneiros. Com efeitos, os caminhos dos pioneiros são influenciados por condições físicas.

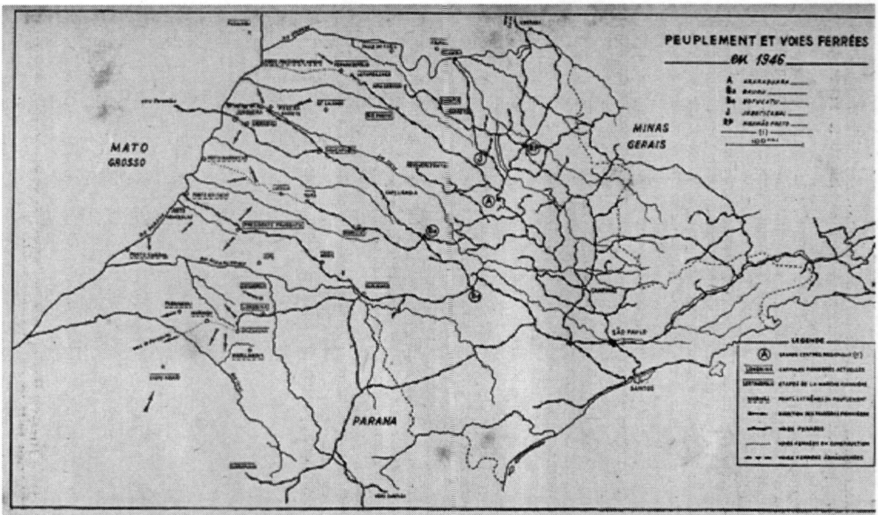

Fig. 2. — Peuplement et voies ferrées de l'État de São Paulo et du Nord de l'État du Paraná en 1946. Echelle : 1 : 8.000.000

Mapa 3. "Peuplement et voies ferrées » [População e vias férreas- trad. da autora]
Fonte: MONBEIG, 1952, p. 19.

"Ora, essa penetração nas terras a oeste do Paranapanema revela uma modificação no andamento geral da **progressão paulista. Até por volta de 1920, ela tinha sido perfeitamente fiel às linhas do relevo.** Avançando em cada um dos planaltos que dividem os vales dos afluentes dos rios Grande-Paraná, os desbravadores tinham progredido para o rio que forma a fronteira noroeste de São Paulo. Na outra margem do rio, no **Mato Grosso**, as condições geográficas mudam totalmente: à floresta tropical dos planaltos paulistas e paranaenses, **sucedem-se os campos e os cerrados**; o domínio da pecuária substitui as terras de cultura. **Quando os plantadores viram que se estreitava o espaço livre entre a frente pioneira** e a linha rio Grande-Paraná, **tomaram outra direção**, não mais a de noroeste; **em vez de caminhar paralelamente aos rios, prosseguiram eles perpendicularmente, transpondo o Paranapanema, em seguida o Tibaji, e até o Ivaí."** [grifos meus] (MONBEIG, 1985 [1952], p. 29).

Além disso, o quadro físico oferece diversas possibilidades à lavoura. No Brasil, "ao invés da variedade a que está habituado, o europeu descobre espaços intermináveis, cuja uniformidade é o traço dominante." (MONBEIG, 1985 [1952], p. 33). Neste quadro geral, São Paulo se destaca. O estado está inserido em uma zona de transição: "zona de contato e de transição, eis como aparece São Paulo quando colocado no conjunto geográfico brasileiro" (MONBEIG, 1985 [1952], p. 33-34), daí uma série de possibilidades.

São Paulo está situado no cruzamento das "amplas unidades regionais do Brasil Central e do Brasil Meridional" (MONBEIG, 1985 [1952], p.34). Daí que se infere que, a depender da cultura, ela poderia se adaptar gradativamente, seja a noroeste, seja a oeste. Mas foi o café a cultura que ganhou impulso e isso determinou uma seletividade das possibilidades e uma colonização a oeste. Se a expansão do café é um produto ditado pelos apetites dos mercados internacionais, no território paulista, ele implica valorizações seletivas do meio físico. Serão essas zonas a oeste que serão colonizadas. Essa colonização dependeu, por outro lado, de condições físicas totalmente particulares, notadamente os espaços vazios e a presença de solos mais férteis para o café.

Do ponto de vista do relevo, no limite entre São Paulo e Minas Gerais, as zonas paulistas não são fechadas e "não constitui sério avanço ao povoamento, principalmente no território paulista" (MONBEIG, 1984 [1952], p. 35). Mas também a oeste, o relevo possui aberturas. Os rios Tietê e Paranapanema entalham "passagens heroicas" no meio da depressão periférica "(MONBEIG, 1984 [1952], p. 36). De um ponto de vista geológico e pedológico, o que se verifica a Leste (em direção a Minas Gerais) é a enorme extensão do arenito Botucatu, cujos derrames de basalto, durante a Era secundária, alternam-se com fases de sedimentação sob o clima desértico. Conhecidos como também "trapps", esta formação é conhecida pela sua dureza, o que remete ao nome popular de "pedra-ferro" (MONBEIG, 1984, [1952], p. 36-38) Esses areais se reduzem em direção ao Paraná, ao contrário do que ocorre em direção à Minas Gerais e Mato Grosso (MONBEIG, 1984, [1952], p. 39). Se as areias diminuem, a terra roxa, terra que é a decomposição do basalto, e incialmente bastante fértil, encontra-se em maiores extensões em direção ao Paraná.

Uma outra vantagem física que começa a se desenhar em direção ao oeste paulista é orientação dos "espigões" e dos vales, que conformam uma continuidade nesses planaltos. Os espigões são elevações divisoras de água, onde abaixo de suas encostas conformam-se os vales. Assim, "cada um [desses planaltos], isolado entre dois vales, avança como um longo esporão denticulado, propício à instalação das estradas de rodagem e ferrovias" (MONBEIG, 1984 [1952], p. 40). Sendo os vales "impraticáveis à penetração moderna" (MONBEIG, 1984 [1952], p. 41), "esse relevo preparou, assim, a formação de unidades regionais, cujo quadro geográfico é o espigão, os monótonos espigões da paisagem nas zonas pioneiras." (MONBEIG, 1984 [1952], p. 42). Nessas zonas propícias às formações regionais, o café pôde se espalhar, não sem contar com outras vantagens. Segue-se então que a zona pioneira é também facilitada por uma zona de transição climática e fitogeográfica que a retira de uma situação francamente tropical.

Trata-se de uma situação totalmente particular no interior do Brasil. O capital no Brasil se situou nas zonas de transição. Vidal de la Blache já não dissera que a civilização avança sob a lógica dos "empréstimos climáticos"? (LIRA, 2013). Não poderia ser outra a porta de entrada da modernização brasileira, numa época em que o capitalismo não procura apenas os produtos tropicais, mas também a exportação de capitais. São Paulo articula territórios situados entre zonas temperadas e zonas tropicais. Assim, ele está pronto a explorar gêneros de vida empobrecidos do sertão e vendê-los a um mercado consumidor de população mais sedentária, bem como exportar para Europa. A vastidão espacial e a pouca evolução dos gêneros de vida permitiram que o capitalismo se instalasse, ainda que tardiamente. Por que tardiamente? De um ponto de vista geográfico, o Brasil é um confim das zonas de colonização global. Uma questão geográfica, portanto!

> Se nos detivermos no exame dos dados de conjunto e nos valores das médias, parece certo que, embora atravessadas pelo trópico as zonas pioneiras paulistas gozam de um tipo climático tropical que não pode ser facilmente colocado sob etiqueta precisa. Sua altitude medíocre torna difícil a comparação com regiões como os planaltos da África de sudeste, cujos climas parecem ser os de maior semelhança. **A pluviosidade alta e o calor relativamente moderado indicam que não estamos em face do clima quente e úmido das baixas latitudes e menos ainda, do que domina os desertos tropicais.** Encontramo-nos, na realidade,

> **nos limites do clima tropical** e não em uma de suas categorias bem definidas. Climaticamente, as regiões em que prossegue a marcha do povoamento, sob o impulso de São Paulo, são áreas de contato, do que resultam condições especiais para a **colonização branca** e também para a instalação da agricultura. [grifos meus] (MONBEIG, 1984 [1952], p. 43-44).[6]

As três massas de ar dominantes no Brasil meridional, a tropical-atlântica (Ta), a equatorial-continental (Ec) e a massa polar-atlântica (Pa) têm como ponto de encontro preferencial as latitudes vizinhas ao trópico (MONBEIG, 1984 [1952], p. 44). Sem adentrar nos pormenores dos embates dessas massas, cumpre assinalar que justamente em direção ao Paraná que as características do clima tropical se atenuam pois "há melhor distribuição das precipitações durante o ano e redução da estação seca, já bem nítida no Paraná" (MONBEIG, 1984 [1952], p. 46). Ao contrário, nas zonas de latitudes tropicais há vários tipos de acidentes climáticos (MONBEIG, 1984 [1952], p. 47), concluindo que "nas proximidades de Minas Gerais os planaltos ocidentais paulistas incluem-se na órbita dos climas do Brasil Central, enquanto que ao sul estão ligados à pluviosidade melhor distribuída do Brasil Meridional" (MONBEIG, 1984 [1952], p. 48). Fora de São Paulo, a zona tropical é uma zona de maior instabilidade.

Ora, o café não teme as chuvas, muito pelo contrário, e, nem mesmo, a abundância delas (MONBEIG, 1984 [1952], p. 52-53). Assim, o café pode melhor se adaptar às condições climáticas do sudoeste do Brasil (MONBEIG, 1984 [1952], p. 52-53). O que o fazendeiro deseja são "chuvas 'criadeiras', ou seja, leves e contínuas" (MONBEIG, 1984 [1952], p. 53), evitando, é claro, os acidentes tropicais. Em São Paulo e no Paraná, "o significado do conjunto das observações ora examinadas é de que o mesmo tipo de precipitações é encontrado em toda a área pioneira, sendo esse um dos fatores mais favoráveis para as culturas agrícolas." (MONBEIG, 1984 [1952], p. 54).

Neste ponto, Pierre Monbeig faz uma brilhante inflexão do raciocínio. As possibilidades da zona pioneira não se expressam apenas pelas vantagens que

---

6 Lembro que para Vidal de la Blache a colonização pela civilização se faz pelos empréstimos em áreas, a princípio, de semelhança climática ao ponto de origem, e que vai se expandindo progressivamente (LIRA, 2013).

alguns caminhos ofereciam em desfavor de outros: o calendário sazonal da zona pioneira em direção ao Paraná também implica possibilidades de produção agrícola mais diversificada. Na tabela abaixo, produzida a partir das considerações de Monbeig sobre o calendário agrícola resumi os pontos de complementariedade e de oposição das diferentes atividades agrícolas e suas culturas, considerando também a latitude e sazonalidade. Evidencia-se mais complementariedades do que oposições em direção ao Paraná, possibilitando um sistema de ocupação do solo mais complexo, enquanto que, em Minas Gerais, a adaptação ao meio e os "empréstimos civilizacionais" teriam que se ver com transiçãoes mais abruptas.

	Set	Out	Nov	Dez	Jan	Fev	Mar	Abr	Mai	Jun	Jul	Agosto
Variações sazonais	Redução da seca, mês semi-árido	Nítido aumento da pluviosidade, mês semi-úmido	Mês francamente úmido	Começo das precipitações mais violentas, intensificação geral das chuvas	Intensificação geral das chuvas, meses muito úmidos	Intensificação geral das chuvas, meses muito úmidos	Diminuição da umidade	Diminuição da umidade	Diminuição da umidade	Começo da seca	Período seco	Período seco
Variações geográficas da sazonalidade	Minas – São Paulo Pluviosidade Paraná +			Paraná – São Paulo Intensidade das precipitações Minas +			Paraná – São Paulo Intensidade da diminuição da umidade Minas +			Paraná – São Paulo Secura Minas +		
Atividades gerais	Início do ano agrícola (data inicial dos contratos)							Preparação para o abatimento de novas glebas da floresta				Queimadas
Oposição e complementariedade das atividades do ano agrícola	Limpeza do terreno, início da semeadura, do arado e do plantio do milho, do arroz e do feijão				Colheita dos cereais			Colheita do arroz, do milho, tungue, amendoeira, amendoim e batatinha		Colheita do feijão e batata	Colheita do feijão e da batata	Colheita do feijão e da batata
Legenda: ☐ Zona de maior concentração de atividades – possível concorrência					Concentração da mão de obra no café: limpeza no terro, aração, semeadura e plantio.				Colheita do café	Colheita do café	Auge da colheita do café- CONCENTRAÇÃO DE TODA A ATIVIDADE	
☐ Zona de menor concentração de atividades- possível complementariedade					Concentração da mão de obra no algodão: limpeza do terreno, aração, semeadura e plantio do algodão			Colheita do algodão	Cuidados com o algodão	Colheita do alogdão	Término da colheita do algodão	

Tabela 1. Calendário das atividades agrícolas, segundo Pierre Monbeig, de acordo com a variação sazonal e geográfica. Oposição e complementariedade entre as culturas. Dados retirados de MONBEIG, 1984 [1952], p. 48-67. Concepção: LIRA, 2017.

Em resumo, o que se observa nesta tabela é a reafirmação, em primeiro lugar, de chuvas mais constantes em direção ao Paraná, assim como de um período seco entre junho e agosto menos acentuado em direção a Minas Gerais. No Paraná, as chuvas são melhor distribuídas. Além disso, entre dezembro e janeiro, o Paraná sofre menos com chuvas intensas, o que ajuda a evitar a erosão dos solos. Quanto às atividades, percebe-se que o primeiro período do ano agrícola, que começa em setembro, é sobretudo dedicado ao cultivo dos cereais, enquanto os esforços dedicados ao café e ao algodão, concentram-se no primeiro semestre.

Nesse sentido, grosso modo, revela-se em São Paulo e no Paraná uma maior complementariedade entre os cereais e o café, de um lado, e uma maior oposição, no que tange ao emprego da mão de obra, entre o café e o algodão. O fato das estações serem mais bem marcadas e mais amenas no Paraná favorecem essa divisão de atividades, pois, de outro lado, o clima acentuadamente tropical perturba o calendário agrícola. Outra variável que é efeito de perturbação desse calendário é o ressecamento do clima como consequência do próprio desmatamento. À medida que o desmatamento avança, o solo sofre e o clima se resseca. Mas até que este fenômeno tome feições preocupantes, sazonalidades melhor definidas têm como consequência também, se tudo corre bem, no melhor controle do uso da mão de obra, e menor oposição entre as culturas de cereais, normalmente alimentícias, e as de exportação, notadamente o café e o algodão. A imprevisibilidade do clima seria um fator de desorganização da zona pioneira.

Além disso, os acidentes climáticos e as variações geográficas da sazonalidade, principalmente entre as regiões velhas de São Paulo e as novas regiões do Paraná contribuem para mobilidade da mão de obra: "Mas observemos, de passagem, que tais acidentes podem, curiosamente, acelerar os deslocamentos humanos das velhas para as novas regiões pioneiras e que, pelas consequências econômicas, eles têm efeitos semelhantes aos de uma crise de superprodução." (MONBEIG, 1984, [1952], p. 70). Para evitar esses deslocamentos repentinos, "no norte do Paraná, quanto mais avança a onda do povoamento, mais favorável se torna a situação. (MONBEIG, 1984 [1952], p. 66-67).

Mas se, de um lado, o Paraná se caracteriza como uma zona mais favorável, de outro, ele se apresenta como o limite possível da expansão da zona de plantação do café: "Tudo indica que se trata de um limite à marcha do café" (MONBEIG, 1984, [1952], p. 69). Se o café gosta de chuvas, ele tema as geadas, que são particularmente importantes nos vales e nos cumes. Portanto, o café é uma plantação de vertentes. Isso favorece, aliás, a complementariedade de culturas que se produzem nos baixios, como o arroz e o algodão. Mas, sendo a topografia do norte do Paraná mais movimentada do que no interior do estado de São Paulo, o café está mais exposto às geadas, inclusive pela predominância da massa Polar, à medida que se avança a sul: "o planalto de Londrina acha-se próximo do domínio de maior atividade dos ventos frios de origem polar." (MONBEIG, 1984, [1952], p. 68-69). O norte do Paraná é uma zona de maior possibilidade, mas é também uma zona limite:

> Do clima resulta o traço dominante dessas zonas pioneiras, que é o de serem região de contatos. Essa condição é, seguramente, uma grande vantagem, consistindo esta em possuírem climas sem características rígidas, o que permite maior variedade de recursos e abre amplas possibilidades agrícolas. Não será um caso único no mundo a associação que aqui se vê em larga escala, entre o café e o algodão? Pastagens intercalam-se entre essas plantações e o cultivo do trigo vem sendo ensaiado ao lado das culturas tradicionais da mandioca, do milho e do arroz. Porém essa vantagem encontra sua réplica perigosa: a incerteza das colheitas, sempre temida nas regiões quentes e úmidas, é aqui aumentada em face da mobilidade das massas de ar e da luta que elas cada ano travam entre si na atmosfera do norte do Paraná e sobre o Estado de São Paulo. (MONBEIG, 1984, [1952], p. 72).

Apoiados nesta exposição, vê-se, em primeiro lugar, que a descrição do meio físico está totalmente articulada com a problemática da tese de Monbeig, que consiste em compreender os caminhos da colonização pelo capital no Brasil, num espaço que o capital se instala como um rio, fugindo dos obstáculos, e onde nada está consolidado, mas que ainda é determinado pela natureza. Para Monbeig, é o meio físico que dita os caminhos deste avanço. Nessa concepção, o mercado não é uma forma que pode tudo comandar. Além disso, é importante questionar-se: quais são as características do avanço do capitalismo no Brasil *quando* ele foi ditado com base nas especificidades ambientais?

Terras de amplas zonas vazias, no Brasil é possível que o capitalismo internacional produza seus ajustes. Trata-se de um sistema que resolve suas crises de forma majoritariamente extensiva. O capitalismo, no Brasil, avança sobre os espigões, que não são nem a floresta propriamente dita, nem os ambientes sertanejos dos quais ele foge. Tendo que fazer um ajuste espacial sem a resistência camponesa, se instala sobre os espigões, uma espécie de istmo entre a floresta, o sertão e as zonas densas. Nesse ambiente, consegue ganhar mobilidade de deslocamento no terreno, avança sobre as florestas e pode sugar ao mesmo tempo a mão de obra do sertão. Ao desenraizar a população de seu ambiente, produz uma espécie de regressão do gênero de vida. A mão de obra deve recomeçar o seu processo adaptativo e ela não sai de sua condição de nomadismo. Mas também produzirá efeitos intensivos, organizando de maneira singular os espaços e as sociedades. Nas zonas pioneiras, zonas de transição, cria estruturas de produção, prioritariamente, como também os seus mercados. Os mercados, em sistema capitalista, são mais adaptados às zonas de transição. Tem, dessa forma, como efeito indireto, a fixação do trabalhador no campo e na cidade, depois de um enorme ciclo de exploração. Esse ciclo de exploração se renova toda vez que a fronteira se abre novamente e desestabiliza a sociedade.

Nesse ponto, o efeito dos espaços de transição também se faz sentir: eles permitem, como efeitos indiretos, uma maior complexidade da economia, a produção de produtos que venham a repor a condição de sobrevivência de sociedades cada vez mais complexas e estratificadas. Portanto, para que haja um esforço de povoamento como consequência *indireta* ao esforço de exploração, é necessário que o meio físico seja também fonte de maiores possibilidades. Isto porque, por mais que o objetivo central seja o lucro rápido, um objetivo secundário é a inversão de capitais, e, sendo assim, é necessário igualmente criar mercados, que se viabilizam através da complexidade social e geográfica crescentes.

Assim, desenvolve-se uma paisagem em São Paulo com características totalmente singulares a partir dessas duas lógicas de reprodução do ajuste: de um lado, o café, matéria de exportação, busca as zonas pioneiras, e, de outro, nas zonas velhas, os cereais e o algodão, produzem um ajuste intensivo. Com a crise de 1929, também na zona pioneira, um produto destinado prioritariamente ao mercado interno, o algodão, começa a disputar os espaços com o café, inicialmente atingindo terras menos valorizadas, como mostra o mapa de Monbeig, e produz, em complemento, um ajuste intensivo, uma maior complexidade da sociedade e do mercado interno. O café é um produto internacional, o algodão é um produto majoritariamente doméstico. A produção local é melhor adaptada ao meio físico.

Aos poucos, o algodão começa a se difundir também sobre bons solos da zona pioneira, é acompanhado pela divisão da propriedade. Isto tem também efeitos sociais: com a queda do café, descende uma classe; com a alta do algodão, ascende outra. O calendário agrícola do Brasil revela situações de concorrência e complementariedade. Com base nesse calendário, vê-se que o café e os cereais são complementares, mas entre o café e o algodão, há oposição. Mais próximo da capital, assim, são produzidos os elementos de subsistência do mercado interno. Dessa maneira, o que se verificou no Brasil é que o capitalismo pôde aqui fazer um ajuste extensivo e intensivo em seu ciclo de acumulação, que não procura mais apenas matérias primas, mas também mercados, como demonstrou Arrighi ao falar do ciclo de acumulação britânico (ARRIGHI, 1996). Assim, o mercado interno torna-se, nesse momento, uma consequência direta do modelo de exploração e tem como resultado indireto uma prática de povoamento e de constituição de um processo civilizatório nacional. Se as classes cafeeiras capitalistas não estavam conscientes desses processos nacional e global, elas contrubuíram para gerar os elementos de sua substituição. Parece que o esforço de repor uma situação de exploração intensiva do trabalho será a fonte do esfoço oligárquico numa longa duração.

As fontes e a invisibilidade do paradigma e dos modelos

Uma visão global das fontes de Pierre Monbeig confirma a importância de invibializar o modelo das monografias regionais da geografia francesa. Isto porque vislumbra-se de imediato aquilo que Robic chamou de "invisibilidade do paradigma". Na tese de Monbeig, as referências bibliográficas a conceitos ou modelos são quase inexistentes.

A primeira referência teórica aparece na página 94 da edição francesa referindo-se à importância das crises para analisar a zona pioneira de São Paulo. Esta observação apóia-se nos escritos de Pierre Denis, "Le Brésil au XXe siècle" (1928). Aliás, este autor ocupa um papel chave. Todas as suas conclusões servem a Monbeig como motivo de aprofundamento. Em seguida, na página 139, aparece a contribuição teórica dos escritos de Bowman.

Apoiando-se neste autor, Monbeig reafirma que o mundo pioneiro não é, ao contrário do que aparece, um mundo sem passado. Essa é uma importante demarcação quanto à resistência dos valores literários: mais voltados para observação da história do que ao planejamento das zonas, o passado das zonas pioneiras é uma maneira de reafirmar o legado histórico, fisico e cultural do Brasil, e suas raízes europeias. Na zona pioneira, passado, redes e meio natural são pilares o encontro dramático dessas forças. Em seguida, na página 290, Pierre Monbeig vai ao encontro de uma das mais importantes conclusões de sua tese, apoiando-se nas observações de Pierre Deffontaines. Para ele, apesar do viés exploratório desse capitalismo tropical, há a construção indireta de uma civilização na zona pioneira, processo este nem sempre perceptível.

> Sem dúvida poderíamos concluir: um certo equilíbrio não parece reinar no mundo pioneiro? Aparentemente, a base da economia pioneira consolidou-se com o abandono da monocultura do café; o desenvolvimento de pequenas propriedades resultou num uso do solo mais completo em conjunto com uma melhor distribuição da riqueza. O futuro não é incerto para a franja pioneira quanto é para o velho país. Partindo desses poucos fatos, a conclusão resultante é otimista (MONBEIG, 1952, p. 290).

Além disso, neste livro, os atores que são alvos de crítica são Elisée Reclus e Pierre Deffontaines. Sobre Elisée Reclus, Monbeig diz que ele não compreendeu completamente a ordem em que os fatores ocorrem na franja pioneira. Para aquele autor, as ferrovias precederiam os habitantes. Monbeig não concorda (para ele a especulação vem antes) e é isto que revela o modelo de ocupação completamente diferente em relação aos Estado Unidos, por exemplo. Em nota ele completa: "contrariamente a opinião de Reclus (...) não mais se espera a consolidação das cidades para uni-las por linhas ferroviárias: assim, nos Estados Unidos, as ferrovias precediam as habitações" (nota 9, MONBEIG, 1952, p. 256).

Ainda sobre a questão da invisibilidade do paradigma, quase todas as suas referências se dividem entre uma sutileza na descrição da paisagem que algum autor tenha compreendido, dados econômicos precisos, estatísticas gerais e específicas, relatos de viagens, entrevistas com os pioneiros, recolhimento de informações junto a autoridades competentes, descrição de técnicas agrícolas, periodizações históricas, notícias de jornal, história urbana. Todas as fontes lhe servem para comprovar *empiricamente* os seus argumentos. Ele praticamente não cita autores com o objetivo de se apropriar de suas conclusões interpretativas. Prova disso é que a maioria das fontes de Monbeig é citada apenas uma vez, visto que os dados lhe interessam mais do que as interpretações.

Os atores que contribuíram diretamente para a consecução do seu trabalho, fornecendo-lhe dados, passam pelas autoridades, os companheiros da AGB e seus alunos. A abundância das fontes primárias é um dos indícios da invisibilidade do paradigma, posto que aumenta o peso das descrições, em desfavor das discussões teóricas. Ao mesmo tempo, a maioria dessas fontes primárias estavam sendo organizadas entre as décadas de 1930 e 1940, indicando que a obra de Monbeig caminhou paralelamente à institucionalização da geografia e à organização do Estado Brasileiro.[7] Isto confirma o lamento constante de Monbeig de que as estatísticas ainda eram desorganizadas. Ora, a invisibilidade do uso do modelo da monografia regional facilita o uso de dados estatísticos originais e a ausência de discussões teóricas é um sintoma bastante forte de que

7 São essas as fontes primárias de Monbeig: Boletim Estadual de estatística de São Paulo de 1945; Brasil (1940-1941), publicação do Ministério das Relaçoes Exteriores, Anuário Estatístico do IBGE de 1946, publicação da Exploração Geographica e Geológica do Estado de Sâo Paulo de 1930, informes da Sociedade Auxiliadora da Agricultura comércio e artes, quadro estatística da entrada e venda de café da Praça de Santos entre 1880 à 1935, Anuário da Secretaria da Agricultura do Estado de São Paulo de 1905, Relatória Anual da Secretaria da Agricultura de 1906, Boletim do Serviço de Imigração e Colonização da Secretaria da Agricultura, Indústria e Comércio de 1941, Boletins da Sociedade rural Brasileira de 1922, Boleitm do D.T.I.C.; Estatística agrícola e zootécnica de 1939-1940; Anuário Estatístico do Estado de Sâo Paulo, estatística de circulação, distribuição e consumo; Revista do Instituto do Café de 1938, Descrição Geral sobre a sociedade colonizadora do Brasil Limitada de 1939, Relatório da Comissão de Reerguimento da Lavoura cafeeira de 1947, Anuário Estatítico de 1945-1947, Secretaria da fazenda do Estado de São Paulo, de 1946, Estatística da Distribuição de Sementes de Algodão no ano agrícola de 1945-1946, compreendendo 305 municípios, da Secretaria de Agricultura, indústria e comércio do Estado de São Paulo, Anuário Estatístico, 1941-1946, Instituto Brasileiro de Geografia e Estatística, CNG; Colheitas e mercados, 1948, publication du Secretariat d›Agriculture de São Paulo; Serviço de Profilacia da Malaria; Album illustrado da comarca de Rio Preto.

o domínio discursivo narrativo é predominante ao domínio da explicitação das regularidades e dos modelos. Quais são ou outros recursos de expressividade são evocados por Monbeig?

O que é exatamente esta "geografia do movimento" (SALGUEIRO, 2006)? Muitos autores divulgaram o modo como o próprio geógrafo denominou o fenômeno que ele pretendeu descrever em sua tese, sem que esta expressão fosse decomposta e elucidada: "Tão rápidas são as transformações, que tudo que se pode escrever a respeito entra logo na história. Por isso, foi o próprio movimento que eu tentei descrever e explicar (...) (MONBEIG, 1984 [1952] p. 19). Monbeig observa a realidade como se fosse um cineasta, que repete seus enquadramentos em diferentes momentos do tempo. Esta foi uma de suas estratégias discursivas. Em duas fotografias preservadas no IEB, ele retoma o mesmo enquadramento alguns anos depois da primeira foto, com a intenção de mostrar quão impressionante são as mudanças da paisagem na avenida São João, em São Paulo.

Foto 15: Avenida São João. Autor: Pierre Monbeig. Fonte: Fundo Pierre Monbeig-IEB, caixa 9

Foto 16. Avenida São João anos depois. Autor: Pierre Monbeig Fonte: Fundo Pierre Monbeig- IEB, caixa 9

Um recurso literário. A metáfora da franja pioneira: ordem, desordem e avanços de guerra

Em face do leitor europeu, ele chama atenção, textual e iconograficamente, para enorme velocidade em que as coisas mudam no Brasil. Isso lhe causa perplexidade (FERNANDES, 2011). Um estranhamento também sobressai ao escolher o termo "franja pioneira" para sintetizar as paisagens das zonas novas, em franca elaboração. Ao designá-la, ele procura dar relevo ao caráter transitório desta zona, em vias de elaboração, bem como o aspecto desordeiro da paisagem. Sabe-se que a identidade geográfica passa pela "'fisionomia' da paisagem" (SALGUEIRO, 2006b, p. 92-93). Mas, segundo Hervé Théry, na opção pelo termo "franja", e não "front", reside ao mesmo tempo um empréstimo e uma recusa.

> Em primeiro lugar, contrariamente ao que se lê aqui e ali, Pierre Monbeig não falava em 'frentes pioneiras': não tanto para evitar a metáfora militar que, como observou, vinha frequentemente à

> mente, mas por uma preocupação com a exatidão conceitual, para que o leitor não imaginasse uma linha contínua e para evitar 'sugerir que a ação dos pioneiros fosse concertada, o não era o caso no passado e continua sendo uma exceção' ([12] p. 974). Por isso ele esclareceu: "Em vez de 'frente', é melhor falar em 'franja', porque se trata raramente de uma ruptura repentina, e sim de uma progressão mais ou menos rápida passando de espaços organizados àqueles que assim se tornam" (ibid.) (THÉRY, 1991, p. 81).

De um lado, evocando a similaridade com o "front," é esclarecedora a imagem metafórica do movimento de guerra, em que avançar ou recuar são premissas da vitória ou da derrota. Contra quem? Contra uma floresta densa e quase indomável, contra um desgaste crescente do solo: "A terminologia brasileira fixou-se no 'oceano verde' que se opõe aos pioneiros. A marcha destes faz-se na floresta e **contra** a floresta" [grifo meu] (MONBEIG, 1984 [1952], p. 86-87). Por outro lado, Monbeig lembra que essa luta não é uma luta organizada, como um exército em guerra parece sugerir. Este aspecto do pensamento de Monbeig está em plena harmonia com uma das sugestões vidalianas. Para Vidal de la Blache, a civilização se constrói por lutas e choques. Este se referindo ao Mediterrâneo:

> Na luta palmo a palmo que se trava contra as tempestades oceânicas para a construção dos portos, pode-se dizer que a 'perseverança [do homem] triunfou: ele conquistou, ampliou sem cessar seu domínio, mas não sem, às vezes, sofrer os selvagens retornos de seu eterno inimigo' (VIDAL DE LA BLACHE, 1873 apud LIRA, 2013, p. 124).

Outra face dessa geografia do movimento, sob o comando de uma dialética entre processos naturais e processos econômicos, está na tomada de marcos temporais das crises para as principais transformações da zona pioneira (THÉRY, 1991, p. 82). As crises modificam o equilíbrio de forças nesta guerra de posição. A metáfora da guerra, dos espaços vitais, é uma importante contribuição que a geografia alemã legou à geografia francesa, e que Vidal de la Blache não descartou. E nem Pierre Monbeig.

As etapas do avanço da franja pioneira: uma narrativa "cinematográfica" com foco nos personagens

Os avanços da franja pioneira são um conjunto de "cenas" e narrativas. Assim, tive a impressão, ao ler a tese de Monbeig, que estava vendo um filme. O movimento pioneiro é representado por diferentes personagens em diferentes fases e cenários geográficos. Monbeig diz que são os personagens que conferem características singulares à história da zona pioneira. Para Gomes et Droulers,

> Em uma realidade territorial em constante mutação, Monbeig foi buscar na marca e na contribuição de cada tipo de personagem a sua estruturação [da realidade territorial] (índio, mineiro, grande plantador, coronel, grileiro, comerciante de terras, imigrantes, fazendeiro, colono e sitiante). Para compreender as mudanças ainda em marcha do espaço de São Paulo, Monbeig retoma as raízes histórias desses personagens. (GOMES, DROULERS, 1996, p. 263).

Com efeito, para Pierre Monbeig, os primeiros pioneiros foram os índios: "(...) foram eles [os índios] os verdadeiros pioneiros, se nos ativermos ao sentido mais restrito da palavra, pois que foram os primeiros a queimar a mata e a aproveitar o solo" (MONBEIG, 1984 [1952], p. 129). Depois dos índios vieram os mineiros, pioneiros provenientes das Minas Gerais, que começaram o desbravamento dos sertões do Paranapanema e foram os primeiros que ocuparam os espigões para a criação do gado (MONBEIG, 1984 [1952], p. 135-136). A agricultura que eles conheciam era muito limitada, mas foi suficiente para passar, aos chamados "plantadores", a técnica das queimadas: "a técnica da agricultura de queimada que o pioneiro praticou, na fase de seu primeiro estabelecimento, foi a dos índios, que os caboclos brasileiros lhe transmitiram [aos mineiros]." (MONBEIG, 1984 [1952], p. 132). Pelos índios e caboclos se cristalizam as técnicas dos gêneros de vida nômade de queimadas.

A cultura do café não se solidifica sem uma mudança total na sociedade rural paulista: "assim, não se introduziu uma cultura nova, sem que se fizesse uma revolução na sociedade rural paulista" (MONBEIG, 1984 [1952], p. 97). O impulso de participar do mundo moderno, em contraste com as dificuldades a serem vencidas, impregnou os paulistas de enorme espírito de empreendedorismo e audácia (MONBEIG, 1984 [1952], p. 97). Surgiam novos pioneiros no cenário nacional.

Ao redor de 1870, vencem-se os problemas de um só golpe. Em 1871, um grupo de fazendeiros organizava a "Associação Auxiliadora de Colonização e Emigração para a província de São Paulo" (que foi seguida, em 1886, pela montagem da 'Sociedade Promotora da Imigração em São Paulo) (MONBEIG, 1984 [1952], p. 104): "Com espírito assim tão moderno, perfeitamente a par das realidades, enfrentaram os grandes fazendeiros o problema da mão-de-obra." (MONBEIG, 1984 [1952], p. 101). Isso porque: "as regiões novas não eram favorecidas pela repartição geográfica dos escravos, cuja maioria se localizava nas regiões velhas (...)." (MONBEIG, 1984 [1952], p. 101). Nesta época, as regiões novas atingiam Campinas, primeiro cenário da zona pioneira moderna.

Também se veem a participação dos fazendeiros em sociedades ferroviárias a partir de 1870 (MONBEIG, 1984 [1952], p. 98). Nesta mesma época, as fazendas equipavam-se com utensílios modernos, para o aperfeiçoamento no preparo dos grãos do café: máquinas de despolpar, secadoras artificiais, classificadoras mecânicas e a vapor, cilindros para separação dos diversos tipos de café (MONBEIG, 1984 [1952], p. 100-101), "o metal e o vapor triunfavam sobre a madeira e a água" e foi o que permitiu, aliás, a substituição da mão de obra escrava para mãos de obra assalariada. O ritmo acelerado da modernização define um tipo de fazendeiro que é um plantador, e não um agricultor (MONBEIG, 1984 [1952], p. 99). Toda a sociedade se transforma sob o impulso dos fazendeiros. Realmente, a descrição de Pierre Monbeig os qualifica como verdadeiros empreendedores. Nova cultura, novos personagens, outros espaços. O oeste paulista é o teatro desses novos pioneiros que formaram a aristocracia paulista:

> Partindo dos municípios da depressão periférica, avançaram os grandes plantadores, seguindo as vias de penetração natural, que diante deles se abriam. Duas famílias, os Almeida Prado, de Itu, e os Toledo Piza, de Capivari, desceram o Tietê até a entrada deste na serra de Botucatu; descobriram extensa mancha de terra roxa, nas cercanias de Jaú, e nessa região iniciaram a cafeicultura. Ali tinham sido feitas as primeiras plantações, muito modestas, pelos mineiros; em 1865, comprou-as F. Paulo de Almeida Prado. Ajudado por seus irmãos e cunha-

> dos, lavradores em Tietê e Porto Feliz, aumentou as plantações e foi seguido por homens de Piracicaba, Limeira, Indaiatuba. Joaquim de Toledo Piza veio mais tarde, em 1849, e completou os desbravamentos, na zona de Jaú. Mas, não se contentando com as terras já parcialmente ocupadas, partiu, em 1891, para o sertão dos Coroados, nas nascentes do rio Feio, e o adquiriu. Acompanhado do suíço Luis Wolf, lá plantou os primeiros pés de café, nas fazendas da Faca e Bela Vista. Sem demora, tratou de equipar suas propriedades, construindo terreiros para a secagem do café, abrindo uma estrada, a partir da estação ferroviária mais próxima, a uma distância de 20 léguas, e transportando em carros de boi as máquinas para despolpar café. Mais tarde, depois da construção da ferrovia de Bauru ao Mato Grosso, contribuía ele para o desenvolvimento da cidade de Pirajuí e foi o criador de Albuquerque Lins. Em 1923, possuía um milhão de pés de café. (MONBEIG, 1984 [1952], p. 139-140)

Mas nesta altura, Pierre Monbeig esboça uma percepção arguta. Essa trajetória heroica dos fazendeiros *ilude* os pequenos proprietários, também pioneiros, e que são, na verdade, os verdadeiros desbravados da floresta. Não é à toa que, até hoje, a classe média urbana, toma a grande burguesia como espelho da ascensão social. Mas, em época de crise econômica, esta burguesia não faz mais do que lhe retirar oportunidades e direitos. Assim, Monbeig tem uma visão bastante crítica, sobre a participação desses personagens na zona pioneira. Ao contrário do que muitos pensam, não são os fazendeiros os grandes aventureiros. Para ele, "a marcha pioneira foi primeiramente assunto deles [pequenos proprietários]" (MONBEIG, 1984 [1952]).

Tanto na fase dos colonos, como na fase dos sitiantes, que virá em seguida, a estrutura econômica se mantém amarrada pela ilusão da possibilidade do empreendimento, criada pelo crédito e pela propaganda (CHARDONNET, 1953, p. 447), corroborando, na modernidade, com a "mentalidade bandeirante". Assim, parte dessa "mentalidade bandeirante" é, na verdade, uma armadilha.

Saindo de Campinas, a crise de 1900 logo envelhece esta região. Os pioneiros avançam sobre novas terras, notadamente sobre a região a oeste, pelo Paranapanema, Botucatu, Marília e Presidente Prudente. Depois da crise de

1929, eles avançam para o norte do Paraná. Esses são os cenários geográficos que servem de palco das quatro cenas em que se desenrola o avanço da zona pioneira, interrompidas pelas crises e tendo personagens e tipos sociais no centro das narrativas, tantos os empreendedores quanto os explorados.

Mas, para Monbeig, há um outro sinal que também caracteriza as novas zonas pioneiras. Lá, há, de fato, a construção de algo novo, de uma sociedade que abandona seus antigos hábitos para criar novos. A zona pioneira de São Paulo, portanto, é mais do que um cadilho de nacionalidades. Ela transforma os homens, ela os unifica em um projeto comum, ela é, portanto, um caldeirão de uma nova sociedade e o germe da criação de um sentimento regional e mesmo nacional.

Fotografias: variação escalar e valorização do concreto

A recorrência de Pierre Monbeig às imagens é também um demonstrativo da expressividade artística. As ilustrações na sua obra, como aquela da prancha 7 (foto 12), permeiam todo seu trabalho. Nesta prancha, Pierre Monbeig o ilustra com "personagens" centrais de suas narrativas: o pioneiro, o solo, as fazendas e as casas. Ele retrata um ambiente em transformação. Além disso, vê-se Pierre Monbeig, através das imagens, variar as escalas (planta 1, planta 2, mapa 4). Nota-se menos no livro de Pierre Monbeig fotos de grandes fazendeiros, mas sobretudo de pequenos pioneiros e suas difíceis condições de sobrevivência.

Foto 17: "Planche XVII" [prancha XVII, trad. da autora]. Fonte MONBEIG, 1952.

Fotos 17: "Types d'Habitation" [tipos de habitação, trad. da autora]. Fonte: MONBEIG, 1952.

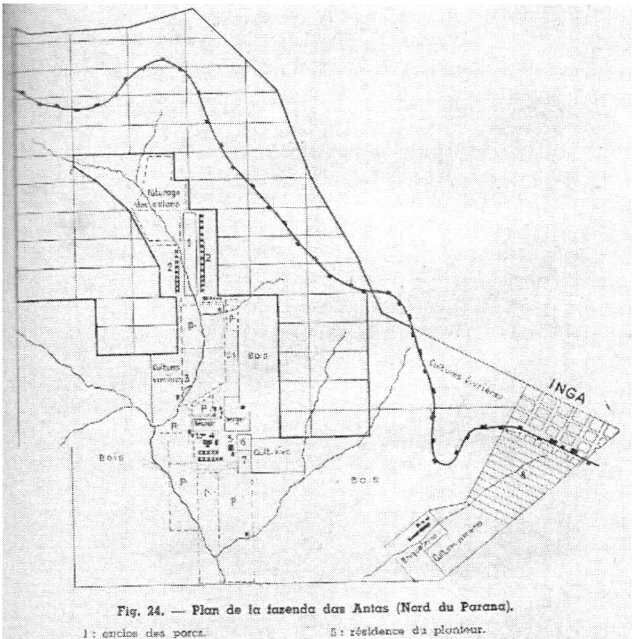

Fig. 24. — Plan de la fazenda das Antas (Nord du Parana).

1 : enclos des porcs.
2 : résidences des colons : colonias.
3 : réservoir d'eau pour le travail du café.
4 : machines pour le traitement du café.
5 : résidence du planteur.
6 : gazon.
7 : luzerne.
8 : cultures maraîchères : chacaras.
p : pâturages.

La voie ferrée est celle qui relie Ourinhos (São Paulo) à Londrina (Parana). — Ce plan, qui nous a été aimablement communiqué par M. Braulio Barbosa Ferraz, ne porte pas d'indication d'échelle.

Planta 1: Fazenda de Antas. Fonte: MONBEIG, 1952.

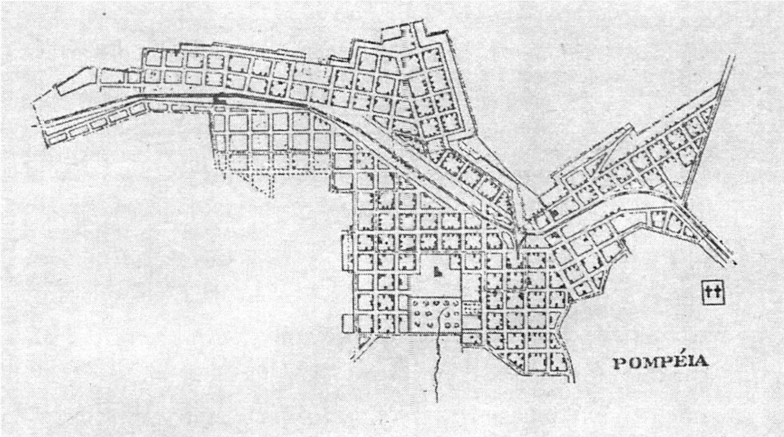

Fig. 38. — Plan de Pompéia, gros bourg de l'Alta Paulista (São Paulo).
L'agglomération s'étire sur l'espigão, en bordure de la voie ferrée. Le développement vers le Sud utilise des éperons du plateau, de part et d'autre d'une tête de vallée, au S. de l'église. Noter que celle-ci n'est pas au cœur de la ville pionnière. Population en 1946 : environ 5.500 hab. Echelle 1 : 10.000.

Planta 2: Planta de Pompéia. Fonte: Monbeig, 1952.

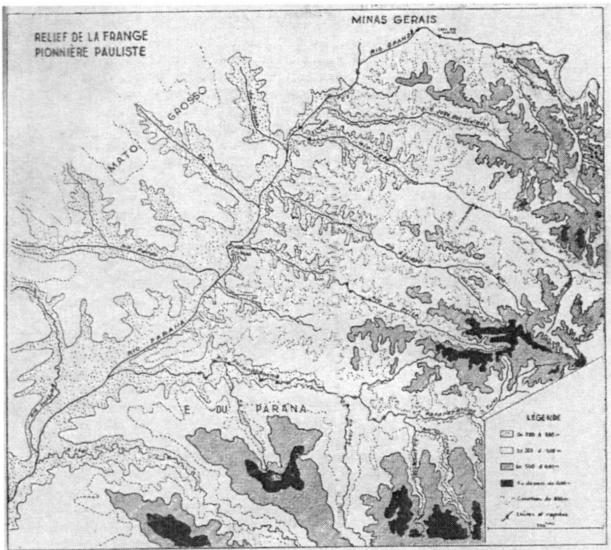

Fig. 4. — Le relief de la frange pionnière pauliste.
D'après la carte à l'échelle de 1 : 1.000.000 de l'Instituto Geográfico e Geológico.

Mapa 4: « Relief de la frange pionnière paulista » [relevo da franja pioneira paulista, trad. da autora] Fonte : Monbeig, 1952

Ademais, os panoramas das fotos revelam as escalas de referência. As escalas vão dos mapas, passando pela planta das cidades, até as plantas das fazendas e as fotos das casas. Ele pretende mostrar a articulação dos processos globais com os processos locais: a carta agrícola (mapa 5) reproduz a localização e o tamanho da produção voltada prioritariamente para o mercado internacional, com a distribuição das plantações de café e de algodão. O plano das cidades mostra como elas são dependentes da sua situação geográfica e das estradas. Por fim, o plano da fazenda a situa em pleno encaixe entre os rios e as ferrovias, mostrando a todo momento a necessidade de se adaptar às condições concretas do meio físico. Já as casas retratam a transitoriedade e o movimento da zona pioneira.

Ao mesmo tempo, a imagem é a valorização do concreto e da sensibilidade do autor. O leitor é chamado a se distanciar dos modelos e a enxergar paisagens concretas que evocam as suas próprias experiências como mediadoras da veracidade do discurso geográfico. É Sion quem revela que esta estratégia está profundamente implicada no método vidaliano, do qual Monbeig não se distancia:

> Uma fotografia dava-lhe a oportunidade de analisar uma paisagem [...]. E saíamos com a impressão de termos entendido o essencial da fisionomia de um país e conhecido sua própria alma, ao mesmo tempo desfrutando de sua beleza" (SION apud ROBIC, 1991, p. 66).

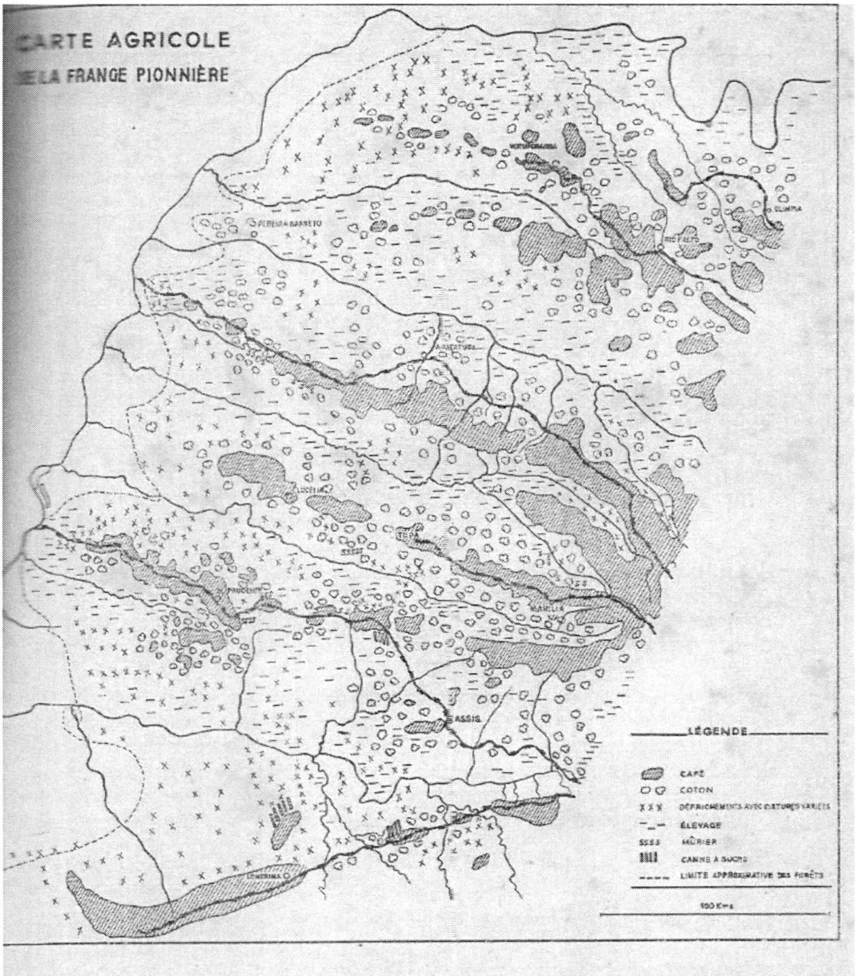

Fig. 29. — Essai de carte agricole de la frange pionnière pauliste, en 1946.
Echelle 1 : 2.800.000.

Mapa 5: "Carte agricole" [carta agrícola, trad. da autora] Fonte: MONBEIG, 1952,

Além disso, o enquadramento do mapa franja pioneira é singular (mapa 5). Monbeig consegue extrair da carta do Instituto Geográfico e Geológico um enquadramento singular da zona pioneira na fronteira entre os estados de São Paulo, Minas Gerais e Paraná. O enquadramento que Monbeig pretende dar a zona pioneira está fora das bases cartográficas oficiais, o que demonstra que ele vislumbra uma regionalização que o Estado não estaria habituado a planejar, como se a franja pioneira fosse ainda um movimento praticamente espontâneo, ou ainda distante da concepção de qualquer projeto nacional planejador e geopolítico. É de se notar também que a carta agrícola de Pierre Monbeig é desenhada a mão. Os símbolos do café e do algodão são detalhadamente preenchidos nas cartas, revelando ausência de estatísticas oficiais. Nesse mesmo sentido, o Estado brasileiro ainda não está equipado para planejar os destinos da zona pioneira. A zona pioneira de Monbeig é uma zona dos movimentos naturais e de mercado e não ainda de um Estado planjeador. Este pólo afastaria Monbeig de um paradigma literário, mas ele se mantém no meio, da mesma maneira como Vidal de la Blache elaborou uma espitemomlogia "mista" da passagem. Isso também pode ser visto nas imagens. O trabalho de Monbeig parece ter sido elaborado em concomitância à emergência de uma bursguesia nacional e de um Estado nacional brasileiro o que ajuda a explicar igualmente a situação de transição de seu trabalho, entre uma geografia humana e uma geografia social e planificadora, ou seja, ele se mantém no âmbito de uma geografia literária, onde a força do mercado e do homem é relativizada pelas determinações do meio físico.

Em todas essas produções fotográficas, vi Pierre Monbeig produzir informações através dos novos enquadramentos e dos desenhos. Ele é um produtor de imagens, enquanto fotógrafo cineasta ou enquanto cartógrafo. Assim, essas imagens revelam características importantes do método de investigação e exposição de Pierre Monbeig: a expressividade artística e o apego ao concreto, zonas de transição, onde o meio importante mais do que as zonas de mercado e as zonas do Estado, e que vão para além de uma simples ilustração das narrativas.

> (...) **ele tinha extremo cuidado tanto com seus enquadramentos** quanto com a composição de suas imagens e que, por outro lado não fazia restrições ao uso dos enquadramentos (...) para os quais os geógrafos geralmente 'torcem o nariz' por julgarem que têm efeitos 'subjetivantes' – pelo próprio fato de que a incorporação de elementos de fora do enquadramento impede que se esqueça, ao olhá-los, de que se trata de percepções ou de encenações voluntárias: elas remetem sempre a um sujeito observador situado no próprio terreno. (MENDIBIL, 2006, p. 243).

Pierre Monbeig foi um geógrafo do concreto, das sensibilidades, do visível. Ele conseguiu articular o seu método de investigação em função da compreensão do concreto. A resistência à expressividade artística, literária, de um determinismo geográfico (onde o homem não comanda todos os processos, mesmo aqueles dotados de capital), revela-se sua adesão a uma escola que nunca o deixou de seduzir. Em 1952, esta posição já se tornara cada vez mais estranha, uma vez que seu segundo diretor de tese, do alto de sua cadeira na Sorbonne já havia declarado, em 1942, que o ensino de geografia não se voltava mais a formação pedagógica, mas a formação técnica (CHOLLEY, 1951, p. 126).

Uma escola geográfica francesa que, desde de sua formação, nos arredores de 1870, passando pela sua expansão, circulação, até o lançamento das bases de geografia desenvolvida no Brasil, passa por um longo processo de continuidade, até pelo menos a década de 1956. No caso do Brasil, não seria antes de 1956 que iríamos ter a emergência de uma nova tradição, uma escola brasileira de geografia autônoma. Assim, a expressividade de Monbeig é uma resistência. A resistência de uma geografia que o seduziu nos primeiros anos de formação e que ele deslocou às terras brasileiras, desenvolvendo-a a partir de um espaço, o Brasil, que, palco de uma colonização do capitalismo, tinha tudo para desarticular essa tradição em sua organização paradigmática, mas que ele não hesitou em preservá-la.

De um lado, Pierre Monbeig parece ter acompanhado um movimento estrutural. Acompanha a evolução de uma ciência que caminha *pari passo* com a transformação dos espaços. O Brasil era uma vasta zona pioneira, em que as dinâmicas da natureza se encontram de forma violenta às dinâmicas do mercado. A geografia moderna conduzida por Monbeig no Brasil aproveitou-se dos resquícios de um paradigma geográfico misto, e, ainda ancorada em valores literários, reproduz as formas de análise de realidades pré-modernas da França no Brasil. Porém, tenciona essa geografia na mesma velocidade que o Brasil emerge para modernidade trazendo consigo todas as tarefas práticas e do desenvolvimento que chamam à ação uma geografia aplicada.

De outro lado, há um reverso do movimento das estruturas. Braudel finalizou o *Mediterrâneo* teorizando sobre a liberdade dos invidíduos definida pela tomada de consciência dos limites impostos pela estrutura. Em uma geo-história dos saberes desenrolada no século XX, os intelectuais, os indivíduos, as ações, têm grande parte da responsabilidade pelos caminhos tomados pela ciência. Monbeig soube e quis fazer evoluir as ideias geográficas no Brasil num ritmo muito próximo à própria transformação do espaço brasileiro pelo Estado e pela nação, do que por um capitalismo cosmopolita, mesmo que tenha incorporado, metodologicamente, as determinações que o capitalismo subemete a um antigo território colonial.

Com essa postura, ela julgava atingir um equilíbrio mais realista sobre ritmo de produção do espaço no Brasil, com todas as suas potências, malezas e atrasos. Além disso, nesse movimento estiva implicado não apenas sua inserção no espaço brasileiro, como também as paixões pela geografia de Vidal de la Blache, e foi esse processo sinuoso que tentei demonstrar ao longo desse livro, e que envolvia espaços, temporalidades, contextos, objetos, personagens, ideias e estruturas causais. Tudo isso fez emergir uma Geografia no Brasil de que somos tributários.

Considerações finais

Uma variedade de lentos processos que atingiram a geografia de Pierre Monbeig em profundas dimensões não podia ser fragmentada. A erosão dos valores literários, quando as ciências se distanciam da literatura para criar seus próprios critérios de cientificidade; a tentação à ação, que conduz os movimentos intelectuais para uma ciência crescentemente mais engajada, planejadora e aplicada (seja ela crítica ou não); a progressiva sistematização metodológica, quando os cientistas tornam-se cada vez mais conscientes de seus métodos e modelos; e um potencial de ruptura com o paradigma de Vidal de la Blache, foram movimentos que se aceleraram ao longo da primeira metade do século XX, atingiram todas as ciências em diversas temporalidades (em especial a geografia para o caso de Vidal), com seus avanços e recuos e eclipsaram antigos padrões. Em 1960, data já temporalmente afastada desse livro, emerge a geografia crítica.

Do meu ponto de vista, isto ocorreu devido à crescente complexidade que o modo de produção capitalista vivencia entre fins do século XIX e início do XX (ARRIGHI, 1996) mas também as resistências sofridas por esse capitalismo no espaço brasileiro. Sendo Pierre Monbeig um geógrafo da modernização em contexto de mundialização *tardia*, esta trama contextual, em termos territoriais, políticos, econômicos, sociais e epistemológicos, trouxe reflexos para a Geografia que ele produziu no Brasil.

No avanço desse contexto, o patamar de investimento na força de trabalho também se intensificava, os procedimentos industriais se tornavam mais complexos e o Estado passa a tutelar não apenas a formação universitária (FERNANDES, 1975) como não deixa de arbitrar as relações de trabalho (SINGER, 2001). No Brasil, o Estado teve um papel chave pois a burguesia nacional tomava consciência que ela não poderia liderar sozinha o processo de industrialização (FERNANDES, 1975). Estado e classe dominante se fundem, mas não deixam de ser instâncias separadas. Isso deu margem a Monbeig a desenvolver uma geografia com conotações críticas, seja no plano de uma parcial radicalidade política contra essa burguesia, seja em uma radicalidade científica parcialmente autônoma dos ditames do Estado (ainda que com muitas simpatias, visto a formação específica do Estadao brasileiro), no bojo de uma geografia regional vidaliana, de viés incialmente menos aplicado e desinteressado do que o contexte geral parecia sugerir.

Porém, em alguma medida, Monbeig também imbuíu sua geografia com conotações que a fizeram progredir junto com os movimentos profundos de transformação das ciências, ainda que com importante grau de autonomia, permitindo preservar características fundamentais de uma geografia de viés literário. Isso abriu espaço para que as transições paradigmáticas de Pierre Monbeig não avançassem para vanguarda de nenhum dos pólos, também por que situada em contexto de país territorialista, cuja avanço do Estado se dava em toda marcha tão ou mais acelerada do que o próprio capitalismo, pelo menos até esse momento. Pierre Monbeig não aderiu a um tipo de raciocínio aplicado, planejado liberal, que saudava a atuação do homem em potência acentuada, nem a uma raciocínio demasiadamente crítica ao capitalismo nacional e ao Estado. Logrou estabelecer vínculos estatais de ordem nacionalistas, impulsionou seu trabalho pelo viés das transições paradigmáticas, mas com algum limite, sem que se consumasse a ruptura com paradigma vidaliano, mas promovendo uma modernização deste através de pontos de vistas originais.

Assim, reconheceu que o Estado passava a exercer maior controle sobre a Educação e chamava à formação de técnicos e planejadores que pudessem contribuir com seus projetos: "é que a carreira técnica, os empregos de alta qualificação e os cargos de direção começam a condicionar os mecanismos de mobilidade social vertical que exigiam conhecimentos técnicos" (FERNANDES, 1975, p. 31). Mas também que, em um contexto global, e mais atlântico do que brasileiro, era o capitalismo que dava as cartas. Por tudo isso, vê-se que, nesse momento de revoluções, a ciência também é chamada a atuar de forma cada vez mais especializada, planificadora e técnica nos países novos, o que expõe a necessidade de um novo padrão científico. Esse é um movimento de longa duração em que a evolução da ciência acompanha o processo de transformação dos espaços.

De um lado, é no bojo desse novo padrão que se observa a Geografia no geral, e a geografia de Monbeig em particular, reacomodar-se em um novo universalismo, sem abrir mão de suas heranças. Vale lembrar também que, na década de 1960, Monbeig vai presenciar o movimento crítico, sem grandes arroubos e adesões, mas isso deve ser uma história mais complicada... Por outro lado, o fato que o Estado brasileiro tenha seguido um viés progressista na década de 1930 não deixa de ter efeitos sob a epistemologia da geografia: Pierre Monbeig vinculou-se a uma geografia de tipo nacionalista, que continuava a acentuar as particularidades do Brasil, o que lhe abriu um maior viés de diálogo com os valores da arte e da literatura e uma recusa a um deslizamento a um paradigma francamente liberal, modo pelo qual a geografia aplicada tomada feição mais significativa a partir da década de 1950.

Em síntese, verifica-se que a formação de uma economia mundial com exigência técnicas e políticas cada vez mais complexas teve importantes rebatimentos sobre a epistemologia da geografia e sobre a epistemologia da geografia no Brasil, assim como as próprias escolhas de Monbeig. Os fenômenos econômicos modernos e a homogeneização do mundo anunciam o princípio de uma renovação epistemológica. A excepcionalidade de que são imbuídas as descrições das paisagens, o determinismo geográfico, veiculados por valores literários, cede lugar a uma geografia atenta às particularidades dos fenômenos, mas já consciente das profundas equivalências das realidades mundiais. A Geografia Humana se colocou na vanguarda dessas transições, pois ao situar o homem no centro da condução dos processos econômicos e políticos do mundo, ela cede tendencialmente à sua "tentação à ação" e a geografia migra, ao longo da primeira metade do século XX, de uma ciência desinteressada com alguma inculcação patriótica a uma disciplina promotora da expansão econômica dos países inseridos numa divisão internacional do trabalho. Ademais, ela sai da condição de um método e um paradigma "invisível" para dar lugar a agentes que são produtores de manuais e modelos, bem como outros que a conduzem às necessidades do ensino técnico. Este foi um lento processo que dava novos contornos à geografia na França, no seu momento de consolidação institucional, expansão cultural e diplomática. Mas no Brasil, os mesmos movimentos se verificam, mas com contornos particulares.

O que se vê é o encontro das temporalidades do Atlântico, das temporalidades da França com as temporalidades do Brasil. Como já afirmado, o fato do Estado brasileiro não avançar para políticas liberais de organização e reflexão sobre o espaço, por um lado, atenuou o movimento de transição paradigmáticas que poderia ter se estabelecido no Brasil. Por outro lado, por mais que Monbeig fosse simpático a tais políticas estatais, ele preservou a sua autonomia científica e reposicionou a geografia literária frente aos novos padrões das ciências que se transformavam na longa duração, mantendo o antigo *status* da geografia vidaliana entre os dois pólos da valorização da ação do homem no Brasil: uma de ordem liberal, de um lado, e outra de ordem estatal, de outro, mantendo-se assim uma geografia no entremeio, acadêmica, que se manteve na passagem, em sucessivos contextos.

As transformações que a geografia de Pierre Monbeig vai sofrer em face do espaço e das conjunturas brasileiras são, assim, temporalmente específicas. Face as mazelas de um país periférico numa época de catástrofes, Monbeig participa aqui de um forte movimento de constituição do Estado mas também da nação brasileira. Talvez o fato mais importante a se ressaltar é que Pierre Monbeig não apenas "abriu a cabeça dos jovens brasileiros",[1] mas aprendeu com o Brasil, inclusive com estes jovens.

Assim, influenciado por um conjunto de circunstâncias - que vão desde um contexto territorial, social e político - o *ritmo de transição* paradigmática de uma geografia de viés literário para uma geografia aplicada avança lentamente, com especificidades e ritmos determinados pelo contexto territorial brasileiro, pelo impacto que esse contexto tem na formação do Estado Nacional, entendendo, nesse livro, o espaço como estruturante em relação às demais dimensões.

De um lado, os valores literários, que ele reproduziu, o auxiliaram a ensinar os estudantes a valorizem o Brasil. Era preciso sair de um ciclo de pessimismos dos discursos da tropicalidade e do vazio cultural para valorizar o Brasil enquanto país e objeto frutífero de pesquisas em ordem global. Os valo-

1 Ouvi essa expressão na jornada franco-brasileira do Instituto de Estudos Avançados da Universidade de São Paulo em dezembro de 2017.

res literários vão se atenuando ao longo da produção geográfica de Monbeig, mas sofrem sempre poderosos retornos com a intenção manifesta de chamar as sensibilidades para os problemas que migram de uma compreensão da sua excepcionalidade para a compreensão de sua inserção específica no global. Os valores literários, e o continente do Estado, reproduzem em escalas mais amplas da produção do conhecimento, asseguram aos intelectuais interpretar o mundo pela resistência de sua entrada em uma modernidade de viés utópico, como propugnava a utopia cosmopolita liberal.

Monbeig também foi extremamente sensível ao processo de formação do Estado Nacional de viés popular: o problema da condução administrativa do Estado tinha rebatimentos profundos no modo de se fazer ciência, seja do ponto de vista da geografia, seja do ponto de vista da cartografia e das estatísticas. Em um momento em que a intelectualidade brasileira é chamada à ação, uma conjuntura planificadora é precocemente estabelecida no Brasil, tendo Monbeig contribuído, no que tange à tentação à ação, *com questões, teorias e modelos geográficos* que o levaram a compreensão das origens e padrões que se viam nos problemas securares do Brasil e que demarcavam seu atraso frente às nações progressistas a partir de uma perspectiva crítica ao imperialismo. Por fim, Monbeig foi também um produtor de manuais. Engajado em uma missão científica e civilizatória que atacava o atraso em toda marcha, ele teve postura bastante normativa em face do método geográfico no Brasil.

Este processo de formação da Geografia no Brasil era um processo com durações materiais, organizativas e intelectuais. Materiais e organizativas, na temporalidade do estímulo às instituições, às associações, à formação de bibliotecas, à produção cartográfica, entre outros. Intelectuais, no sentido que Monbeig associa as resistências de suas heranças aos novos contextos. Ele fora capaz de, ao longo de sua trajetória, sair de uma condição de discípulo aplicado, passando por contribuições parciais à totalidade da epistemologia francesa, a um verdadeiro giro teórico que possuía as marcas do espaço brasileiro: uma geo-história do capitalismo em expansão, com base em raciocínios sistêmicos, e que conferia importância ao papel dos atores. Essa é a fortuna crítica que Pierre Monbeig legou à Geografia Brasileira a partir de sua imersão na realidade brasileira. Esse aspecto dessa conclusão, ainda que de modo sumariamente tratada, não deixa de situar este trabalho em correntes que procuram observar processos de descolonização epistemológica, associado a abordagens descoloniais.

Monbeig pode ser considerado como mais um ator chave da formação do pensamento social brasileiro pois boa parte dessa tradição se funda em um raciocínio geográfico que incorpora a condição de tropicalidade do Brasil como ponto de partida de sua inserção na economia mundial. Caio Prado Jr., amigo de Monbeig, foi quem melhor expressou a proficuidade dos empréstimos da geografia para as outras ciências sociais no Brasil. No que tange à uma contribuição específica de Monbeig, acredito que a geo-história com base em raciocínios sistêmicos é a filosofia da história melhor adaptada à compreensão dos processos de colonização em países periféricos no contexto de expansão capitalismo dirigido pelo Estado, nos marcos de uma abordagem funcionalista[2] ou organicista da Geografia. Por outro lado, do ponto de visto do método desse trabalho, ressalto que não conheço outro, no âmbito da história da ciência, que tenha utilizado a geo-história como método. Cabe ao leitor avaliar a sua pertinência.

Assim, a Geografia desenvolvida no Brasil, sob a liderança de Monbeig, encontrou um discurso simbólico de fundação: a geo-história da expansão do capitalismo, elaborada a partir dos próprios contrangimentos que o Brasil impunha a este capitalismo e da força que esse capitalismo impunha ao Brasil. Uma briga de gigantes. Pierre Monbeig é influenciado por esse contexto maia geral, e situou sua obra em contribuições primeiro parciais ao acúmulo teórico da geografia francesa e, ao se aprofundar no estudo do Brasil, elaborou métodos específicos, e uma teoria relevante para o estudo de países novos (como eram chamados na época, expressão substituída mais tarde com termos como "subdesenvolvidos", "periféricos" ou "dependentes"). Foi a geografia de Vidal de la Blache e seus discípulos, notadamente Albert Demangeon, que levou Pierre Monbeig à geo-história. Foi o processo de modernização do capitalismo tardio brasileiro que levou Pierre Monbeig a completar essa geo-história da formação do capitalismo nacional, com raciocínios sistêmicos.

Retomo aqui uma questão que já foi apresentada, como mote de fechamento: essa geografia francesa que, desde o século XIX, situa-se em espaços que não completaram sua homogeneização capitalista, quase situada em uma semi-periferia interna à Europa, pode tornar-se um produto adaptável à circulação

2 É Silvio Bray quem classifica a abordagem de Monbeig no interior de uma abordagem funcionalista (BRAY, 1983).

dos saberes, notadamente no Brasil, um país que a zona pioneira avança sobre o sertão na longa duração. Pierre Monbeig teria sido então capaz de transformar essa herança com base nas caracterítisticas geográficas do Brasil, elaborando um campo de pensamento e pesquisas que, sem romper com suas matrizes, adquiriu pertinência nacional e abriu espaço para a formação de uma geografia brasileira.

Este não foi um processo rápido, e outra das minhas conclusões é que a autonomização da Geografia Brasileira em relação à Geografia Francesa só se encetará a partir de 1956, no congresso internacional da UGI no Rio de Janeiro. Não estou afirmando que uma instância internacional de consagração é o único espaço legítimo de posicionar o marco de um processo de autonomização. Reafirmo que esse processo tem duração e, pois, mais fortes traços de reformulação endógena do que exógena.

Contudo, o local não se faz sem o global, e, paradoxalmente, o congresso de geografia da União Internacional sediado no Rio de Janeiro ratificou a autonomia brasileira não como algo ofertado, mas como um processo que aparentemente teve marcas de ter sido conquistado pelos próprios brasileiros. Este processo se dá com durações mais prolongadas, contrariamente a visões que buscam ver rupturas rápidas na história. E apesar dessa ampla contribuição de Monbeig, não será tarefa simples repassar a autoridade da geografia francesa aos discípulos brasileiros.

E deve-se notar também que o ingresso potencial do Brasil nas tramas da geografia francesa tinha um grande potencial de promover um descolamento do paradigma vidaliano rumo a uma geografia da ação, que apareceu nos seus primórdios nos escritos de Marcel Dubois. *Um país territorial com forte aparato burocrático*, apenas em parte sob comando das elites, poderia ter desenvolvido as formas de pensamento típicamente liberais e do mercado, ou fortemente planejadoras, em toda marcha? Não é que se observa até este momento.

Assim, a tropicalidade demonstrou ter resiliências no próprio domínio do pensamento e parte da intelectualidade mostrou-se mais seduzida aos vieses de controle dos desajustamentos capitalistas, pelo vés do pensamento crítico, do que por liberalização de um sistema em ambiente já marcado pelo déficit de recursos de reprodução da vida. Por outro lado, a geografia francesa e seus mosaicos de situações regionais mostrou-se uma matriz de pensamento que poderia circulaçar entre os espaços.

Assim, Pierre Monbeig incoporou a transição paradigmática que os avanços das paisagens equivalentes sugeriram, mas não o fez sem abandonar o contexto político-territorial que o Brasil induziu, e a herança epistemológica que ele carregava. Monbeig aprendeu com o Brasil mas não foi o artífice de um deslocamento paradigmático total. Pois há também, nas brechas da reconstrução de um edífico intelectual, o espaço das suas próprias paixões. Ele se mostrou seduzido pelos nós essenciais da reprodução do paradigma vidaliano nos países de colonização, em termos de valores literários, de reposição do determinismo geográfico, de tentação ao distanciamento a uma geografia aplicada e uma *relativa* invisibilidade metodológica, até a produção de sua tese, em 1952.

Mas o Brasil não é apenas um país latino, ele é também um país americano. E logo muitos geógrafos irão se seduzir pelos aportes de uma geografia planejadora de viés territorial, notadamente desenvolvida nos Estados Unidos. A geografia colonial, ramo da geografia moderna, pode ter sido retomada diversas vezes ao longo da história da geografia, em diferentes espaços e tempos, atuando como um dos mais importantes ramos da geografia moderna, e o Brasil era um país propício caso Monbeig não tivesse preferido apostar nas resistências e nos benefícios da geografia regional. O Brasil, com toda a sua diversidade, continha muitas, ou todas, as possibilidades intelectuais que circulavam na arena global.

Pierre Monbeig não levou às últimas consequências o descolamento do paradigma, que se daria em termos de colocar o homem no centro dos processos geográficos, eliminar o determinismo natural, contribuir para a compreensão das generalidades das paisagens globais, pender a uma geografia aplicada, com pleno domínio técnico e metodológico, seja por viés liberal ou planejador. Assim, ele desenvolveu uma *teoria regional da colonização,* o que, originalmente, juntava elementos de geografia que se diferencavam epistemologicamente no passado, e diluiu suas principais originalidades teóricas em um discurso que tinha como pano de fundo a reafirmação de suas heranças. Não só porque foi levado pelas longas durações, pelos espaços e pelas conjunturas, por uma visão realista da temporalidade da ocupação dos espaços e de superação do passivo histórico colonial, mas porque tinha suas próprias convicções fundamentadas nas suas profundas predisposições individuais. Essas predisposições estavam e continuavam enraizadas na geografia de Vidal de la Blache e seus discípulos. A geografia brasileira também é filha dessas paixões.

Fontes (apenas as citadas):

AGF, Status de l'Association de Géographes français. In: Bulletin de l'Association de géographes français, vol 1, n. 1, 1924, p. 8.

B.A., nº 1684 et 1689, t. LXXVIII, p. 713 Circulaire du 28 juillet 1904, complétée par l'arrèté du 28 juillet 1905.

ARCHIVES DIPLOMATIQUES (FRANCE)- LA COURNEUVE- caixa 443/1. Lettre de la mission à J.Marx, 23 de Abril de 1938.

ARCHIVES DIPLOMATIQUES (FRANCE)- LA COURNEUVE, caixa 443/1. Informations sur la mission universitaire de Sao Paulo [3 Mars – 20 Avril 1938]).

ARCHIVES DIPLOMATIQUES (FRANCE)- LA COURNEUVE- Ministère des Affaires étrangères et du Développement international- caixa 443/2. Cas Deffontaines.

ARCHIVES DIPLOMATIQUES (FRANCE)- LA COURNEUVE- Ministère des Affaires étrangères et du Développement international- caixa 443/1. Carta de Pierre Monbeig ao ministro Paris, 2 de fevereiro de 1938.

ARCHIVES DIPLOMATIQUES (FRANCE)- LA COURNEUVE- Ministère des Affaires étrangères et du Développement international- caixa 444- serie D, carton 170, dossie 9, Informations sur la mission universitaire de Sao Paulo (juillet, sept 1938).

ARCHIVES DIPLOMATIQUES (FRANCE)- LA COURNEUVE- Ministère

des Affaires étrangères et du Développement international- caixa 443/2. Lettre de M. Martin (vice consul no consulado da França em São Paulo, 5 de janeiro de 1938)

ASSOCIAÇÃO DOS GEÓGRAFOS BRASILEIROS, A União Geográfica Internacional, Boletim da Associação dos Geógrafos Brasileiros (São Paulo), 1936.

ASSOCIAÇÃO DOS GEÓGRAFOS BRASILEIROS. Carta ao Exmº Snr. Embaixador José Carlos Macedo Soares (IBGE). São Paulo, 16 de junho de 1944, Arquivos da AGB.

ASSOCIAÇÃO DOS GEÓGRAFOS BRASILEIROS, Dez anos de existência. In: Boletim da Associação dos geógrafos brasileiros, ano IV, n. 5, 1941.

CAPH, Projeto Memória da FFCL/FFLCH-USP, Arquivo pessoal Eurípedes Simão de Paula, caixa 27, doc 2390 [carta de Caio Prado Jr à Eurípedes- diretor da FFCL sobre a AGB]

CÁTEDRA PIERRE MONBEIG, Cartilha de Comemoração de 70 anos dos estudos de Geografia. São Paulo: Faculdade de Filosofia, Letras e Ciências Humanas, Universidade de São Paulo, 2004.

CASA DE VÉLAZQUEZ, Memoria gráfica 1928-2008. Casa de Vélazquez, 2006.

COLLÈGE DE FRANCE, Assembléia de 21 de janeiro de 1912, procès-verbal, 4AP381.

COLLÈGE DE France. Géographie Humaine. Annuaire du Collège de France, 13eme année. Paris : Ernest Leroux, 1913.

COLLÈGE DE France. Géographie Humaine. Annuaire du Collège de France, 28eme

COLLÈGE DE France. Notice. Annuaire du Collège de France, 12eme année. Paris: Ernest Leroux, 1912.P381

CONGRESSO BRASILEIRO DE GEOGRAFIA, Anais do 9º congresso brasileiro de geografia, 1941.

FACULDADE DE FILOSOFIA, CIÊNCIAS E LETRAS. Anuário da Faculdade de Filosofia, Ciências e Letras 1936. São Paulo: Universidade de São Paulo, 1937.

IEB, FUNDO PIERRE MONBEIG. A geografia: um valor cultural e um instrumento moderno. Caixa 4, doc 3

IEB, FUNDO PIERRE MONBEIG. Sem titulo. Sobre a subalimentação no mundo intertropical. Caixa 5, doc 14. SD

IEB, FUNDO PIERRE MONBEIG. Carta desenhada à mão por Pierre Monbeig sobre a situação da cidade de São Paulo, IEB, caixa 9.

IEB, FUNDO PIERRE MONBEIG. Avenida São João. IEB, caixa 9.

IEB, FUNDO PIERRE MONBEIG, Avenida São João Anos depois, caixa 9.

O Estado de São Paulo, Universidade de São Palo, O Estado de São Paulo, São Paulo, 28 de julho de 1935.

O Estado de Sâo Paulo, São Paulo, 15 de agosto de 1935, p. 5.

O Estado de Sâo Paulo, São Paulo, 27 de agosto de 1935, p. 7.

O Estado de São Paulo, São Paulo, 28 de agosto de 1935, p. 5.

O Estado de São Paulo, Notíciais diversas, O Estado de São Paulo, São Paulo, 06 de junho de 1936, p. 6.

O Estado de São Paulo, A sociedade. O Estado de São Paulo, São Paulo, 20 de março de 1937, p. 7

O Estado de São Paulo, Notícia Diversas. O Estado de São Paulo, São Paulo, 15 de maio de 1937.

O Estado de São Paulo, Notícias diversas, O Estado de São Paulo, São Paulo, 5 de agosto de 1937.

O Estado de São Paulo. Associação dos Geógrafos brasileiros, O Estado de São Paulo, São Paulo, 27 de setembro de 1938, p. 7.

O Estado de São Paulo, Notícias diversas, O Estado de São Paulo, São Paulo, 02 de setembro de 1939.

O Estado de São Paulo, Associação dos geógrrafos brasileiros. O Estado de São Paulo, São Paulo, 15 de maio de 1941. p. 6.

O Estado de São Paulo, A Sociedade. O Estado de São Paulo, São Paulo, 22 de fevereiro de 1946, p. 2.

O Estado de São Paulo, Notícias diversas, O Estado de São Paulo, São Paulo, 22 de setembro de 1936, p. 8.

O Estado de São Paulo. Confraternização Ítalo-Brasileira. O Estado de São Paulo, São Paulo, 07 de junho de 1945, p. 8.

O Estado de São Paulo, São Paulo, 04 de dezembro de 1945, p. 9.

O Estado de São Paulo, Obra de clarividência e paixão, Entrevista com Pierre Monbeig, São Paulo, 28 de janeiro de 1979, p. 178.

UNIVERSITÉ DE PARIS (1925-1926). Livret de l'étudiant. Paris : Presses Universitaires de France, Bureau des Renseignement Scientifique à la Sorbonne.

UNIVERSITÉ DE PARIS (1927-1928). Livret de l'étudiant. Paris : Presses Universitaires de France, Bureau des Renseignement Scientifique à la Sorbonne.

UNIVERSITÉ DE PARIS, Annales de l'Université de Paris, 10e année, n. 3, 1935.

UNIVERSITÉ DE PARIS. Inauguration de l'Institut d'études hispaniques de l'Université de Paris. Annales de l'Université de Paris, 4e année, n. 3, 1929.

UNIVERSIDADE DE SÃO PAULO. Faculdade de Philosophia, Sciencias e Letras. Programma de 1937, Imprensa Oficial do Estado. São Paulo, 1937.

UNIVERSIDADE DE SÃO PAULO. Guia da Faculdade de Filosofia, Ciências e Letras para 1943. São Paulo- Brasil, 1943.

Sites:

https://nubis.univ-paris1.fr/exhibits/show/sur-les-pas-d-un-geographe/decouvrir-un-corpus

Bibliografia:

AB'SABER, A. N. Vinte e cinco anos de Geografia em São Paulo. *Boletim Paulista de Geografia*, São Paulo, n. 34, p. 71-82, 1960.

AB'SABER, A. Pierre Monbeig: a herança intelectual de um geógrafo. *Estudos Avançados*, São Paulo, 8, 22, 1994.

ABREU, M. A. Pierre Monbeig e os primórdios da geografia urbana no Brasil. In: SALGUEIRO, H. A (org.). *Pierre Monbeig e a Geografia Humana Brasileira:* a dinâmica da transformação. Bauru: Edusc, 2006, p. 129-158.

ADAS, S. *O campo do geógrafo*: colonização e agricultura na obra de Orlando Valverde (1917-1964). Tese. Universidade de São Paulo, Faculdade de Filosofia, Letras e Ciências Humanas, Departamento de Geografia, 2 vols. São Paulo: 2006.

AGGIO, Alberto; BARBOSA, Agnaldo de Sousa; COELHO, Hercídia mara Facuri. Política e Sociedade no Brasil (1930-1964). São Paulo: Annablume, 2002.

ALENCASTRO, L. P. O trato dos viventes: formação do Brasil no Atlântico Sul. São Paulo: Companhia das Letras, 2000, 523 p.

ALLIX, A. Emmanuel de Martonne (1873-1955). *Revue de géographie de Lyon*, Lyon, vol. 31, n. 31-1 , p. 75-78, 1956.

ALVES, F. D; FERREIRA, E. R. História da geografia agrária brasileira: Pierre Monbeig e Leo Waibel, *Mercator*, Fortaleza, 10, p. 87-102, 2011.

ANDRADE, M. C. de. Pierre Monbeig e o Brasil. In: THÉRY, H. DROULERS, M. Pierre Monbeig: un géographe pionnier. Paris: IHEAL, 1991, cap 8, p. 53-55.

ANDRADE. M. C. Pierre Monbeig e o pensamento geográfico no Brasil. *Boletim Paulista de Geografia*, São Paulo, n. 72, p. 63-82, 1994.

ANDRADE, J. C. de. History of geographical thought, Monbeig Pierre, the French mission at USP and fronts. *Revista do IEB*, São Paulo, n. 52, p. 43-68, 2011.

ANTUNES, C. da F. A Associação dos Geógrafos Brasileiros (AGB)- origens, ideias e transformações: notas de uma história. 2008. Tese de doutorado. Universidade Federal Fluminense (UFF). Departamento de Geografia, Rio de Janeiro, 2008.

ARRAULT, J.-B.. Penser à l'échelle du Monde : histoire conceptuelle de la mondialisation en géographie (fin du XIXe siècle/entre-deux-guerres). Tese de doutorado. Université Paris 1- Panthéon-Sorbonne, Defendida em 11 de Dezmenbro de 2007.

ARRAULT, J.-B, Une géographie inattendue: le système mondial vu par Paul Vidal de la Blache, *Espace géographique*, Paris, 1, Tome 37, p. 75-88, 2008.

ARRIGHI, G. *O longo século XX*. São Paulo: Contraponto, Unesp, 1996, 408p.

ARRIGHI, G. *Adam Smith in Beihing*. Lineages of the twenty century. London, New York: Verso, 2007.

AZEVEDO, A. Geografia. O Estado de São Paulo, 25 de janeiro de 1959.

BASALLA, G. The spread of western science. In: Science, 156, maio de 1967, p.611-622.

BATAILLON, C. Table ronde imaginaire sur la géographie universitaire française 1930-1940. *Hérodote*, Paris, 20, p. 116-153, 1981.

BATAILLON, C. Entrevista com Pierre Monbeig. Les annés de formation. In : THÉRY, H. DROULERS, M. *Pierre Monbeig* : un géographe pionnier. Paris : IHEAL, 1991, p. 27-34.

BERDOULAY, V. La métaphore organiciste : contribution à l'étude du langage des géographes.*Annales de Géographie.* Paris, vol. 91. n. 507, p. 573-586, 1982.

BERNARDES, N. A influência estrangeira no desenvolvimento da Geografia no Brasil. *Revista Brasileira de Geografia.* Rio de Janeiro, n. 3, ano 44, p. 519-527, 1982.

BESSE, J-M. *Les grandeurs de la Terre*: aspects du savoir géographique à la Renaissance. Paris: ENS Éditions, 2003.

BLANCHARD, R. Nécrologie : M. Lucien Gallois. *Revue de géographie alpine.* Grenoble, vol 29, n. 29-3, p. 505-512, 1941.

BLANCKAERT, C. La Nature de la Société. Organicisme et sciences sociales au XIXe siècle. Paris : L'Harmattan, 2004.

BOURDIEU, P. Le champ scientifique. *Actes de la recherche en sciences sociales.* Paris, vol 2, n. 2.2-3, p. 88-104, 1976.

BOURDIEU, P. *Science de la science et la réflexivité.* Paris: Raison d'agir, 2001, 239 p.

BRAUDEL, F. A longa duração. In: BRAUDEL, F. *Escritos sobre a história.* São Paulo: Perspectiva, 1992.

BRAUDEL, F. *Civilização Material Economia e Capitalismo.* São Paulo: Martins Fontes, 1998, 3v.

BRAY, S. C. O pensamento e o método na obra de Pierre Monbeig – análise dos trabalhos produzidos no Brasil nas décadas de 30 e 40. *Revista de Geografia* (São Paulo), vol. 2, 1983, p. 83-90.

BROC, N. Les séductions de la nouvelle Géographie. In: CARBONELL, C.-O.; LIVET, G. (orgs). *Au berceau des annales, le milieu strasbourgeois, l'histoire en France au début du XXe siècle.* Toulouse : Presses de l'Institut d'Études politiques de Toulouse, 1983.

BROC, N. Homo geographicus : Radioscopie des géographes français de l'entre-deux-guerres (1918-1939). *Annales de Géographie*, vol 102, n. 571, 1993, p. 225-254.

BROC, N. Les géographes français en Espagne (1920-1950). *Annales de Géographie*, Paris, t. 106, n. 596, p. 355-372, 1997.

BRUNHES, J. *L'irrigation, ses conditions géographiques, ses modes et son organisation dans la Péninsule Ibérique et dans l'Afrique du Nord* : étude de géographie humaine. Tese de doutorado. Université de Paris. Paris : C. Naud, 1902.

BRUNHES, J. A Majorque et a Minorque. Esquisse de Géographie Humaine. *Revue des deux mondes*. Paris, t. 6, p. 175-196, 1911.

BURGEL, G. Un 'frontalier' à la Rue d›Ulm. In: THÈRY, H; DROULERS, M.. *Pierre Monbeig*: un géographe pionnier. Paris: IHEAL, 1991, p. 43-45.

CAMARGO, A. de P. R. A Revista Brasileira de Geografia e a organização do campo geográfico no Brasil (1939-1980). *Revista Brasileira de História da Ciência*, Rio de Janeiro, v. 2, n. 1, 2009, p. 23-39.

CARDOSO, I. de A. R. *A universidade da Comunhão Paulista*. São Paulo: Cortez, 1982, 187p.

CARRUPT, Roland. Fernand Maurette (1878-1937), de la géographie économique à l'espertise internationale. In: CLERC, Pascal; ROBIC, Marie-Claire. *Des géographes hors-les-murs?* Itinéraires dans un MOnde en mouvement (1900-1940). Paris: L'Harmattan, 2015, p. 69-98.

CARVALHO, M. da C. V. de. Santos e a Geografia Humana do litoral paulista. Tese (doutorado). Departamento de Geografia da Universidade de São Paulo. São Paulo, 1944.

CHARDONNET, J. Monbeig (Pierre) - Pionniers et Planteurs de Sao Paulo. *Revue économique,* Paris, vol, 4, n. 03, p. 446-447, 1953.

CHARLE, C. La République des Universitaires 1870-1940. Paris: Seuil, 1994.

CHESNAIS, F. A Mundialização do capital. São Paulo: Xamã, 1996, 335p.

CHOLEY, A. *La Géographie* guide de l'étudiant. Paris: Presses Universitaires de France, 1951, 218p.

CLAVAL, P. *Géographie Humaine et économique contemporaine*. Paris : PUF, 1984.

CLERC, P. La “ géographie coloniale “ en France : une catégorie à déconstruire. No prelo.

CLOUT, H. “Professorial patronage and the formation of French geographical knowledge. A bio-bibliographical exploration of one hundred non-metropolitan regional monographs, 1893-1969 “, Cybergeo : European Journal of Geography [En ligne], Epistémologie, Histoire de la Géographie, Didactique, document 549, mis en ligne le 17 octobre 2011, consulté le 01 octobre 2015. URL : http://cybergeo.revues.org/24203 ; DOI : 10.4000/cybergeo.24203

CLOUT, H. Pierre Monbeig. In: LORIMER, H ; WITHERS, W. J. [eds]. *Geographers Biobibliographical Studies*. London, New York, vol. 32, p. 54-78, 2013.

COELHO, Ruy; CÂNDIDO, Antonio. O Brasil escapa às soluções simplistas. O Estado de São Paulo, 14 de outubro de 1979.

DAIX, P. Fernand Braudel: ua biografia. Rio de Janeiro: Record, 1992.

DANTAS, A. *Pierre Monbeig*: um marco da geografia brasileira. Porto Alegre: Sulina, 2005, 142p.

DANTAS, A. Monbeig e a noçao de complexo geográfico. Confins, Paris/São Paulo, n. 7, 2009.

DAVIS, N. Z. Henri hauser : historien, citoten, pionnier. In : MARIN, S.-A. SOUTOU, G.-H.. (dirs.). *Henri Hauser (1866-1946)*. Humaniste, historien, Républicain. Paris : PUPS, 2006, cap. 1, p. 13-23.

DE MARTONNE, E. Notes sur l’enseignement de la géographie dans les Universités allemandes. In : *Revue internationale de l’enseignement*, 1898, p. 251-262.

DE MARTONNE. E. *Traité de géographie physique*. Tome I: Notions générales, Climat. Hydrographie. Paris: Armand Colin, 1925.

DE MARTONNE, E. Les Études de Géographie à Paris. Annales de l’Université de Paris. 2e année, n. 4, 1927, p. 406-416.

DE MARTONNE, E. Les Études de Géographie à Paris. Annales de l’Université de Paris, 4°année, n. 1, 1929, p. 52-71.

DE MARTONNE, E. Institut de Géographie. Annales de l'Université de Paris, 9e année, n.3, 1934.

DE MARTONNE. E. *Traité de géographie physique*. Lisboa: Cosmo, 1954.

DELAMARRE, J. -B. M. Jean Brunhes (1869-1930). *Bulletin de la Section de Géographie*. t. LXXXI. Paris: Bibliothéque Nationale, 1975, p. 49-80.

DELAUNAY, Jean-Marc. *Des Palais en Espagne*. L'École des hautes études hispaniques et la Casa de Velázquez au cœur des relations franco-espagnoles du XXe siècle (1898-1979). Madrid : Casa Velázquez, 1994, 670p.

DELFOSSE, C. Le rôle des institutions culturelles et des missions à l'étranger dans la circulation des idées géographiques. L'exemple de la carrière de Pierre Deffontaines (1894-1978). Finisterra, Lisboa, vol. 33, n..65, p. 147-158, 1998.

DELFOSSE, C. Emmanuel de Martonne, tisseur de réseaux internationaux de géographes. In: BAUDELLE, G.; OZOUF-MARIGNIER, M-V.; ROBIC, M.-C. *Géographes en pratiques (1870-1945)* : le terrain, le livre, la cité. Rennes: Presses Universitaires, 2001. cap. 12, p. 189-206.

DEMANGEON, A. Introduction géographique à l'histoire. *Annales de Géographie*, Paris, t. 32, nº 176, p. 165-170, 1923.

DEMANGEON, A. Du rôle et de la valeur de la Géographie dans l'enseignement et l'éducation. Annales de l'Université de Paris, 1º année, n. 1, p. 377-389, 1926.

DEMANGEON, A. La géographie de l'habitat rural [premier article]. *Annales de Geógraphie*, Paris, vol. 36, n. 199, p. 1-23, 1927a.

DEMANGEON, A. Maurice Legendre, Las Jurdes, étude de géographiquie humaine. Revue Critique d'histoire et de littérature, n. 10, Oct, 1928, p. 460-464.

DEMANGEON, A. Les îles britanniques. In: VIDAL DE LA BLACHE, P. GALLOIS, L [dirs.]. *Géographie Universelle*, tomo 1. Paris: Armando Colin, 1927.

DEMANGEON, A. Les aspects actuels de l'économie internationale (Deuxième article). *Annales de Géographie*, Paris, vol. 38, n. 212, p. 97-112 ,1929.

DEMANGEON, A. Aspects nouveaux de l'économie internationale. *Annales de Géographie*, Paris, vol 41, n. 230, p. 113-130, 1932.

DEMANGEON, A. Économie agricole et peuplement rural. *Annales de Géographie*, Paris, t. 43, n. 241, p. 1-21, 1934.

DEMANGEON, A. [1920]. *Le déclin de l'Europe*. Paris : Guenegaud, 1975, 373p.

DEMANGEON, A. [1905]. La Picardie et les régions voisines : Artois, Cambréses, Beauvaisis. Paris : Librarie Guénégaud, 1973, 496p.

DENIS, P. Amérique du Sud. In: VIDAL DE LA BLACHE, Paul ; GALLOIS, Lucien. [dirs.]. *Géographie Universelle*. Tome XV. Paris : Armand Colin, 1927.

DOSSE, François. *La marché des idées* : histoires des intellectuels, histoire intellectuelle. Paris : La Découverte, 2013, 338p.

DRESCH, J. Emmanuel de Martonne, organisateur de la géographie française. *Bulletin de l'Association des Géographes français*. Paris, n. 408-409, p. 543-549, 1973.

DRESCH, Jean. Un homme de terrain dans les Andes. In THÉRY, H. DROULERS, M. *Pierre Monbeig* : un géographe pionnier. Paris : IHEAL, 1991, p. 47-51.

DROULERS, M. L'école française de Géographie. In: THÉRY, H. DROULERS, M. *Pierre Monbeig* : un géographe pionnier. Paris : IHEAL, 1991a, p. 35-41.

DROULERS, M. L'étude géographique des villes. In: THÉRY, H. DROULERS, M. *Pierre Monbeig* : un géographe pionnier. Paris: IHEAL, 1991b, p. 111-119.

FEBVRE, L. *La Terre et l'évolution humaine*: introduction géographique à l'histoire. Paris, A. Michel, 1970.

FERNANDES, F. M. Pierre Monbeig e o Brasil: texto e contexto. *Revista de Geografia*, São Paulo, 1, p. 1-6, 2011.

FERNANDES, F. Sociedade de Classes e Subdesenvolvimento. Rio de Janeiro, Zahar, 1968.

FERNANDES, F. Entrevistas: sobre o trabalho teórico. Transfiormação, revista de filosofia, 2. São Paulo, FFLCH, p. 5-86, 1975.

FERRAS, R. L'Espagne des années trente. In: THÉRY, H. DROULERS, M. *Pierre Monbeig* : un géographe pionnier. Paris: IHEAL, 1991, p. 67-80.

FOHLEN, C. Francia 1920-1970. In: CIPOLLA, C. M. *Historia economica de Europa*, vol. 6. Economias contemporaneas. Barcelona: Ariel, 1985.

FREITAS, S. M. de. *Reminiscências*. São Paulo, Maltese, 1993, 329p.

FRIEDMAN, S. W. *Marc Bloch, sociology and geography*. Encoutering changing disciplines. Cambridge: Cambridge University Press, 1996, 258p.

FURTADO, C. *Desenvolvimento e Subdesenvolvimento*. Rio de Janeiro: Fundo de Cultura, 1965.

GALLOIS, L. Le congrès international de géographie de Paris. *Annales de Géographie*, vol. 40, n. 228, p. 577-590, 1931.

GEORGE, P. Pierre Monbeig (1908-1987). *Annales de Géographie*, Paris, vol. 97, n. 542, p. 444-449, 1988.

GERARD, A. A l'origine du combat des Annales: positivisme historique et système universitaire. In : CARBONELL, C.-O ; LIVET, G.. *Au berceau des annales, le milieu strasbourgeois, l'histoire en France au début du XXe siècle*. Toulouse : Presses de l'Institut d'Études politiques de Toulouse, 1983.

GERBOD, P. Henri Hauser, enseignant. In : MARIN, S.-A. ; SOUTOU, G-H. (dirs.). *Henri Hauser (1866-1946)* : Humaniste, historien, Républicain. Paris : PUPS, cap 2, 2006, p. 25-39.

GIBERT, A. Porte de Bourgogne et d'Alsace. Paris: Armand Colin, 1930.

GINSBURGER, N. La guerre, la plus terrible des erósions. Cultures de guerre et géographes universitaires Allemagne-France-Etats-Unis (1914-1921). Tese (Doutorado). l'Université Paris-Ouest- La défense, Paris, 2010.

GOMES, P. C. da C.; DROULERS, M.. Pierre Monbeig (1908-1987) et la modernité géographique. In: CLAVAL, P.; SANGUIN, A.-L.. *La Géographie Française à l'Époque classique (1918-1968)*. Paris: l'Harmattan, 1996, p. 259-265.

GOMES, P. C. da C. O deslocamento geográfico dos conhecimentos e de seus intérpretes – Os exemplos de Pierre Monbeig e Roger Bastide no Brasil. In:

SALGUEIRO, H. A (org.). *Pierre Monbeig e a Geografia Humana Brasileira*: a dinâmica da transformação. Bauru, SP: Edusc, 2006, p. 223-232.

GONÇALVES, J. H. R. Em torno de uma releitura liberal do mitema bandeirante: Pierre Monbeig e as frentes pioneiras nos anos 30 e 40. *Revista de História Regional*, Ponta Grosse, vol 3, n. 1, p. 37-64, 1988.

GOTTMANN, J. Monbeig (Pierre) - Pionniers et planteurs de São Paulo. *Revue française de science politique*, Année 1954, Volume 4, Numéro 4, p. 901 – 904.

GRACQ, J. *Carnets du grand chemin*. Paris : José Corti, 1992, 308p.

GRAN-AYMERICH, J.; GRAN-AYMERICH, E. La création des Écoles françaises d'Athènes, Rome et Madrid. *Communications,* 54, p. 175-187, 1992.

HOBSBAWM, E. *A era dos extremos*. O breve XX. São Paulo, 1995, 598p.

IUMATTI, P.; SEABRA, M. ; HEIDEMANN, H. D.. Os Primeiros anos da Associação dos Geógrafos Brasileiros: 1934-1945. In: IUMATTI, P.; SEABRA, M.; HEIDEMANN, H. D. (orgs.). *Caio Prado Jr. e a Associação dos Geógrafos Brasileiros*. São Paulo: Edusp, Fapesp, 2008.

KISH, G. *Bibliography of international geographical congresses*: 1871-1976. Boston: G. K. Hall, 1979, 540p.

LAMBERT, J. Estruturas do Brasil. *O Estado de São Paulo*, São Paulo, pág. 17, 30 de set. de 1953.

LATOUR, B. *Ciência em Ação*. Como seguir cientistas e engenheiros sociedade afora. São Paulo: Editora UNESP, 2000.

LEPENIES, W. *As três culturas*. São Paulo: 1996, 385p.

LÉVI-STRAUSS. *Saudades do Brasil*. São Paulo: Companhia das Letras, 1994.

LIMONGI, F. de M. P. Educadores e empresários culturais na construção da USP. Dissertação (Mestrado). Instituto de Filosofia e Ciências Humanas da Universidade Estadual de Campinas. Campinhas, 1988.

LIRA, L. A. de. *O Mediterrâneo de Vidal de la Blache*: o primeiro esboço do método geográfico (1872-1918). 1. ed. São Paulo: Alameda; Fapesp, 2013, 321p.

LIRA, L. A. Pierre Monbeig e a Formação da Geografia Brasileria: uma ciência no contexto do capitalista tardio. Erosão dos valores literários, "tentação à ação" e sistematização do método (1925-1957). Tese de doutorado. Faculdade de Filosofia, Letras e Ciências Humanas, 2017.

LIVINGSTONE, D. N. *Putting Science in its Place: Geographies of Scientific Knowledge*. London, Chicago: The University of Chicago Press, 2004, 234p.

LOI, D. Sur les concepts de description, d'explication et de causalité dans la géographie classique française. Arquivos do laboratório EHGO, Paris 1, 1982.

LOI, D. Une étude de la causalité dans la géographie classique française :

L'exemple des premières thèses régionales. Espace géographique, vol. 14, n. 2, Paris, p. 121-125, 1985.

MACHADO, L. O. Origens do pensamento geográfico no Brasil: meio tropical, espaços vazios e idéia de ordem (1870-1930). In: CASTRO, I. E. de; GOMES, P. C. da C.; CORRÊA, R. L. [org]; *Geografia: conceitos e temas.* Rio de Janeiro: Bertrand Brassil, 2012, p. 309-352.

MAMIGONIAN, A. A Geografia francesa nos meados do século XX e a contribuição de Jean Tricart. In: MAMIGONIAN, A. Memorial de Livre Docência. Faculdade de Filosofia, Letras e Ciências Humanas da Universidade de São Paulo, São Paulo, 2005.

MANGAZOL, C ; HAMELIN, L-E. Pierre George (1909-2006), un géant de la géographie : introduction. *Cahiers de géographie du Québec*, Québec, vol. 52, n° 146, p. 231-233, 2008.

MASSI, F. P. *Estrangeiros no Brasil*: a Missão Francesa na Universidade de São Paulo. Dissertação de mestrado apresentada ao Departamento de Antropologia do Instituto de Filosofia e Ciências Humanas da Universidade Estadual de Campinas. Agosto de 1981.

MATTHIEU, G. *Une ambition sud-americaine* : Politique culturelle de la France (1914-1940). Paris, Editions l'Harmattan, 1991, 254p.

MELLO, J. M. C. *O capitalismo tardio*. São Paulo: Brasiliense, 1991, 182p.

MENDIBIL, D. O sistema iconográfico da geografia clássica francesa e Pierre Monbeig. In: SALGUEIRO, H. A (org.). *Pierre Monbeig e a Geografia Humana*: a dinâmica da transformação. Bauru, São Paulo: Edusc, 2006, p. 233-247.

MERCADANTE, P. *A consciência conservadora no Brasil.* Rio de Janeiro: Civilização Brasileira, 1972, 234p.

MEYNIER, A. *Histoire de la pensée géographique en France.* Paris: PUF, 1969, 224p.

MICELI, S.. Condicionantes do Desenvolvimento das Ciências Sociais. In: MICELI, S. (org). *História das Ciências Sociais no Brasil*, vol 1. São Paulo: Editora Sumaré, 2001, p. 91-133.

MONBEIG, P. Les pays d'Yveline au Sud-Ouest de Paris. *Annales de Géographie*, t. 38, n. 214, p. 384-390, 1929.

MONBEIG, P. Les transformations économiques dans les huertas et la région entre Alicante et Murcie. *Annales de Géographie*, Paris, t. 39, n. 222, p. 597-606, 1930.

MONBEIG, Pierre. L'état actuel des migrations espagnoles. Annales de Géographie, t.40, nº 224, p. 198-201, 1931.

MONBEIG, P. Vie de relations et spécialisation agricole : les Baléares au XVIIIe siècle. *Annales d'histoire économique et sociale*, Paris, 4e année, n. 18, p. 538-548, 1932a.

MONBEIG, P.; GUINARD, P. Madrid. *Annales de Géographie*, Paris, vol. 41, n. 233, p. 481-499, 1932b.

MONBEIG, Pierre. Les importations de fruits frais em Grande-Bretagne. Annales de Géographie, t. 34, nº 241, 1934, p. 94-96.

MONBEIG, P. Quelques aspects de l´économie espagnole. *Annales de Géographie*, Paris,t. 43, n. 243, p. 299-306, 1934a.

MONBEIG, Pierre. Orientação Didática. In: *Anuário da Faculdade de Filosofia, Ciências e Letras* (escrito em outubro de 1935), São Paulo: Empresa Gráfica da Revista dos Tribunais, p. 113-120, 1937.

MONBEIG, P. Paisagens agrícolas, o exemplo do Mediterrâneo. In: *O Estado de Sâo Paulo*, Notícias diversas, O Estado de São Paulo, São Paulo, 15 de Maio de 1937, p. 10.

MONBEIG, P. A Geografia- ciência de utilidade pública. In: MONBEIG, Pierre. *Ensaios de Geografia Humana Brasileira*. São Paulo: Livraria Martins, 1940a, cap. XX, p. 273-276.

MONBEIG, P. Que é geografia? Aula Inaugural do Curso de Geografia Humana. In: MONBEIG, P. *Ensaios de Geografia Humana Brasileira*. São Paulo: Martins: 1940b, cap. 1, p. 9-17.

MONBEIG, P. O Conselho Nacional e Geografia. In: MONBEIG, P. *Ensaios de Geografia Humana Brasileira*. São Paulo: Livraria Martins, 1940c, cap. XXI, p. 277-284.

MONBEIG, P. São Paulo-Goiânia. In: MONBEIG, P. *Ensaios de Geografia Humana Brasileira*. São Paulo: Martins: 1940d, cap. 4, p. 73-79.

MONBEIG, P. Apresentação Geral. *Anais do nono cogresso brasileiro de geo-*

grafia. Rio de Janeiro: Serviço gráfico do instituto brasileiro de geografia e estatística, 1941.

MONBEIG, P. O homem e as riquezas naturais. *O Observador Econômico e Financeiro*, Rio de Janeiro, LXXIII, p. 79-86, 1942a.

MONBEIG, P. *La crise des sciences de l'homme*. Rio de Janeiro: Casa do Estudante do Brasil, 1943.

MONBEIG, Pierre. Região e Geografia. São Paulo: *Correio Paulistano*, São Paulo, 6 de outubro de 1944.

MONBEIG, Pierre. Região e Geografia. São Paulo: *Correio Paulistano*, São Paulo, 20 de outubro de 1944.

MONBEIG, Pierre. Região e Geografia. São Paulo: *Correio Paulistano*, 20 de outubro de 1944.

MONBEIG, P. O homem e a terra no Brasil do após-guerra. *Economia*, São Paulo, p. 17- 22. 25 de janeiro de 1944a.

MONBEIG, P. Seis anos de geografia na Universidade de São Paulo. *Anais do nono Congresso Brasileiro de Geografia*, vol. V, Rio de Janeiro: Conselho Nacional de Geografia, p. 346-347, 1944b.

MONBEIG, Pierre. Região e Geografia. São Paulo: *Correio Paulistano*, 10 de fevereiro de 1945.

MONBEIG, P. O Brasil no após guerra. *O Estado de São Paulo*, São Paulo, 04 de dezembro de 1945.

MONBEIG, P. Pesquisas geográficas. *Boletim Geográfico*, ano III, n. 31, p. 915-919, 1945.

MONBEIG, P. Uma geografia da indústria de Mineração. *Boletim Geográfico*, São Paulo, ano IV, n. 42, p. 679-683, 1946.

MONBEIG, P. Geografia. In: MORAES, R.; B & BERRIEN, W. *Manual Bibliográfico de Estudos Brasileiros*. Rio de Janeiro: Gráfica Editora Souza, 1949, p. 471-555.

MONBEIG, P. *Pionniers et Planteurs de Sao Paulo*. Paris: Armand Colin, 1952, 376p.

MONBEIG, P. *La croissance de la ville de São Paulo*. Grenoble: Institut et Revue de Géographie Alpine, 1953, 90p.

MONBEIG, P. [1941] O Estudo Geográfico das cidades. In: MONBEIG, P. *No-*

vos estudos de Geografia Humana Brasileira. São Paulo: DIFEL, 1957a, p. 33-77.

MONBEIG, P. Os modos de pensar em geografia humana. In: MONBEIG, P. *Novos estudos de geografia humana brasileira*. São Paulo: Difusão Europeia do livro, 1957c, cap. 2, p. 26-32.

MONBEIG, P. Os problemas da divisão regional em São Paulo. In: MONBEIG, Pierre. *Novos estudos de geografia humana brasileira*. São Paulo: Difusão Europeia do livro, 1957d, cap. 6, p. 125-153.

MONBEIG, P. Papel e valor do ensino da Geografia e de sua Pesquisa. In: MONBEIG, P. *Novos estudos de Geografia Humana Brasileira*. Sâo Paulo: DIFEL, 1957e.

MONBEIG, P. [1954]. *O Brasil*. São Paulo: Difel, 1985, 96p.

MONBEIG, P. La réforme agraire en Espagne. In: THÈRY, H. DROULERS, M. *Pierre Monbeig* : un géographe pionnier. Paris: IHEAL, 1991a, p. 74-80

MONBEIG, P. [1984]. Pour le cinquantenaire de l'Unniversité de São Paulo. In: THÈRY, DROULERS, *Pierre Monbeig* : un géographe pionnier. Paris: IHEAL, 1991b, p. 227-231.

MONBEIG, P. [1952]. *Pioneiros e fazendeiros de São Paulo*. São Paulo: Hucitec, Polis, 1984, 392p.

MONBEIG, P. Viajem à memória da USP. In: LAPOUGE, Entrevista de Pierre Monbeig a Gilles Lapouge. *Jornal da tarde*, São Paulo, 11 de fevereiro de 1984.

MONTEIRO, C. A. de F. Uma tentativa de Periodização na Evolução da Pesquisa Geográfica no Brasil a partir de 1934 (cap 1). In: UNIVERSIDADE DE SÃO PAULO, A Geografia no Brasil (1934-1977). *Avaliação e Tendências*. São Paulo: Universidade de São Paulo, Instituto de Geografia, 1980, p. 9-33.

MONTEIRO, C. A. F.. A Geografia no Brasil ao longo de século XX: um panorama. *Borrador*, São Paulo, 4, Associações dos Geógrafos Brasileiros, 2002.

MORAES, A. C. R. Geografia Histórica do Brasil. Cinco Ensaios, uma proposta e uma crítica. São Paulo: Annablume, 2009.

MOTA, L. D. (coord.). *A história vivida*. São Paulo: O Estado de São Paulo, 1981.

MÜLLER, N. L. Sítios e sitiantes no Estado de São Paulo. Universidade de São

Paulo, Faculdade de Filosofia, Ciências e Letras. *Boletim da FFCL*, 132, Geografia, n. 6, São Paulo, 1951.

NOGUEIRA, C. E. O lugar da fronteira na geografia de Pierre Monbeig. Tese (Doutorado). Departamento de Geografia da Faculdade de Filosofia, Letras e Ciências Humanas da Universidade de São Paulo, 2013.

NOIRIEL, G. (2014). Préface. In : LANGLOIS, Charles-Victor; SEIGNOBOS, Charles. Introduction aux études historiques. Nouvelle édition [en ligne]. Lyon; ENS Éditions, 2014 (généré le 25 février 2014). Disponible sur Internet; <httpJ/ boo ks.o pe ned itio n.o rg/ en sed itio n s/273>. ISBN; 9782847885767.

NOVAIS, F. *Portugal e Brasil na Crise do Sistema Colonial*. São Paulo: Hucitec, 1981.

ORAIN, O. Les 'post-vidaliens' et le plain-pied du monde. Pour une histoire de la géo-graphie. In : LÉVY, J. ; LUSSAULT, M. (dirs.) *Logiques de l'Espace, esprit des lieux*. Géographies à Cerisy. Paris : Belin, 2000, cap. 6, p. 93-109.

OZOUF-MARIGNIER, M-V. " Géographie et histoire ". In : BAILLY, A. ; FERRAS, R ; PUMAIN, D. (éds), *Encyclopédie de géographie*, Paris, 1992, p. 93-107.

OZOUF-MARIGNIER, M-V. ; ROBIC M. –C. La France au seuil des temps nouveaux. Paul Vidal de la Blache et la régionalisation. *L'information géographique*, Paris, 2, p. 46-56, 1995.

OZOUF-MARIGNIER, M-Vi; ROBIC, M-Cl. *Un Tableau à vif...* La réception du Tableau de la Géographie de la France de Paul Vidal de la Blache. In: ROBIC, M.-C. (dir.). *Le Tableau de la Géographie de la France de Paul Vidal de la Blache*. Paris: CTHS, 2000a.

OZOUF-MARIGNIER, M.-V. Les géographes français et les 'mauvais pays', 1890-1930. In : BERDOULAY, V. ; SOUBEYRAN, O.. *Milieu, colonisation et développement durable*. Paris: L'Harmattan, 2000b, cap 5, p. 73-84.

OZOUF-MARIGNIER, M.-V. Um domínio contestado: a geografia psicológica no tempo de Pierre Monbeig. In: SALGUEIRO, H. A (org.). *Pierre Monbeig e a Geografia Humana Brasileira*: a dinâmica da transformação. Bauru, SP: Edusc, 2006c, p. 57-85.

OZOUF-MARIGNIER, M-V. ROBIC, M-C. Préface. In : GALLOIS, L. *Régions naturelles et noms de pays*. Étude sur la région parisienne. Paris: CTHS, 2008.

PANTOJA, M. A. Estudo funcional de um centro urbano: - a cidade de Casa Branca". *Anais do nono cogresso brasileiro de geografia*. Rio de Janeiro: Serviço gráfico do instituto brasileiro de geografia e estatística, 1941.

PEIXOTO, F. A. Franceses e Norte-Americanos nas Ciências Sociais Brasileiras 1930-1960. In: MICELI, S. (org). História das Ciências Sociais no Brasil, vol 1. São Paulo: Editora Sumaré, 2001, p. 477-531.

PEIXOTO, F. A. Visões de São Paulo. *Revista da Biblioteca Mário de Andrade*, 64, 2008.

PENHA, E. A. A criação do IBGE no contexto de centralização política do Estado Novo. Rio de Janeiro: Fundação Instituto Brasileiro de Geografia e Estatística, 1993.

PEREIRA, S. N. Sombra do Poder, tramas do saber: notas sobre o IX congresso brasileiro de geografia (1940). VII Encontro Nacional da ANPEGE (Associação Nacional de Pesquisa e Pós-graduação em Geografia), Anais, Niterói, 24-27 de setembro de 2007.

PETITJEAN, P. Dimensão cultural, influências ideológicas e imagens científicas Franco-Brasileiras, 1850/1940. In: PARVAUX, S.; REVEL-MOUROZ, J. (coords). Images reciproques du Brésil et de la France. *Actes du Colloque organisé dans le cadre di projet France-Brèsil*. Paris: IHEAL, 1991, p. 845-860.

PETITJEAN, P. Autour de la mission française pour la création de l'Université de São Paulo (1934). In: PETITJEAN, P.; JAMI, C.; MOULIN, A. M. *Science and Empires*. Historical Studies about Scientific Development and European Expansion. London, Dordrech, Boston: Kluwer Academic Publishers, 1992, p. 339-362.

PETITJEAN, P. As Missões Universitárias Francesas na Criação da Universidade de São Paulo (1934-1940). IN: HAMBURGUER, A. I; DANTES, M. A. M; PATY, M.; PETITJEAN, P. *A Ciência nas relações Brasil-França (1850-1950)*. São Paulo: Edusp, FAPESP, 1996a, p. 259-330.

PETITJEAN, P. Entre Ciência e Diplomacia: a organização da influência científica francesa na América Latina, 1900-1940. IN: HAMBURGUER, A. I; DANTES, M. A. M; PATY, M.; PETITJEAN, P. *A Ciência nas relações Bra-*

sil-França (1850-1950). São Paulo: Edusp, FAPESP, 1996b, p. 89-120.

PETRONE, P. A História da Pesquisa no Departamento de Geografia FFLCH-USP. *Borrador*, São Paulo, 2, 1994.

PRADO Jr. Caio. *História e Desenvolvimento*. São Paulo: Brasiliense, 1989.

POLANCO, X. *Une Science monde*: la mondialisation de la Science europèene et la création de traditions scientifiques locales. In: POLANCO, X. (dir.). Naissance et développement de la Science-monde. Paris: la Découverte, 1990, cap I, p. 10-52.

QUEIROZ, M. I P. de. La recherche géographique au Brésil . In : Théry, H. DROULERS, M. *Pierre Monbeig* : un géographe pionnier. Paris: IHEAL, 1991, p. 57-64.

QUEIROZ, M. I P. de. O Brasil dos Cientistas Sociais não Brasileiros. In: HAMBURGUER, A. I.; DANTES, M. A. M..; PATY, M.; PETITJEAN, P. A *Ciência nas Relações Brasil-França (1850-1950)*. São Paulo: Edusp, Fapesp, 1996, p. 229-258.

QUEIROZ NETO, J. P. de. Pierre Monbeig, a geografia e eu. In: LEMOS, A. I. G. de. GALVANI, E. *Geografia, tradições e perspectivas*: a presença de Pierre Monbeig. Buenos Aires; São Paulo: CLACSO, Expressão Popular, 2009, cap. 2, p. 39-47.

RIBEIRO, M. da C. M. Franca. *Anais do nono cogresso brasileiro de geografia.* Rio de Janeiro: Serviço gráfico do instituto brasileiro de geografia e estatística: 1941.

RICARD, R. Maurice Legendre (1878-1955). *Bulletin Hispanique*, Paris, vol. 57, n. 1, p. 204-207, 1955.

ROBIC, M. C. Ile, vallee, oasis : la monographie exemplaire ? Conference regionale sur les pays méditerranéens. Groupe de travail sur l'histoire de la pensée géographique, Barcelone, août 1986.

ROBIC, M. C. Les petits mondes de l'eau : le fluide et le fixe dans la méthode de Jean Brunhes. *L'espace géographique*, Paris, n. 1, p. 31-42, 1988.

ROBIC, M.-C.. La stratégie épistémologique du mixte : le dossier vidalien. *EspacesTemps*, Paris, vol. 47, n. 1, p. 53-66, 1991.

ROBIC, M-C. Interroger le paysage? L'enquête de terrain, sa signification dans la géographie humaine moderne (1900-1950) In : BLANCKAERT, C. (dir.). *Le terrain des sciences humaines*. Instructions et enquêtes (XVIIIe-XXe siècle). Paris : L'Harmattan, Collection Histoires des Sciences Humaines (Colloque de la SGHSH : L'homme en questions. Questionnaires et enquêtes de terrain, Paris, 1996a.

ROBIC, M-C. Des vertus de la chaire à la tentation de le l'action. In: CLAVAL; P. SANGUIN A. L. (dir). *La Géographie française à l'époque classique (1918-1968)*. Paris: L'Harmattan, 1996b.

ROBIC, M.-C.. La naissance de l'Union Géographique Internationale. In: ROBIC, M. C.; BRIEND, A.-M.; RÖSSLER, M. *Géographes face au monde*. Paris: L'Harmattan, 1996c, cap. 1, p. 23-39.

ROBIC, M.-C.; RÖSSLER, M.. L'UGI, enjeu des relations internationales dans la première moitié du XXe siècle. In: ROBIC, M,-C.; BRIEND, A.-M.; RÖSSLER, M.. *Géographes face au monde*. Paris: L'Harmattan, 1996d, cap. 9, p. 241-252.

ROBIC, M.-C. Des " services " et " laboratoires " de la Sorbonne à l'Institut de géographie de la rue Saint-Jacques (1885-1930), divergences et non-convergences. In : BAUDELLE, G. ; OZOUF-MARIGNIER, M.-V. ; ROBIC, M.-C.. *Géographes en pratiques (1870-1945)* : le terrain, le livre, la cité. Rennes: Presses Universitaires de Rennes, 2001a, cap. 4, p. 81-101.

ROBIC, M. –C. Le val comme laboratoire de géographie humaine ? Les avatars du val d'Anniviers. *Revue de géographie alpine*, Grenoble, 89 (4), p. 68-94, 2001b.

ROBIC, M. -C. L'exemplarité du Tableau de la géographie de la France de Paul Vidal de la Blache". In: BERTHELOT, J. -M. (dir.). *Figures du texte scientifique*. Paris, PUF, 2003.

ROBIC, Marie-Claire [coord.]. Couvrir le monde. Un grand XXe siècle de géographie française. Paris: Ministère des Affaires Étrangères, 2006a, 215p .

ROBIC, M.-C. A crise dos anos 30 e a emergência de novos temas na Geografia. In: SALGUEIRO, H. A (org.). *Pierre Monbeig e a Geografia Humana Brasileira*: a dinâmica da transformação. Bauru, SP: Edusc, 2006b, p. 37-55.

ROBIC, M. -C. L'école française de géographie: formatage et codification des savoirs". In: PELUS-KAPLAN, M. -L.(dir.). *Unité et globalité de l'homme.* Des humanités aux sciences humaines. Paris: Syllepse, 2006c.

ROBIC, Marie-Claire. Connaître son Monde. Les géographes et les savoir géographiques en congrès internationaux: spatialité et géographismes. Terra Brasilis (Nova Série), nº 2, 2013. Acessado em 26/12/2014.

RONCAYOLO, M. Tempos geográficos e construção dos espaços na análise de `Pierre Monbeig. In: SALGUEIRO, H. A (org.). *Pierre Monbeig e a Geografia Humana Brasileira:* a dinâmica da transformação. Bauru, SP: Edusc, 2006, p. 117-128.

SALGUEIRO, H. A. "Monbeig, um geografe sur le 'vif'. *Pages paysages*, n. 06 (Incarner), novembro de 2002.

SALGUEIRO, H. A (org.). *Pierre Monbeig e a Geografia Humana Brasileira*: a dinâmica da transformação. Bauru, SP: Edusc, 2006.

SALGUEIRO, H. A. Introdução à Primeira Parte. In: SALGUEIRO, H. A (org.). *Pierre Monbeig e a Geografia Humana Brasileira*: a dinâmica da transformação. Bauru, SP: Edusc, 2006a, p. 17-35.

SALGUEIRO, H. A. Introdução à Segunda Parte. In: SALGUEIRO, H. A (org.). *Pierre Monbeig e a Geografia Humana Brasileira*: a dinâmica da transformação. Bauru, SP: Edusc, 2006b, p. 89-115.

SALGUEIRO. H. A. Introdução à Terceira Parte. In: SALGUEIRO, H. A (org.). *Pierre Monbeig e a Geografia Humana Brasileira*: a dinâmica da transformação. Bauru, SP: Edusc, 2006c, p. 193-222.

SALONE, R. *Irredutivelmente liberal*: política e cultura na trajetória de Julio de Mesquita Filho. São Paulo: Albatroz, 2009, cap. 2, p. 97-208.

SANTOS, C. J. B.; CASTIGLIONE. L. H. G. "A atuação do IBGE na evolução da cartografia civil no Brasil ", Terra Brasilis (Nova Série) [Online], 3 | 2014, posto online no dia 26 agosto 2014, consultado o 29 agosto 2016. URL: http://terrabrasilis.revues.org/942; DOI: 10.4000/terrabrasilis.942

SCHWARTZMAN, S. *Formação da Comunidade Científica no Brasil.* São Paulo: Ed. Nacional; Rio de Janeiro: Financiadora de Estudos e Projetos, 1979.

SEABRA, M. Caio Prado Jr e os primeiros anos da AGB: descrição comentada e estudo introdutório de documentos diretamente relacionados à Associação dos Geógrafos Brasileiros, do Dossiê da AGB do Acervo Caio Prado Jr, do IEB-USP. In: IUMATTI, Paulo; SEABRA, Manoel; HEIDEMANN, Hanz Dieter. *Caio Prado Jr e a Associação dos Geógrafos Brasileiros*. São Paulo: Associação dos Geógrafos Brasileiros: Instituto de Estudos Brasileiros: Editora da Universidade de São Paulo, 2008, cap 1, p. 13-125.

SENRA, N. C., "A junção do G ao E na formação do IBGE ", Terra Brasilis (Nova Série) [Online], 3 | 2014, posto online no dia 26 agosto 2014, consultado o 29 agosto 2016. URL: http://terrabrasilis.revues.org/926; DOI : 10.4000/terrabrasilis.926

SILVA, A. A. D. da. Monbeig, paisgem e geografia estigmática. *Mercator*, Fortaleza, ano 01, n. 2, 2002.

SILVA, R. de A. e. A cidade de Santo André e sua função industrial. *Anais do nono cogresso brasileiro de geografia*. Rio de Janeiro: Serviço gráfico do instituto brasileiro de geografia e estatística: 1941.

SILVEIRA, J. D. da. Estudo geográfico dos contrafortes ocidentais da Mantiqueira. Tese (Doutorado). Faculdade de Filosofia, ciência e Letras da Universidade de São Paulo, São Paulo, 1946.

SINGER, P. Evolução da Economia e Vinculação Inernacional. In: *Brasil*: um século de transformações. I. Sachs, J. Wilheim & P. S. Pinheiro [orgs]. São Paulo: Companhia das Letras, 2001, p. 78-131.

SION, Jules. *Les paysans de la Normandie Orientale*. Brionne: Gérard Monfort, 1909, 538p.

SOJA, E. Geografias pós modernas. A reafirmação do espaço na teoria social crítica. Rio de Janeiro: Jorge Zahar, 1993.

SOUBEYRAN, O. *Imaginaire, science et discipline*. Paris: L'Harmattan, 1997, 482p.

SOUSA NETO, M. F. Planos para o Império: os planos de viação do Segundo Reinado (1869-1889). São Paulo : Alameda, 2012.

SUPPO, H R.. A Política Cultural da França no Brasil entre 1920 e 1940: o direito e o avesso das missões universitárias. *Revista de História*, São Paulo, 142-143, p. 309-345, 2000.

SUPPO, H. R. La politique culturelle française au Brésil entre les années 1920-1950. Tese (Doutorado). Université Paris III - Sorbonne Nouvelle, Paris, 2002.

THÉRY, H. Les franges pionnières. In: THÉRY, H. DROULERS, M. *Pierre Monbeig* : un géographe pionnier. Paris: IHEAL, 1991, p. 81-93.

THÉRY, H. As franjas pioneiras, de Pierre Monbeig aos nossos dias. In: LEMOS, A. I. G., GALVANI, E. (Org.). *Geografia, tradições e perspectivas:* a presença de Pierre Monbeig. 1ed., Buenos Aires e São Paulo: Clacso Expressão popular, 2009, v, p. 49-68.

TISSIER, J. –L. Front pionnier des géographes ? . In : FOURCAULT (dir.). *Banlieu rouge, 1920-1960.* Paris : Autrement, série Mémoires, n. 18, p. 252-263, 1992.

TISSIER, J. –L. Jean Dresch. In : JULLIARD, J. ; WINOCK, M. *Dictionnaire des intelectuels français.* Les personnes, les lieux, les moments. Paris : Seuil, 1996a.

TISSIER, J. –L. 1996b. Albert Demangeon. In : JULLIARD, J. ; WINOCK, M. *Dictionnaire des intelectuels français.* Les personnes, les lieux, les moments. Paris : Seuil, 1996b.

TISSIER, Jean-Louis. Comité d'Études et les géographes. In : JULLIARD, J. ; WINOCK, M. *Dictionnaire des intelectuels français.* Les personnes, les lieux, les moments. Paris: Seuil, 1996c.

VASCONCELOS, V. V.; HADAD, R. M.; MARTINS JUNIOR, P. P. Pierre Monbeig: da escola regionalista francesa às frentes agropecuárias brasileiras. *Ateliê Geográfico*, Goiânia, v. 6., n. 4, p. 41-60, 2012.

VEITL, P. *L'invention d'une région* : les Alpes françaises. Grenoble: PUG, 2013.

VELUT, S. Pierre Denis e a Geografia da América do Sul. In: LEMOS, A. I. G.; GALVANI, E. [orgs.]. *Geografia, tradições e perspecticas*: a presença de Pierre Monbeig. Buenos Aires, São Paulo, CLACSO, 2009, p. 193-212.

VEYRET, P.. Monbeig (P.). - Pionniers et Planteurs de Sao Paulo. *Revue de géographie alpine,* Grenoble, vol 40, n. 3 p. 534 – 537, 1952.

VIDAL DE LA BLACHE, P. [1896] O Princípio de Geografia Geral. *Geographia.* Rio de Janeiro: Ano 3, nº 6, p.135-147, 2002.

VIDAL DE LA BLACHE, P. *Princípios de Geografia Humana*. Lisboa: Cosmo, s/d.

VIDAL DE LA BLACHE, P. Os gêneros de vida na geografia humana. Segundo artigo [1911]. In: HAESBAERT, R.; PEREIRA, S. N.; RIBEIRO, G. Vidal, Vidais. Textos de Geografia Humana, Regional e Política. Rio de Janeiro: Bertrand Brasil, 2012.

VILAR, P. *La Catalogne dans l'Espagne moderne* : Recherches sur les fondements économiques des structures nationales. 3 tomes. Paris: S.E.V.P.E.N, 1962.

WITTER, J. S. *USP/50 anos,* registro de um debate. São Paulo, EDUSP, 1984.

WOLFF, Denis. Albert Demangeon (1872-1940). De l'école communale à la chaire en Sorbonne, l'itinéraire d'un géographe moderne. Tese (Doutorado). Université de Paris I, UFR de géographie, soutenou en 4 avril 2005, 4 vols.

Anexos

Os tipos de estruturas causais, inspirado em Daniel Loi (1982)

Tipo I- tipo simples

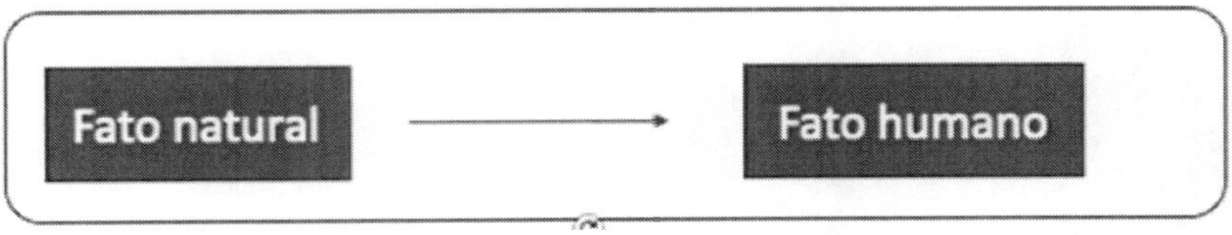

Tipo II- Encadeamento causadal

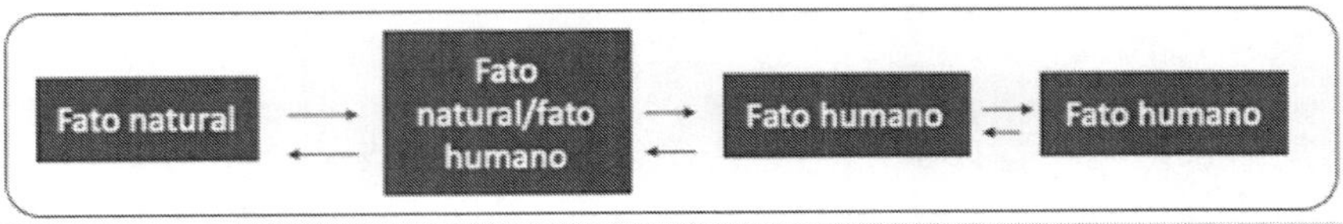

Tipo III- Intereções sistêmicas

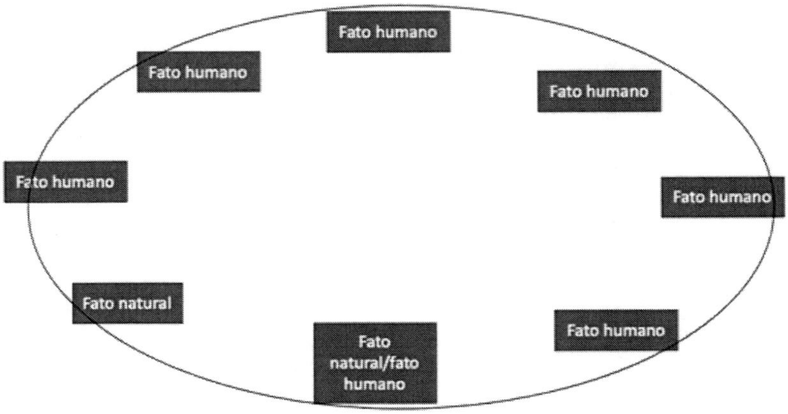

Alameda nas redes sociais:
Site: www.alamedaeditorial.com.br
Facebook.com/alamedaeditorial/
Twitter.com/editoraalameda
Instagram.com/editora_alameda/

Esta obra foi impressa em São Paulo na primavera de 2020. No texto foi utilizada a fonte Minion Pro em corpo 10,3 e entrelinha de 15,5 pontos.